现代有轨电车系列丛书

现代有轨电车车辆系统

中车唐山机车车辆有限公司 组编

王贵国 张 华 臧晓艳 付稳超 陈彦宏
付一娜 李 辉 李 霞 刘 博 刘东坡
刘娟娟 刘 康 刘 宇 裴春兴 王海娜
许红梅 于文学 张 博 赵红军

编著

机械工业出版社

由于我国在现代有轨电车领域的发展相对滞后，尤其在车辆领域，没有成体系的理论和文件，迫切需要对车辆进行更多的研究，本书作为“现代有轨电车系列丛书”的分册，将充分剖析和阐述现代有轨电车的发展历程、车辆各组成部件的工作原理、车辆检修情况、车辆领域的科技成果，为车辆研发设计人员、高校车辆工程专业、运营管理人员提供学习与借鉴。

本书概略地介绍了现代有轨电车的发展历程以及当前国内外应用现状，充分反映了现代有轨电车车辆领域的最新科技成果，全面系统地介绍了车辆各组成部分的基本概念、结构、性能、工作原理以及车辆检修情况，适合轨道车辆研发、设计、运营管理等人员阅读，也可以作为轨道车辆专业师生的参考书。

图书在版编目（CIP）数据

现代有轨电车车辆系统/王贵国等编著. —北京：机械工业出版社，2018.1（2025.1重印）
（现代有轨电车系列丛书）
ISBN 978-7-111-58531-2

Ⅰ.①现…　Ⅱ.①王…　Ⅲ.①有轨电车-系统工程　Ⅳ.①U482.1

中国版本图书馆 CIP 数据核字（2017）第 295442 号

机械工业出版社（北京市百万庄大街 22 号　邮政编码 100037）
策划编辑：何月秋　责任编辑：何月秋　王彦青
责任校对：王　延　封面设计：马精明
责任印制：张　博
北京雁林吉兆印刷有限公司印刷
2025 年 1 月第 1 版第 5 次印刷
184mm×260mm · 15.25 印张 · 362 千字
标准书号：ISBN 978-7-111-58531-2
定价：85.00 元

凡购本书，如有缺页、倒页、脱页，由本社发行部调换

电话服务
服务咨询热线：010-88361066
读者购书热线：010-68326294
　　　　　　　010-88379203

网络服务
机 工 官 网：www.cmpbook.com
机 工 官 博：weibo.com/cmp1952
金 书 网：www.golden-book.com
教育服务网：www.cmpedu.com

“现代有轨电车系列丛书” 编写委员会

“现代有轨电车系列丛书” 审查委员会

序

当前，我国城镇化进程正在不断推进，随着城市数量和规模的不断扩大，交通拥堵、环境污染、能源短缺等问题也日益突出，大力发展城市轨道交通已成为大多数城市的共识。现代有轨电车作为一种现代化交通方式，已在欧洲成功实现复兴，并逐渐成为当前国内关注的热点，许多城市都开始积极规划和建设有轨电车，天津泰达、上海浦东、沈阳浑南新区和苏州高新区等已相继开通了现代有轨电车系统。

《国务院关于城市优先发展公共交通的指导意见》中明确的总体发展目标是：科学研究确定城市公共交通模式，根据城市实际发展需要合理规划建设以公共汽（电）车为主体的地面公共交通系统，包括快速公共汽车、现代有轨电车等大容量地面公共交通系统，有条件的特大城市、大城市有序推进轨道交通系统建设。有别于传统有轨电车，现代有轨电车在控制、牵引供电和车辆技术上进行了更新，其载客量适中、安全舒适、快速便捷、节能降噪特点更加凸显，是城市轨道交通中低运量的典型制式，适合于大城市轨道交通网络的补充，中小城市和新规划城市的城市公共交通的骨干交通。因此，现代有轨电车将在我国迎来更大的发展。

现代有轨电车已被证明是一种成熟、安全的技术，但与所有交通制式一样，现代有轨电车自有其适用范围，过度夸大它的作用和放大它的缺点都不是科学的做法，唯有扎实做好基础工作才能保障现代有轨电车持续、健康地发展。但我国现代有轨电车的相关工作还比较薄弱，存在着缺少建设实施标准、缺乏规划建设统筹和功能定位界定不清等问题，迫切需要更多的研究来推动相应产业和技术的发展。

本系列丛书是对2016年出版的《城市现代有轨电车工程基础》的进一步完善，更加深入地介绍了现代有轨电车工程的理论体系，包括前期规划设计、商务合作模式、建设施工、通信信号工程、机电工程、车辆制造和运营管理等内容。书中内容更加翔实，对人们全面系统地了解现代有轨电车系统及其配套工程具有较高的参考价值。

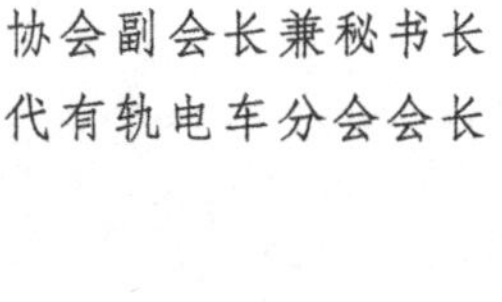

中国城市轨道交通协会副会长兼秘书长

中国城市轨道交通协会现代有轨电车分会会长

前言

随着人口的膨胀和城市化进程的加快，交通拥挤、环境污染等“城市病”已成为制约城市进一步发展的瓶颈。世界各国的经验表明，发展大容量轨道交通是解决城市交通问题的重要方向。20 世纪 70 年代以来，有轨电车新技术取得了突破性进展，现代有轨电车在世界范围内掀起了复兴建设热潮，成为重要的轨道交通制式之一。我国城市轨道交通正处于大规模快速发展时期，这从根本上为现代有轨电车的发展提供了长效需求。国家“十二五”规划《纲要》指出：“科学制定城市轨道交通技术路线，规范建设标准，有序推进轻轨、地铁、有轨电车等城市快速交通网络建设”。国家发展和改革委员会依据其课题研究成果向国务院上报发展政策建议，支持中等城市发展现代有轨电车。目前国内沈阳、苏州、大连、南京、长春、上海、天津、广州、青岛、淮安等多个城市陆续建成现代有轨电车并通车运营，运营总里程超过 180km。据初步预测，至 2020 年，国内现代有轨电车规划里程将超过 2000km。可以预见的是，未来二三十年，现代有轨电车在我国将迎来重要的发展机遇期。

我国城市轨道交通正处于大规模快速发展时期，这从根本上为现代有轨电车的发展提供了长效需求。国内从事现代有轨电车研发、生产的企业已有多家，通过引进、吸收、自主创新等途径创造出了显著业绩，总体上看，我国现代有轨电车发展前景辉煌。

由于我国在现代有轨电车领域的发展相对滞后，尤其在车辆领域，没有成体系的理论和文件，迫切需要对车辆进行更多的研究，充分剖析和阐述现代有轨电车的发展历程、车辆各组成部件的工作原理、车辆检修情况、车辆领域的科技成果，为车辆研发设计人员、高校车辆工程专业、运营管理人员提供学习与借鉴。

本书概略地介绍了现代有轨电车的发展历程以及当前国内外应用现状，充分反映了现代有轨电车车辆领域的最新科技成果，全面系统地介绍了车辆各组成部分的基本概念、结构、性能、工作原理以及车辆检修情况，适合轨道车辆研发、设计、运营管理等人员阅读，也可以作为轨道车辆专业师生的参考书。

本书共 12 章，由王贵国、张华、臧晓艳负责统稿，付稳超、刘康、许红梅、李辉、刘博、裴春兴、赵红军、刘东坡、陈彦宏、李霞、刘娟娟、刘宇、于文学、张博、王海娜、付一娜参加了编写。第 1 章主要介绍现代有轨电车的基本特征、分类、车辆型式以及发展历程（王贵国编写）；第 2 章主要介绍现代有轨电车的车体结构、内装组成以及驾驶室、车门、座椅、车窗等设备（刘宇、刘娟娟、李霞、于文学编写）；第 3 章主要介绍转向架的作用、分类以及其关键部件（陈彦宏、刘东坡编写）；第 4 章主要介绍铰接装置、车钩、防爬吸能装置和贯通道等车端连接装置（赵红军编写）；第 5 章主要介绍牵引系统的分类以及受电弓、高速断路器、避雷器、牵引逆变器和牵引电动机等牵引系统（裴春兴、王海娜编写）；第 6 章主要从制动方式、制动模式、电空制动和液压制动等方面对制动系统进行系统介绍

（许红梅编写）；第 7 章主要介绍辅助逆变器、充电机和蓄电池等辅助供电系统（刘康、付稳超编写）；第 8 章主要介绍照明系统、火灾报警系统和乘客信息系统等辅助电气系统（刘康、张博编写）；第 9 章主要介绍驾驶室和客室空调系统、通风系统和供暖系统（臧晓艳、刘博编写）；第 10 章主要介绍网络通信系统的发展、组成、TCMS 功能、HMI 结构与设计以及信号控制系统（李辉编写）；第 11 章主要介绍车辆检修管理体制、检修制度以及日常维护、定修、架修和厂修（张华、付一娜编写）；第 12 章主要从现代有轨电车的使用趋势和市场前景方面对其关键技术进行展望（王贵国编写）。

在编写本书时参考了国内外发表的部分文章、资料和书籍，编者在此对有关作者表示诚挚的谢意。同时，对所有给予该书的指导、支持和帮助的同志们表示感谢！

编　者

目录

第 1 章 现代有轨电车概述

1.1 现代有轨电车的定义及特征

1.1.1 现代有轨电车的定义

根据 CJJ/T 114—2007《城市公共交通分类标准》，有轨电车属城市轨道交通系统，英国轨道电车导则给出的有轨电车定义为：有轨电车是一种中运量的城市公共交通系统，轨道铺设在城市道路路面上，车辆依靠驾驶员瞭望运行。路权分为混合路权、半封闭路权和独立路权。运量等级通常为 0.6 万~1.2 万人次/h，运营速度为 15~25km/h。

国际公共交通联合会（UITP）没有给出现代有轨电车的明确定义，但在对轻轨的定义中提及了有轨电车。其对轻轨的定义为：一种电气化的轨道交通运输模式，其形式可以从有轨电车到部分享有专用路权的快速公共交通系统。

美国公共交通协会（APTA）在其交通专业术语（Glossary of Transit Terms）中也没有对现代有轨电车进行明确定义，但指出轻轨也可以叫作有轨电车。APTA 对轻轨的定义是：一种相对于重轨而言运能较低的电气化轨道交通模式，可以使用独立的路权或与交通方式共享路权，是用高站台或低站台上下客，使用多节车皮组成的列车或单个车辆。可见，UITP 和 APTA 都认为有轨电车是轻轨的一种形式而已，甚至 APTA 认为轻轨就可以叫作有轨电车。

欧洲交通运输部长会议（ECMT）在其 1994 年的报告“轻轨公共交通”中讨论了很多按照传统观点来看属于有轨电车的系统，而且其对轻轨的定义实际上也并不将有轨电车从轻轨中排斥出去。然而在工程实践中，有轨电车与轻轨、地铁采用的建设标准又有显著不同，按不同的轨道交通项目处理。

世界著名的公共交通系统专家美国宾夕法尼亚大学教授 Vuchic 认为：有轨电车首先是一种轨道运输模式，包含 1~3 节车厢，大多数情况下在街面与其他交通模式混行，但有时也通过专用路权或优先通行等措施与其他交通方式分离。

我国没有权威机构对现代有轨电车或者轻轨提出明确的定义。曾有学者对有轨电车、轻轨和地铁从断面运量角度进行了比较笼统的划分，将轨道交通系统划分为三类：小运量系统（4000~8000 人/h），即有轨电车系统；中运量系统（10000~30000 人/h），即轻轨系统；大运量系统（30000~60000 人/h），即地铁系统。但从有轨电车的发展严格来看，该学者提及的有轨电车应当是指老式的不拥有分离路权形式的小运量街面有轨电车。因此并不十分契合现代有轨电车的概念。

从以上叙述不难看出，目前学界对现代有轨电车的定义还存在模糊的边界。因此，综合有轨电车的发展沿革和国际国内的定义两方面来看，本书将现代有轨电车定义为：采用模块化的现代有轨电车车辆，具有多种路权方式，与地面交通方式以平交为主的中低运量的城市轨道交通系统。

1.1.2 现代有轨电车的基本特征

与传统有轨电车不同，现代有轨电车具有节能环保、形象美观、高效灵活、中等运量等特征，已成为一种新型的公交方式。其基本特征如下：

1）节能环保。现代有轨电车为电力驱动，人均平均能耗约为公交车的1/4，噪声比汽车低5~10dB（A），相对于公共汽车，具有明显的节能环保优势。

2）形象美观。现代有轨电车流线型车身、可定制的车头、绿化的铺装等，都使其成为城市交通中靓丽的风景线，成为当地的城市名片。

3）高效灵活。现代有轨电车设计车速为70km/h，钢轮钢轨车辆最小转弯半径可达19m，总体上实现速度较高，并在道路上敷设，布线灵活的特点。

4）中等运量。现代有轨电车标准4模块（约37m）的车辆定员约为315人，运能6000~15000人次/h，属于中等运量的公交系统。

5）弹性灵活。现代有轨电车主流厂家都具有较强的设计能力，能够提供订单化服务，车头、车尾、车体尺寸及车体结构的定制灵活性较大，可以满足不同客户的需求。例如中车唐山机车车辆有限公司（简称中车唐山公司）可以定制长度为19~74m（2~8个车厢模块）的有轨电车车辆。此外，由于现代有轨电车主流产品都采取了模块化设计，不仅车辆维修养护容易，而且能够较快增加列车车厢、延长列车长度，客运能力具有较大弹性空间，考虑到运能的运用效率及国外实际运营客流情况，现代有轨电车单向可满足0.6万~1.5万人次/h的客流需求。

6）多种供电制式。现代有轨电车除了采用传统架空线供电外，在部分景观、空间限制区段，可以采用超级电容或蓄电池供电（仅限局部困难路段）或地面第三轨供电（目前仅限钢轮钢轨），供电电压在500~900V波动。

现代有轨电车如图1-1所示。

图1-1 现代有轨电车

1.1.3 现代有轨电车与其他公交形式的比较

对比现代有轨电车与地铁、轻轨、快速公交、常规公交等公交方式之间技术特征的区别，主要技术经济特性指标见表 1-1。

表 1-1 现代有轨电车与其他公共交通方式的比较

指标	常规公交	快速公交	现代有轨电车	轻轨	地铁
运营速度/(km/h)	12~15	20~30	20~35	25~40	25~40
运能/(万人/h)	<0.5	0.8~1.2	0.6~1.5	1~3	3~6
造价/(亿元/km)	<0.5	0.5~1.0	0.8~2	3.0~5.0	5.0~8.0
相对建设周期	短	较短	较短	较长	长
车辆折旧率	高	较高	低	低	低
能耗	高	较高	较低	低	低
环境污染	高	较高	低	低	低
路权	共享	部分或专有路权	部分或专有路权	专有路权	专有路权

（1）与公交系统比较　服务水平达到地铁标准，运力更大，速度更快，使用寿命更长，更低碳环保，乘坐更舒适，准点率更有保证；一次性投资较大，但以 30 年为一个周期，同等条件下，总体投资与公交相近。

（2）与地铁交通系统比较　工程投资省，建设周期短，公交化运营，运行效率高，费用低，维修方便，审批流程简单；一条地铁的投资就可使有轨电车建成网，建设周期只有地铁的 1/3 左右，且施工工艺简单；运营速度、能耗、环保等方面与地铁相近。

因此，从与其他公交方式的对比可以看出，现代有轨电车相比快速公交具有运能大、节能环保、舒适性强等特征；相对比地铁和轻轨，具有造价低、建设周期短的优势。在现代有轨电车发展中，需要充分发挥这些优势。

1.2 现代有轨电车的分类及主要车辆型式

现代有轨电车车辆在传统的有轨电车基础上进行了彻底的技术革新：走行部方面不仅继承了传统有轨电车钢轮钢轨的制式，而且引入了橡胶轮与导向轨的技术，增加了胶轮+导向轨的制式，非动力转向架采用独立旋转车轮，降低了车辆入口处的地板面，整个车辆内部可以达到 70%低地板和 100%低地板，改善了乘客的上下车条件；动力性能方面电气传动系统采用 VVVF（变频调速）控制技术，制动系统采用再生、液压、磁轨等多种制动方式，车辆牵引、制动性能有了大幅度提升；供电方式上发展了第三轨、电磁感应、超级电容、蓄电池、燃料电池等多种供电方式，能够很好地实现与周边环境的协调；载客能力方面实现了模块化组装，不仅可以根据客流需求增减车辆模块，必要时还可以两列车连挂运行，提高了系统的运输能力。此外现代有轨电车车辆无论从外形还是涂装上都进行了改善，车辆可以根据城市的特征对车辆外观造型进行专门设计。

1.2.1 现代有轨电车的分类

现代有轨电车具有多种类型，根据不同的技术特征和分类标准，有轨电车可以分为多种类型，如图 1-2 所示。

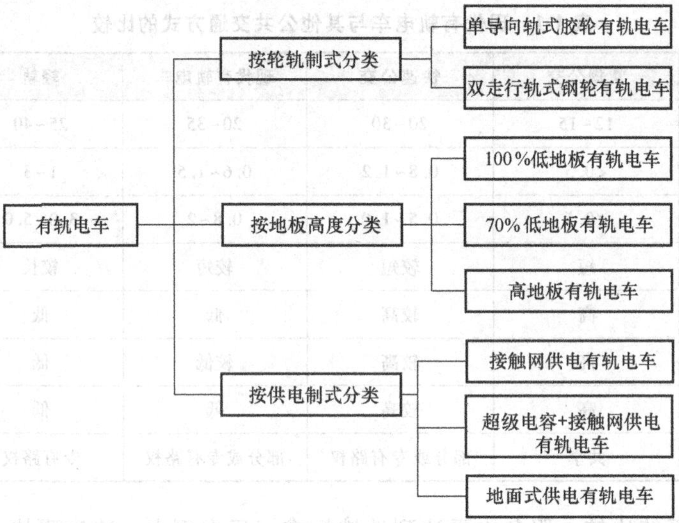

图 1-2　有轨电车的分类

1. 按轮轨制式的分类

从世界范围的应用来看，新型有轨电车按走行轨制式分为单导向轨式胶轮有轨电车、双走行轨式钢轮有轨电车。

（1）单导向轨式胶轮有轨电车　单导向轨胶轮有轨电车系统由类似道路的行车道和一条引导车辆运行的特殊导轨组成，车辆走行系统与汽车一样为橡胶轮胎，导向轮在导轨的限制下引导车辆运行。导向系统由导向轨、导向单元（V 形导轮）等组成。导向轨采用特殊断面形状钢轨固定在混凝土道床内。导向单元由两个倾斜的导轮组成，与导轨成 45°角接触。由于导轮的倾斜和导轮轮缘的特殊形状，能够保证车辆在行驶过程中不会脱轨。单导向轨式胶轮有轨电车为以法国 Translohr 公司独有技术，第一条线路于 2006 年在法国投入运营，目前已有法国克莱蒙费朗、圣德尼·撒塞雷，意大利帕多瓦、威尼斯·美斯特、拉蒂纳，我国天津、上海等数个城市投入使用。胶轮导轨现代有轨电车如图 1-3 所示。

图 1-3　胶轮导轨现代有轨电车

（2）双走行轨式钢轮有轨电车　双走行轨式钢轮有轨电车采用独立旋转车轮转向架作为走行部分，导向靠走形钢轨导向，类似地铁。双走行轨式钢轮有轨电车在世界范围内广泛应用。钢轮钢轨有轨电车如图 1-4 所示。

图 1-4　钢轮钢轨有轨电车

（3）制式比选　目前，两种制式有轨电车均在国内外得到了较为广泛的应用，两种制式的主要指标分析详见表 1-2。

表 1-2　两种制式有轨电车的相关指标对比分析

主要指标		双走行轨式（以 Citadis 系列为例）	单导向轨式（以 Translohr 系列为例）
运行方式		钢轨上	路面上
供电制式		架空接触网	架空接触网
导向方式		轮轨	中央地下导向
尺寸/m	车辆长度	22～50	25～46
	车辆宽度	2.3～2.65	2.2
载客量（站位按 4 人/m^2 算）/人		170～527	178～345
技术性能	最大速度/(km/h)	70	70
	最大坡度（%）	6	13
	额定供电电压/V	750	750
	最小转弯半径/m	20	11
	最大加速度/(m/s^2)	1.1	1.3
噪声/dB(A)	车辆停靠时车位处	62	62
	40km/h 运行时，车内	71	69
	40km/h 运行时，车位 7.5m 处	76	78

通过比较两种制式有轨电车，可知双走行轨式钢轮有轨电车车内空间、载客量比单导向轨式胶轮有轨电车大，双走行轨式钢轮有轨电车受转向架、钢轮与钢轨间摩擦性能的限制，在爬坡、转弯、加速、减速方面的性能不如单导向轨式胶轮有轨电车，两种制式有轨电车车内、外噪声比较接近。

对于单导向轨式胶轮有轨电车，胶轮承担整个车辆的重力，中间导轨为车辆运行时提供导向，其对运行道路的路面厚度仅要求 30cm。对于双走行轨式钢轮有轨电车需铺设两条重轨，其道床厚度一般为 70～100cm。由于单导向轨式胶轮有轨电车对道路路面厚度要求较低，若利用城市道路改建有轨电车线路时，采用单导向轨式胶轮有轨电车对城市地下管线的影响相对较小。

另外，双走行轨式钢轮有轨电车技术比较成熟，单列列车成本比单导向轨式胶轮有轨电车低。根据相关市场调研，国内100%低地板双走行轨式钢轮有轨电车的售价约为1800万元/列，而单导向轨有轨电车的售价约为3000万元/列。

2. 按地板高度的分类

按地板面高度分为高地板（地板高度在450mm以上）有轨电车、70%低地板（低地板部分的面积占客室总面积的70%）有轨电车、100%低地板（低地板部分的面积占客室总面积的100%）有轨电车。三种有轨电车各自特点见表1-3。

表1-3 高地板有轨电车、70%低地板有轨电车及100%低地板有轨电车的比较

系统	高地板有轨电车	70%低地板有轨电车	100%低地板有轨电车
驱动特性	交流电动机	交流电动机	交流电动机
车辆基本长度/m	24	29	32~38
转向架	与普通地铁车辆转向架基本相同	采用小轮径转向架和独立轮转向架	带铰接的独立车轮转向架或小轮径刚性轴转向架
最高运行速度/(km/h)	80	70	70
车外噪声/dB(A)	80	78	78
正线最小曲线半径/m	30	19	19
爬坡能力(%)	7		
供电方式	接触网、三轨供电	接触网供电、接触网+超级电容	接触网、接触网+超级电容、地面式供电
编组	灵活编组		
运量/(万人/h)	0.2~1	0.2~1	0.6~1.5
车辆单价/(万元)	≈750	≈1200	≈1800
应用情况	上海	长春、沈阳、大连、欧洲部分城市	国内新建线路均考虑选择，欧洲大量使用
国内生产情况	目前国内车辆厂都有该类型列车的研发、制造能力	中车唐山机车车辆有限公司、中车长春轨道客车股份有限公司、湘潭电机股份有限公司	中车唐山机车车辆有限公司、中车长春轨道客车股份有限公司、中车大连机车车辆有限公司、中车株洲电力机车有限公司、中车南京浦镇车辆有限公司、中车青岛四方机车车辆股份有限公司、湘潭电机股份有限公司、成都市新筑路桥机械股份有限公司、北京京车车辆配件有限公司
生产周期/月	18	18	18

3. 按供电制式的分类

国内外有轨电车按照供电制式分类，主要有接触网供电有轨电车、超级电容+接触网供电有轨电车、地面式供电有轨电车三种。其中地面式供电有轨电车主要是以阿尔斯通的APS供电有轨电车、庞巴迪的primove供电有轨电车和安萨尔多的tramwave供电有轨电车为代表。三种供电方式的对比见表1-4。

表 1-4 供电制式比较

序号	指标	接触网	超级电容+接触网	地面式供电		
				APS	primove	tramwave
1	技术成熟度	成熟	较成熟	专利技术	专利技术	专利技术
2	维护难易度	容易	容易	难	难	难
3	景观效果	差	较好	好	好	好
4	成本/（万元/km）	150	650~700	6000	2000	2000
5	续航能力	持续	≈3km	持续	持续	持续
6	缺点	景观效果较差	运行能力直接受电容性能的影响	冰、雨、雪天气对系统具有较大影响	对道路改造较大，可能产生电磁污染	冰、雨、雪天气对系统具有较大影响
7	应用城市	沈阳、北京、天津等	沈阳、广州、南京	波尔多、兰斯、迪拜等	—	珠海

1.2.2 现代有轨电车的主要车辆型式

新型有轨电车相对于传统有轨电车，采用了模块化设计、铰接车体，变频调速、新型供电制式、信号控制、车地通信等新技术，安全性和乘坐的舒适度大大提高，再加上节能环保，近年来倍受用户青睐。在国内，如上海、广州、成都、天津、沈阳、苏州、南京、青岛、大连、长春等城市已开通了有轨电车线路，北京、武汉、佛山、福建武夷新区等城市正在建设有轨电车线路。然而有轨电车车辆型式多样，目前，国内中车所属企业采用自主研发或引进阿尔斯通、西门子、庞巴迪、斯柯达、安萨尔多、捷克 INEKON 等供货商的技术，各供货商的车辆技术条件均不相同，以下是国内外主要生产厂商的现代有轨电车车辆技术和性能参数说明和比较。

1. 车辆编组

车辆基本编组方案分析见表 1-5。

表 1-5 车辆基本编组方案分析

项目	制造厂商	车辆编组	模块数量
1	中车青岛四方机车车辆股份有限公司	=Mc+Mp+Mc=	3
2	湘电集团有限公司	=Mc+Mp+Mc=	3
3	中车株洲电力机车有限公司	=Mc+M+Tp+Mc=	4
4	中车唐山机车车辆有限公司	=Mc+M+Tp+Mc=	4
5	中车南京浦镇车辆有限公司	=Mc1+F1+Tp+F2+Mc2=	5
6	中车大连机车车辆有限公司	=Mc1+F1+Tp+F2+Mc2=	5
7	中车长春轨道客车股份有限公司	=Mc1+F1+Tp+F2+Mc2=	5
8	成都市新筑路桥机械股份有限公司	=Mc1+F1+Tp+F2+Mc2=	5
9	阿尔斯通公司	=Mc1+F1+Tp+F2+Mc2=	5

注：=为前端车钩；+为铰接装置；Mc 为带驾驶室动车；F 为车辆悬浮模块；Tp 为带受电弓拖车；Mp 为带受电弓动车；M 为不带受电弓的动车。

2. 车辆自重和载客量

基本车辆自重、轴重及载客量分析见表 1-6。

表 1-6 车辆自重、轴重及载客量分析

项目	制造厂商	自重/t	轴重/t	坐席/个	额定载客(6 人/m^2)/超员(8 人/m^2)
1	中车青岛四方机车车辆股份有限公司	52.0	≤12.5	54	263/388
2	湘电集团有限公司	49.5	≤9.0	52	247/364
3	中车株洲电力机车有限公司	50.5	≤10.0	74	272/390
4	中车唐山机车车辆有限公司	52.0	≤10.0	80	315/394
5	中车南京浦镇车辆有限公司	44.0	≤12.5	56	275/404
6	中车大连机车车辆有限公司	43.5	≤11.5	68	243/350
7	中车长春轨道客车股份有限公司	48.0	≤12.0	64	218/306
8	阿尔斯通	42.65	≤11.5	56	236/381

注：立席区按每人 60kg 计算载重。

3. 车辆结构尺寸分析

车辆结构尺寸详见表 1-7。

表 1-7 车辆结构尺寸分析

序号	项目	中车青岛四方机车车辆股份有限公司	湘电集团有限公司	中车株洲电力机车有限公司	中车唐山机车车辆有限公司	中车南京浦镇车辆有限公司	中车大连机车车辆有限公司	中车长春轨道客车股份有限公司	阿尔斯通
1	车辆长度/m	35.29	33.55	36.4	37.54	32.23	32.75	34.8	30
2	车体最大宽度/mm	2650							
3	车顶高度（受电弓）/mm	3450	3490	3700	3500	3600	3440	3530	3280
4	入口地板高度/mm	335	350	325	350	330	350	350	330
5	轴距（动力转向架）/mm	1900	1800	1800	1850	1850	1700	1800	1600
6	轴距（非动力转向架）/mm	1900	1800	1800	1850	1850	1700	1800	1600
7	车轮直径(新轮)/mm	670	600	600	600	620	656	580	608.5
8	客室侧门数量/mm	6	4(双)+1(单)	5	5	4(双)+2(单)	3(双)+2(单)	4(双)+2(单)	4(双)+2(单)
9	双开门高度/mm	1300	1300	1300	1300	1300	1350	1300	1300
10	单开门高度/mm	—	800	—	—	800	900	800	800
11	门开启时高度/mm	2100	2000	2080	1950	2050	2000	1985	2070
12	客室内净高/mm	2100	2180	2100	2160	2100	2100	2150	2100

通过上述分析，基本车辆结构尺寸如下：

车辆长度≤38000mm；车辆宽度≤2650mm；车顶至轨面高度（不含受电弓）≤3800mm；入口地板高度≤350mm；轴距，动力转向架≤1900mm；非动力转向架≤1900mm；轮直径≤670mm；门开度，双开门≥1300mm；单开门≥800mm；门高度≥1950mm；客室内净高≥2100mm。

4. 车辆动力性能分析

车辆动力性能详见表 1-8。

表 1-8 车辆动力性能分析

序号	项目	中车青岛四方机车车辆股份有限公司	湘电集团有限公司	中车株洲电力机车有限公司	中车唐山机车车辆有限公司	中车南京浦镇车辆有限公司	中车大连机车车辆有限公司	中车长春轨道客车股份有限公司	阿尔斯通
1	构造速度/(km/h)	80	80	80	80	80	80	80	80
2	最高运行速度/(km/h)	70	70	70	70	70	70	70	70
3	启动平均加速度/(m/s^2)	1.0	1.2	1.0	1.3	1.0	1.1	0.95	1.0
4	列车平均加速度(0~70km/h)/(m/s^2)	0.7	0.7	0.7	0.8	0.7	0.57	0.6	0.7
5	常用制动平均减速度/(m/s^2)	1.2	1.26	1.1	1.2	1.2	1.2	1.1	1.2
6	紧急制动平均减速度/(m/s^2)	2.3	2.73	2.73	2.8	2.8	2.8	2.5	2.8
7	列车纵向冲击率/(m/s^2)	1.0	0.8	1.0	0.8	1.5	1.0	1.0	1.0
8	列车平稳性指标	2.75	2.5	2.5	2.5	2.75	2.5	2.75	2.75

通过上述分析，基本车辆动力性能如下：

启动平均加速度（0~40 km/h）≥1.0m/s^2；列车平均加速度（0~70km/h）≥0.6m/s^2；最大常用制动减速度≥1.1m/s^2；紧急制动减速度≥2.3m/s^2。

1.3 现代有轨电车的发展及应用

1.3.1 有轨电车的发展历程

有轨电车的发展总体上经历了兴起→衰退→复兴的过程。早在 1881 年就在柏林开通了有轨电车（见图 1-5），之后风靡世界。但是随着汽车工业的发展，有轨电车的运能和速度都不具有竞争性，反而受到固定轨道的约束，从而被逐步淘汰。而随着车辆和轨道等技术的更新，有轨电车在运能、速度、舒适性、外观等方面均有了极大的提升，为与传统有轨电车相区别，称之为现代有轨电车。

图 1-5 德国柏林第一条有轨电车

在欧洲、北美、澳洲等地区已有超过 100 个城市建成运营现代有轨电车系统，我国的天津和上海也分别建成一条胶轮导轨系统，成为公共交通中的重要组成部分。

在人类交通发展过程中，有轨电车技术的发展大致可分为以下三个阶段。

1. 19 世纪 80 年代到 20 世纪 30 年代，快速发展阶段

自从 1881 年第一辆城市有轨电车在德国诞生以来，这种以轨道作为车辆导向的大运量的客运交通工具迅速得到发展。在 20 世纪 20 年代，仅美国的有轨电车线总长达 25000km。1908 年中国第一条有轨电车在上海建成通车，标志着我国城市公共交通的一个里程碑。1909 年以后在大连、北京、天津、沈阳、哈尔滨、长春等城市都相继修建了有轨电车。到 20 世纪 30 年代，欧洲、日本、印度和我国的有轨电车有了很大的发展，成为当时城市公共交通的主要交通工具。

图 1-6 所示为 1930 年马德里有轨电车，图 1-7 所示为天津老式有轨电车。

图 1-6　1930 年马德里有轨电车

图 1-7　天津老式有轨电车

2. 20 世纪 40 年代到 20 世纪 60 年代，衰落阶段

随着汽车工业的迅速发展，西方国家私人小汽车数量急剧增长，大量的汽车涌上街头，机动性更好的公交汽车越来越普遍。由于受当时的技术条件限制，旧式有轨电车行驶在道路中间，与其他车辆混合运行，又受路口红绿灯控制，运行速度很慢，正点率低，而且噪声大，加减速性能较差，有轨电车逐渐被无轨公交车辆所替代。20 世纪 50 年代开始，世界各国大城市都纷纷拆除有轨电车线路。20 世纪 60 年代末，我国各大城市的有轨电车线路基本拆完，仅剩下香港、鞍山、大连、长春个别线路没有拆光。上海有轨电车拆除如图 1-8 所示。

图 1-8　上海有轨电车拆除

3. 20 世纪 70 年代至今，重新定位、恢复发展阶段

20 世纪六七十年代，由于汽车数量的过度增加，使城市交通又出现了新问题，交通堵塞，行车速度下降，空气污染和噪声严重，已成为现代城市发展中面临的主要问题。为解决这些问题，世界各大城市开始大力发展地下铁道。但是地下铁道投资高、建设周期长，给城市公共交通发展带来了新的问题。西方一些经济发达国家，在人口密集的城市，为满足城市公共交通客运量日益增长的需要，并结合城市不同区域运量区别，除考虑修建地下铁道外，又重新把注意力转移到地面轨道交通方式上来。他们认为城市轨道交通的发展应根据城市特征和运量，采取具有不同运能、不同成本的

轨道交通模式。在着手改造旧式有轨电车的基础上，利用现代技术，改造和发展有轨电车系统，开发出具有低噪声、低振动、省能源、能高速运行的高性能有轨电车，并考虑与城市的整体环境相协调，出现了现代有轨电车系统。

到 20 世纪 80 年代，国际上一些大城市已相继建成了现代化技术很高的现代有轨电车系统。例如，法国的南特市，城市人口约 45 万，1984 年建成一条自东向西穿过市区的现代有轨电车线路，这也是法国首次建成的第一条现代有轨电车系统，平均旅行速度可达 24km/h；美国的萨克拉门托市，市区人口约 92 万，1987 年 3 月建成一条穿越市中心的现代有轨电车线路，全长 29.4km；香港地区为了配合新界西部的经济发展，修建了屯门至元朗的现代有轨电车线路，于 1988 年 9 月正式投入运营，线路全长 23km，平均旅行速度可达 25km/h。现代有轨电车的特点是具有高速性能，制动及加减速性好，低噪声、低振动，对周围环境影响也少。同时，由于车辆技术的改善，舒适度得到了加强。不论是从已有的有轨电车改造还是新建，与建设地下铁道相比，造价都低廉得多。所以近年来许多城市又纷纷转回，把注意力投到现代有轨电车系统上来。利用现代高科技开发了新一代噪声低、速度高、走行部转弯灵活、乘客上下方便，甚至照顾到老人和残疾人的低地板新型有轨电车。在线路结构上，也采用了降噪声的技术措施。在速度要求较高的线路上，采用专用车道，与繁忙道路交叉处，进入半地下或高架，互不影响。对速度要求不高的线路，可与道路平齐，与汽车混合运行。

随着近年来环境和能源问题的不断突出，在西方发达国家城市兴起了恢复和建设有轨电车的高潮，目前仅法国就有 10 多个城市拥有有轨电车，有 20 多个城市的线路正在建设之中，建设里程和规模已远远超过地铁，而且发展趋势也丝毫不减。在欧洲的大中城市中，有轨电车已成为了城市中非常普及的公共交通工具。当今现代有轨电车如图 1-9 所示。

图 1-9 当今现代有轨电车

1.3.2 国外现代有轨电车的应用现状

目前，据不完全统计全球已有 60 多个国家的 300 多个城市都在建设、运营有轨电车，伦敦、巴黎、雅典、日内瓦、苏黎世、伯尔尼、巴塞尔、洛桑等城市的有轨电车纷纷重新运营。截至 2012 年底，全球前 20 国家，城市轨道交通总里程 23394km，见表 1-9。其中，地铁运营里程为 8739km，占比为 37%。轻轨与有轨电车运营里程为 14655km，占比为 63%。

表 1-9 轨道交通情况统计

序号	国家	总里程/km	地铁/km	占比(%)	轻轨、有轨电车/km	占比(%)
1	俄罗斯	3853	496	13	3357	87
2	德国	3795	919	24	2876	76

（续）

序号	国家	总里程/km	地铁/km	占比(%)	轻轨、有轨电车/km	占比(%)
3	美国	2607	1216	47	1391	53
4	中国	2078	1740	84	338	16
5	日本	1557	748	48	809	52
6	西班牙	1398	663	47	735	53
7	英国	1051	524	50	527	50
8	法国	956	353	37	603	63
9	波兰	949	23	2.5	926	97.5
10	意大利	939	189	20	750	80
11	韩国	832	768	92	64	8
12	罗马尼亚	574	69	12	505	88
13	奥地利	558	75	15	483	85
14	荷兰	482	111	23	371	77
15	加拿大	373	138	37	235	63
16	巴西	359	298	83	61	17
17	印度	311	244	88	67	12
18	澳大利亚	278	0	0	278	100
19	土耳其	245	119	48	126	52
20	葡萄牙	199	46	23	153	77
合计		23394	8739	37	14655	63

很多国家，特别是西方一些较发达国家，因为现代有轨电车有着成熟的交通运输模式，并且造价相对较低，又节能环保，而将其作为公共交通的主要运载模式。在伦敦和巴黎等地铁系统发达的大城市，有轨线路主要承接郊区与市中心之间的地面交通，一般不进入市中心；在法兰克福、苏黎世、墨尔本、波特兰等城市，有轨电车线路多穿过城市的中心区。现代有轨电车的车辆技术日趋成熟，线路设置日益完整合理，它伴随城市化进程不断发展而逐步完善。

1. 法国巴黎的现代有轨电车

巴黎城市轨道交通系统由地铁、区域快速铁路（RER）、市郊铁路和现代有轨电车组成，运营总里程 2100km，承担着巴黎 70%的公交运量。

图 1-10　巴黎的现代有轨电车

20 世纪 80 年代末，巴黎市政府着手发展有轨电车，线路由巴黎大众运输公司（RATP）和法国国家铁路公司（SNCF）经营。从 1992 年 T1 线通车至今，在巴黎市区环城和法兰西岛近郊建成了 4 条有轨电车线路，它们与地铁或区域快速铁路之间实现了较为便捷的换乘，较好地优化了当地交通路网。T3 东线和 T5、T6、T7、T8 号新线已着手规划和建设，远期将建成有轨电车环城线。巴黎的现代有轨电车如图 1-10 所示。

2. 澳大利亚墨尔本的现代有轨电车

墨尔本有轨电车，线路总长 230km，有 42 条线路，车辆超过 500 辆，服务城市中心和内环郊区，日运送 37 万人次，由维多利亚州政府拥有，授权 Yarra 电车公司运营，如图1-11所示。

有轨电车线路覆盖中央商务区及市中心主要商业、旅游景区。为了解决日益繁忙的城市交通，墨尔本市政府鼓励市民乘坐有轨电车以减少私家车的使用。市民每天早上 7 点前乘车免费。同时，市民和游客还可免费乘坐市中心的一条旅游专线，领略墨尔本的市区景色。

图 1-11　墨尔本的现代有轨电车

3. 德国柏林的现代有轨电车

柏林地铁、轻轨和有轨电车四通八达，共有 10 条地铁线路，15 条城铁线路，22 条有轨电车线路，构成了欧洲最大的城市轨道交通网络。

目前，柏林 BVG（Berliner Verkehrsbetribe）负责运营的现代有轨电车轨道总长 191.6km，共有 382 站。柏林每年共有 171 万乘客（1.3 万人次）乘坐有轨电车。换言之，每天约有 56 万乘客（5300 人次）乘坐柏林有轨电车。

4. 法国波尔多的现代有轨电车

波尔多有轨电车系统，线网规划总长度 58.2km，目前已建成线路为 A、B、C 三条线路。A 线全长 15.3km，设 27 个车站，每天运输 14 万乘客；B 线全长 9.3km，设 20 个车站，每天运输 19 万乘客；C 线全长 2.8km，设 7 个车站，每天运输 6.5 万乘客。车辆为 70 列阿尔斯通 Citadis 302 型有轨电车，如图 1-12 所示。

图 1-12　波尔多的 100%低地板有轨电车

5. 法国斯特拉斯堡的现代有轨电车

1989 年开始建设第一条现代有轨电车线路，并于 1994 年交付运营。这条有轨电车线路称为 A 线，是全天 24h 运营线路，白天高峰时段发车间隔大约 3min，夜间发车间隔大约

10min。目前A线的日均客流量在6万人次以上，超出预期的客流量，说明A线已逐渐成为居民主要出行工具。随着A线的广泛认可，斯特拉斯堡相继建设B、C、D三条线路，分别于2000年交付运营，它们将中心城区与周边城区紧密联合，形成了以有轨电车为主要连接线的城市立体网络。

有轨电车在斯特拉斯堡主要为地面线路，拥有独立的路权，部分区段则与行人公用路权，机动车不允许通行，从而为有轨电车快速运行提供了保障，如图1-13所示。斯特拉斯堡的有轨电车采用了低地板方式，同时应用了大量的设计理念，深受广大乘客的好评。现代有轨电车采用新型牵引方式，重新调校的悬架系统，大幅提高了车辆的乘坐舒适度，有效降低了噪声污染。

图1-13 斯特拉斯堡的现代有轨电车

6. 德国卡尔斯鲁厄的现代有轨电车

卡尔斯鲁厄市第一条运营的现代有轨电车是卡尔斯鲁厄至布雷顿（Bretten）的G6lhausen线，全长30km，于1992年开通运营。它是欧洲最早的双流制有轨电车系统。双流制系统可以采用两种不同的电压供电，将变压器和整流器安装在机车上，能将铁路干线上的交流电转化为有轨电车适用的低电压直流电，从而使有轨电车在铁路线路上行驶。目前卡尔鲁厄市的有轨电车网全长130.8km，与铁路共线的有轨电车18.2km，客运量逐年增加，已经成为卡尔斯鲁厄市公共交通网络的重要组成部分，如图1-14所示。

图1-14 卡尔斯鲁厄的现代有轨电车

7. 德国杜塞尔多夫的现代有轨电车

杜塞尔多夫有13条有轨电车线路，同样由Rheinbahn公司运营。在郊区的一些路段，有轨电车可与轻轨共享轨道。有轨电车系统总长145km。

2000年，杜塞尔多夫开始引进西门子100%低地板有轨电车Combino。2006年，Rheinbahn公司向西门子公司和Vossloh Kiepe公司购买了26辆低地板有轨电车，其中有15辆已经在2007年投入使用。新的续订合同中又购买了76辆低地板有轨电车，2012年车辆已经全部到位，如图1-15所示。

8. 葡萄牙里斯本的现代有轨电车

1995 年 4 月，CARRIS 公交公司开辟了从无花果树广场到阿尔杰斯的沿海边运行的 15 号线，使用 10 辆西门子 3 节铰链式有轨电车。

线路 1~线路 3 一期工程为 13km，设一个维修基地，2008 年 12 月一期工程竣工。远期规划建设 20km 延长线。除车辆外，西门子负责了轨道、信号和列控、通信、牵引供电等系统的建设，并承担车辆及系统维护，建设维修设施。里斯本的有轨电车——70%低地板有轨电车如图 1-16 所示。欧洲部分城市有轨电车线路运营情况见表 1-10。

图 1-15 杜塞尔多夫的现代有轨电车

图 1-16 里斯本的有轨电车——70%低地板有轨电车

表 1-10 欧洲部分城市有轨电车线路运营情况

城市	国家	里程/km	车辆/列	线路/条	运营里程/km	运营公司
格拉茨	奥地利	32	69	6	61	Gvb
维也纳	奥地利	181	526	28	216	Wiener Linien
明斯克	白俄罗斯	—	153	7	97	Minsktrams
赫尔辛基	芬兰	105	131	8	—	Hkl
波尔多	法国	44	74	3	44	Tbb
里昂	法国	49	73	4	49	Tel
巴黎	法国	38	97	4	38	Ratp
斯特拉斯堡	法国	37	94	5	54	Cts
柏林	德国	189	542	22	294	Bvg
杜塞尔多夫	德国	85	173	10	161	Rheinbahn
法兰克福	德国	64	112	9	96	Vgf
汉诺威	德国	120	290	12	—	Ustra
莱比锡	德国	148	256	14	212	Lvb
慕尼黑	德国	71	92	10	—	Mvg
米兰	意大利	145	527	18	262	Atm
罗马	意大利	44	170	6	—	Trambus
都灵	意大利	91	220	8	94	Gtt
鹿特丹	荷兰	—	118	8	93	Ret

（续）

城市	国家	里程/km	车辆/列	线路/条	运营里程/km	运营公司
华沙	波兰	140	861	28	—	Tramwaje Warszawskie
莫斯科	俄罗斯	185	860	37	—	Mosgortrans
圣彼得堡	俄罗斯	220	950	38	—	Gorelek-trotrams
哥德堡	瑞典	117	230	12	190	Göteborgs Spårvägar
苏黎世	瑞士	112	317	13	—	Vbz

目前，国外钢轮钢轨式现代有轨电车制造厂家主要有法国的阿尔斯通、德国的西门子、加拿大的庞巴迪（Bombardier）等公司；胶轮+导轨式现代有轨电车主要生产厂家是法国的劳尔公司，庞巴迪公司也曾设计、生产胶轮+导轨式现代有轨电车。从两种制式的现代有轨电车在市场上的表现来看，钢轮钢轨式现代有轨电车因其推出更早、性能更稳定等原因目前占据了主要市场，但两种制式的现代有轨电车均发展较快。

1.3.3 国内现代有轨电车的应用现状

目前现代有轨电车在国内的沈阳、苏州、大连、南京、长春、上海、天津、广州、青岛、淮安等多个城市陆续建成通车运营，运营总里程超过 180km。据初步预测，到 2020 年，国内有轨电车规划里程将超过 2000km。有近百座城市提出了建设现代有轨电车线路的意向或规划，超过 50 座城市开始前期规划，规划总里程达 5000km。上海松江区、武汉东湖区和汉阳区、成都市区和新津、云南红河州、深圳龙华区、佛山南海区等地方的有轨电车也已经开始动工建设。

1. 长春的现代有轨电车

长春 54 路有轨电车，是全国两个保留有轨电车的线路之一，2004 年进行了改造并更换了新车，如图 1-17 所示。其线路从红旗街出发至和平大路终止，沿途经过长春电影制片场、电影城（长春汽车博物馆）等重要旅游景点。线路全长 7.46km，均为隔离线路，采用湘潭机车厂生产的高地板车辆，车长为 14.6m，车宽为 2.5m，车高为 3.1m，最高运行速度为 60km/h。

图 1-17 长春 54 路有轨电车

其单程运行时间 27min，线路配车 29 台，日运营车次 183 车次，日运营里程 1365.18km。其行车间隔，高峰为 4min，平峰为 5min，双程 32 个站点，平均站距为 0.46km，日客运量为 3.5 万人次。

54 路有轨电车延长线工程从既有的南阳路站引出，引入长春西站综合交通枢纽公交停车场，线路长约 5km，目前项目正在建设中。长春市有轨电车规划线网由 4 条线路组成，为一横三纵的棋盘式线网，线网全长为 38.16km。

2. 大连的现代有轨电车

大连市有轨电车始建于 1908 年，至 1999 年保存并运营的有轨电车线路包括 201 路、202 路、203 路电车线。201 路由沙河口至火车站，全长 4.9km；202 路由黑石礁至兴工街，全长 6.1km；203 路由火车站至寺儿沟，全长 4.1km。其中，202 路的黑石礁至解放广场段 4.6km 为隔离路段，其他路段与其他机动车混行。

2002 年，202 路黑石礁至兴工街段作为试验线一期工程改造完成；2005 年，黑石礁至河口延伸段作为试验线二期工程改造完成建成通车。河口至兴工街段经过改造，运营设施及行车条件得到了很大的改善，运营长度为 12.6km，其中 10.45km 为隔离线路，2.15km 为混行线路。

2007 年完成了沙河口至寺儿沟段 201 路、203 路有轨电车技术改造，并将线路延伸至东海园，线路运营长度为 11.6km，均为隔离线路。车辆采用由大连市公共电车公司电车工厂与大连机车研究所联合研制的 DL6W 型 70%低地板车。

大连市既有民主车场、五一路车场（与河口北停车场合并后改建）各 1 处，合计 2 处。车辆检修包括小修、例保、一保、二保、架修，后葛电车工厂负责有轨电车的大修任务。

高峰每小时最高断面流量，近期为 1 万人次/h，远期为 1.5 万人次/h，行车间隔为 2.5min。平均运营速度为 25km/h。有轨电车线路运营车辆 73 辆。

201 路、203 路发车间隔，高峰为 5min，平峰为 6min，列车满载率为 40%，日客运量为 3 万人。202 路发车间隔，高峰为 3min，平峰为 5min，列车满载率为 75%，日客运量为 6.8 万人。

大连市有轨电车线路占公交线路总长的 2.6%，担负了总客运量的 12.3%。大连 202 路有轨电车如图 1-18 所示。

图 1-18 大连 202 路有轨电车

3. 天津的现代有轨电车

天津滨海新区泰达有轨电车项目，2006 年底开通运营。线路全线长为 8km，均为地面线，设站 14 座，运营速度约为 15km/h，是一条纵贯天津开发区西部南北方向的轨道交通线，主要服务于沿线的企事业单位。设一座车辆段与综合基地，用地总面积 32118m²，工程投资 2.4 亿元。

该项目由天津开发区、天津滨海快速交通发展有限公司、法国劳尔公司、日本三井物产株式会社、美国柏诚公司、美泰国际咨询有限公司合资建设合作运营。使用法国技术、合资建（组装）厂，并负责线路的建设和运营，中铁十八局承建了土建施工任务。该项目是国内第一个使用胶轮导向电车的项目，采用法国劳尔公司的 Translohr 胶轮导轨系统，为100%低地板、轨道导向、胶轮承重和驱动的现代有轨电车。采用3节车厢编组，车长为25m，车宽为2.2m，车高为2.95m，总载客量为167人/列，最高时速可达70km/h，旅行速度约为20km/h。全线配属8辆车，每天投入5辆车运营，最短发车间隔为10min。日客运量为3000~4000人。天津有轨一号线如图1-19所示。

4. 上海的现代有轨电车

上海张江有轨电车项目一期工程于2007年12月底正式开工，2009年3月底完成轨道、接触网的铺设，2010年1月1日投入运营，如图1-20所示。

该线路正线长约10km，进出场线路长度为0.76km，实际运行速度<20km/h。沿线设车辆段1个，占地38200m^2（57.3亩），设牵引变电所5座。全线配置8辆运营车辆，车辆与天津有轨电车车辆型号相同。一期工程投资约6亿元，全线共设15个站点，平均站距约600m。沿途串起张江高科技园区内主要产业、科研、大学和生活区，项目还将延伸至唐镇、合庆镇等地区。上海浦东唐城投资发展有限公司、上海浦东发展（集团）有限公司分别投资70%和30%组建了上海浦东现代有轨交通有限公司，并由上海浦东现代有轨交通有限公司负责项目的建设与运营。运营初期票价主要由浦东公交发展基金提供贴补。

上海和天津采用的都是法国劳尔公司 Translohr 技术的胶轮+导轨现代有轨电车，车辆技术参数和技术性能相同。

图1-19　天津有轨一号线

图1-20　上海张江的现代有轨电车

5. 沈阳的现代有轨电车

沈阳市浑南新区现代有轨电车项目作为沈阳未来新行政中心——浑南新城的主干公共交通，是第十二届全运会的配套工程，由中东建设工程有限公司以建设—移交（BT）方式承建。一期工程共设4条线路，一次成网，线路总长约60km，设车站67座，车辆段1座，停车站1座。工程总投资额约50亿元（不含扩路等配套工程约10亿元）。该项目于2011年10月初启动，2012年4月28日正式动工，于2013年8月15日开始载客试运营。采用中车长春轨道客车股份有限公司生产的70%低地板（20列）和100%低地板（10列）两种钢轮钢轨式有轨电车，如图1-21所示。

项目建成后，沈阳市会展中心、高铁新南站、全运中心、桃仙机场、奥体中心、沈抚新城、浑南新城、航高基地等城市组团和核心功能区被有轨电车连成一片，并通过奥体中心、21世纪广场等综合交通枢纽，与地铁、公交线路无缝对接，并与沈阳母城相接驳。大浑南地区共规划了 9 条线路，全长为 138km。

6. 北京的现代有轨电车

北京西郊现代有轨电车线路，2011 年 6 月底动工，全长为 9.4km，设车站 7 座。该线路大部分路段将直接铺设在路面上，主要路口采用高架或隧道方式通过，平均时速为 20km/h。线路计划投资 35 亿元，采用中车大连机车车辆有限公司生产的 100%低地板钢轮钢轨式有轨电车，计划 2017 年开通运营。

7. 苏州的现代有轨电车

苏州高新区现代有轨电车，共 8 条线路，全长为 80km，首期线路 18km，已于 2014 年 10 月正式运营。车辆全部采用中车南京浦镇车辆有限公司生产的 100%低地板钢轮钢轨式有轨电车，如图 1-22 所示。

图 1-21　沈阳浑南新区的现代有轨电车

图 1-22　苏州的现代有轨电车

8. 南京的现代有轨电车

南京麒麟科技创新园现代有轨电车项目，2012 年 12 月动工，正在建设中。线路全长 9.1km，设车站 15 座，总投资约 25.4 亿元。车辆采用中国中车南京浦镇车辆有限公司生产的 100%低地板钢轮钢轨式有轨电车，如图 1-23 所示。

南京河西新城现代有轨电车项目，2013 年 1 月动工，于 2014 年 8 月开通运营。线路全长 7.76km，设车站 13 座，设置 1 个地下车辆段。车辆采用中车南京浦镇车辆有限公司生产的 100%低地板钢轮钢轨式有轨电车，如图 1-24 所示。

图 1-23　南京麒麟的 100%低地板有轨电车

图 1-24　南京河西的 100%低地板有轨电车

9. 珠海的现代有轨电车

珠海的现代有轨电车项目，一号线一期工程 2013 年 9 月动工，线路全长 8.9km，设车站 14 座，工程总投资约 26.2 亿元。规划 8 条线路，全长为 168.2km。车辆采用中车大连机车车辆有限公司生产的 100%低地板钢轮钢轨式有轨电车，如图 1-25 所示。

10. 广州的现代有轨电车

广州海珠区现代有轨电车项目，2013 年 11 动工，2014 年底竣工，线路全长约 7.7km，均为地面线，设车站 11 座，设置停车场 1 座，采用中车株洲电力机车有限公司生产的 100%低地板钢轮钢轨式有轨电车，如图 1-26 所示。

图 1-25　珠海的现代有轨电车

图 1-26　广州海珠区的现代有轨电车

11. 青岛的现代有轨电车

青岛市有轨电车线路规划 3 条线，分别在城阳、即墨、黄岛。2014 年 3 月，城阳示范线项目车辆在中车青岛四方机车车辆股份有限公司下线。

从 2014 年 12 月 28 日起青岛城阳有轨电车示范线开始通车试运行，该线为东西走向，全长约 8.77km，全部为地面线，连接青荣城际铁路、城阳火车站等区域，也与正在建设中的青岛地铁有效衔接。试验样车全长 31m，共有三节车厢。

2014 年 12 月 28 日首轮试运行的有轨电车实车，主体颜色为橙色，车内空间较样车大出一圈，采用双向车头、双侧开门的形式，车头设计更富有流线型，如图 1-27 和图 1-28 所示。

图 1-27　青岛城阳的现代有轨电车

图 1-28　首次使用氢燃料电池的青岛城阳有轨电车实车

12. 淮安的现代有轨电车

淮安现代有轨电车（见图1-29）一期工程线路西起市体育馆，沿交通路至大运河广场北侧，经和平路至水渡口广场，向南沿翔宇大道、楚州大道至淮安区商贸城，全长20.3km，共设车站23个。工程概算总投资364869.76万元，经济指标18180万元/km；有轨电车工程总投资322850.69万元，经济指标16086.23万元/km；配套道路工程投资42019.07万元。

图1-29　淮安的现代有轨电车

目前，国内现代有轨电车制造厂家主要有中车集团下属的唐山机车车辆有限公司、长春轨道客车股份有限公司、大连机车车辆有限公司、南京浦镇车辆有限公司、青岛四方机车车辆股份有限公司和株洲电力机车有限公司。各厂商主要生产钢轮钢轨式现代有轨电车，近年发展较快。

第2章 车体及内装设备

车辆的车体、内装、设备及驾驶室构成车辆的主体框架。车体是车辆的基本承载部件，内装既是乘客界面，又为电气等设备提供安装环境，还起到车辆隔声、降噪、保温的作用。设备主要包括门、座椅、扶手等部件，作为旅客界面，为乘客提供乘坐环境。驾驶室为整车控制及驾驶员提供驾驶条件。以上系统作为车辆的主体结构需稳定、可靠，具有优良的工艺性且符合人机工程学要求。

2.1 车体

2.1.1 车体的作用

车体是车辆的基本承载部件，是空调、转向架、制动、内装、车内设备和电气设备安装和实现其功能的基本载体。车体结构设计考虑到可能承受的一切静载荷和动载荷，包括车辆自重、额定载荷、超载、加速和制动力、故障工况以及救援、连挂、编组、运输和检修等作业引起的各种应力。同时具备一定的使用寿命，并具有隔声、减振、隔热和防火的功能，在事故状态下尽可能保证司乘人员的安全。

2.1.2 车体的分类

按照车型，可分为100%低地板有轨电车车体、70%低地板有轨电车车体、高地板有轨电车车体。

按照车体使用材料，可分为碳素钢车体、铝合金车体、不锈钢车体和复合材料车体。

按照车体组合方式，有焊接、铆接、螺栓连接或混合连接等结构。我国和日本大多采用焊接结构。铆接、螺栓连接或混合连接结构在欧洲依然有应用。

2.1.3 车体的特征

在车体设计中，要考虑到车体的结构强度、疲劳、防腐、模态、密封性、隔声、隔热、机械接口的适应性、起吊运输、维护检修、极端工况及异常情况等要素。鉴于有轨电车的运营环境及使用要求，其车体与干线铁路客车及地铁车车体相比，有以下主要特征：

1）有轨电车服务于城市内，乘客数量不均衡，站间距短，旅行时间短，上、下车频繁，因此车内设置的座位数量少、车门数量多而且开度大。

2）用于城市内交通，车体外观造型和色彩必须考虑城市文化、环境美化，与城市景观相协调。车辆内部要求通透、采光好，因此，车窗尺寸大、贯通道通过宽度宽。

3）对车体的隔声和降噪有严格要求，以最大限度降低噪声，以提升司乘人员的舒适度，并降低对外界环境的影响。

4）编组灵活，车型多样。以2、3、4、5模块编组最为常见。根据车上安装设备的不同，车体分为带驾驶室的动车（Mc）、带受电弓的拖车（Tp）、动车（M）、无转向架的浮车（F）等形式。

5）为降低运营的成本、减少能耗，要求列车在满足强度和刚度的前提下实现轻量化。

6）有轨电车防火一般符合BS 6853、EN 45545等国际标准，所用的材料安全、环保，有害物质的控制严格符合相关的国际和国家标准。

7）车体强度一般按EN、ISO、BS等标准考核，部分国家和地区的有轨电车还要求遵循VDV、BOSTrab等相关标准。

8）车体必须进行耐碰撞设计。列车两端应设有端部防爬装置、车钩能量吸收装置和驾驶室碰撞能量吸收区，设计和制造该撞击能量吸收区的目标应为：在碰撞发生时，尽最大可能保护司乘人员、车辆，以及被碰撞对象（特别是行人）。车体耐碰撞设计一般执行EN 15227或同类标准的要求。

9）有轨电车运营于城市内部，正线及车场一般会有小半径曲线及竖曲线，这就要求车辆必须适应线路条件。一方面，车体的外轮廓在任何工况下不得超出车辆界限，另一方面，在小半径曲线上，车体的任何部位不得与车辆其他系统发生干涉。

车体同时是其他系统安装及实现其功能的载体，车体各系统与车体的接口关系见表2-1。

表2-1 车体各系统与车体的接口关系

主要接口	车体结构要求
车端连接系统—车体	设置铰接、贯通道、车钩安装结构
转向架系统—车体	设置枕梁、二系悬架接口
电气安装—车体	设置C槽、吊码等
内装系统—车体	设置C槽、吊码等
制动系统—车体	设置C槽、吊码等
牵引系统—车体	设置C槽、吊码等
车内设备系统—车体	设置C槽、吊码等
驾驶室系统—车体	设置连接梁、连接板、C槽等
空调系统—车体	设置C槽、吊码等

2.1.4 车体的类型

1）100%低地板有轨电车车体：由底架、侧墙、端墙、车顶等部件组成，车体侧部为筒形或鼓形。车体底架没有台阶，但允许有不超过6%的坡度；由于门窗开度大，侧墙主要由立柱构成；由于车下空间狭窄，大部分设备安装在车顶，车顶需加强，图2-1为某100%低地板有轨电车铝合金车体。

2）70%低地板有轨电车车体：由底架、侧墙、端墙、车顶等部件组成，车体侧部为筒形或鼓形。车体底架转向架区域连同驾驶室区域设台阶，侧墙主要由立柱组成。图 2-2 为某 70%低地板有轨电车碳素钢车体。

图 2-1 某 100%低地板有轨电车铝合金车体

图 2-2 某 70%低地板有轨电车碳素钢车体

3）高地板有轨电车车体：由底架、侧墙、端墙、车顶等部件组成，车体侧部为筒形或鼓形。车体底架没有台阶及斜坡，但门入口到轨面较高。图 2-3 为某高地板有轨电车铝合金车体。

图 2-3 某高地板有轨电车铝合金车体

2.1.5 车体的材料

车体材料的选择，对整车的结构、性能、制造工艺、使用、维修以及全寿命周期成本等有重大影响。目前最常见的有轨电车车体有碳素钢车体、不锈钢车体以及铝合金车体，下面对其进行分析和比较。

1. 车体轻量化水平

（1）碳素钢车体 一般车辆的车体大多采用普通碳素钢制成的骨架和外包板的结构，形成一个闭口的筒形薄壳整体承载结构。为了提高车体的耐腐蚀性，延长车体的使用寿命，现在较多应用的是含铜或含镍、铬等合金元素的耐腐蚀的低合金钢材料（或称耐候钢）。

（2）不锈钢车体 采用半不锈钢（包板为不锈钢，骨架为普通碳素钢）或全不锈钢车体，免除了车体内壁涂覆防腐蚀涂料和表面油漆。在保证强度、刚度的前提下，通过调质压延而获得高强度不锈钢薄板，板厚可减小，同时也提高了使用寿命。一般不锈钢车体自重比普通碳素钢可减轻约 10%。

（3）铝合金车体 铝合金的密度仅为钢的 1/3，而弹性模量也是钢的 1/3，在铝制车体结构设计中，车体主要承载构件一般采用大型中空截面的挤压铝型材，以提高构件的刚度，充分发挥材料的承载能力，达到最大限度地减轻车体自重。全车的底板、侧墙、车顶均采用大型中空截面的挤压铝型材拼焊而成，与钢制相比焊接工作量减少 40%，制造工艺大为简化，同时实现大幅度减重。

2. 车体耐腐蚀能力

（1）碳素钢车体　耐腐蚀能力差，特别是雨檐周围，门口及车窗周围的立柱、墙板、地板等处容易被腐蚀，在厂修期间需要对车体进行挖补焊接，特别是在沿海、潮湿地区及工业大气环境下，腐蚀尤为严重，寿命较低。

（2）不锈钢车体　耐腐蚀能力强。多年运营经验表明，不锈钢车体的不锈钢结构部分，在寿命周期内，基本无需涂装及修补。不锈钢车体不需要同碳素钢车体一样预留腐蚀余量，大量使用薄板，以实现轻量化。而枕梁、牵引梁、弹簧座、车钩座等部位，由于形状复杂，采用弧焊结构，所以采用了耐候钢材料。

（3）铝合金车体　铝合金车体主结构采用大断面中空挤压型材焊接而成，已经历了多年的实际应用。运营经验表明，易发生腐蚀的位置集中在雨檐、门口、窗口周围及焊接热影响区等处，但和碳素钢车体相比较，腐蚀程度很轻，通过对外部涂层的维护，完全可达到设计寿命要求。

3. 制造成本

（1）材料成本　考虑模具等因素，材料成本是碳素钢车体<不锈钢车体<铝合金车体。

（2）制造成本　碳素钢、不锈钢材料制造车体时，需配套大量工装、设备、夹具、检测工具等，所以制造成本较高，铝合金车体由于采用了大量大断面铝型材，只需对型材进行加工、组焊，制造成本较低。

此外，碳素钢车体常采用CO_2气体保护焊；铝合金车体常采用MIG焊和TIG焊；不锈钢车体常采用点焊、MIG焊和TIG焊。因此，碳素钢车体和铝合金车体都采用弧焊，所以修整工作较多。尤其是铝合金车体，为防止底架接头处的角部产生应力集中，要增加打磨加工焊缝的工作。不锈钢车体采用点焊，所用焊接材料少，焊接热量少，不容易发生变形，所以基本上不需要修整及加工焊缝，但点焊设备较昂贵，且点焊工艺对车体结构限制较大。

综合考虑上述因素，车体的制造成本：铝合金车体制造成本最低，碳素钢车体次之，不锈钢车体制造成本最高。

4. 全寿命周期成本

如将碳素钢车体制造成本定为1.0，则不锈钢车体为1.14，不涂漆铝合金车体为1.57，涂漆铝合金车体为1.66。但是由于碳素钢车体检查维修量大，其总成本明显增加，运用12年厂修时其总成本大幅上升，超过不锈钢车。运用20年时，再次大幅跃升，超出铝合金车。所以可以看出，最初的制造成本最低，但经过长年使用后，总成本变为最高，而不锈钢车维修量很少，所以最终总成本最低。

2.1.6　车体的结构

车体一般由底架、侧墙、车顶、端墙、驾驶室（仅头车）等几大部件组成，其具体结构与其采用的材料密切相关。

碳素钢车体采用板梁组合的整体承载焊接结构。其主结构一般采用耐候钢板及压弯和滚弯的U形梁、帽形梁等焊接而成，在高应力区域采用高强度结构钢或合金钢。

不锈钢车体采用板梁组合整体承载全焊接结构。由于采用大量薄板，须采用大量薄板轧压成补强型材与外板点焊连接形成空腔，借以提高外板的刚度、强度。不锈钢材料对热输入较为敏感，为了不降低板材的强度和减少变形，应尽可能采用点焊，特别是强度高的材料不允许任何形式的弧焊。梁柱之间采用平面或立体接头、点焊。板的拼接采用搭接焊缝。采用电阻焊代替弧焊是不锈钢车体的一大特征。不锈钢车体工艺性差，制造成本高，由于大量采用点焊，车体密封性差，不适合高速车体。

铝合金车体结构采用大型中空薄壁挤压型材结构。这使得车体结构大大简化，车体的几大部件均由几块大型材拼接而成，焊缝的数量少，车体的制造工艺简单，效率高。

在车体方案设计中，通过有限元仿真计算来指导车体的方案设计，有限元仿真验证内容包括车体强度、车体模态、车体刚度、车体振动特性、车体固结强度等。在新产品试制完成后要进行相应的试验进行设计结构验证。在仿真计算过程中，要根据相应的标准进行模型处理，在载荷和约束处理过程中要尽量和试验过程中施加载荷和约束处理相同，这样可以不断提高计算模型的准确度。有一些结构无法进行试验验证，只能通过仿真计算的方法来进行设计验证，如车体结构的抗疲劳性能，车体抗冲击性能等。

2.1.7 其他

考虑到有轨电车的运输、起吊、运营、检修及救援等需求，必须在车体底架下方设置架/吊车及复轨结构。某低地板有轨电车的架/吊车及复轨位置如图 2-4 所示。

在制造、运营、维护和检修过程中，架/吊车位置为端部四点或转向架附近四点配合使用，如头车有 1、2、7、8 和 3、4、5、6 两种架/吊车方式。车辆脱轨后，在线路条件允许的情况下，可采用吊车进行复轨，吊装位置为头车 1 位端 1、2 号架/吊车座。在条件受限无法使用吊车的情况下（受接触网、站台或侧方障碍物影响），可在头车底架 9 号位置进行单点复轨。若头车和与其相邻的中间车同时脱轨，可在架/吊车位置对 2 辆车同时复轨。

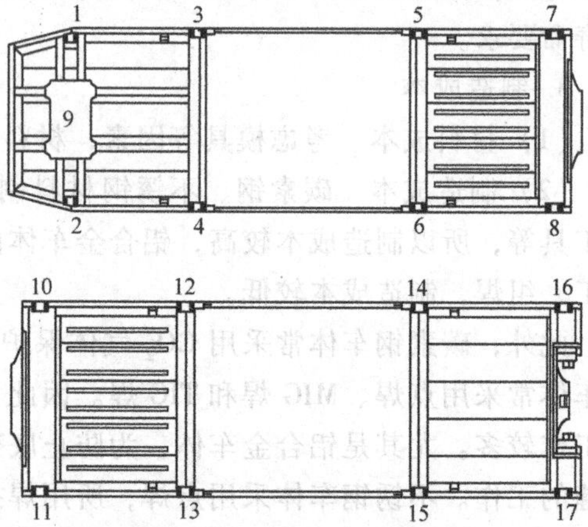

图 2-4 某低地板有轨电车架/吊车及复轨位置

1~8—头车架/吊车位 9—单点复轨位

10~17—中间车架/吊车位

2.2 内装

现代有轨电车旅客界面设计是其设计的重要组成部分，也是车辆设计水平高低的重要体现。旅客界面设计是关系旅客乘坐安全性和舒适性的重要因素。轻轨车辆由于总体尺寸限制及运营环境为路面，在确保功能完善的基础上，旅客界面设计应达到造型新颖，美观大方，色调协调、明快、柔和，富有现代气息的效果。客室总体布局、装饰具有现代美学观点，充分体现人性化设计理念。同时，旅客界面设计所有结构应牢固可靠、易于保养和清洁，抗涂写、抗刻画性能良好。中车唐山机车车辆有限公司制造的系列低地板现代有轨电车内装效果如图 2-5 所示。

国内有轨电车内饰均以明亮、轻快的色调为主，如图 2-6 所示。

国外的有轨电车型式多样，历史悠久，其内饰也各具特色，如图 2-7 所示。

图 2-5　内装效果

a)　　　　　　　　b)　　　　　　　　c)

图 2-6　国内有轨电车内饰效果

a）松江有轨电车内饰效果　b）广州海珠有轨电车内饰效果　c）长春有轨电车内饰效果

图 2-7　国外有轨电车内饰

2.2.1　内装的组成及结构

车内装饰按其功能和安装位置可分为以下四部分：

1）地板组成：地板系统包括地板骨架、铝蜂窝地板、地板布和地毯。地板作为一个水平面，可供旅客在上面行走，同时也是很多车内设备部件的安装面（如座椅、工作桌等），其具有承载能力、抗冲击能力。地板骨架连接车体结构，中间形成空腔，以填充防寒材料，布置线缆、管路的部件。

2）墙板组成：安装于车内侧部的墙板。为安装电气或其他部件的需要，其应具有一定的承载能力、抗侧向压力和冲击的能力，墙板表面具有装饰性和具有一定的硬度。端墙板和间壁板划分车内各功能区间的隔板。为安装车内设备的需要，间壁板要有承载能力，要保持稳定，具有一定的刚度、抗侧向压力和局部冲击的能力。

3）顶板组成：按高度与造型区分为高顶板与平顶板。为安装灯具、风口或其他部件，顶板要具有一定的刚度，表面具有装饰性。

4）防寒材料组成：具有隔热、隔声、吸声、减振的作用，安装于车体结构与车内饰板间。

2.2.2 地板的组成

地铁车辆的车内地板都留有 30~50mm 的安装空间，车内地板使用铝蜂窝地板支撑，外表面铺设地板布。弹性地板骨架作为铝蜂窝地板的支撑，中间形成空腔，以填充防寒材料，布置线缆、管路的部件。

而低地板车辆由于地板高度的限制，地板结构根据车体预留空间分为两种。一般车体为不锈钢或碳素钢时，地板有足够的空间安装铝蜂窝地板，车体为铝合金车体时，地板空间不足，此时车体地板采取一定的降噪措施，车体铝地板上仅铺设地板布。

（1）铝蜂窝地板结构 铝蜂窝地板的安装形式为：铝蜂窝地板安装在橡胶弹性支撑上。橡胶弹性支撑具有支撑和减振作用。为了减少车下振动和噪声的传播，在波纹地板上粘铺或填充隔声、隔热材料。隔声、隔热材料均为难燃性材料，具有良好的隔声、隔热性能。地板布为 PVC 或橡胶材料，采用地板布专用胶粘接并覆盖在铝蜂窝地板上，结构见图 2-8 和图2-9所示。

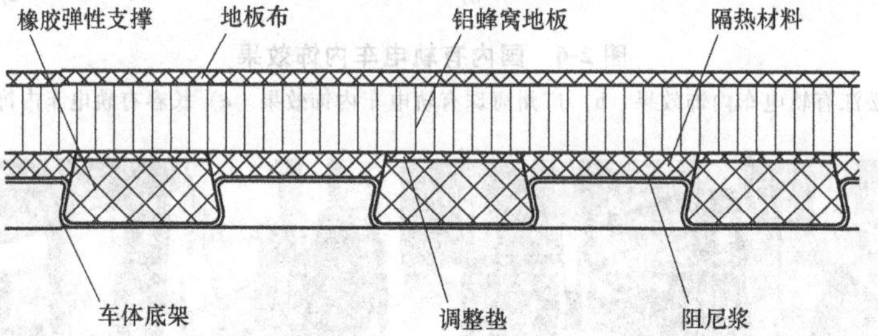

图 2-8 铝蜂窝地板结构

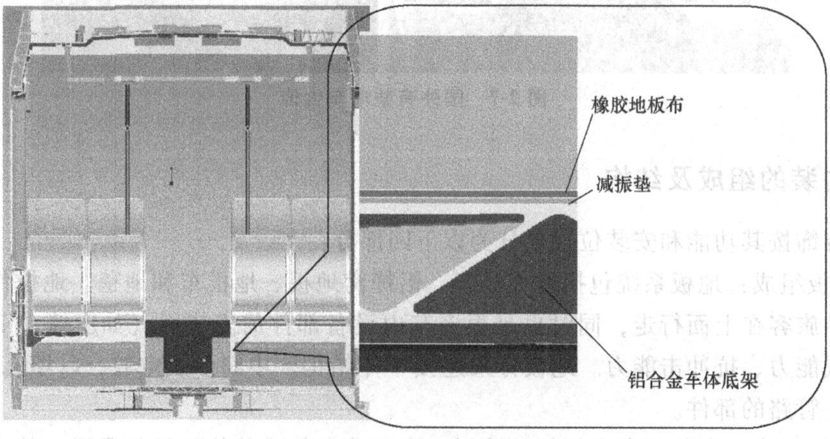

图 2-9 地板布置

（2）地板采用在铝合金地板面直接铺地板布的结构　总厚度5mm，使用3mm地板布，在铝合金车体底架上方铺2mm减振垫，提高铝地板平面度，并隔声、减振，提高防寒性能。

减振垫材质为聚氨酯或环氧类自流平，地板布与减振垫用专用胶粘剂粘接。要求铺设后地板无裂痕，不起砂，光滑平整，大面积接口处基本平整。具有良好的抗压、抗拉、防火、防水、防滑、隔热、耐用、吸声、减振、耐酸、耐碱、耐磨等性能。涂料能耐酸、碱、油，铺好后表面不能出现发粘现象，颜色均匀一致，无浮色发花，无杂质。

其参考参数如下：粘接强度为2.5MPa；抗拉强度为2.5~3.5MPa；抗压强度≥1.5MPa；耐寒性能，脆性温度≤-30℃；硬度（ISO 7619或GB 2411）为60~90；流平性≥15min（可操作时间）；导热系数<0.3W/(m·K)；抗酸性，耐5%HCl溶液对该材料不会引起延展或溶蚀的损失；尺寸稳定性（EN434）为±0.4%；抗碱性，2%NaOH溶液对该材料不会引起延展或溶蚀的损失。

（3）地板布　地板采用橡胶（或PVC）地板布进行铺设，便于清洁。采用地板布专用胶将地板布粘接并覆盖在减振垫地板上。采用宽幅地板布以减少接缝，接缝处用同色胶进行密封，确保水密性。

地铁上常用PVC或橡胶作为地板布材料，其各有特点，地板布具有耐磨、防火、寿命长、不开裂、防滑的特性，而且具有美观、易于清洁的特点。用户可根据环境条件及维护需求选择适宜的地板布。表2-2和表2-3为两种地板布的性能。

表2-2　橡胶地板布性能

技术数据	测试标准	要求	生产过程随机抽样测试平均值
厚度	EN 428	平均值与公布值误差0.15mm	3.0mm
尺寸稳定性	EN 434	≤±0.4%	±0.0%
香烟烧灼反应	EN 1399	程序A(挤熄)≥1级;程序B(燃烧)≥1级	无烧伤
抗弯折	EN 435,测试程序A	弯折直径20mm,无裂纹	无裂纹
硬度	ISO 7619	≥75绍尔A类硬度	92绍尔A类硬度
压痕残留	EN 433	厚度<2.5mm时平均值≤0.15 厚度≤2.5mm时平均值≤0.20	0.07mm
人造光照射下抗褪色能力	ISO 20105-B02,测试程序3,测试条件6.1a)	≥6	>7
重量	EN 430	—	≈3.84 kg/m²
防滑性	DIN 51130	—	R9(平整表面) R10(纹理表面)
吸收脚步噪声	ISO 140-8	—	6dB
行走时静电表现	EN 1815	—	抗静电,橡胶鞋底摩擦产生静电<2kV

（续）

技术数据	测试标准	要求	生产过程随机抽样测试平均值
耐化学腐蚀	TB/T 3138—2006	95%酒精 无变化	符合
		2%NaOH 无变化	符合
		5%HCl 无变化	符合
烟雾浓度	TB/T 3138—2006	≤200	45
燃烧表现	DIN 4102 Teil1		B1
	DIN 5510 Teil 2	—	SF3
	DIN EN 13501-1	—	Bfl-s1
环保性能	GB 18586—2001	氯乙烯单体含量≤5mg/kg	未检出
		可溶性铅≤20mg/m^2	0.4
		可溶性镉≤20mg/m^2	0.8
		挥发物限量≤10g/m^2	7

表 2-3　PVC 地板布性能

技术数据	测试标准	要求	生产过程随机抽样测试平均值
厚度	EN 428	平均值与公布值误差 0.15mm	3.0mm
尺寸稳定性	EN 434	0.4%	0.3%
香烟烧灼反应	EN 1399	测试程序 A(挤熄)　第 4 级 测试程序 B(燃烧)　第 3 级	表面无烧伤
抗弯折	EN 435,测试程序 A	弯折直径 20mm,无裂纹	无裂纹
硬度	ISO 7619	75 绍尔 A 类硬度	92 绍尔 A 类硬度
压痕残留	EN 433	厚度 2.5mm 时平均值 0.15 厚度 2.5mm 时平均值 0.20	0.05mm
5N 负荷条件下耐磨性	ISO 4649,测试程序 A	250mm^3	200mm^3
人造光照射下抗褪色能力	ISO 20105-B02,测试程序 3,测试条件 6.1 a	蓝卡计读数至少为 6,灰卡计读数为 3(=350MJ/m^2)	灰卡读数为 3,根据 EN 20105-A02
附加技术数据	—	—	
重量	EN 430	—	≈5.04kg/m^2
防滑性	DIN 51130	—	R9(平整表面),R10(纹理表面)
吸收脚步噪声	ISO 140-8	—	6dB(A)
行走时静电表现	EN 1815	—	抗静电,橡胶鞋底摩擦产生静电<2kV
燃烧表现	ASTM E-648/ISO 9293-1	0.5W/cm^2	符合
	CNTK	—	符合
	DIN 4102	—	B1
	BS 6853	—	Ⅰb
	NT Fire 007	—	G 级
	NF F 16-101	—	M2 级(M0 基面上) M3 级(M3 基面上)

（续）

技术数据	测试标准	要求	生产过程随机抽样测试平均值
烟雾浓度	ASTM E-662	1.5min 后低于 100，4min 后低于 200	符合要求
	NF F 16-101	—	F3
燃烧烟雾毒性	DIN 53436	—	碳化烟雾无毒
	BS 6853 Annex B	—	$R<5$
	Bombadier SMP 800-C	—	符合要求
环保性能	GB 18586—2001	氯乙烯单体含量≤5mg/kg	未检出
		可溶性铅≤20mg/m²	1.3
		可溶性镉≤20mg/m²	0.23
		挥发物限量≤10g/m²	3.1

2.2.3　侧墙板的组成

内部侧墙板与端墙板采用玻璃钢或铝板压型、铝蜂窝或铝蜂窝结构泡沫材质，降低自重，具有良好的抗拉强度、耐磨性、阻燃性和防化学腐蚀性能，便于清洁。中间骨架采用平齐的铝合金定位，固定在车体侧墙或端墙上，保证刚度。骨架与墙板中间采用橡胶垫、尼龙搭扣进行固定连接以减小振动。内墙板下部与地板布之间压盖踢脚线，踢脚线材质选用不锈钢。侧墙板与车窗之间采用胶条（按照窗口及窗口圆弧尺寸呈封闭型）密封，具有强夹紧力。立罩板可用工具打开，满足维修要求。电气柜端墙检修门采用四角钥匙即可打开，上方端墙配有检查门以供乘客信息显示屏的维修及更换。

内墙板以保证强度刚度的前提最大程度的减少紧固件的数量，并且尽量使紧固件不外漏，各车辆安装和紧固点采用统一位置、统一大小，相同车型的配置完全相同，符合模块化的要求。墙壁涂鸦可使用清洁剂和清洁产品清除。侧墙安装如图 2-10 所示。

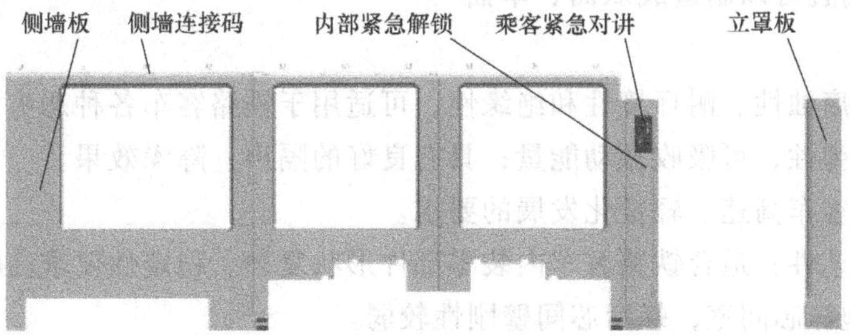

图 2-10　侧墙安装

端墙板根据安装位置的不同，使用的材质不同。在电气柜等需要包覆且要求一定强度的部位，选用铝蜂窝或玻璃钢泡沫夹层结构。在有空间限制仅对车体端墙进行包覆，且不受乘客倚靠时，选用铝板或玻璃钢结构。低地板车辆比较通透，贯通道通过尺寸比较大，故端墙的造型还根据贯通道进行设计。图 2-11 所示为中车唐山机车车辆有限公司设计的电气柜端墙，端墙内部安装有电气设备及各种电气主机。

图 2-11　内装端墙

驾驶室间壁考虑车辆运行在地面上给乘客提供友好的界面，间壁门一般选择通透的玻璃材质。驾驶室间壁选用铝合金框架支撑，上部使用 PC 贴面板固定在铝合金框架上，中部使用 PC 或安全玻璃、钢化玻璃，下部采用铝蜂窝结构。采用上、下、两侧四个紧固点进行紧固。设有右侧一个门，用于驾驶员的出入。左侧下方开检查门作为维修入口，如图 2-12 所示。

图 2-12　驾驶室间壁

铝蜂窝材料具备下列诸多的优点及良好的性能：

1）重量轻，强度高，同等重量的铝蜂窝复合材料其刚性约为铝合金的 5 倍，拆装方便。

2）有极高的表面平面度和高温稳定性，易成形且不易变形，蜂窝夹层结构不仅能制成平面板，而且可以制造成双曲、单曲面板。

3）优良的耐腐蚀性、耐环境性和绝缘性，可适用于铁路客车各种恶劣的环境。

4）独特的回弹性，可吸收振动能量；具有良好的隔声、降噪效果。

5）符合铁路客车高速、轻量化发展的要求。

6）优异的工艺性；适合铁路客车内装零部件形状复杂、稳定性要求高的特点。

缺点：相对泡沫芯间壁，蜂窝芯间壁刚性较弱。

根据使用位置的不同，铝蜂窝的性能要求不同。

2.2.4　顶板的组成

客室顶板为全平面顶板结构，顶板上布置“满天星”LED（发光二极管）点光源。顶板中间为中顶板，中顶板可以打开，便于顶板内部电气设备的检修。中顶板采用复合铝板夹心铝蜂窝材料，与二次骨架连接；中顶板两侧布置空调送风格栅，格栅材质为铝型材。格栅两侧为侧顶板，侧顶板沿车体纵向布置，为铝蜂窝材料，通过螺栓与车顶骨架及侧墙连接。

客室顶板结构如图 2-13 所示。地板与车顶之间的高度，在车辆内乘客站立区段为 2160mm。

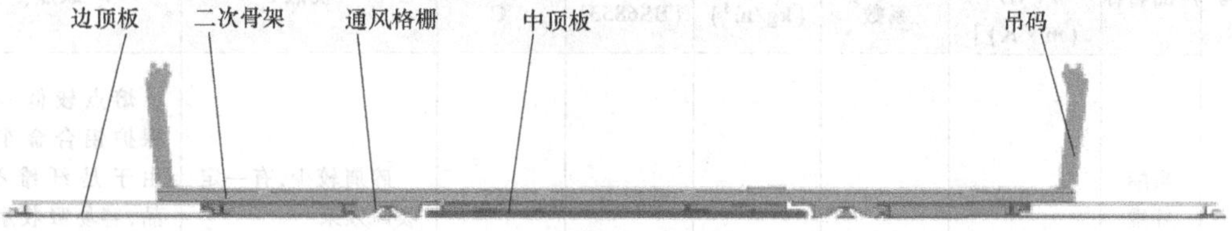

图 2-13 顶板

采用侧顶与中顶等高的新型设计，扩大客室空间，扩大旅客视野，提高采光强度。中顶板、侧顶板采用可拆卸设计，使用工具就可进行顶部电气设备件的维护。中顶设有安全装置防止在检修及运行时不慎脱落。侧顶板及中顶、格栅固定在二次骨架上，并增加毛毡，无振动，较低噪声。侧顶和中顶上按需要布置点状灯带，如图 2-14 所示。

图 2-14 侧顶与中顶灯带

2.2.5 防寒材料的组成

有轨电车所选的隔声、隔热材料均为铁路运用成熟的产品，具有长期运用不降低性能的特性。列车处于长期运行振动，隔声、隔热材料不松散脱离。内装系统各部件的安装采取隔声降噪的措施：顶板与二次骨架间，顶板与侧墙插接部分，侧墙安装各板、梁、柱间采取隔声、减振措施，在车体内部粘贴阻尼贴片。在轮箱罩部位粘接静馨隔声毡，使用福乐斯等材料，减少转向架处对车体内部的噪声及振动传播。隔热采用高性能保温吸声材料（碳纤维），并外部包裹碳纤毡，防止热辐射。

车体的端部、顶部、侧墙上均安装隔热材料，起到隔热、隔振、吸声的作用，防止声能与热能通过内部通道或与外部通道相通的区域进入客室，提高客室乘坐舒适性。

选择材质高强度轻量化、抗老化，稳定。选择具有优异隔声、隔热指标的材质；材料经过表面处理满足抗涂写、抗刻划性、抗集尘性、可清洁性指标和效率、节能指标等，还具有良好的耐腐蚀性，提高整车内装的使用寿命。铝合金件及不外露的金属件做防腐处理。

表 2-4 为铁路设计中防寒材料的各参数及性能对比，根据车辆轻量化的要求，选择了碳纤棉作为防寒材料。

隔热材料车顶使用规格为厚度 50mm，侧墙、端墙使用规格为厚度 30mm 的碳纤维；压缩安装后要求车顶防寒材料厚度≤25mm，侧墙及端墙防寒材料厚度≤12mm，包裹纤维毡与车体粘贴。宽度尺寸大于等于 600mm 时，允许分两块并中间用铝箔粘带进行拼接。安装后平整，接缝处要求平实，不得有翘角、下坠等缺陷，碳纤维主要性能见表 2-5。

车体内部隔热材料安装时，与车体结构内表面密贴。使用双组分胶黏剂进行粘接，保证隔热材料不下坠。

表 2-4 列车常用隔声、隔热材料性能对比

序号	产品名称	导热系数/[W/(m·K)]	平均吸声系数	密度/(kg/m³)	防火等级(BS6853)	熔点温度/℃	优点	缺点
1	聚酯纤维	0.039	0.54	25	难燃 B1	255	碎屑较少,有一定吸声效果	熔点较低,不能保护铝合金车体;由于是纤维类产品,容易吸收水汽,保温和吸声性能会随时间下降
2	碳纤棉	0.037	0.60	12	不燃 A1	1000	耐温较高能有效地保护铝合金车体;吸声效果较好;密度非常小,是轻量化防寒材料设计的首选	由于是纤维类产品,保温和吸声性能会随时间下降
3	阿姆福乐斯,型号 CR-WALL	0.035	0.27(隔声效果较好)	55	难燃 B1	碳化	使用寿命长;隔声效果好;长时间使用,保温和隔声性能稳定;由于是闭孔类产品,不会吸收水汽;易于安装	密度较大
4	三聚氰胺棉	0.035	0.57	12	难燃 B1	345	吸声效果较好;密度较小;易于安装	熔点较低;保温和吸声性能会随时间下降

表 2-5 碳纤维主要性能

序号	项目	指标
1	导热系数	≤0.035 W/(m·K)(0℃) ≤0.040W/(m·K)(20℃)
2	容重	10kg/m³
3	防火等级(DIN 5510-2)	可燃等级:S4 烟雾扩散等级:SR2 滴落等级:ST2 FED≤0.04
4	蒸汽渗透性	2.46×10^{-6}g/(m²·s·Pa)
5	对健康的影响	不释放尘土或纤维
6	纤维直径	3.3~7.6μm
7	抗霉菌性能	0 级,不长霉
8	甲醛释放量	无

为减小车体振动及降低车顶、转向架部位传到客室的噪声,在车顶及转向架位置粘贴阻尼贴片,上面铺设静馨隔声毡、福乐斯等材料以达到隔声减振效果,具体性能见表 2-6。

表 2-6 阻尼贴片性能

序号	项目	指 标
1	收缩率	≤2%
2	吸湿率	≤0.1%
3	憎水率	99%
4	耐潮湿性	无霉菌生长,无腐烂气味
5	防火等级	可燃等级:S4 烟雾扩散等级:SR2 滴落等级:ST2

2.3 驾驶室

驾驶室整体外形采用流线型造型设计，玻璃钢外罩与铝合金骨架通过结构胶粘结后组成主体结构；驾驶室外壳按防碰撞模块化设计，各模块装卸方便，易于维护；驾驶室的设备布置科学合理，符合人体工程学；整个驾驶室设计色彩无刺激、无强烈的反光，室内清新、柔和。驾驶室外观如图 2-15 所示。

图 2-15 驾驶室外观

驾驶室常见的内部布置见图 2-16。

驾驶室主要由以下模块及部件构成：

① 驾驶室外罩及骨架。

② 风窗与侧窗玻璃。

③ 驾驶室电气设备。

④ 刮水器。

⑤ 遮阳帘。

⑥ 驾驶室座椅。

⑦ 灭火器。

⑧ 驾驶室内装等。

2.3.1 外罩及骨架

驾驶室外罩及底部导流罩采用聚酯玻璃钢材料，厚度为（6±1）mm，为了保证强度，允许局部添加加强筋。与骨架连接采用螺栓调节连接，通过预埋的角铁与车体骨架通过螺栓连接。骨架一般采用铝合金或碳素钢材料焊接而成。根据运行环境及碰撞后更换需求，将驾驶室分成 5 块，增加了橡胶防撞块，减小车辆在碰撞到行人后对行人的损伤。其他根据车辆不同的撞击方向，进行了分块，具体分块见图 2-17。

玻璃钢按应用分为承受载荷的和不承受载荷部件，其参数不同，驾驶室外壳承受较大载荷，故参照以下参数进行设计生产：硬度＞30（巴氏）；吸水率≤0.5%；抗拉强度≥150MPa；抗弯强度≥180MPa；冲击韧性（无缺口）≥200kJ/m^2；树脂含量≥45%；阻燃性能，氧指数≥28，45°角燃烧，难燃级；耐落球冲击，被冲击面不能有裂纹及变形；耐沙

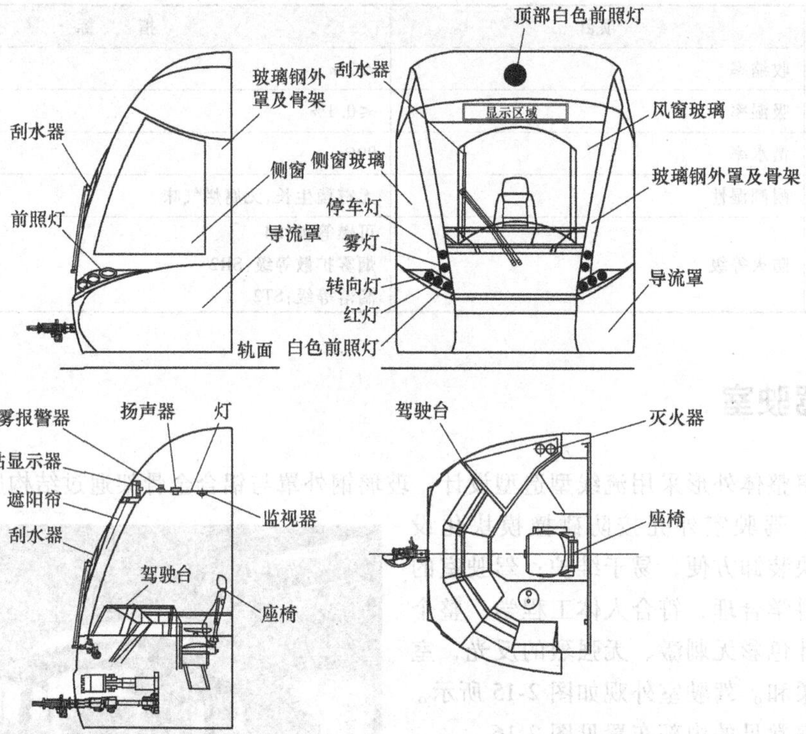

图 2-16 驾驶室布置

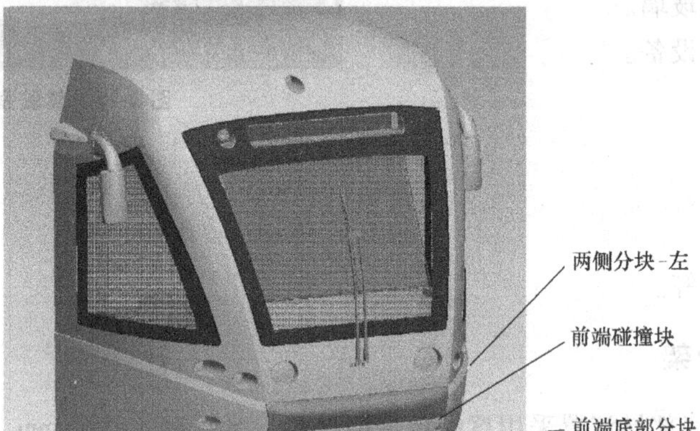

图 2-17 驾驶室分块

袋冲击被冲击面不能有裂纹及变形。

驾驶室骨架设计要求满足 EN 12663《铁路车辆车体的结构强度要求》标准，采用 5mm 厚的方形铝型材，通过折弯造型，焊接为一体，前期经过计算分析，骨架安装至车体后做静强度试验验证其结构强度。图 2-18 所示为驾驶室骨架。

驾驶室外罩与骨架的连接处设有横纵 C 槽，通过连接码将二者连接起来，由于 C 槽为可调结构，抵消了因焊接或糊制造成的误差。图 2-19 所示为外罩与骨架的连接。

图 2-18 驾驶室骨架

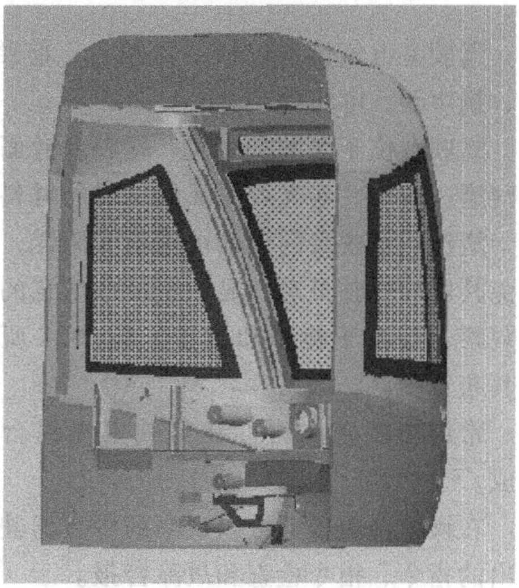

图 2-19 驾驶室外罩与骨架的连接

2.3.2 风窗玻璃

前端风窗玻璃采用层压式高抗冲击型安全玻璃。使用的玻璃材料均为安全玻璃，结构设计能够保护驾驶员的安全，确保玻璃不能被压入驾驶室内。推荐的总厚度为 12mm，其中两片厚度均为 5mm，2mmPVB 胶层。侧窗玻璃总厚度为 9mm，其中两片厚度均为 4mm，1mm 胶层。

玻璃与窗框用胶相连接。结构胶将风窗玻璃与驾驶室外罩留有的安装台阶粘结，台阶的布置防止玻璃被压入驾驶室内，风窗玻璃的粘结结构如图 2-20 所示。

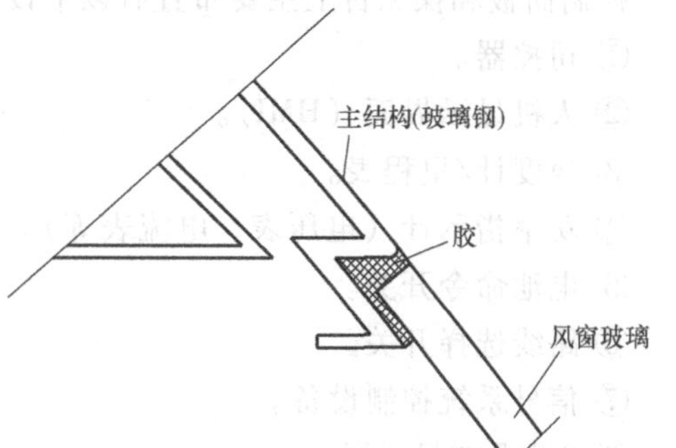

图 2-20 风窗玻璃粘结结构

驾驶室风窗玻璃采用电加热玻璃，电加热功率≥3W/dm^2，具有除冰、除雾功能。风窗玻璃内的加热电阻丝为不可见型，不会影响驾驶员的正常驾驶。风窗玻璃配置有遮阳帘，可以降低强光对驾驶员的干扰。驾驶室风窗玻璃结构和弧度的设置，确保不对驾驶员产生炫光干扰。

玻璃最小透光率为 80%。

光畸变：2′；光学角偏差：2′。

风窗玻璃对安装环境要求较高，安装环境如下：

① 温度范围：15~30℃。

② 相对空气湿度：30%~70%。

③ 工作过程和质量检验过程中照明要充足（至少 300lx）。

④ 空气中尘埃负荷必须要小，施工环境清洁。

2.3.3 驾驶室的电气设备

驾驶室电气设备包括：驾驶台、前照灯、终点站显示器、摄像头、内部照明、火警探头、扬声器、电笛等。

驾驶台位于驾驶室中间，驾驶台台面采用耐磨、耐用、对光线无强烈反射的材料并易于清洗。驾驶台的设计可遮挡太阳光，以避免其影响驾驶员对各显示器屏幕信息的正常观察，且易于检修和维护，图 2-21 所示为其布置图。

图 2-21　驾驶台布置

常用功能操作均可在驾驶室操纵台上完成。

在操纵台面板上可以观察到所有驾驶员发出的指令、指令检查和故障警报。

驾驶台上用于控制车辆、监控并管理指令以及指示故障的所有仪表（如按钮、控制杆、开关、指示器和显示器等）均按人机工程学进行设计，便于驾驶员观察和操作；同时，仪表指示灯不会产生刺眼强光。

部分控制设备可以实现对不同功能设备的操纵，而且驾驶员可以非常容易地同时执行这些命令。

控制面板和操纵台上主要布置有以下设备：

① 司控器。

② 人机显示界面（HMI）。

③ 速度计/里程表。

④ 功率指示计（电压表、电流表等）。

⑤ 电池命令开关。

⑥ 路线选择开关。

⑦ 信号系统控制设备。

⑧ PIS 系统显示屏。

⑨ 刮水器控制（几种模式选择）。

⑩ 车门控制。

⑪ 牵引/制动控制。

⑫ 冗员按钮或踏板。

⑬ 启动按钮。

⑭ 紧急停止按钮。

⑮ 前风窗玻璃刮水器及刮水控制。

⑯ 乘客广播系统和送话器。

⑰ 乘客信息系统。

⑱ 照明系统。

⑲ 暖通空调系统。

⑳ 无线电系统。

㉑ 用于警告乘客的铃声和喇叭按钮。

㉒ CCTV 摄像机选择和控制、监视器、记录仪。

车载信号设备内置有自动线路选择系统和方向开关请求按钮。为提供充足的线路信息，车辆配置有乘客信息系统、自动通知系统、车辆追踪系统以及不同系统之间的交互界面系统。驾驶员将运行数字信息通过无线电信号传输给车辆跟踪系统，并提供有显示该信息的交互界面。

驾驶员可以非常方便地触碰到线路和方向切换请求按钮，同时还可以防止对这些按钮的意外触发。

2.3.4 刮水器

有轨电车两头驾驶室各配备一套刮水器系统，见图 2-22。刮水器关闭时，雨刷应能自动返回初始位置（初始位置为车辆运行方向的右侧）。洗涤器总成为刮水器提供清洗用水。

图 2-22 电动刮水器

刮水器单元是每个驾驶室前面板一部分。刮水器常会因为违规操作或意外发生故障过早的损坏。刮水器单元用来清理风窗玻璃上的雨、水、灰尘、薄雪等影响驾驶员视线的杂物。

刮水器根据用户需求可有 3～5 种工作模式，分别为：关闭、中间洗车工况（可选）、间歇运行（可选）、低速运行和高速运行。刮水器驱动机构运动灵活，工作可靠，使用寿命长，便于维修更换。

刮水器驱动机构运动自如，且当由于驱动机构故障而引起电动机堵转时应不致烧毁电动机。刮水器金属件经过防腐处理，或使用具有耐腐蚀的材料制造；刮水器金属件油漆层、塑料喷涂层应均匀，无气泡、堆积、流挂现象；电镀部分应镀层均匀，不露出基地，无明显裂纹和其他显著缺陷；刮片表面应光滑、平整、无伤痕及裂纹、刮刃无缺口；刮水器外露表面应无炫目现象，表面光泽度应在 40%以下。

刮臂和刮刀的长度确保刮水器运动过程能够满足驾驶员视野观看信号要求。

刮片与刮杆、刮杆与刮水器轴的连接应紧固可靠、方便拆卸，在使用过程中不应发生松动和明显变形。刮水器轴与轴套应密封良好，不渗水。水管与水箱上的管座连接可靠并具有一定强度，水管不得有开裂脱扣现象。

水箱采用不锈钢板焊接而成，水箱各焊缝需牢固平整，不允许有裂纹、熔穿、气孔、夹渣等缺陷，强度应满足使用要求；水箱在油漆前内外侧均做除锈处理；水箱镀层应均匀牢固，不允许有剥落、气泡等缺陷，镀层经耐腐蚀性试验后不允许有明显的腐蚀现象；外表面油漆涂层光滑平整，色泽均匀，无明显的涂漆缺陷，漆膜厚度不小于 25μm，附着力不低于 2 级；水箱外表面整体无明显凹坑、磕碰伤、刻痕等缺陷；水箱总体组成后进行 120kPa 水压试验，保压5min后各焊缝不渗漏，整体无明显翘曲变形。

水箱组焊后，先做抗振动型式试验，应能承受3g的加速度，然后进行密封性试验。

刮水器各部件所用紧固件均为不锈钢材质，所有应用紧固件的位置，其必须为金属接触面以保证强度。

刮水器电动机常见参数：额定电压为DC24V（DC16.8V~DC30V）；额定功率为100W（高速时）；额定功率为45W（低速时）；工作转速低速为（30±5）r/min，高速为（45±5）r/min。

2.3.5 遮阳帘

可以设置手动型或电动型遮阳帘。遮阳帘的安装有效遮挡阳光，避免阳光直射驾驶员眼睛。遮阳帘性能稳定、工作可靠、便于维修。帘杆采用铝合金型材，表面阳极氧化处理。帘布与帘杆之间不允许有任何串动。

遮阳帘经30000次往复循环，应伸缩灵活，无故障。帘布遮光率为95%。

电动型遮阳帘的动作由电动机控制完成，开启和关闭为手动控制，可在最大行程内的任意位置保持打开和关闭。

1）打开：用手轻轻按压打开控制开关，使电动机工作，拉杆、帘布将沿导柱向下运动；遮阳帘打开。

2）关闭：用手轻轻按压关闭控制开关，使电动机工作，拉杆、帘布将沿导柱向上运动；遮阳帘打开。

3）调整：控制开关打开或者关闭，选择适合的位置停止控制开关，遮阳帘将会停止动作。根据遮光需要，可上下任意调整位置达到遮光效果。

2.3.6 驾驶室座椅

驾驶室座椅固定到地板上。座椅可旋转；前后方向移动；根据不同体重座椅高度可以上下调节；坐垫前后方向可调节；靠背角度可调节。座椅骨架为钢骨架，其设计符合人机工程学，弹簧悬架防冲击安装。座垫和面罩等非金属材料满足EN 45545的防火和安全要求。驾驶室座椅示意如图2-23所示。

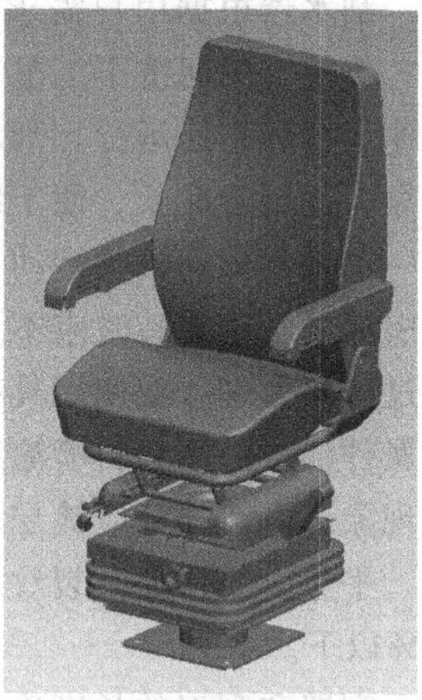

图2-23 驾驶室座椅

驾驶室座椅参数：座椅总宽为550~620mm；座垫高度为440~450mm；座垫宽度≥440mm；座椅靠背高≥450mm；座椅上下调整范围≥80mm；座椅前后调整范围≥175mm；座垫左右旋转角度范围为360°；座垫前后调节范围≥75mm；靠背角度调节范围为80°~135°（可向前折叠）；座椅总重≤50kg；安装后承载垂直静载荷为210kg。

2.3.7 其他

在驾驶员容易触及的位置，设置一个容量一般为6kg的ABC干式化学粉末灭火器。灭火器放置在安装支架内，在紧急制动时，可防止灭火器移动，并且在需要时也可轻易取出灭火器。

根据用户需求，驾驶室内还可配备急救箱、常用工具箱等物品。

驾驶室其操作及设备需满足 UIC651 标准，图 2-24 所示为按照该标准进行的视野校核分析。

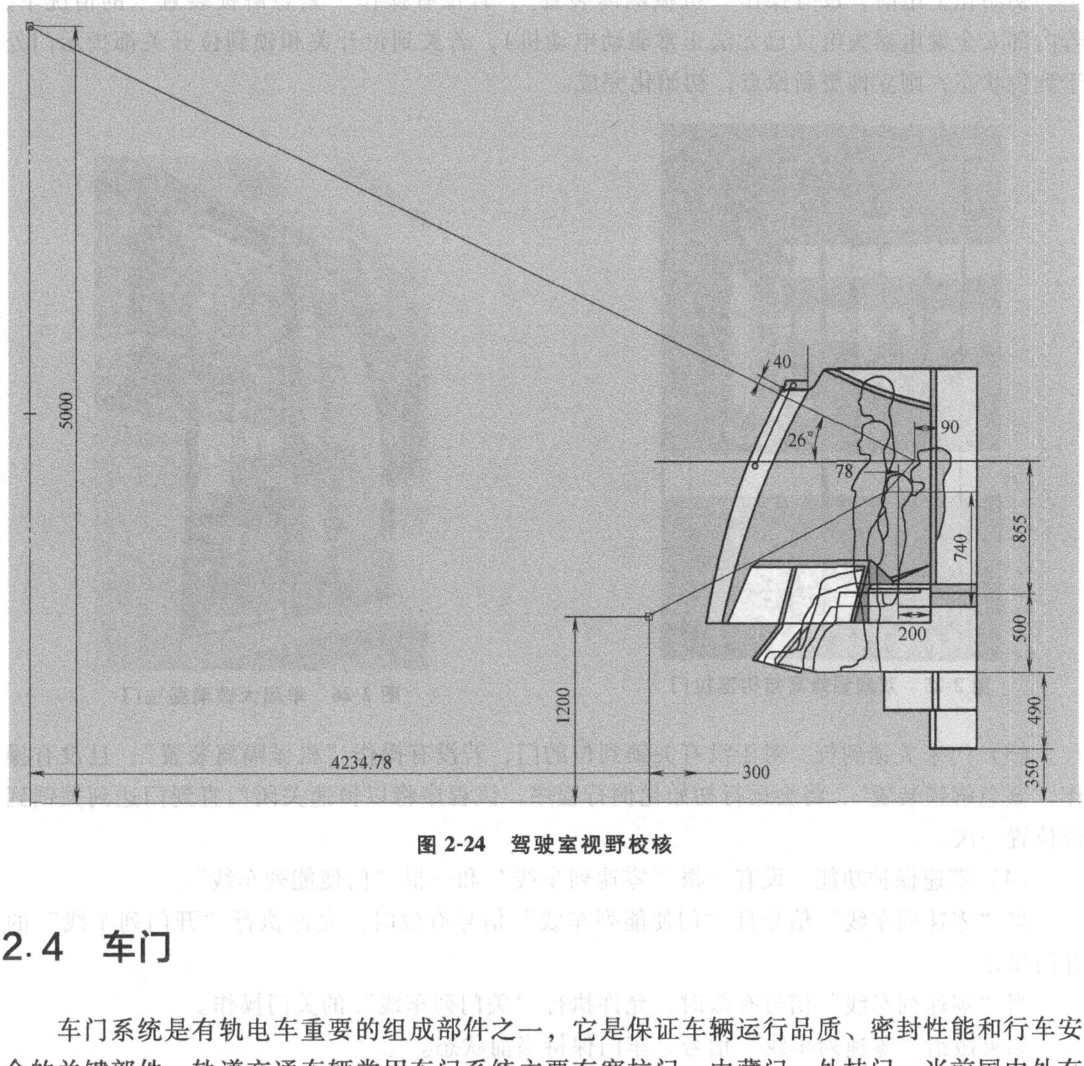

图 2-24　驾驶室视野校核

2.4　车门

车门系统是有轨电车重要的组成部件之一，它是保证车辆运行品质、密封性能和行车安全的关键部件。轨道交通车辆常用车门系统主要有塞拉门、内藏门、外挂门，当前国内外有轨电车绝大多数采用的是电控塞拉门，因此本节内容主要介绍塞拉门。

电控塞拉门按开度分为双扇塞拉门和单扇塞拉门。按结构分为大玻璃结构和铝蜂窝板结构。双扇塞拉门主要布置于中间车上，如图 2-25 所示；单扇塞拉门主要布置于带驾驶室头车，如图 2-26 所示。

2.4.1　车门的功能

门系统具有如下功能：

(1) 系统自检测　系统具有自检测功能，检测 DCU 内部的部件和门系统部件是否正常。

(2) 门关锁到位　初始化上电时，没有操作“机械隔离装置”，且没有操作“紧急解锁装置”的情况下，若内部安全继电器得电，门扇虽然已经处于关锁到位位置，但是仍然要执行一次初始化例行程序，该程序将以恒速关闭门一次。从而避免由于关锁到位开关恒有效故障导致的门扇打开的情况。检测到关门方向上有障碍物后，更新原点，初始化完成。

初始化上电时，没有操作“机械隔离装置”，且没有操作“紧急解锁装置”的情况下，若内部安全继电器失电（已无法正常驱动电动机），若关到位开关和锁到位开关都指示门处于到位状态，则立即更新原点，初始化完成。

图 2-25　双扇铝蜂窝结构塞拉门

图 2-26　单扇大玻璃塞拉门

（3）门未关锁到位　对于没有关锁到位的门，若没有操作“机械隔离装置”，且没有操作“紧急解锁装置”，将会运行初始化例行程序，该程序将以恒速关闭门直到门达到关锁到位位置一次。

（4）零速保护功能　设有一根“零速列车线”和一根“门使能列车线”。

当“零速列车线”信号且“门使能列车线”信号有效时，允许执行“开门列车线”的开门操作。

当“零速列车线”信号有效时，允许执行“关门列车线”的关门操作。

如果撤销“零速列车线”信号，车门保持当前状态。

（5）障碍物检测功能　障碍物检测功能满足 EN 14752 标准要求，且在地板的底部、中间和顶部均能实现该功能，要求车门在开门方向和关门方向均具有障碍物探测功能。

探测障碍物的灵敏度为 30mm（宽）×60mm（高）。

在关门过程中施加在障碍物上的最大力不超过以下数值：

第一次关门过程中的有效力≤150N。

第二次关门过程中的有效力≤200N。

峰值力≤300N。

当车门关闭检测到障碍物时，门板将打开 200mm 的间隙（数值可调。对于双扇门，每扇门打开 100mm；对于单扇门，门扇打开 200mm），并且保持打开 3s（0~5s 可调）时间，然后车门关闭。如果再次检测到障碍物，车门将重复上述动作，并且如果第三次检测到障碍物，车门将完全打开至最大开度，并向驾驶室发出故障警报。

（6）集控开/关门功能　车门集控开门、关门功能，包括车门开、关状态显示。

（7）本地按钮开门功能　根据需要，可设置本地按钮开门功能（在驾驶员授权的情况下使用）。

（8）车门再开闭功能　未关闭好车门再开闭，已关好的车门不再打开。

（9）开关车门的二次缓冲功能。

（10）机械隔离功能　某个车门发生故障，可手动进行机械隔离，不影响其他车门正常使用。

（11）内部紧急解锁功能　一般在客室内，车门无法正常打开时，对车门进行紧急解锁操作。

2.4.2　塞拉门的特点及工作原理

1）塞拉门的特点有以下几点：

① 门关闭后与车体平齐美观。

② 密封性好。

③ 门页在开关门过程中，既做纵向运动，也做横向运动。

④ 通透性高。

2）塞拉门的运动由一个带减速箱的电动机驱动丝杆（对于双叶门，丝杆一半是右旋的，一半是左旋的）来实现。传动螺母通过铰链结构与门扇柔性相连接，经过丝杆、携门架组件门扇被移动，工作原理如图 2-27 所示。

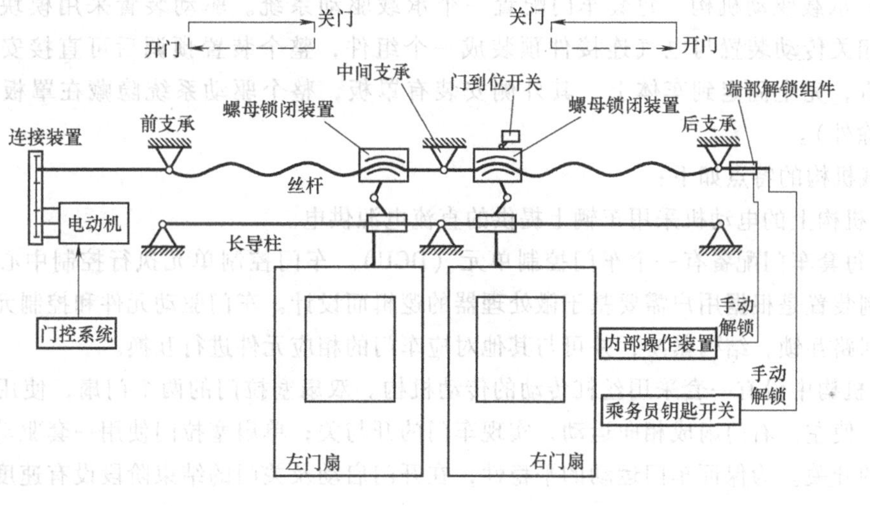

图 2-27　客室电动双开塞拉门原理

2.4.3　塞拉门的组成及主要部件

1. 塞拉门组成

塞拉门主要包括承载驱动机构、吊挂系统、平衡轮、左右摆轮、左右门扇、隔离装置、内外解锁装置等，如图 2-28 所示。

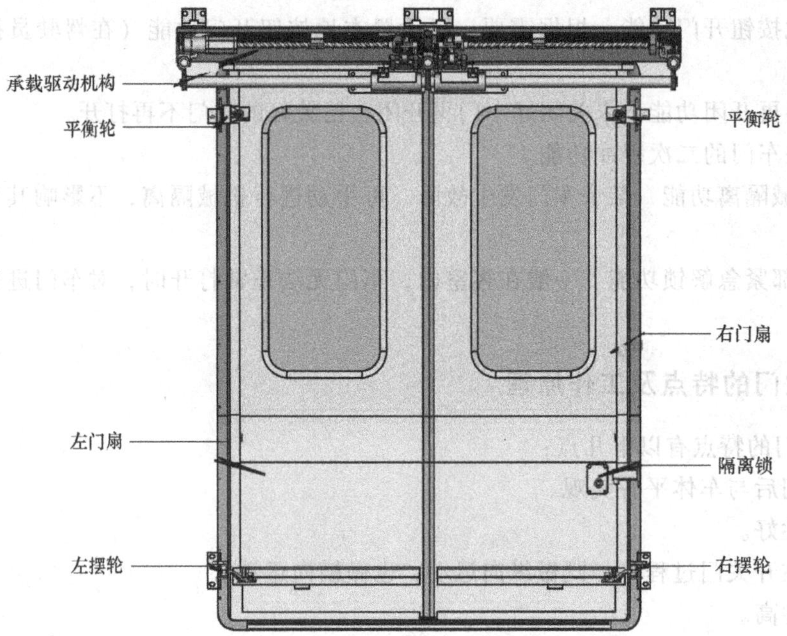

图 2-28　塞拉门组成结构

2. 主要部件

（1）承载驱动机构　每套车门配置一个承载驱动系统。驱动装置采用模块结构，电动机及相关传动装置与电气连接件预装成一个组件，整个装置预调后可直接安装在车门入口上方，完全固定到车体上，其外侧安装有罩板，整个驱动系统隐藏在罩板内部（滑动机构除外）。

承载机构的特点如下：

1）机构上的电动机采用车辆上提供的直流电源供电。

2）每套车门配备有一个车门控制单元（DCU）。车门控制单元执行控制中心发出的命令。控制装置是根据用户需要基于微处理器的逻辑而设计。车门驱动元件和控制元件都与车辆安全回路互锁，结构紧凑，并可与其他对应车门的相应元件进行互换。

3）机构中设有一套采用丝杠传动的传动机构。双扇塞拉门的两个门扇，使用同一套驱动装置，使左、右门扇成相向运动，实现车门的开与关；单扇塞拉门使用一套驱动装置，实现车门的开关。为保证车门运动的平稳性，在开门启动及关门的结束阶段设有速度缓冲调节功能。

4）机构中设计有一套机械锁闭装置，可以实现关门自动锁闭，电动开门前自动解锁，手动紧急解锁的功能。在断电情况下，可通过紧急解锁装置手动打开车门。并且锁闭装置有锁止反向动作功能，车门关闭过程中突然断电，车门保持在当前位置，防止车门打开，此时可手动关闭车门并锁闭。

5）每个车门设置蜂鸣器，在驾驶员或乘客触发车门打开或关闭按钮后，发出声音报警，提示乘客车门即将打开或关闭，车门延时一定时间（例如 1s）后开始执行打开或关闭操作，门打开或关闭到位，蜂鸣器停止报警。

（2）吊挂系统　吊挂系统包括 2 个侧吊架和 1 个中吊架（视具体开度而定是否需要中吊架）。吊架通过紧固件与车体连接。吊架的材质通常采用重量轻、强度高的铝合金型材结构。图 2-29 所示为吊架实物图。

（3）平衡轮　在每扇门板上部的后沿，与一个安装在门柱上的平衡轮装置在关门位置上啮合，以防止由于任何可能的垂直向上力使门扇偏移，见图 2-30。

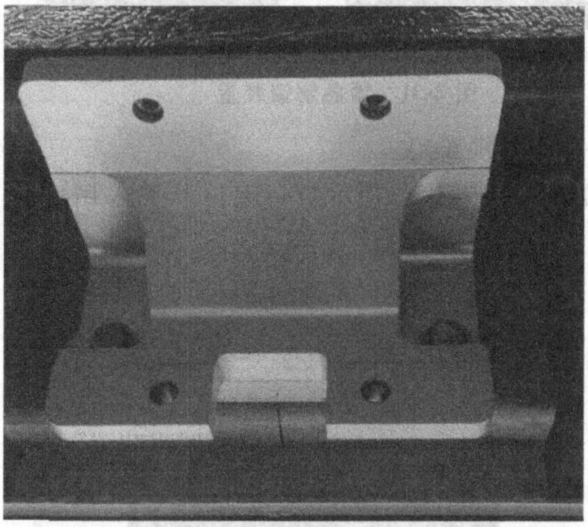

图 2-29　吊架

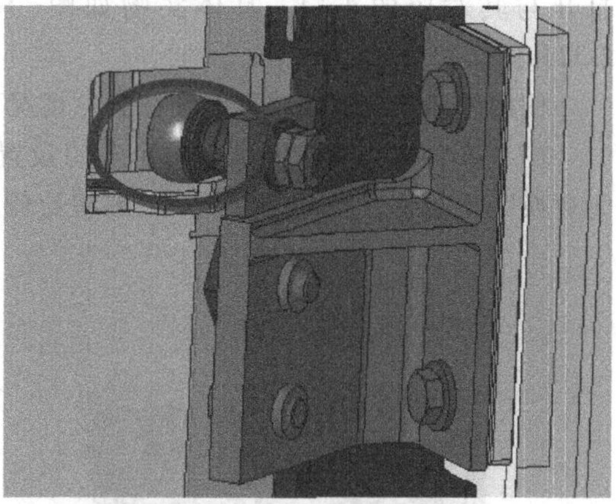

图 2-30　平衡轮

（4）左右门扇　车门门扇起到隔绝车内、车外的作用，其强度设计符合 EN 14752 标准。

1）门扇通常采用铝蜂窝复合结构或钢化玻璃结构。铝蜂窝结构外侧不锈钢蒙板，内侧铝蒙板和铝蜂窝芯，采用热固化。为加强机械强度，蒙板的周边都包在铝框架上。钢化玻璃结构的设计符合 GB 18045 和 GB/T 11944 国家标准。两种门扇都具有足够的强度和刚度，良好的隔声、隔热性能。

2）门扇上部设固定式车窗，车窗与门扇外表面平齐，依据 GB 18045 标准设计，安全标记印在玻璃内表面、中部、下沿。玻璃内表面边缘一般印刷黑色丝网印和渐变点。

3）门扇中部（根据人机工程学设计）设有乘客开门按钮，每套车门内外各设置一个乘客开门按钮，供乘客上下车使用。

4）塞拉门门扇中部和四周设有橡胶密封条，车门四周与车体采用单层密封设计，两扇门之间的橡胶条采用双重密封设计。门扇关闭后，在关门状态下具有良好的密封性能，胶条的设计采用寿命期长达 6 年的三元乙丙橡胶，三元乙丙橡胶在弹性、抗拉性能等方面都强于其他材质，在寿命周期内不需要特殊维护。

5）在门扇右下方设有隔离锁装置，用于机械隔离车门。

（5）内部紧急解锁装置　每套车门设置一个内部紧急解锁装置，一般布置于门立罩板上，在紧急解锁装置设有防护罩和操作指南，防护罩中间设有检修孔，方便维修人员试验操作。内部紧急解锁装置可以手动的将锁闭装置解锁（不包括机械隔离的门）。当乘客拉动紧急解锁装置时，被紧急解锁的车门的位置在驾驶室显示屏上显示，紧急解锁装置如图 2-31

所示。

(6) 外部紧急解锁装置及电钥匙开关门装置　驾驶室（头车）车每侧的单扇塞拉门各设置一个外部紧急解锁装置及电钥匙开关装置。驾驶员或维护人员可使用专用四角钥匙打开紧急解锁装置或电钥匙开关门装置，进而手动或自动打开与其对应的车门，具体实物如图 2-32和图 2-33 所示。

图 2-31　紧急解锁装置

使用外部紧急解锁装置能够在紧急情况下从车外解锁车门。

(7) 车门状态限位开关　每个车门设置限位开关与门状态指示灯；限位开关采用“单元更换”型组件，在开关更换后需要检查侧门的开关功能并作最终调整。

图 2-32　外部紧急解锁

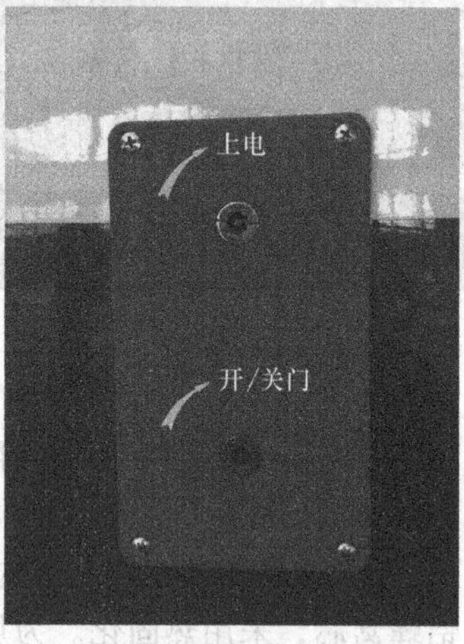

图 2-33　外部紧急解锁及电钥匙开关

(8) 指示灯　每套车门设置两个指示灯，安装于门横罩板上，一个橙黄色的 LED 开关门指示灯，当指示灯亮时表示该门开启，当指示灯闪烁时，表示已发出开关门指令，相关的车门尚未关上或尚未锁住。另一个是红色隔离指示灯，该灯亮表示相关车门已切除，不能操作。

当所有的车门关闭且锁闭的信号给出时，“车门全关闭”指示灯亮；所有的车门关闭并锁闭的信号传给列车控制单元，再传到驾驶室显示屏；如“车门全关闭”指示灯未亮，列车不能起动。

2.5　客室座椅

客室座椅是列车的重要设施之一，其设计优良程度直接关系到乘客的乘坐舒适性能，并影响乘客对交通工具的选择。

优良的座椅设计不仅需要考虑到座椅结构的设计、座椅面板的轮廓设计，轮椅乘客的优先上下车通道和停放，更需要在人机工程学的基础上研究人体生理结构等特性对座椅参数选择的约束，从而满足乘坐舒适性的要求。

2.5.1　座椅的分类

根据座椅的安装形式，分为固定座椅、悬臂座椅；按座位方向分为纵向座椅、横向座椅；按乘客人群分为普通座椅、爱心座椅（折叠座椅）；按座位数量分为二人座椅、三人座椅、四人座椅等。

2.5.2　座椅的组成

常见座椅形式有二人（三人）固定座椅（见图 2-34）、悬臂座椅（见图 2-35）和带有安全带的折叠座椅（见图 2-36）。

图 2-34　二人固定座椅

座椅由座椅支撑架（骨架）、座椅面板组成。

座椅支撑架（骨架）所用材料不会对人体健康产生任何危害，通常采用铝合金焊接结构，具有足够的强度和刚度，能够支撑整个座椅及能承受 150kg 的载荷，而不会发生永久变形。

座椅面板由靠背和坐垫组成，通常采用聚氨酯泡沫和蒙面结构。靠背和坐垫可以拆卸，易于更换。座椅的可见外观表面平整，采用防滑设计，乘客不会滑倒，方便清洗，不易破损，不会有积尘孔和槽，满足轻量化设计。廓形符合人机工程学要求。

座椅所采用的材料全部符合相关防火标准的要求。

图 2-35　悬臂座椅

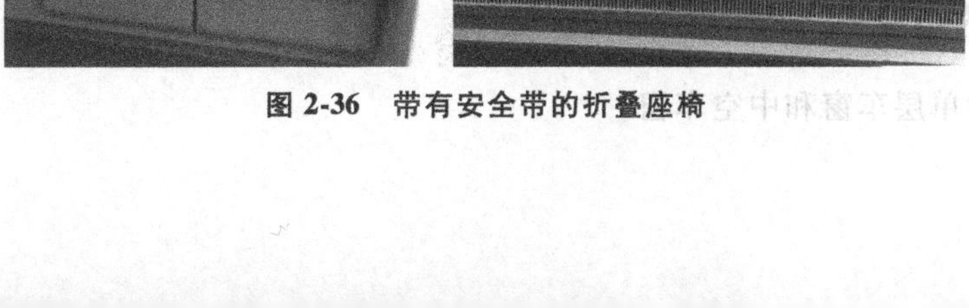

图 2-36　带有安全带的折叠座椅

残疾人区座椅下方可选装不锈钢的灭火器支架，用于固定灭火器，如图 2-37 所示。

2.5.3 乘坐的舒适性

乘坐舒适性是客室座椅设计时必须考虑的因素，一般分为静态舒适性、动作舒适性和动态舒适性三个方面。

(1) 静态舒适性　静态舒适性是指座椅与人体的匹配关系能否为乘客创造舒适坐姿的条件，以及所能提供的舒适程度。根据人体舒适坐姿的要求，从人机工程学原理出发，通过测量数据优化座椅结构。

图 2-37　折叠座椅下的灭火器支架

(2) 动作舒适性　在设计座椅之前，首先需要分析使用者的乘坐行为这一自然状态，他决定座椅的基本尺寸，如座面的高度、宽度。现实乘坐环境中，人们会有意识地通过各种方式调整坐姿，如仰坐、平躺、半躺、盘腿等，来达到使自己舒适的坐姿。坐姿的多样性来源于使用者的多样性，如儿童、老人、女性、男性、残疾人、民族等。通过人体静态尺寸和动态尺寸的分析，得出座椅的座高、座宽尺寸，通过腿部活动空间，得出前后排座椅、面对面座椅的距离等参数。

(3) 动态舒适性　动态舒适性设计重点是减振的设计。座椅受到的振动主要是列车行进过程中，从转向架轮轴和内装地板传递而来。通过设定座椅的固定频率来避开人体与座椅共振频率，增强座椅的舒适度。

2.6 客室车窗

客室车窗是旅客界面的重要组成部分，其尺寸设计和结构设计是车窗系统的关键点，有轨电车的运行环境是在地面上运行，为保证大面积的通透性，因此车窗尺寸应尽可能大。

2.6.1 车窗的分类

根据车窗的固定结构分为粘接结构（见图 2-38）和胶条结构（见图 2-39）；根据车窗的安装形式可分为固定车窗和活动车窗，活动车窗可分为滑动式结构（见图 2-40）和内翻式结构（见图 2-41）。

2.6.2 车窗的组成

车窗可分为单层车窗和中空车窗。

图 2-38 粘接结构车窗

图 2-39 胶条结构车窗

图 2-40 滑动式活动车窗

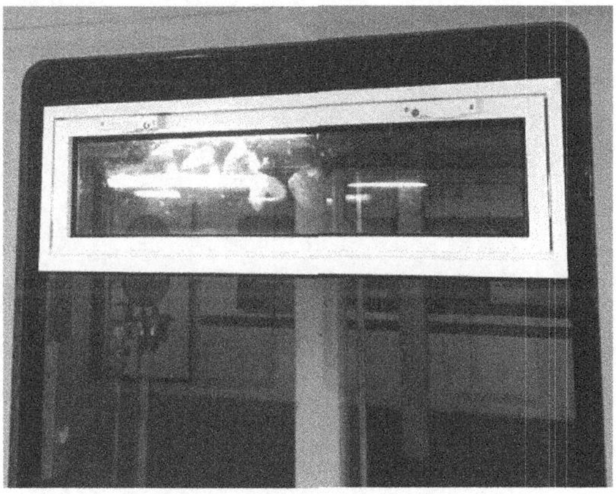

图 2-41 内翻式活动车窗

单层车窗（见图 2-42）由窗框、胶条和玻璃组成，玻璃采用 8mm 钢化玻璃，玻璃内侧涂黑色丝网印，丝网印边缘涂渐变点，玻璃符合 GB 18045 标准要求，玻璃印有安全合格 3C 标记。窗框采用铝合金型材焊接而成，胶条选用三元乙丙橡胶。

中空车窗（见图 2-43）由窗框和中空玻璃组成，外层玻璃是 5mm 钢化玻璃，中间是 9（或 12）mm 中空层，内层玻璃为 4（或 5）mm 钢化玻璃，内外层玻璃涂黑色的丝网印刷，外层玻璃的内侧丝网印边缘涂渐变点，玻璃符合 GB 18045 和 GB 11944 标准要求，所有安全玻璃均印有安全合格 3C 标记。

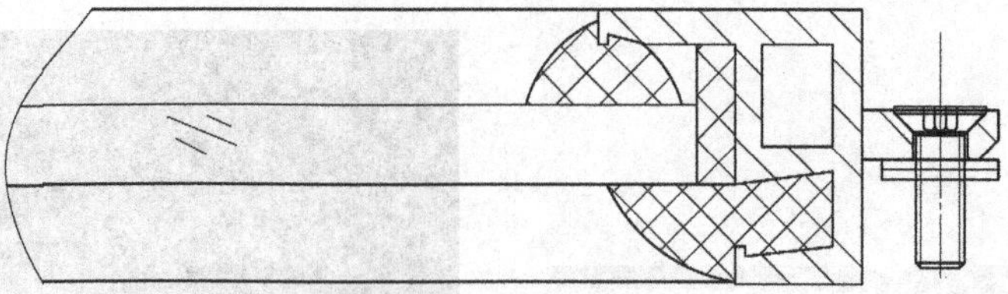

图 2-42　单层车窗结构

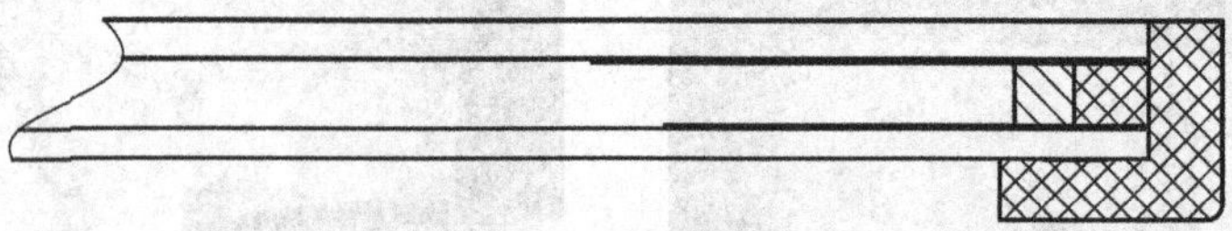

图 2-43　中空车窗结构

第 3 章 转向架

我国现代有轨电车转向架的研发较晚，目前国内主机厂转向架技术来源多为技术引进或联合设计。庞巴迪、西门子、安萨尔多、斯柯达等国外具有成熟现代有轨电车转向架技术的轨道交通公司以及设计公司，分别与中车旗下的各个子公司进行合作或联合设计，使得国内现代有轨电车转向架技术水平进入了世界先进行列之中。基于引进的先进技术，各主机厂的自主研发工作也在有序进行中。

3.1 转向架的作用

1）车辆采用转向架可以增加车辆的载重、长度和容积，提高列车运行速度。

2）通过轴承装置使车轮沿着钢轨的滚动转化为车体沿线路的平动，并保证在正常条件下，车体都能可靠地坐落在转向架上。

3）支撑车体，承受并传递来自车体与轮对之间或钢轨与车体之间的各种载荷及作用力，并使轴重均匀分配。

4）保证车辆安全运行，能灵活地沿直线线路运行及顺利通过曲线。

5）采用转向架的机构便于弹簧减振装置的安装，使之具有良好的减振性能，以缓和车辆和线路之间的相互作用，减小振动和冲击，提高车辆运行的平稳性和安全性。

6）充分利用轮轨之间的黏着作用，传递牵引力和制动力。

7）转向架是车辆的一个独立部件，在转向架与车体之间应尽可能减少连接件，并要求结构简单，装拆方便，以便转向架独立制造和维修。

8）对城市轨道交通车辆的转向架来说还要便于安装牵引电动机及传动装置，以驱动车辆沿钢轨运行。

3.2 转向架的分类及特点

3.2.1 常规种类100%低地板有轨电车转向架的类型及特点

1. 按照转向架在车下布置分类

常规种类100%低地板有轨电车转向架车下布置大致有以下三种（见图3-1）：

1）模块间铰接转向架，如图3-2所示。

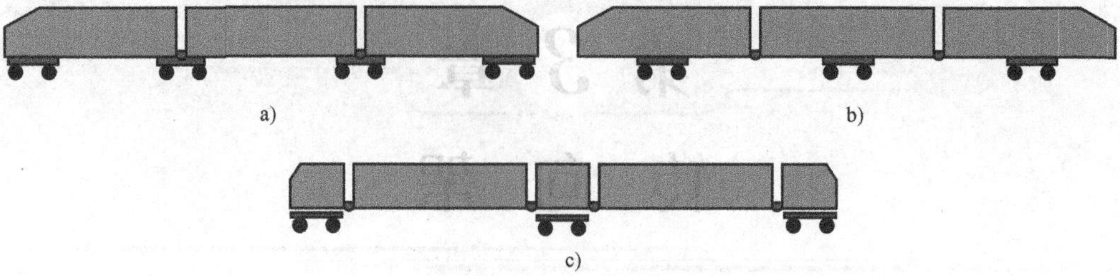

图 3-1　转向架车下布置

a）模块间铰接转向架　b）转向架中置　c）中间模块悬浮

图 3-2　模块间铰接转向架布置

① 转向架数=模块数+1。

② 通常为三模块，转向架配置：中间为铰接转向架，前后为带摇枕转向架。

③ 所需转弯半径小，车辆稳定性好。

④ 单车长度长，车内空间利用率低，贯通道窄且长。

⑤ 单车所需转向架数量多，轴重轻，结构复杂。

2）转向架中置，如图 3-3 所示。

图 3-3　转向架中置布置

① 转向架数=模块数。

② 通常为偶数个模块，转向架配置：每模块一个转向架。

③ 所需转弯半径较小，车辆稳定性好。

④ 单车长度中等，车内空间利用率较好，贯通道较宽。

⑤ 单车所需转向架数量适中，轴重轻。

3）中间模块悬浮，如图 3-4 所示。

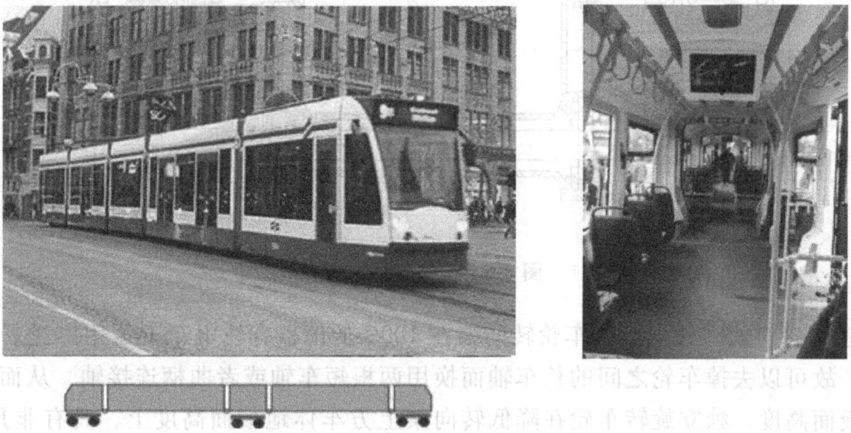

图 3-4 中间模块悬浮转向架布置

① 转向架数=(模块数+1)/2。

② 只能配奇数个模块，转向架布置：浮车无转向架。

③ 所需转弯半径小，车辆稳定性低，运行速度不宜高。

④ 单车长度短，浮车模块车内空间利用率较高，贯通道、通道较宽。

⑤ 单车所需转向架数量适中，轴重轻。

2. 按照 100%低地板有轨电车转向架总成形式分类

随着城市化的发展，各国的有轨电车投入运营量在不断增长。有轨电车为了方便乘客上下车，低地板发展是永恒的趋势。按照 100%低地板有轨电车转向架总成形式分为以下几类：

（1）电动机直驱式（横向电动机） 法国阿尔斯通公司生产的 Citadis 系列 100%低地板有轨电车的 Arpege 型动力转向架采用了横向电动机，如图 3-5 所示。它由两个侧架和连接两侧架的前后两根轴桥组成。两个牵引电动机横向布置在转向架构架的对角，各自驱动一个车轮。构架两端的轴桥用来耦合左右车轮，使左右独立车轮具备传统刚性轮对的导向特性，具有一定的对中能力。该转向架没有一系悬架，二系悬架为安装在轴箱上方的 4 个高圆弹簧。制动装置为轴端盘形制动，布置在另一个对角的两车轮上。转向架区域地板较低，车体与构架间设置二系悬架，不设

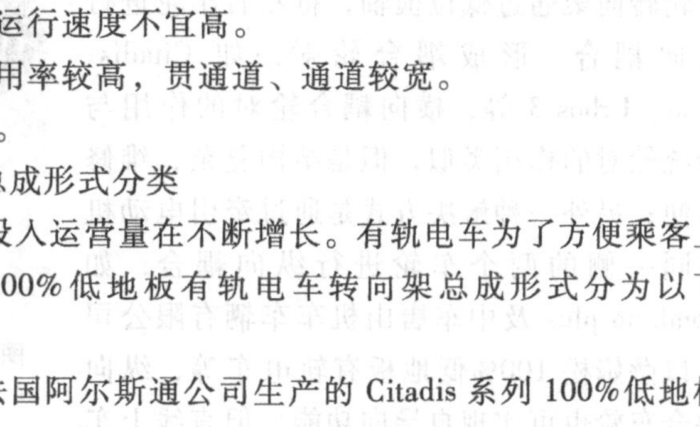

图 3-5 Arpege 型动力转向架

置一系悬架，电动机直接驱动车轮，中间不设置齿轮传动装置，有效避免了齿轮传动引起的噪声，但是簧下质量较大，轮轨噪声有所增加，运行稳定性一般。两个车轮通过横向耦合装置耦合（见图 3-6），结构较复杂，维修较复杂。

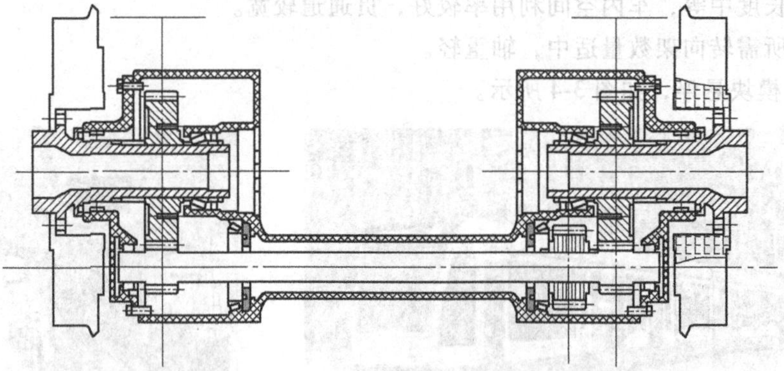

图 3-6　横向耦合装置

（2）独立轮对式　独立旋转车轮转向架在 100%低地板有轨电车上运用广泛。由于车轮独立旋转，故可以去掉车轮之间的长车轴而换用两根短车轴或者曲柄连接轴，从而有效降低了车体地板面高度。独立旋转车轮在降低转向架上方车体地板面高度上，具有非凡的意义，如图 3-7 所示。

图 3-7　中车唐山机车车辆有限公司出口萨姆松 100%低地板有轨电车动力转向架

其要解决的技术难点是自对中及自导向能力，为了解决此问题，绝大多数独立旋转车轮转向架通过低位横轴，将左右车轮进行横向耦合，形成耦合轮对，如 Citadis、Sirio、Urbos 3 等，横向耦合轮对的作用与传统轮对的作用类似，但是结构复杂，维修不便；另外一种解决方式是通过牵引电动机将同一侧的两个车轮进行纵向耦合，如 Combino plus 及中车唐山机车车辆有限公司出口萨姆松 100%低地板有轨电车等，纵向耦合车轮也可实现自导向功能，但直线上车轮会发生一定偏磨，不过可通过优化踏面外形来有效降低直线偏磨，踏面优化可通过动力学仿真计算得到。

（3）传统轮对式　与独立旋转车轮转向架不同，后续研制出的 Flexity 2、Citadis X04、Tramlink 及 Swing 等有轨电车采用传统轮对。其优点是避免采用复杂的耦合装置，对中性较好，不易发生偏磨；其缺点是转向架上方车内地板面（≥480mm）明显高出入口处地板面（≤350mm），车内地板出现明显坡度，且较大区域地板面处在坡度中，如图 3-8 所示。

3. 国外 100%低地板有轨电车典型转向架介绍

国外 100%低地板有轨电车转向架技术发展已经较成熟，种类繁多，下面对我国目前直接技术引进或与设计公司联合开发自主设计转向架的结构形式及特点进行简要介绍。

（1）Flexity 2 转向架　Flexity 2 是庞巴迪（Bombadier）公司推出的新一代 100%低地板

有轨电车，采用模块化设计及编组，可满足无接触网区域运行。其动力转向架为 FLEXX Urban 3000（见图 3-8），采用传统轮对，构架为铸造结构，牵引电动机对角纵向布置，制动盘安装于轮对外侧，一系悬架为金属橡胶叠簧，二系悬架为四个橡胶堆搭配横向、垂向减振器，牵引装置为牵引拉杆与纵向止挡的组合，使转向架与车体间转角非常小。由于采用了传统轮对，转向架上部区域的地板面高度要比其他低地板区域高出一定的距离，因此地板面有一定斜坡。

图 3-8 FLEXX Urban 3000 转向架

（2）Citadis 转向架 Citadis 系列为阿尔斯通（Alstom）公司生产的 100%低地板有轨电车，采用模块化设计及编组，浮车型结构，可满足无接触网区域的运行。该转向架不设置一系悬架（见图 3-5），弹性车轮的橡胶块起到了一定程度的一系悬架减振降噪的作用，但此种结构不利于降低轮轨作用力，使车轮钢轨的磨耗有一定程度的加剧。左右车轮通过轴桥横向耦合及定位，耦合后的轮对结构及功能与传统轮对类似，可实现自动对中及自导向功能，但是成本较传统轮对及普通轴桥要高。牵引电动机通过斜齿轮驱动与其邻近的“车轴”旋转，并带动车轮一起旋转，通过横轴实现两侧轮轴的同步旋转。制动盘对角安装在电动机相对侧。

（3）Combino 转向架 Combino 由 DWUGE 公司（后被西门子收购）于 1996 年设计制造，采用模块化设计及编组。Combino 首次使用浮车型结构的 100%低地板有轨电车（见图 3-9），由于铰接装置和车体结构设计不合理，使车体铰接部位出现裂纹，导致 Combino 在生

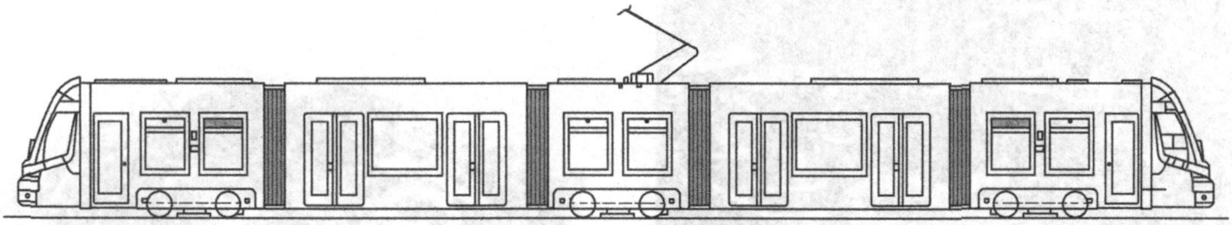

图 3-9 Combino 铰接式 5 模块结构

产了约 460 列后停产。Combino 采用 SF 30 TF 动力转向架（见图 3-10）。电动机纵向布置，每个电动机驱动同侧的前后有两个独立旋转的弹性车轮，使车轮纵向耦合，以实现转向架的对中及导向功能，左右车轮通过轴桥装置进行横向定位。一系悬架为金属橡胶弹簧，二系悬架为钢弹簧搭配垂向横向减振器。

图 3-10 SF 30 TF 动力转向架

Combino Plus 是西门子公司继 Combino 之后的又一代的 100%低地板有轨电车产品，也

采用了 ADtranz 形式的结构。图 3-11 所示的是西门子为匈牙利布达佩斯制造的 Combino Plus Budapest NFl2B 车，整车共 53.99m 长，是当时世界上最长的 100%低地板有轨电车。整列车共由 6 辆长度相等的车体组成，转向架布置在车体的中部，两辆车为一组，一共三组。除了重新采用 ADtranz 的结构形式，Combino Plus 在转向架的结构上也做了修改，图 3-12 所示的是 Combino Plus 所采用的动力转向架。与 SF 30 TF 的转向架相比，增加了 2 个垂向减振器，并且将垂向减振器置于四角。二系悬架采用了沙漏式橡胶弹簧，由原来的双拉杆牵引改为单拉杆牵引。

Avenio 及 Avenio M 是西门子（Siemens）公司新推出的 100%低地板有轨电车，采用的转向架分别与 Combino Plus 及 Combino 相类似，只是车辆重新融合了单铰接车和多铰接车的优点。

图 3-11 Combino Plus 100%低地板有轨电车

（4）Sirio 转向架 Sirio 100%低地板有轨电车由安萨尔多（Ansaldo Bread）公司设计，浮车型结构。Sirio 动力转向架（见图 3-13）采用独立旋转弹性车轮，左右车轮通过轴桥结构进行横向定位，位于转向架中间位置的横轴对其进行横向耦合形成耦合轮对，牵引电动机纵向布置于转向架两侧。一系悬架为金属橡胶弹簧，二系悬架为钢圆弹簧，位于转向架的四角位置。制动盘安装于轮对的非驱动侧外端。整个转向架的高度较低，利于车内座椅等的布置。

图 3-12 Combino Plus 及 Avenio 动力转向架

图 3-13 Sirio 动力转向架

（5）Urbos 3 转向架 Urbos 3 是西班牙卡夫（CAF）公司研制出的 100%低地板有轨电车，浮车型结构。该车装有超级电容装置及快速充电装置，以满足无接触网区域运行。4 个独立旋转弹性车轮由 4 台电动机分别驱动，左右车轮通过轴桥结构进行横向定位。一系悬架为金属橡胶弹簧，二系悬架为两级钢圆弹簧，制动盘安装于车轮外侧，转向架如图 3-14 所示。

（6）ForCity 转向架 ForCity 由斯柯达（Skoda）公司设计，铰接式结构，三车四转向架。ForCity 转向架为铰接式转向架（见图 3-15）。每个独立旋转弹性车轮都由一个电动机单独驱动，电动机与车轮之间无齿轮连接，左右车轮通过横轴进行横向耦合。

图 3-14 Urbos 3 动力转向架

图 3-15 ForCity 铰接式转向架

3.2.2 特殊种类低地板有轨电车转向架的类型及特点

1. GTxN（M）系列 100%低地板有轨电车转向架

世界上第一辆 100%低地板有轨电车 GT6N 就是 GTxN（M）系列，最初由 MAN 公司（后被 ADtranz 收购）制造。x 代表轴数，例如 GT6N 表示整列车有 6 根车轴。N 代表准轨，轨距 1435mm，M 代表米轨，轨距 1000mm。GTxN（M）型曾先后在德国的不来梅、慕尼黑，日本的熊本等城市运营。

GTxN（M）系列的另一大特点是采用了一种形式独特的独立车轮转向架（见图 3-16），在 4 个独立车轮中，前面的 2 个车轮是动力车轮，它们之间通过带有机械防滑差速器的横轴相连接（见图 3-17），1 台牵引电动机能同时驱动 2 个车轮。动力的输入端通过万向轴与悬架在车体上的牵引电动机相连接（见图 3-18）。这种牵引电动机体悬的结构减小了簧下质量和一系簧上质量，有利于减小轮轨动作用。此外，由瑞士 Schindler 公司、ABB 公司和 SIG 公司联合制造的 Cobra 型 100%低地板有轨电车转向架也采用了体悬牵引电动机，电动机通过万向轴驱动车轮。

图 3-16 GTxN（M）系列转向架

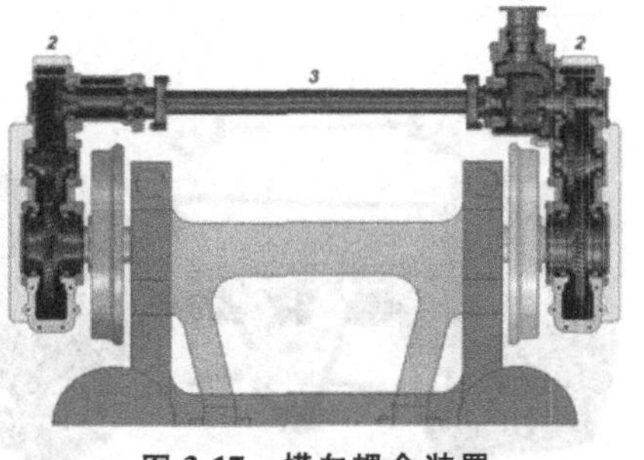

图 3-17 横向耦合装置

图 3-19 所示为 GT8N 型 100%低地板有轨电车，它的车体长度仅为 9100mm，每辆车下

面都有且仅有1台转向架支承，这就是国际惯称的ADtranz结构形式。

图 3-18 驱动布置

图 3-19 GT8N 型 100%低地板有轨电车

2. 轮毂电动机100%低地板有轨电车转向架

安装在车轮轮毂上，转子与轮毂直接连接带动车轮转动的电动机称为轮毂电动机。由庞巴迪公司生产，行驶于比利时布鲁塞尔的 Tram 2000 型 100%低地板有轨电车所使用的 BAS 2000 型转向架的牵引电动机为轮毂电动机，如图 3-20 所示。它的构架由中央横梁和 4 根铰接纵向梁以及一根用来稳定左右侧架的小横梁组成。前两个车轮为动力车轮，分别由两个轮毂电动机驱动，装有盘形制动装置。后两个车轮为非动力独立车轮。转向架没有一系悬架，二系悬架为空气弹簧和垂向减振器。

3. EEF独立车轮单轴100%低地板有轨电车转向架

该转向架为独立车轮单轮对走行部（EEF：Einzelrad-Einzel-Fahrwerk），如图 3-21 所示，如它属于单轴从动转向架。两个独立旋转的车轮安装在中央弯曲支架的两侧，车轮通过滚动轴承安装在车轴上，采用轮盘制动。另外，还有一些用于径向调节的横向拉杆和垂向、横向减振器等构成了该转向架，如图 3-22 所示。EEF 的车轮为新型导向单元自调节独立旋转车轮，车轮可绕其外平面内的铅垂线旋转±15°。当车轮经过曲线时，由重力复原力产生一个绕垂直轴的复原力矩，这一力矩能够驱使独立车轮自动地进行调整复位，使车轮自动地处于径向位置。EEF 转向架在德国许多城市都有成功运用。

图 3-20 BAS 2000 型转向架

图 3-21 EEF 转向架

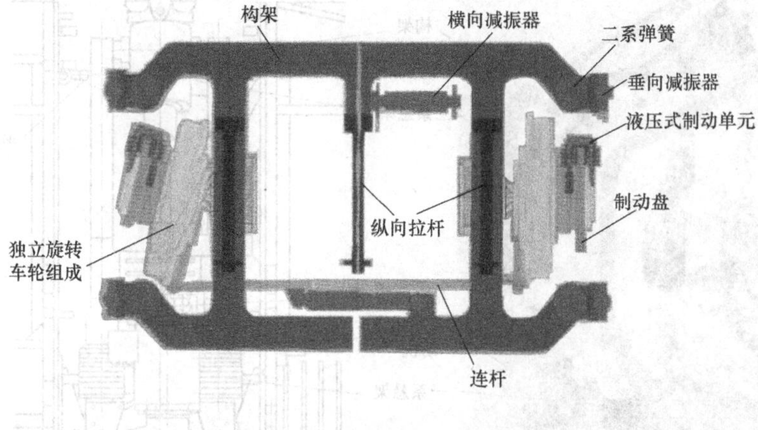

图 3-22 EEF 转向架组成

4. 迫导向径向 100%低地板有轨电车转向架

为了获得更好的曲线通过性能，以适应城市轨道的小半径曲线，迫导向技术在 100%低地板有轨电车上得到运用。目前，运用迫导向技术的 100%低地板有轨电车主要有 ULF 和 Cobra。其中，ULF 采用的是单轴迫导向转向架。这两种转向架都是借助车体之间的相对转动进行强迫导向的。

（1）ULF“门式”单轴迫导向径向转向架 西门子公司生产了一款 ULF 型超低地板有轨电车，如图 3-23 所示，地板面在车门处高度不超过 200mm。它采用了设计新颖的“门式”单轴迫导向径向独立轮对转向架，如图 3-24 所示，其采用了一套类似西班牙高速列车 Talgo 的迫导向径向调整装置。不像其他列车的转向架安装在车体下方，ULF 型有轨电车转向架被布置在车体与车体之间。牵引电动机和齿轮箱还有盘形制动装置垂直布置在转向架两侧。一系悬架位于轴箱上方，二系悬架位于“门式”构架上，连接的是构架和车体中部。同时还安装了磁轨制动装置作为辅助制动。该转向架设有迫导向装置，当车体间存在相对转角时，连杆机构对转向架产生迫导向力，使它处于径向位置。ULF 型有轨电车在奥地利的维也纳和格拉茨、德国的柏林和慕尼黑等都有运用。

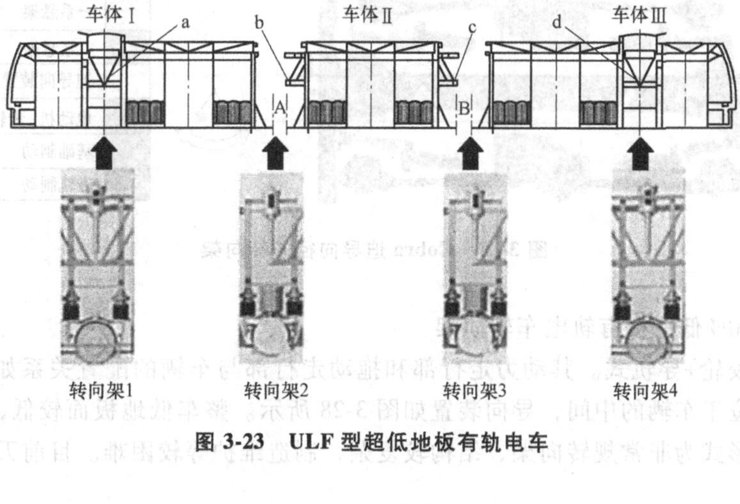

图 3-23 ULF 型超低地板有轨电车

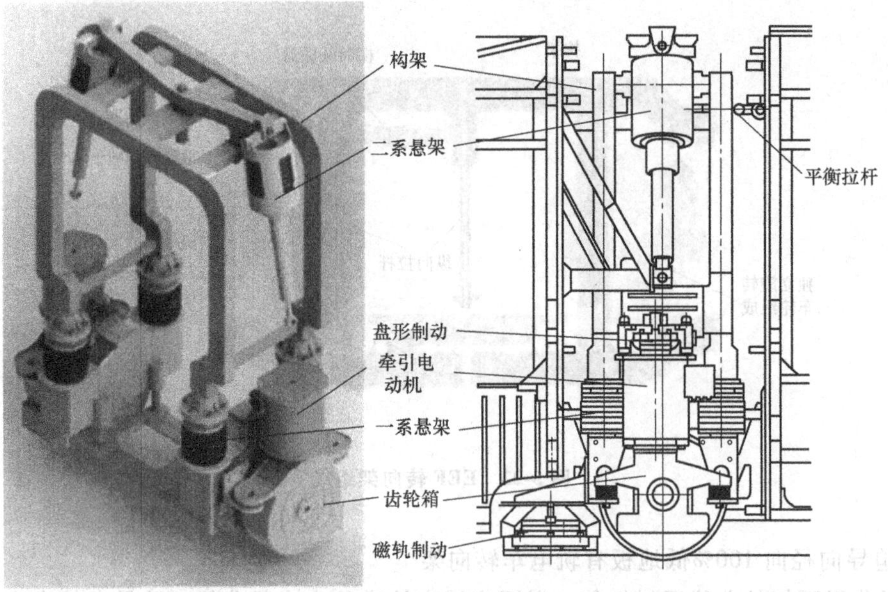

图 3-24 “门式”单轴迫导向径向独立轮对转向架

(2) Cobra 迫导向径向转向架 Cobra 迫导向径向转向架是由 SIG 公司和 ABB 公司联合制造的，采用铰接式结构与模块化设计。由于采用了独特的迫导向加纵向耦合的独立车轮，因而转动灵活，如图 3-25 所示。其牵引电动机沿纵向悬挂于构架的中部，通过万向轴和齿轮箱将转矩传到前后车轮。Cobra 转向架的轴距达到了 3250mm，这样做的目的是为了给车轮及电动机上方留出更大的座位空间。电动机的 2 个输出端使 Cobra 转向架一侧的前后车轮纵向耦合在一起而具有导向能力。车体下部支承于转盘之上，转盘上的横拉杆与转向架的迫导向连杆机构的主杆连接。当车辆通过曲线时，车体与车体之间产生相对转动，带动转盘转动而拉动主杆，主杆又拉动与其相连的辅杆，如图 3-26 所示，在辅杆的拉动下，4 个独立车轮趋于径向位置，使车辆通过曲线时的冲角减小，降低磨耗。Cobra 转向架能够通过的最小曲线半径为 11.8m。

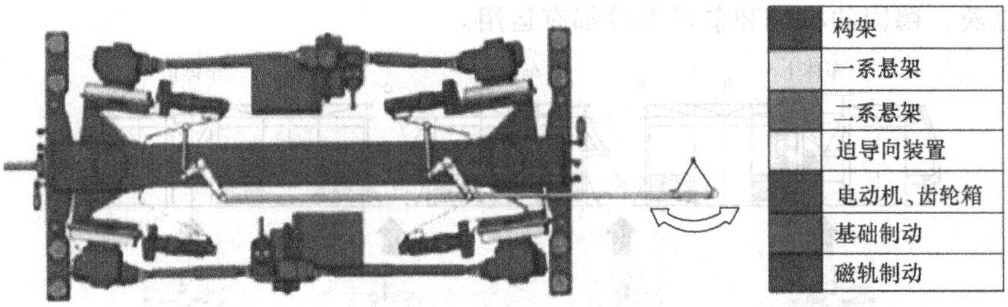

图 3-25 Cobra 迫导向径向转向架

5. 劳尔 100%低地板有轨电车转向架

转向架为胶轮+导轨式。其动力走行部和拖动走行部与车辆的配置关系如图 3-27 所示。整车导向轨道位于车辆的中间，导向装置如图 3-28 所示。整车低地板面较低，舒适性较好，但是其转向架形式为非常规转向架，结构较复杂，制造维护等较困难。目前天津、上海等城

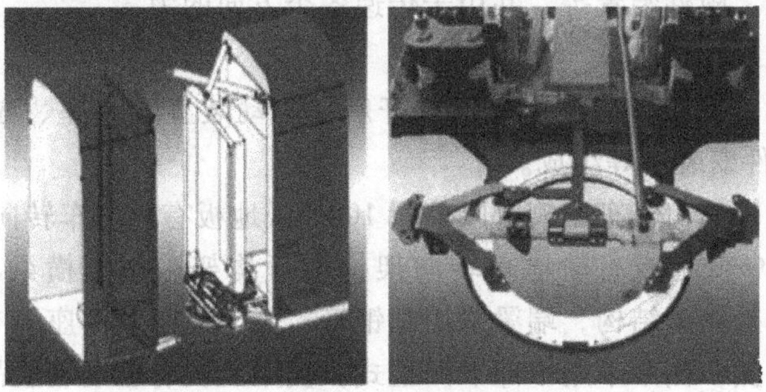

图 3-26 Cobra 迫导向径向转向架连杆机构

市均有引进法国劳尔有轨电车。

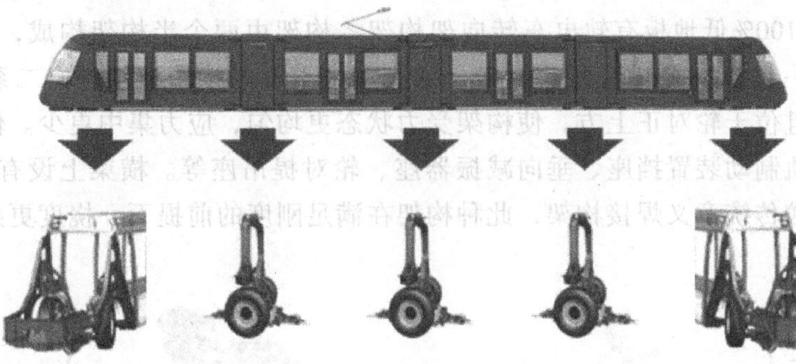

图 3-27 转向架配置

图 3-28 导向装置

3.3 100%低地板有轨电车转向架的关键部件

转向架一般由构架装置、轮对轴箱装置、悬架装置、牵引装置、驱动装置、附件装置等构成，并用于传递各个方向的力。

3.3.1 构架

1. 构架的作用

转向架的构架是转向架的骨架，用于联系（安装）转向架的轮对轴箱装置、悬架装置、牵引装置、驱动装置、附件装置等，并用于传递各个方向的力。

2. 构架的组成

构架一般由侧梁、横梁、端梁、牵引拉杆座、驱动装置安装座、减振器安装座、横向（垂向）止挡座、附件安装座等组成。

下面介绍两款中车唐山机车车辆有限公司100%低地板有轨电车转向架构架。

（1）单铰接100%低地板有轨电车转向架构架　构架采用单横梁、两端带端梁型式。横、侧梁均为钢板焊接箱型结构，端梁采用细钢管。为方便车体内座椅布置，二系弹簧安装座布置在驱动装置内侧，侧梁采用中部下凹型式，侧梁上设有驱动装置吊座、磁轨制动装置挡座、垂向减振器座、轮对提吊座和摇头止挡座。横梁上设有牵引拉杆座、扭杆座和横向止挡座。构架两端增设了端梁，一是为了满足构架轻度、刚度要求，二是为了安装抗折弯系统用的液压油缸，如图3-29所示。

（2）多铰接100%低地板有轨电车转向架构架　构架由两个半构架构成，通过铰接销、弹性节点联结在一起，如图3-30所示。横、侧梁均为钢板焊接箱型结构。二系橡胶堆安装座布置在四角，且位于轮对正上方，使构架受力状态更均匀，应力集中更少。侧梁上设有驱动装置吊座、磁轨制动装置挡座、垂向减振器座、轮对提吊座等。横梁上设有牵引拉杆座、横向减振器座。较传统意义焊接构架，此种构架在满足刚度的前提下，挠度更好，对线路的适应性更强。

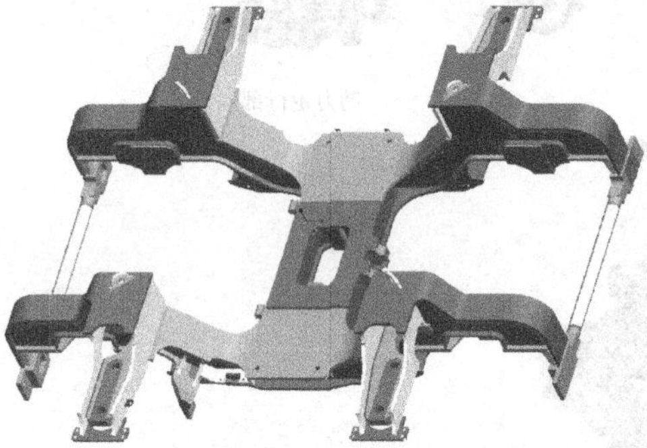

图3-29　现代有轨电车转向架构架结构1

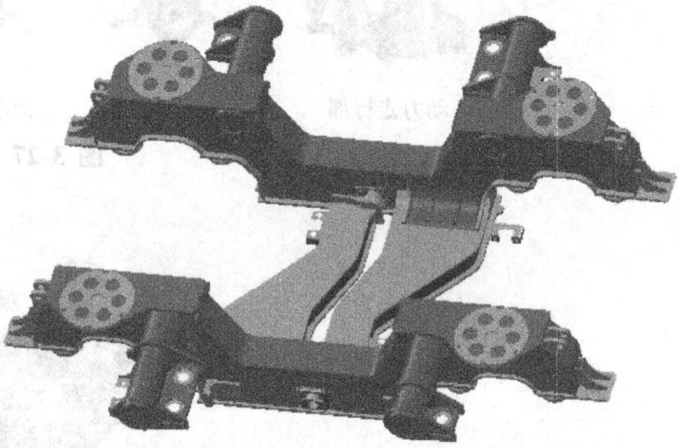

图3-30　现代有轨电车转向架构架结构2

3. 构架的形式

构架组成形式多样，有焊接结构、铸焊结构以及整体铸造结构。国内外一些100%低地板转向架的构架组成形式见表3-1。

表3-1　部分低地板转向架的构架组成形式

序号	厂家	车　型	构架组成形式
1	庞巴迪	Flexity2	整体铸造
2	西门子	Combino Combinno plus Avenio Avenio M	焊接结构
3	阿尔斯通	Citadis 302	铸焊结构
4	安萨尔多百瑞达	Sirio	焊接结构
5	CAF	Urbos3	焊接结构
6	斯柯达	Forcity	整体铸造

焊接和铸造构架多角度对比：

1）从目前材料水平角度讲，铸造构架无法使用更高强度的材料，而焊接构架可以实现。

2）从生产批量角度讲，若大批量生产，铸造构架会大幅提高生产效率，并且降低成本，且一致性更好；而焊接构架更适合于小批量或试制项目采用，其焊接工艺控制更加严格，批量生产一致性的保证更难实现。

3）从应力水平角度讲，铸造构架无明显焊缝，无明显应力集中；焊接构架则需要进行一些去应力措施，如去应力退火，退火后变形可能需要大量调修。

4）从耐候角度讲，铸造构架的抗腐蚀性、抗磨性等性能更好，使用寿命理论上更长。

5）从减振吸噪角度讲，铸造构架具有更好的减振吸噪效果。

6）从重量角度讲，铸造构架由于壁厚不均匀及一些过渡要求，重量相对较大。

7）从开发周期角度讲，铸造构架开发周期更长，一次性成本更高。

8）从刚度角度讲，焊接构架具有更好的挠性，通俗说就是铸造构架比较僵硬，而焊接构架身板更灵活。

基于上述原因，目前有轨电车市场上焊接结构构架为主流形式；整体铸造因受工艺的限制，重量一般都比较重，且模具费用较高，较少选用；铸焊结构为前两者优缺点的结合，为研发时折中的选择。

4. 构架设计的原则

1）必须全面考虑构架与各零部件相互位置关系，空间合理布置。

2）考虑等强度原则，使构架拥有最大强度的基础上，尽量减小自重。

3）应充分考虑工艺性，尽量降低构架的制造难度。

4）刚度设计合理，使构架具有一定柔性，避免应力集中。

3.3.2　轮对轴箱装置

1. 轮对轴箱的作用

1）承载全部轮轨冲击和载荷。

2）通过与钢轨黏着，传递牵引和制动力。

3）将滚动转化为车辆的平动，使车辆前进。

4）轴箱是连接轮对和构架的活动关节。

2. 轮对轴箱的组成及形式

100%低地板转向架轮对轴箱装置一般分为独立轮对式轴箱装置和传统轮对式轴箱装置。独立轮对式轴箱装置一般由弹性车轮、轴桥（弯轴）、轴箱轴承、接地装置等构成，如图 3-31所示。传统轮对式轴箱装置一般由弹性车轮、内置式轴箱体、轴箱轴承、车轴、制动盘、接地装置等构成，如图 3-32 所示。

图 3-31　独立轮对式轴箱装置

（1）弹性车轮　为提高低地板车辆的舒适性，转向架基本都采用两系悬架结构，但因其结构和空间的限制，一、二系悬架的最大静挠

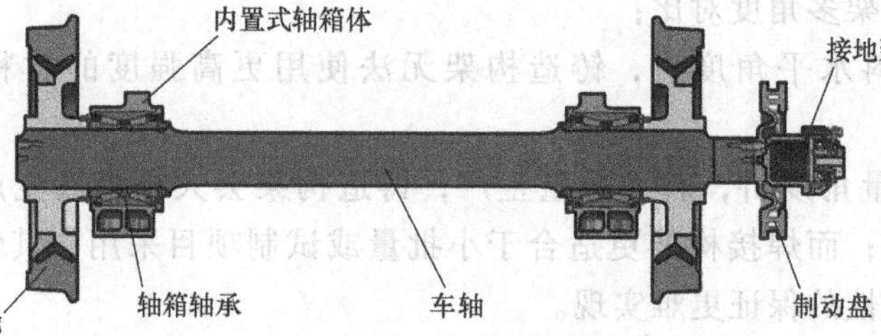

图 3-32 传统轮对式轴箱装置

度不可能设计的太大，为最大限度地提高车辆舒适性，降低小直径车轮引起的高轮轨作用力，减小车体及部件振动，无论是耦合轮对转向架还是传统轮对转向架，两者都采用弹性车轮，如图 3-33 所示。

图 3-33 弹性车轮

弹性车轮有承剪型、承压型、压剪复合型三种，如图 3-34 所示。承压型弹性车轮承受垂向压力载荷为主，径向刚度远大于轴向刚度，在原有的非低地板有轨电车上有大量的运用，目前已经较少运用。承剪型弹性车轮承受垂向剪切载荷为主，径向刚度与轴向刚度基本接近。新型承剪型弹性车轮称为超级弹性车轮，是非常特殊的一类。压剪复合型弹性车轮承受双向载荷，径向刚度与轴向刚度可以根据 V 型夹角调整，是目前广泛采用的一种弹性车轮。橡胶分为整体橡胶圈及均布橡胶块形式。目前 100%低地板有轨电车多采用压剪复合型，橡胶块形式弹性车轮。轮径一般范围为 580～660mm。

a) b) c)

图 3-34 弹性车轮型式

a）承压型 b）承剪型 c）压剪复合型

采用弹性车轮具有以下优势：

1）可以增加转向架最大静挠度。

2）横向、纵向具有一定刚度，轮箍和轮芯具有一定弹性位移，可以更好地适应线路。

3）用橡胶代替车轮部分的钢，减轻了车轮质量，进而降低簧下重量，改善轮轨作用力。

4）弹性车轮还可以减小轮轨噪声，且车轮上还可以加装降噪板，进一步减小轮轨噪声，减小车辆运行对周围环境的影响。

低地板车辆运行于市区或市郊道路，平均运行速度仅为 30～40km/h，且低地板车所用基础制动均不采用踏面制动，弹性车轮使用工况优于地铁车辆，弹性车轮完全满足使用要求，不存在安全隐患。

（2）轴桥 轴桥有分体式铸造轴桥、铸造焊接式轴桥、整体式铸造轴桥、整体式锻造轴桥，如图 3-35~图 3-38 所示。

图 3-35 分体式铸造轴桥

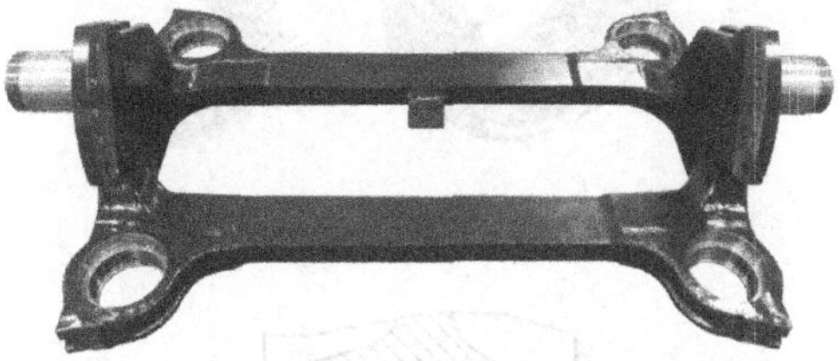

图 3-36 铸造焊接式轴桥

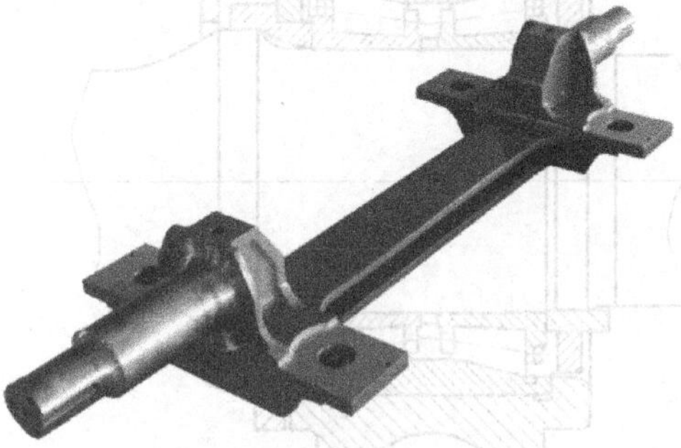

图 3-37 整体式铸造轴桥

图 3-38 整体式锻造轴桥

（3）轴箱 采用传统轮对轴箱装置时，具有传统意义的轴箱体；采用独立轮对轴箱装置时，由轴桥和车轮轮芯共同构成安装轴承用的组合轴箱体。

低地板车因为其齿轮箱和万向节往往布置于构架外侧，为使结构紧凑，万向节直接与车轮通过螺栓等形式连接，车轮必须在轴端，所以一般都采用轴箱内置结构，轴箱内置可以减小一系横向跨度，进而减小构架纵梁的横向间距，可以在保证构架的刚度和强度的同时，减小横梁的截面，可以减轻构架重量，通过合理地匹配轮对的定位刚度，使转向架能顺利地通过小半径曲线，同时保证其在运行速度范围内的动态稳定性，见表 3-2。

表 3-2 部分低地板转向架参数

序号	厂家	车型	轴距/mm	轮径/mm	轮对形式	轴箱位置
1	庞巴迪	Flexity2	1850	620	传统轮对	内置轴箱
2	西门子	Combino Combinno plus Avenio	1800	600	独立轮对	内置轴箱
3	阿尔斯通	Citadis 302	1600	590	独立轮对	内置轴箱
4	安萨尔多百瑞达	Sirio	1700	660	独立轮对	内置轴箱
5	CAF	Urbos3	1800	600	独立轮对	内置轴箱
6	斯柯达	Forcity	1900	666	独立轮对	内置轴箱

注：采用独立车轮时，无传统意义上的轴箱，因为一系悬架定位装置位于车轮内侧，所以统一定义为内置轴箱。

（4）轴承 独立轮对式轴箱装置多配置一大一小两个圆锥滚子轴承，如图 3-39a 所示；

传统轮轴式轴箱装置多采用整体式圆锥滚子轴承，如图 3-39b 所示。

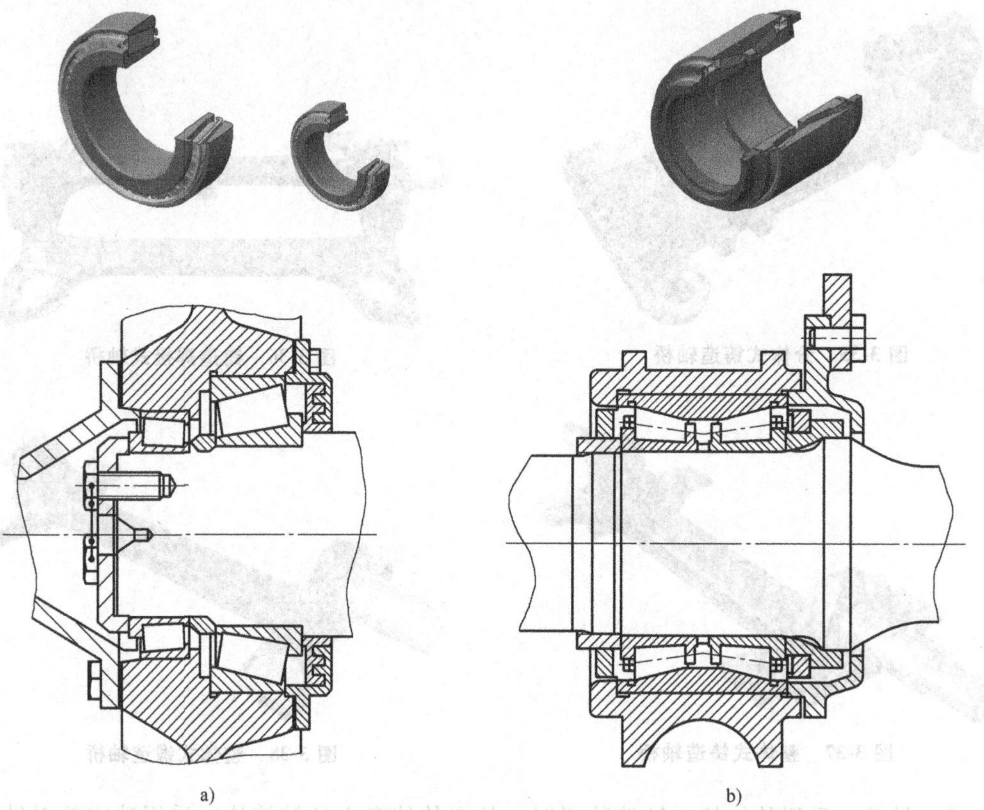

图 3-39　轴承

a）独立轮对式大小圆锥滚子轴承组合+组合轴箱体　b）传统轮轴式整体式圆锥滚子轴承+传统轴箱体

3. 独立轮对与传统轮对导向能力分析

在直线上，当传统轮对向左偏移时，其左右车轮的轮轨接触点会形成滚动圆半径差，并发生相对微小的滑动，从而产生相应的纵向蠕滑力，由此产生的回转力矩使轮对顺时针偏转，偏转产生的横向蠕滑力指向线路中心，与此同时，重力复原力差也使轮对向轨道中心返回，这样在横向蠕滑力和重力复原力的共同作用下轮对向中心复位；当轮对向右偏移时，动作机理与向左偏移时相同，只不过作用力方向和转动方向与向左偏移时相反。可见，传统轮对在前进中不断地围绕线路中心线作正弦波状来回摆动，即蛇行运动。传统轮对正是利用了蛇行运动的特点来实现轮对向轨道中心动态复位的。独立车轮轮对左右两轮的转速不同，不产生纵向蠕滑力，这是其缺点。在直线上运行时，由于轨道横向不平顺等原因，车轮发生横向偏移时不能自动对中，可能造成轮缘与钢轨持续接触，发生轮缘磨耗。通过曲线时，不存在左右轮蠕滑力形成的力偶的导向作用，完全依靠轮缘导向，冲角较大，轮轨横向作用力较大，轮缘磨耗会大一些。

3.3.3　悬架装置

1. 悬架装置的作用

1）分配各向载荷到各零部件，并使车辆处于不平顺线路、转弯、偏载等情况下，所分配的载荷在合理范围内。

2）缓和冲击，减振降噪，使车辆运行平稳，并具有一定的舒适性。

2. 悬架装置的组成

布置在轮对和转向架构架之间的悬架装置称为一系悬架装置；布置在转向架构架和车体（摇枕）之间的悬架装置称为二系悬架装置。

一系悬架装置一般采用圆锥叠层橡胶弹簧或其他形式叠层橡胶弹簧（见图 3-40），该类弹簧是由多层橡胶和钢板经硫化而成的弹性元件，能起到轴箱无磨耗定位的作用。轴箱弹簧主要承受垂向载荷，通过在弹簧橡胶内部开缺口，得到不同的转向架纵向刚度和横向刚度，以满足设计需要，使车辆的运行平稳性和安全性等动力学性能指标符合标准要求。同时还可提供适当的阻尼，以缓和来自钢轨的冲击，减少车辆的振动，同时避免一系悬架另外再安装油压减振器。

a)　　b)　　c)

图 3-40　一系橡胶弹簧

a）圆锥叠层橡胶弹簧　b）人字形叠层橡胶弹簧　c）转臂式定位用叠层橡胶弹簧

二系悬架装置一般采用的部件有止挡（横向、纵向）、液压减振器（横向、纵向）、二系弹簧（橡胶弹簧、螺旋钢弹簧、空气弹簧）、抗侧滚扭杆、抗折弯系统等。

考虑到低地板转向架空间，二系弹簧一般不采用空气弹簧，不同类型的转向架配置稍有不同，主要以橡胶弹簧为主，如图 3-41 所示。二系橡胶弹簧由高性能橡胶-金属硫化而成，连接构架与车体，并承受车体载荷。二系弹簧将车体与转向架分开，允许转向架相对车体偏转，提供复原力；承受车体载荷，衰减振动和降低噪声。车轮磨耗后，需要在二系弹簧下加垫来调整车体高度。二系悬架装置的功能是确保为乘客提供良好的乘坐舒适性，并保证车辆轮廓在各种规定的动态条件下均在动态界限以内。

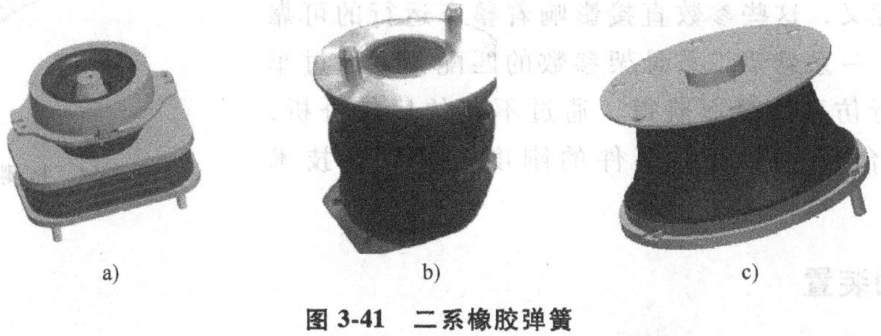

a)　　b)　　c)

图 3-41　二系橡胶弹簧

a）复合橡胶弹簧　b）沙漏橡胶弹簧　c）橡胶堆弹簧

横向、纵向止挡（见图 3-42）也由高性能橡胶-金属硫化而成。刚性止挡安装在车体底架上，弹性止挡板安装在构架上，可限制车体与转向架之间的横向、纵向位移和摇头角度。

二系垂向、横向减振器安装于车体与构架之间，可衰减转向架与车体之间的振动。当车辆在整车起吊时，有些减振器还具有提吊功能。抗折弯液压缸除具有减振作用，对整车通过弯道具有重要的辅助作用。减振器示意如图 3-43 所示。

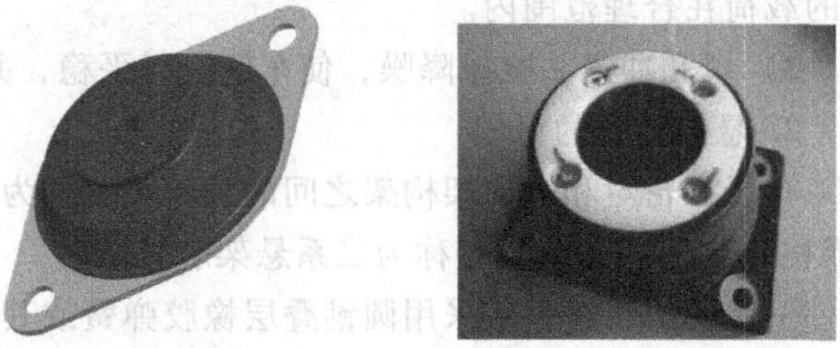
a)　　b)

图 3-42　止挡

a）横向止挡　b）纵向止挡

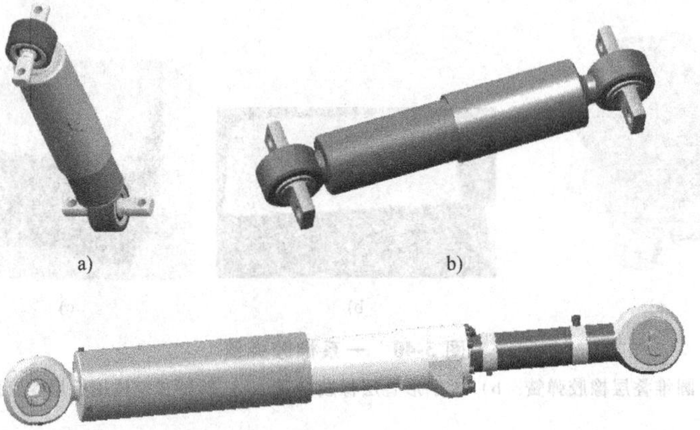
a)　　b)　　c)

图 3-43　减振器

a）垂向减振器　b）横向减振器　c）抗折弯系统减振器

抗侧滚扭杆（见图 3-44）作为一个抵抗车体侧滚运动的扭杆弹簧，当车辆通过曲线时，增加了车体与转向架之间的侧滚刚度。有些转向架不配置抗侧滚扭杆。

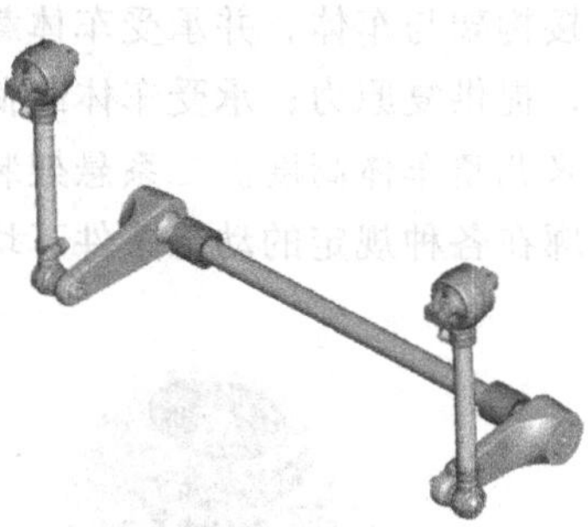

图 3-44　抗侧滚扭杆

悬架参数对于每个类型的有轨电车车型及转向架都具有重要的意义，这些参数直接影响着整车运行的可靠性和舒适性。一系悬架二系悬架参数的匹配一般通过车辆动力学进行仿真计算而获得，通过不断的比较分析，最终输出适合于各个悬架部件的刚度、阻尼等技术参数。

3.3.4　驱动装置

1. 驱动装置的作用

驱动装置的作用主要是将牵引电动机的扭矩有效地转化为转向架轮对转矩，利用轮轨的黏着机理，驱使车辆沿着钢轨运行。

2. 驱动装置的组成

驱动装置一般由牵引电动机、齿轮箱、输入万向节、输出万向节组成，横向耦合车轮的转向架还具有横向耦合机构。

3. 驱动装置的布置

对于常规的轮对型式转向架，由于驱动装置占据了转向架中间的大部分空间，其上方地板面高度一般做成 900mm 以上。为了实现 100%低地板，驱动装置改变了其在转向架上的传统布置方式，将驱动装置布置在车轮外侧，这样就可以将转向架中间的空间留出来。为实现 100%低地板创造条件。驱动装置外置时，可以将车体地板面做成下凹形状，下凹部分正好作为走廊的低地板区域，如图 3-45 所示。

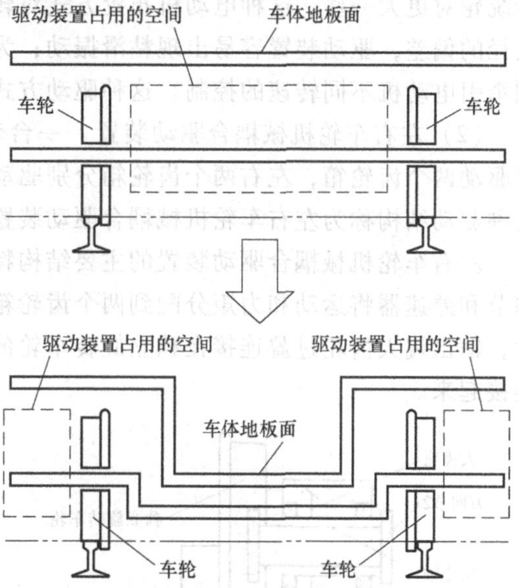

图 3-45 驱动布置对比

典型转向架驱动布置配置见表 3-3。

表 3-3 典型转向架驱动布置配置

序号	厂家	车型	电动机布置形式	齿轮箱布置形式	耦合方式
1	庞巴迪	Flexity2	纵向布置	纵向布置	横向
2	西门子	Combino	纵向布置	纵向布置	纵向
3	阿尔斯通	Citadis 302	垂向布置	横向布置	横向
4	安萨尔多百瑞达	Sirio	纵向布置	纵向布置	横向
5	CAF	Urbos2	纵向布置	纵向布置	纵向
6	斯柯达	Forcity	轮毂电动机	—	独立控制

100%低地板有轨电车转向架的驱动装置非常复杂，最早多采用轮毂电动机驱动。这种驱动方式将车轮和电动机转子连接起来，由于需要配备复杂的水冷系统和大的簧下质量，已经渐渐被淘汰。以下主要基于传统的牵引电动机和驱动装置独立开来的原则。分析几种典型的外置式驱动装置布置形式。

（1）独立旋转车轮纵向驱动装置 一台牵引电动机纵向布置在车轮外侧，电动机转轴的两端各驱动一个齿轮箱，前后两个齿轮箱分别驱动转向架一侧的前后两个独立旋转车轮。这里将这种驱动结构称为独立旋转车轮转向架纵向驱动装置，如图 3-46 所示。

独立旋转车轮转向架纵向驱动装置的主要结构特点如下：牵引电动机和齿轮箱刚性连接在一起，并且整体架悬在构架上；齿轮箱采用单级锥齿轮传动，其大齿轮输出端为空心轴结构，电动机转轴和小齿轮轴通过万向节 1 连接起来，齿轮箱的输出力矩通过万向节 2 传到车轮或车轴。由于两个齿轮箱和同一电动机转轴相连，为了满足前后车轮的同向运动，前后两个齿轮箱的齿轮布置相反。

对于采用纵向驱动装置的独立旋转车轮转向架，由于左右车轮不耦合，单侧的前后车轮受同一电动机驱动。在直线上因不能自动对中，易出现贴靠一边的现象。因而其轮缘磨耗比传统轮对更大一些。这种电动机布置方式对转向架构架的加工精度要求较高；由于前后车轮轮径的偏差，驱动装置容易出现粘滑振动；为了通过曲线，需要牵引系统精确地实现内外两侧牵引电动机不同转速的控制。这种驱动方式的最大优点是能实现全平的100%低地板。

（2）左右车轮机械耦合驱动装置　一台牵引电动机纵向布置在转向架外侧，电动机同时驱动两个齿轮箱，左右两个齿轮箱分别驱动转向架同一轴位的两个独立旋转车轮。这里将这种驱动结构称为左右车轮机械耦合驱动装置（见图3-47）。

左右车轮机械耦合驱动装置的主要结构特点如下：牵引电动机悬挂在车体上，其通过万向节和差速器将运动和力矩分配到两个齿轮箱，齿轮箱为抱轴式悬挂，其采用两级平行轴传动，输出端大齿轮过盈连接在独立旋转车轮的短轴上，左右两个齿轮箱通过万向节和扭力杆连接起来。

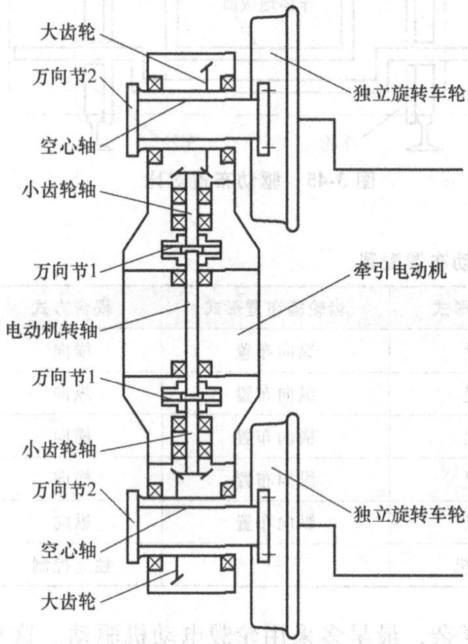

图 3-46　独立旋转车轮纵向驱动装置

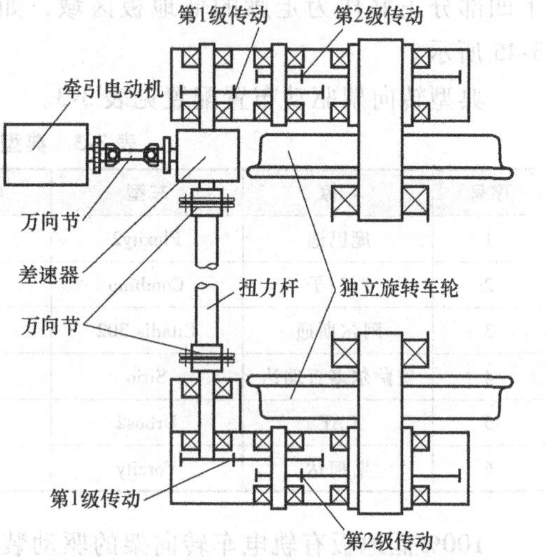

图 3-47　左右车轮机械耦合驱动装置

对于采用左右车轮机械耦合驱动装置的独立旋转车轮转向架，由于左右两个独立旋转车轮通过扭力杆实现了机械耦合，可以改善其轮缘的磨耗状况。通过曲线时，差速器可以使左右车轮实现自动解耦，满足内外车轮不同转速的需求。由于一台电动机驱动同一轴位的两个车轮，该驱动装置既实现了传统轮对所具有的直线自动对中的优点。但缺点是车辆的传动部件非常复杂，簧下重量较大。

（3）传统轮对转向架纵向驱动装置　一台牵引电动机纵向布置在车轮外侧，电动机驱动一个齿轮箱，齿轮箱从外侧驱动一个传统轮对，这里将这种驱动结构称为传统轮对转向架纵向驱动装置（见图3-48）。

传统轮对转向架纵向驱动装置的主要结构特点如下：牵引电动机和齿轮箱刚性连接在一起，并且整体架悬在构架上；齿轮箱采用两级传动。第1级为锥齿轮传动，第2级为平行轴斜齿轮传动，输出端为空心轴结构；牵引电动机采用单轴承结构，其只在非传动端安装轴承；电动机转轴和小齿轮轴通过万向节1连接起来，齿轮箱的输出力矩通过万向节2传到轮对；齿轮箱和轮对通常采用端面齿连接起来。

对于采用纵向驱动装置的传统轮对转向架，由于轮对在直线上运行时具有自动对中功能。车轮不会出现贴靠一边的现象，因而其轮缘磨耗比较正常；由于一台牵引电动机驱动一位轮对，是完全成熟的轮轨技术，可靠性和经济性都比较好。车轮的使用寿命有优势，但是其地板面高度大，需要车体地板面出斜坡。

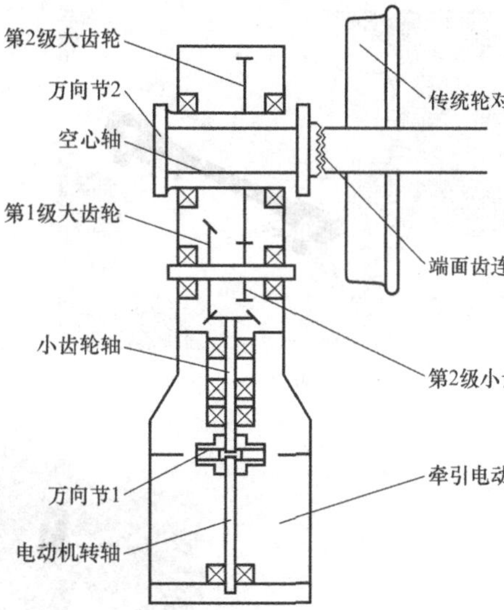

图 3-48 传统轮对转向架纵向驱动装置

（4）三种布置方式小结 对于传统轮对转向架，当采用纵向驱动装置将转向架中间的空间留出来的时候，由于受车轴的限制，转向架上方的地板面高度需要做到 450mm 以上。地板面的高低区域需要通过斜坡过渡，地板面只能做成低而不平的效果。对于独立旋转车轮转向架，无论是采用纵向驱动装置还是左右车轮机械耦合驱动装置。都可以实现低且平的 100%低地板。综上所述，得出三种典型的低地板驱动装置的应用比较见表 3-4。

表 3-4 低地板驱动装置应用比较

序号	项目	独立旋转车轮纵向驱动装置	左右车轮机械耦合驱动装置	传统轮对转向架纵向驱动装置
1	低地板比率	100%	100%	100%
2	低地板效果	低且平	低且平	低而不平 有明显坡度
3	牵引控制难易程度	较难	一般	一般
4	驱动装置复杂程度	一般	较复杂	一般
5	集成制动装置难易程度	一般	一般	一般

3.3.5 牵引装置

1. 牵引装置的作用

1）适应转向架相对车体的转动，将轮轨间相互作用产生的牵引力和制动装置产生的制动力传递到车体，使列车实现牵引和制动。

2）牵引装置中的牵引拉杆座节点能够缓冲车体和转向架之间的相对运动，提升舒适性。

2. 牵引装置的组成

不同类型的 100%低地板有轨电车的转向架牵引装置配置一般不同，有单牵引拉杆式、双牵引拉杆式、单牵引拉杆+纵向止挡式等，如图 3-49 所示。

3.3.6 附件装置

附件装置一般包含轮缘润滑装置、排障器、车轮罩、撒砂装置喷嘴、接地回流装置等。

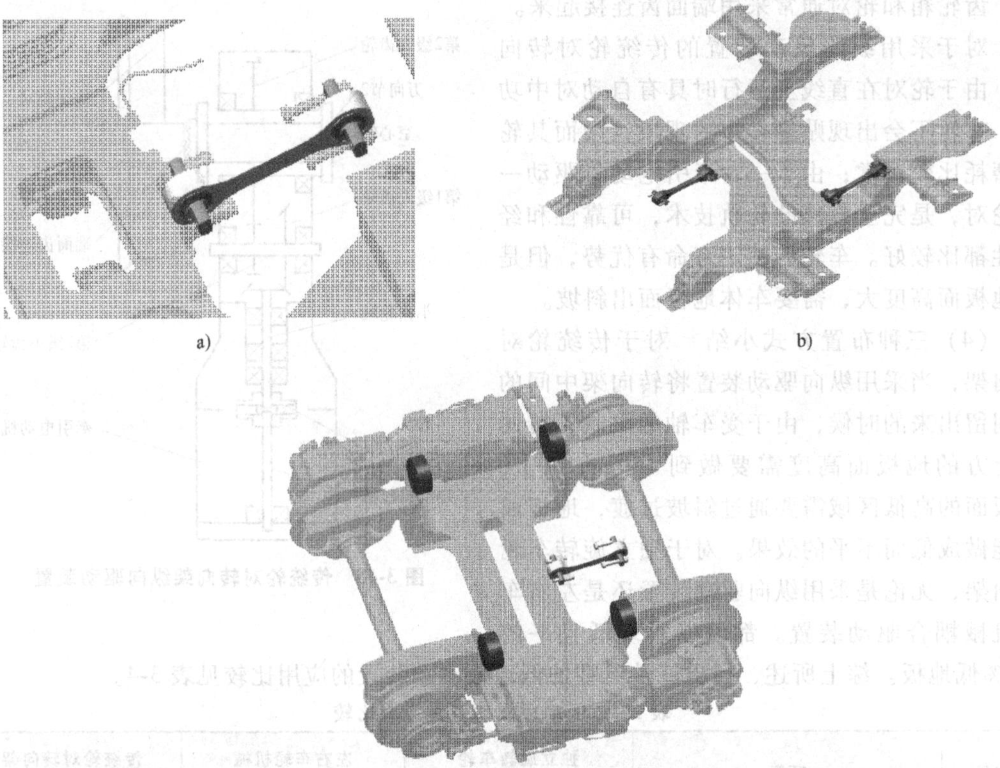

a）　　b）　　c）

图 3-49　牵引装置

a）单牵引拉杆式　b）双牵引拉杆式　c）单牵引拉杆+纵向止挡式

轮缘润滑分为固体式和液体式，如图 3-50 所示，轮缘润滑装置可以显著地减少轮缘和轨道的磨损，有效地降低噪声。降低了运行阻力，因而也节约运行成本。

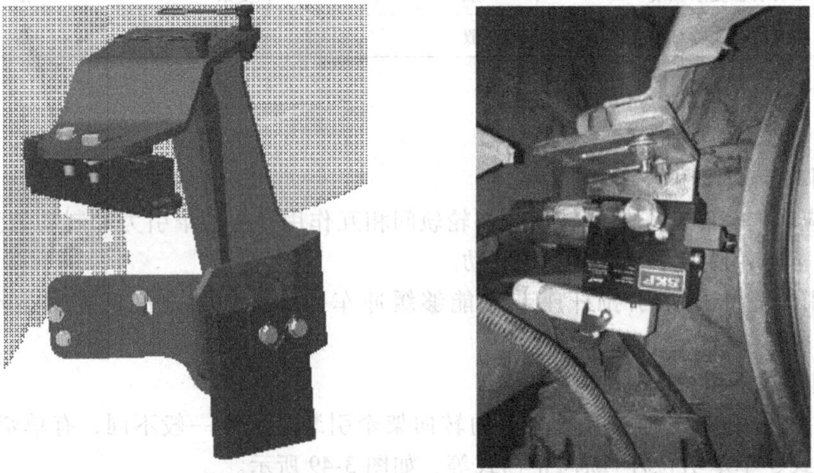

a）　　b）

图 3-50　轮缘润滑装置

a）固体轮缘润滑及排障器　b）液体轮缘润滑喷嘴

排障器用于清除轨道上的障碍物，从而将车轮踏面损坏的风险和车辆出轨的风险降低到最低程度。排障器可根据车轮磨耗高度可以进行调整。

车轮罩（见图 3-51）的安装，能有效防止水、泥等污物溅射到转向架其他设备上，可降低检修维护时对转向架部件的清理工作。

撒砂喷嘴（见图 3-52）主要是配合制动的指令，向轨道喷砂，以增加轮轨的黏着。

接地回流装置主要是为了避免电流通过轴箱轴承、电动机、悬架部件等，使电流成功地与钢轨流通，且不造成其他部件及其功能的损坏。

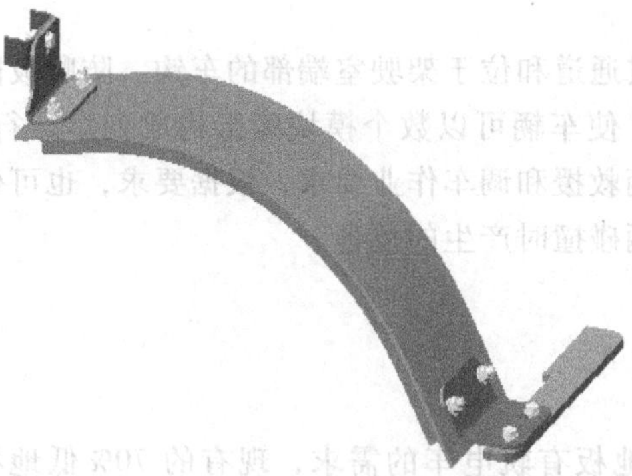
图 3-51　车轮罩

图 3-52　撒砂喷嘴

第4章 车端连接装置

车端连接装置包括连接相邻两辆车的铰接、贯通道和位于架驶室端部的车钩、防爬吸能装置。铰接、贯通道将各相邻车厢进行机械连接，使车辆可以数个模块编组构成列车运行，同时使乘客可以在列车内通行。车钩可以满足车辆救援和调车作业要求，根据要求，也可使车辆具有重联运营功能。防爬吸能装置可减少车辆碰撞时产生的危害。

4.1 铰接装置

车辆间连接使用传统车钩形式已不能满足低地板有轨电车的需求，现有的70%低地板和100%低地板车辆各模块间均采用铰接装置连接。铰接装置是车辆组成部件中的重要装置。从某种意义上说，正是由于铰接装置将车辆各模块连接组成了整体，才有了真正意义的现代有轨电车。铰接装置的存在也使得车辆运用更加灵活，可根据不同载客需求灵活配置，如图4-1所示。

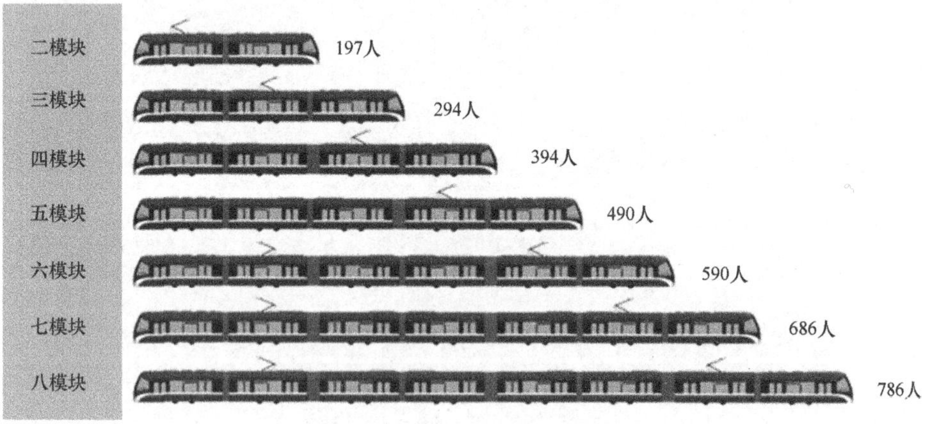

图4-1 现代有轨电车的编组

4.1.1 铰接装置的功能

车辆模块间铰接装置的功能主要体现在以下几个方面：

1）通过铰接装置实现各模块的连接。

2）传递各模块间的力和运动，即承受车体间的纵向力、横向力和垂向力，同时适应由于路况变化所引起的模块间各种相对运动姿态变化的需要。这些相对运动姿态主要包括两连接模块间以摇头方式回转（水平面内回转）、两连接车体间以点头方式回转（铅垂面内回转）以及两连接车体间的侧滚运动。

3）提高车辆的曲线通过能力，满足轨道车辆的各种限界要求。为了适应最小水平曲线半径和垂直曲线半径的要求，应在车辆中部设有铰接式转盘结构，如图 4-2 和图 4-3 所示。这种铰接结构转动灵活、严密、安全可靠。

图 4-2 有轨电车通过水平曲线

图 4-3 有轨电车通过垂直坡道线

4.1.2 铰接装置的类型

根据有轨电车不同车型的需要，铰接装置主要有以下几种型式：固定铰（下部单铰）、转动铰（弹性铰）、自由铰、下部双铰、上部双铰（悬挂吊杆）。

三模块或五模块低地板车多采用固定铰、转动铰、自由铰配置，如图 4-4 所示；四模块低地板车一般采用固定铰、转动铰、下部双铰、上部双铰配置，如图 4-5 所示。

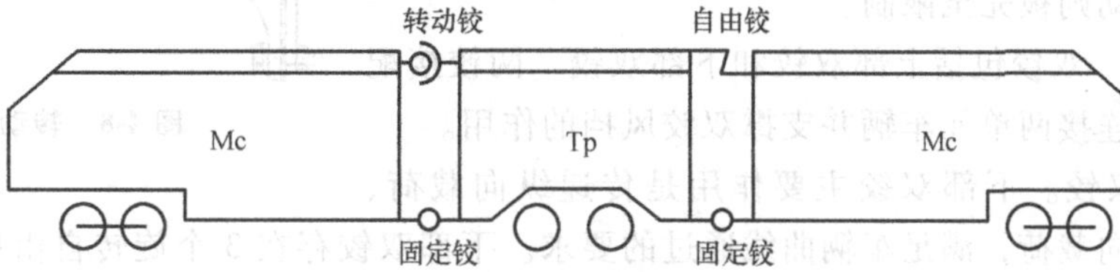

图 4-4 三模块低地板车铰接布置

图 4-5 四模块低地板车铰接布置

（1）固定铰 固定铰由两侧相同的钢铸件和中间球状轴承连接装置构成，如图 4-6 所示。轴承连接装置和钢铸件用螺栓连接。固定铰用螺栓固定在低地板车辆的底架端梁上。固定铰的球状轴承结构使固定铰本身两侧具备了相对的球面运动，同时固定铰承担了相邻车辆间力的传递。由上述固定铰的结构组成可知，固定铰限制沿 3 个坐标轴方向的平动，但能绕

3个轴旋转，能承受垂向力，能承受传递纵向力和横向力。固定铰一般用作下铰。

（2）自由铰　自由铰也称点头自由铰，是拉杆结构，由两侧结构主体、中间拉杆组成。拉杆两侧各有1个金属球状轴承，它允许车体之间的摇头和点头运动，如图4-7所示，仅限制相邻车体间的侧滚运动。自由铰一般用于上铰。

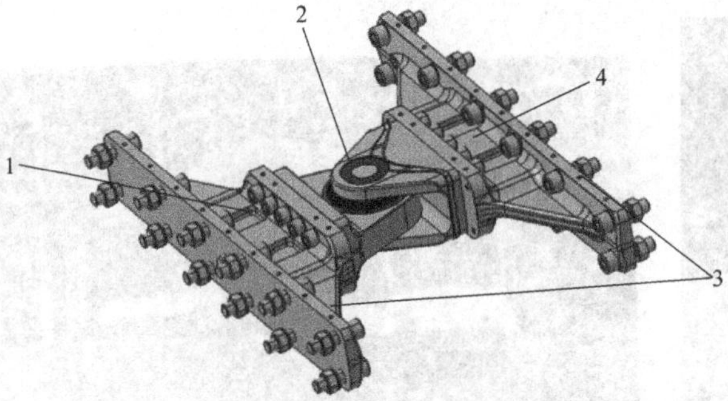

图4-6　固定铰

1—左铰　2—球状轴承　3—安装座　4—右铰

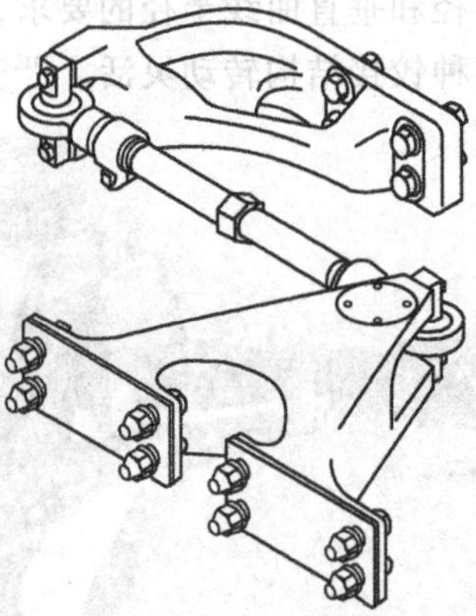

图4-7　自由铰

（3）转动铰　转动铰位于折棚的上部，如图4-8所示，安装在车顶的安装座上，因此一般用于上铰，由主体结构和中间球状轴承连接装置构成。它限制了车体的纵向、横向和垂向平动，仅具有水平转动自由度，不承受垂向力。当转动铰和下铰（固定铰）配合在一起时，则使得相邻模块间只能进行绕着z轴的水平旋转运动，模块间的点头等其他运动则被完全限制。

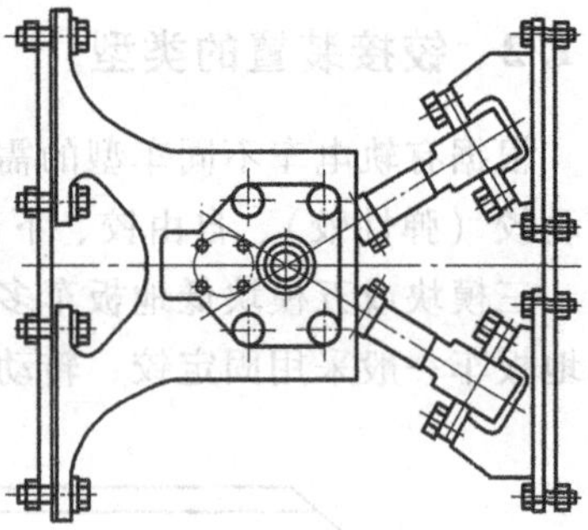

图4-8　转动铰

（4）双铰　双铰包括上部双铰和下部双铰，两铰接配合使用，起到连接两单元车辆并支撑双铰风挡的作用。

1）下部双铰。下部双铰主要作用是传递纵向载荷、垂向载荷和横向载荷，满足车辆曲线通过的要求。下部双铰存在3个旋转自由度，如图4-9所示。

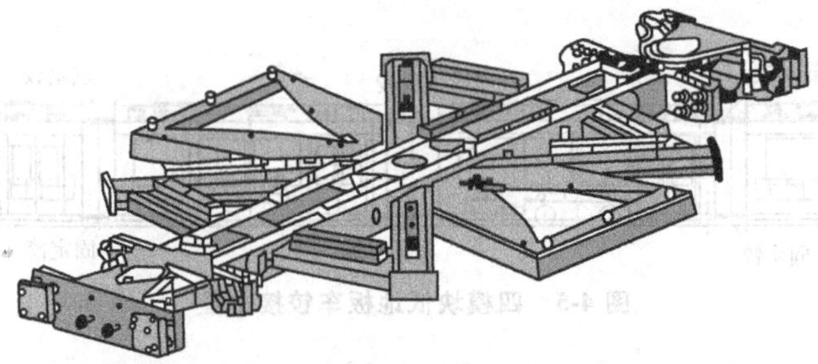

图4-9　下部双铰

2）上部双铰。上部双铰的主要作用为吊挂并固定风挡安装框，承受一定的垂直载荷，如图4-10所示。

图 4-10 上部双铰

4.2 车钩缓冲装置

1. 车钩缓冲装置作用

低地板有轨电车前端车钩缓冲装置的作用是实现有轨电车的拖拽，满足车辆的救援和调车作业要求。也有的车辆要求具有重联运营功能，这时车钩应满足机械连接、电气连接，并且应具有缓冲器功能。

2. 车钩缓冲装置性能要求

鉴于车钩缓冲装置对有轨电车救援及重联运营行车安全的重要影响，因此其相关设计指标必须满足一定的性能要求。以某有轨电车为例，其车钩缓冲装置的部分性能指标要求见表 4-1。

表 4-1 车钩缓冲装置的部分性能指标

<table>
<tr><th colspan="3">项 目</th><th>数值及说明</th></tr>
<tr><td rowspan="10">总体性能</td><td colspan="2">抗压缩变形阻力/kN</td><td>200</td></tr>
<tr><td colspan="2">抗拉伸变形阻力/kN</td><td>200</td></tr>
<tr><td colspan="2">水平面内旋转角度/(°)</td><td>±18</td></tr>
<tr><td colspan="2">垂直面内旋转角度/(°)</td><td>±5</td></tr>
<tr><td colspan="2">枢轴旋转角度/(°)</td><td>±3</td></tr>
<tr><td colspan="2">活性定心角度/(°)</td><td>±10</td></tr>
<tr><td colspan="2">车钩底面前部与中心接销之间的距离/mm</td><td>1175</td></tr>
<tr><td colspan="2">连接销中心与安装在车辆基础上的接口之间的距离/mm</td><td>0</td></tr>
<tr><td colspan="2">垂直铰接与安装在车辆基础上的接口之间的距离/mm</td><td>35</td></tr>
<tr><td colspan="2">质量/kg</td><td>230</td></tr>
<tr><td rowspan="5">弹性体能量吸收系统</td><td colspan="2">预载/kN</td><td>25</td></tr>
<tr><td colspan="2">行程/mm</td><td>140</td></tr>
<tr><td colspan="2">对停止速度的最大动态反作用力/kN</td><td>200</td></tr>
<tr><td colspan="2">摩擦最大吸收能量/kJ</td><td>24.8</td></tr>
<tr><td colspan="2">拉压最大吸收能量/kJ</td><td>2.4</td></tr>
<tr><td rowspan="3">电钩</td><td colspan="2">位置</td><td>电动牵引装置头位于
机械牵引装置头的顶部</td></tr>
<tr><td rowspan="2">接触点</td><td>镀金销×插孔接点</td><td>2×15</td></tr>
<tr><td>镀银销×插孔接点</td><td>2×36</td></tr>
</table>

3. 车钩缓冲装置类型

一般情况下，低地板车前端车钩应隐藏固定在驾驶室下方，当需要使用时再将其伸出，低地板有轨电车车钩主要分为两大类：一种为折叠式车钩，一种为伸缩式车钩。

（1）折叠式车钩　折叠式车钩一般通过设有可折叠关节，折叠后固定在驾驶室下方，可以采用手动方式，也可以采用全自动折叠车钩。

1）手动折叠式车钩。手动折叠式车钩，即车钩的伸出和收回动作都是通过手动完成的，如图 4-11 所示。

2）自动折叠式车钩。自动折叠式车钩的折叠收回和伸出动作都是通过电动机驱动完成的（见图 4-12）。自动折叠式车钩目前国内还没有应用，在国外的一些项目上有所应用。

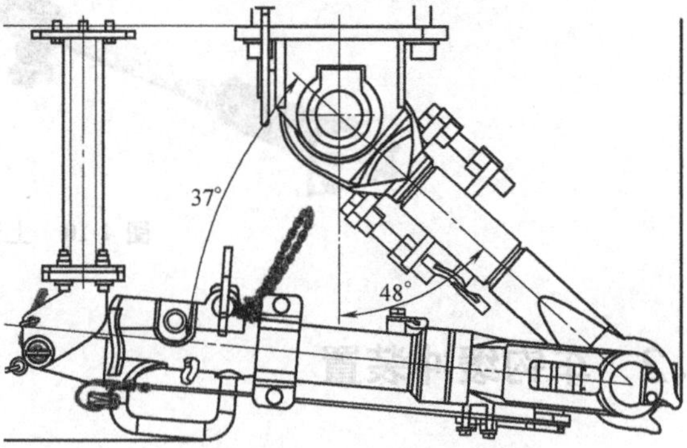

图 4-11　手动折叠式车钩

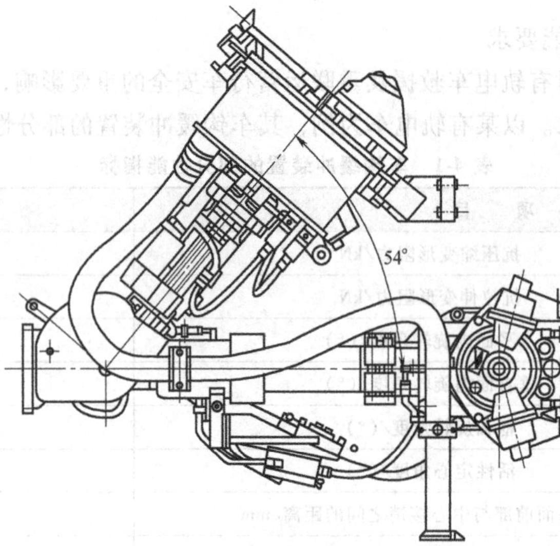

图 4-12　自动折叠式车钩

（2）伸缩式车钩　伸缩式车钩一般在车钩安装面板设有后退空间，车钩刚性杆可以沿着车钩安装面板的开口向前伸出或向后缩回。目前主要有手动伸缩式车钩和电动伸缩式车钩两种。

1）手动伸缩式车钩。手动伸缩式车钩，一般情况下，低地板车钩仅在救援及调车作业中使用，所以手动操作是一种常用的设计方式。伸缩式车钩通过固定插销固定在指定位置，手动拿掉插销，向前拉动车钩刚性杆即可完成车钩的伸出，如图 4-13 所示。

2）电动伸缩式车钩。电动伸缩式车钩是指车钩的折叠和伸出操作均通过电动机驱动完成，车钩的刚性杆作为齿条，电动机带动齿轮与刚性杆上的齿条配合驱动车钩动作，完成车钩的伸出和缩回，如图 4-14 所示。

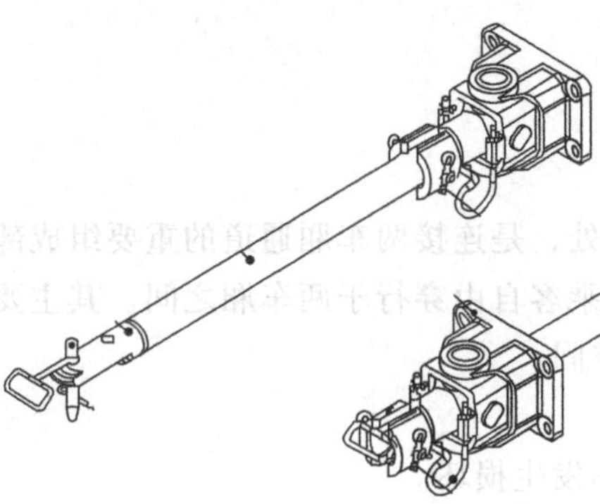

图 4-13 手动伸缩式车钩

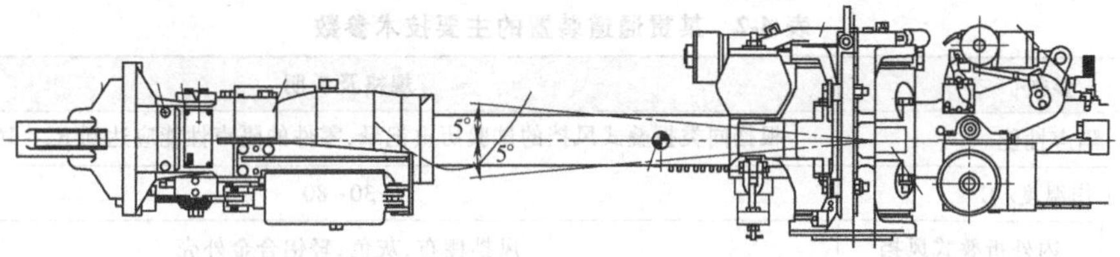

图 4-14 电动伸缩式车钩

4.3 防爬吸能装置

当电车发生碰撞事故时，若一辆车爬上另一辆车，则会造成车辆的严重破坏和人员的重大伤亡。为防止这种现象发生，车辆端部通常设置防爬器。

防爬器是安装在车体端部的一种被动安全装置，其功能主要有两个方面：一是防止两车相碰撞时一列车爬到另一列车上；二是吸收车辆在一定速度下发生撞击时的能量。

防爬器一般分为刨削式防爬器、压溃式防爬器、膨胀式防爬器三种。刨削式防爬器主要通过安装座处的切削刀对圆形套筒进行切削来吸收撞击能量；压溃式防爬器则利用内部薄壁金属（或铝蜂窝材料）的压溃发生塑性变形来吸收能量；膨胀式防爬器通过将金属管壁膨胀变形吸能。刨削式防爬器重量轻，占用空间小；压溃式或膨胀式防爬器采用规则的薄壁金属作为能量吸收元件，压溃变形稳定，结构简单。

另外，低地板车防爬器中常常设有液压缓冲器，使列车在低速情况下能够吸收能量，保护行人及地面车辆的安全。

图 4-15 所示为中车唐山机车车辆有限公司低地板车应用的一种防爬吸能装置，采用液压缓冲吸能和刨削吸能结构。

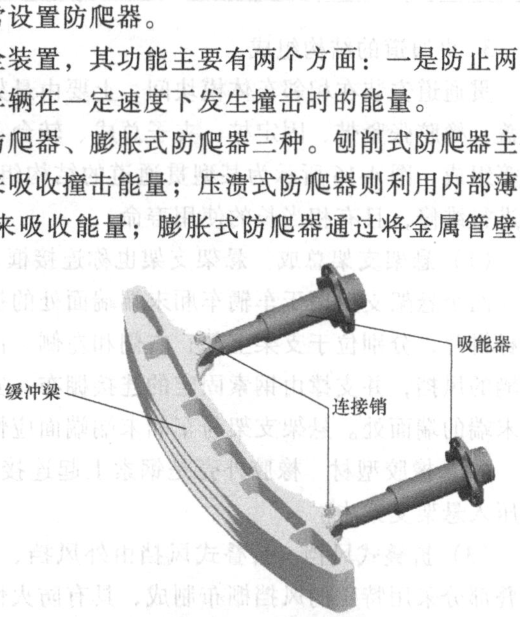

图 4-15 防爬吸能装置

4.4 贯通道

1. 贯通道装置的功能

贯通道装置位于两节车厢的连接处，是连接两车厢通道的重要组成部分。它可适应车厢之间所有可能产生的相对位移，保证乘客自由穿行于两车厢之间。其主要功能如下：

1）为乘客提供安全舒适的通过空间。

2）降低外部噪声和热量传递。

3）使车辆顺利通过曲线线路而不发生损坏。

2. 贯通道装置的主要技术参数

贯通道装置的主要技术参数包括：净通过高度和宽度、防火性能、隔声性能、传热系数、密封性、颜色、材料、折棚寿命等。某贯通道装置的主要技术参数见表 4-2。

表 4-2 某贯通道装置的主要技术参数

参数		规格及说明
隔声性能		根据同类折叠式风挡的试验历史记录，零件的隔声性能应达到 R_w = 16dB(A)
工作温度/℃		-30~80
材料	内外折叠式风挡	风挡棚布，灰色，轻铝合金外壳
	悬架支架	轻铝合金外壳
	踏板	铝合金
	橡胶外壳	EPDM（三元乙丙橡胶）
密封性		—
传热系数		—
折棚寿命		至少 15 年

3. 贯通道的结构组成

贯通道安装在相邻车体模块间，主要由悬架支架、橡胶外壳、内外折叠式风挡、橡胶机架盖、橡胶张紧带、固定桩、夹子总成、转台、上部铰接系统、下部铰接系统、车厢间减振器等组成，图 4-16 所示为某型贯通道的结构组成。由于结构及设计的原因，通道几乎不需要进行维修，且有相当长的使用寿命。

（1）悬架支架总成　悬架支架也称连接框。

两个悬架支架用于车辆车厢末端端面处的折叠式风挡的连接。每个母架支架包括 3 个铝型材拼片，分别位于支架上部、右侧和左侧。由悬架支架支撑的橡胶外壳的主要作用是密封车辆的风挡，并支撑由钢索固定的连接棚布。安装时，用铆钉将单个支架部分固定到相应车厢末端的端面处。悬架支架与车厢末端端面应恰当密封。

（2）橡胶型材　橡胶外壳是钢索上起连接和引导作用的连接棚布，通过一个空心槽将其压入悬架支架中。

（3）折叠式风挡　折叠式风挡由外风挡、内风挡和两个气管组成。内风挡和外风挡的折叠部分采用特殊的风挡棚布制成，具有防火性、高强度、防老化等特性并且与铝制的波纹风挡支架相连接。支架既能防止风挡变形，又能确保挡棚布的柔性。

外风挡整体是合拢的。风挡踏板（约1.5m）通常做成可拆卸的结构，以方便对下部铰接系统进行维修。折叠式风挡的棚布连接处安装了钢索，用于风挡与车辆车厢的连接。钢索的末端用螺旋扣连接，可以产生需要的拉力，将钢索牢固地压接在悬架支架中，并化解橡胶外壳产生的反压力。拉力的大小可通过调整螺旋扣的箍圈进行调节。

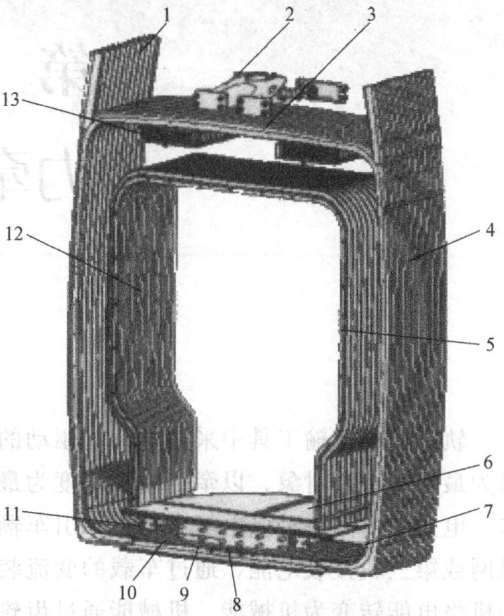

图4-16 贯通道的结构组成

1—顶部装饰棚 2—转动铰 3—悬架支架 4—外折叠式风挡 5—螺钉框架 6—旋转踏板 7—可拆卸式踏板 8—螺旋扣 9—带张紧带的保护翻板 10—张紧带 11—下部固定铰 12—内折叠式风挡 13—软风道

顶盖安装在外风挡的上部。与折叠式风挡一样，顶盖包含已装配好的特殊棚布，与铝制的波纹支架相连接，通过用螺钉固定凸缘，固定在车厢末端断面。

内风挡中的内折叠波纹沿向下方向收缩，可用作地板覆盖件。内风挡固定在螺钉框架上，进而固定在车厢末端的端面处。

气管也称软风道，用于连接车厢通风系统。软风道安装在内风挡和外风挡间的上部车厢区，以免受到外界的干扰。

（4）橡胶机架盖 橡胶机架盖用于盖住螺钉框架和安装螺栓。安装时，通常将其拉牵内风挡的螺钉框架上方。

（5）橡胶张紧带 张紧带可在固定桩上滑动，以连接车厢底侧的保护翻板。

（6）固定桩 固定桩可用作保护翻板和张紧带的连接。安装时，用埋头螺钉将其安装到车厢主体上。

（7）卡箍 卡箍的作用是将环形紧固夹推至气管末端，以将其固定到车厢末端端面的相应套筒上。

（8）旋转踏板（转台） 由踏板、左转台和右转台组成转台部件，它们均为预装总成部件，并由此形成贯通道下部的行走通道。转台总成的具体零部件包括戈座、角接、凸缘、左转台、磨耗条、防举吊设备、右转台、踏板等。所有部件均采用阳极氧化铝制成，但踏板也可采用不锈钢板。踏板通过预装支座安装到车的主体上。角接的作用是确保将转台拼片连接到踏板上，以防水平、垂直移动。防举吊设备则可防止电车移动过程中转向台拼片间出现提升间隙。车厢地面上连接着由多个磨耗条组成的滑动支撑座。滑动支撑座必须对准以补偿车厢地板与转台间的高度差。

第 5 章 电力牵引装置

轨道交通运输工具中采用电动机驱动的电气传动部分称为电力牵引系统，它以牵引电动机为最终的控制对象，以牵引力和速度为最终的控制目标，以满足车辆牵引与制动特性的要求。电力牵引是一种以电能为动力牵引车辆前进的牵引方式。轨道车辆通过受流器从架空接触网或第三轨接收电能，通过车载的变流装置给安装在转向架上的牵引电动机供电，牵引电动机将电能转变为机械能，机械能通过齿轮传给轮对，驱动轮在轨道上运动带动车辆牵引。

5.1 牵引的分类

5.1.1 供电的类型

有轨电车主要运行在城市内短途线路，因此其供电电压多采用直流供电电压。根据有轨电车接触网供电电压等级的不同，可分为 DC600V 供电、DC750V 供电。中国现在有轨电车线路多采用 DC750V 电压供电。

城市电网一次系统有发电厂、区域变电所和电网连接的输电线。发电厂的发电机发出电能，经升压变压器升高电压，以 220kV 高压，通过输电线输送到区域变电所，由降压变压器降压，然后以 110kV 电压，经过输电线输送到地铁主变电所，并再经降压变压器降压为 35kV 电压，经输电线输送到牵引变电所和降压变电所，牵引变电所经过降压再经过整流供给有轨电车。

发电厂或区域变电所对主变电所供电，经主变电所降压后，分别以不同的变压等级对牵引变电所和降压变电所供电，这种供电方式称为集中式供电方式。牵引变电所的设置和容量应按列车编组，行车的密度进行牵引供电计算后确定。供电系统电能质量及电压允许偏差值如下：

AC110kV 额定电压（−3%～7%），即 106.7～117.7kV。

AC35kV 额定电压（±5%），即 33.25～36.75kV。

AC33kV 额定电压（±5%），即 31.35～34.65kV。

AC10kV 及以下额定电压（±7%），即 9.3～10.7kV。

牵引整流器组高压侧额定电压为 AC35kV，直流侧标称电压值为 DC750V。牵引接触网的电压波动范围为 DC500V～DC900V。根据功能的不同，有轨电车供电系统一般划分为以下几部分：外部电源、主变电所、牵引供电系统、杂散电流腐蚀防护系统、电力监控系统。

1. 外部电源

有轨电车供电系统的外部电源就是供电系统主变电所供电的外部城市电网电源。外部电源方案的形式有集中式供电、分散式供电、混合式供电。集中式供电通常从城市电网 110kV 侧引入两回电源，按照轨道线路的设计规范要求，至少有一回电源为专线。

2. 主变电所

主变电所的功能是接受城网高压电源（通常为 110kV），经降压为牵引变电所、降压变电所提供中压电源（通常为 35kV 或 10kV），主变电所适用于集中式供电。主变电所接线方式为线变式或桥型接线。

3. 牵引供电系统

牵引供电系统的功能是将交流中压经降压整流变成直流 750V 电压，为有轨电车提供牵引供电，系统包括牵引变电所与牵引网，牵引网包括接触网与回流网。接触网采用悬挂方式，大多数工程利用走行轨兼作回流网，少数工程单独设置回流轨。

4. 杂散电流腐蚀防护系统

杂散电流腐蚀防护系统的功能是减少因直流牵引供电引起的杂散电流并防止其对外扩散，尽量避免杂散电流对城市轨道交通主体结构及其附近结构钢筋、金属管线的电腐蚀，并对杂散电流及其腐蚀保护情况进行监测。

5. 电力监控系统

电力监控系统的功能是实时对变电所、接触网设备进行远程数据采集和监控。在城市轨道交通控制中心，通过调度端、通信通道和变电所综合自动化系统对主要电气设备进行四遥控制，实现对整个供电系统的运营调度和管理。

5.1.2 直流环节的分类

根据牵引中间直流环节的类型可分为电压型和电流型牵引系统。

1. 电压型逆变器

电压型逆变器中间直流环节采用大电容滤波，经过逆变电路转变为频率可调的交流电，供给牵引电动机。

牵引逆变器的作用是把稳定的中间直流电压变换成三相交流电压，为异步牵引电动机提供频率和电压可调的三相交流电源，同时通过调节三相输出电压波形控制牵引电动机的转速和转矩，有轨电车基本采用电压型逆变器。

逆变电路由 6 个导电臂组成，每个导电臂均由具有自关断能力的全控型器件及反并联二极管组成，所以实际上也是一种全控型逆变电路。负载为感性，星形接法，在整流电路和逆变电路之间并联大电容。由于电容的作用，逆变入端电压平滑连续，直流电源具有电压源性质。

逆变电路中各全控器件控制极电压信号的时序如图 5-1 所示。信号脉宽为 180°，每隔 60°有一次脉冲电平，任何时刻有 3 个脉冲处于高电平。相应地在主电路中也有 3 个导电臂处于导通状态。

电压型逆变电路的特点：

1）直流侧为电压源或并联大电容，直流侧电压基本无脉动。

2）输出电压为矩形波，输出电流因负载阻抗不同而不同。

3）阻感负载时需提供无功功率，为了给交流侧向直流侧反馈的无功能量提供通道，逆变桥各臂并联反馈二极管。

2. 电流型逆变器

电流型逆变器中间直流环节采用大电感滤波，经过逆变电路转变为频率可调的交流电，供给牵引电动机，如图5-2所示。

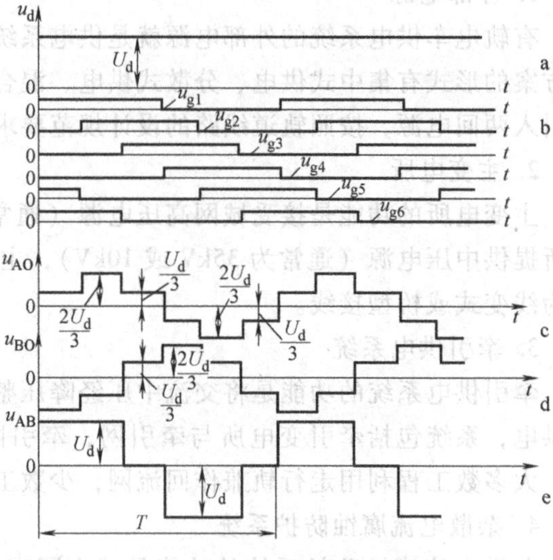

图5-1　全控器件控制极电压信号的时序

电流型变流器的中间直流环节采用大电感滤波，直流电流波形比较平直，使施加于负载上的电流值稳定不变，基本不受负载的影响，其特性类似于电流源，所以称之为电流型变频器。电流型变频器逆变输出的交流电流为矩形波或阶梯波，当负载为异步电动机时，电压波形接近于正弦波。电网可以看成是恒流源。电流型变频器由于电流的可控性较好，可以限制因逆变装置换流失败或负载短路等引起的过电流，保护的可靠性较高，所以多用于要求频繁加减速或四象限运行的场合。电流型直流电路采用电抗器滤波。在波峰（电流较大）时，由电抗器储存磁场能，在波谷（电流较小）时，电抗器将释放磁场能来进行补充，从而使直流电流保持平稳。直流电路是一个电流源，故称为电流型。

电流型逆变器工作方式是120°导电方式，每个臂一周期内导电120°，每个时刻上下桥臂组各有一个臂导通，换流方式为横向换流。输出电流波形和负载性质无关，正负脉冲各120°的矩形波，输出电流和三相桥整流带大电感负载时的交流电流波形相同，大体为正弦波。

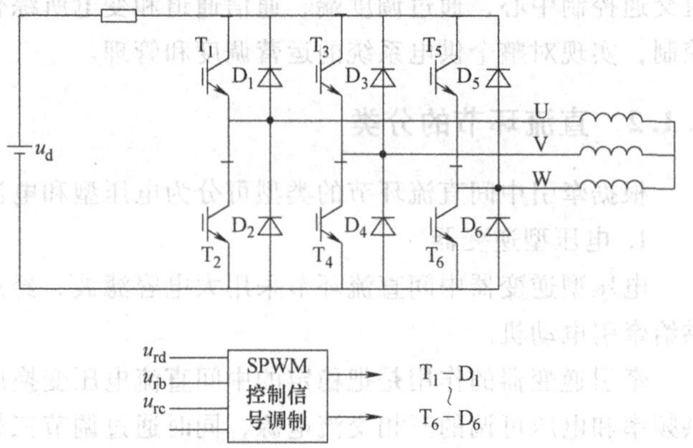

图5-2　电流型逆变器

$T_1 \sim T_6$—电力电子器件　$D_1 \sim D_6$—二级管　u_d—电源

电流型变流器有以下主要特点：

1）直流侧串大电感，电流基本无脉动，相当于电流源。

2）交流输出电流为矩形波，与负载阻抗角无关；输出电压波形和相位因负载不同而不同。

3）直流侧电感起缓冲无功能量的作用，不必给开关器件反并联二极管。

4）电流型逆变电路中，采用半控型器件的电路仍应用较多。

5）换流方式有负载换流、强迫换流。

5.1.3　电平数的分类

根据变流器的电平数量可分为二电平和三电平牵引系统。在电压型变流器中，较为流行的是所谓的二电平电路，或二电式电路。随着变流器容量和电压的提高，人们提出了新的多点式电路的概念，并成功的研制出三点式逆变器，也包括三点式的脉冲整流器。利用二点式逆变器，可以把中间直流环节的正极电位或负极电位接到电动机上去。而在三点式逆变器的情况下，除了把中间直流回路的正极或负极电位送到电动机上去以外，还可以把中间直流回路的中点电位送到电动机上去。

1. 二电平逆变器

可以把直流中间环节的正极或负极电位接到电动机上去的逆变器，如图 5-3 所示。

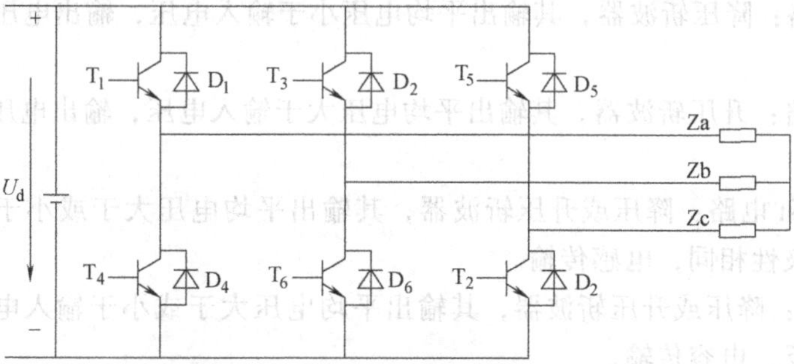

图 5-3　二电平牵引逆变器主电路

二电平逆变器的主要功能是把一个固定的直流电压转化成幅值和频率都可调的交流电压。这个逆变器通常用 6 个 IGBT 管和 6 个二极管构成。这里的功率管也可以用 IGCT 来代替。如果想得到更高的电压，可以用几个相同功率管串联起来实现。实际应用中，同一个桥臂上的上下两个功率管是轮流导通的，也就是互补的，在它们的触发过程中，要求触发时间尽量短，以免在换相时同一桥臂上的两个管子同时导通而烧坏。这里所说的两电平既不是指相电压，也不是指线电压，而是指三相 A、B、C 与 N 点间的电压。

2. 三电平逆变器

除了可以把直流中间环节的正极或负极电位接到电动机上去的逆变器，还可以把中间直流环节的中点电位送到电动机上去，含有较少的谐波。

二电平逆变器如果运用于中高压场合，在开关频率较低的情况下，将会出现系统效率低，能量传输困难等一系列问题。因此人们考虑从改进逆变器自身拓扑结构入手来解决这些问题，从而产生了多电平逆变器。这种逆变器不需要升降压变压器，也不需要均压电路，通过增加输出电压的电平，使得输出波形更接近正弦波形，且谐波含量更低，可以解决二电平逆变器所存在的问题。于是人们提出了三电平解决方案。

三电平逆变器是由基本的二电平逆变器组合而成的。钳位式三电平逆变器是属于由基本逆变单元通过串、并联组合而成的一种单一直流电源、半桥式结构形式的钳位式多电平逆变器。这一类结构形式的多电平逆变器包括二极管钳位式、飞跨电容钳位式和混合式多电平逆变器。

5.1.4　驱动类型的分类

根据牵引电动机驱动电流的类型，有轨电车车辆牵引传动系统可分为：直-直传动、直-交传动两类。

1. 直-直传动

车辆从接触网上采集直流电，直流电经过直流变换器向直流牵引电动机供电。

直-直变流装置即直流斩波器又称为斩波器，它是将电压值固定的直流电，转换为电压值可变的直流电源装置，是一种直流对直流的转换器，目前已被广泛使用，如直流电动机的速度控制、交换式电源供应器等。直流斩波是将固定的直流电压变换成可变的直流电压，也称为DC/DC变换。

斩波器的工作方式有两种：一是脉宽调制方式，周期不变，改变导通角；二是频率调制方式，导通角不变，改变周期。

其具体的电路有以下几类：

1）Buck电路：降压斩波器，其输出平均电压小于输入电压，输出电压与输入电压极性相同。

2）Boost电路：升压斩波器，其输出平均电压大于输入电压，输出电压与输入电压极性相同。

3）Buck-Boost电路：降压或升压斩波器，其输出平均电压大于或小于输入电压，输出电压与输入电压极性相同，电感传输。

4）Cuk电路：降压或升压斩波器，其输出平均电压大于或小于输入电压，输出电压与输入电压极性相反，电容传输。

2. 直-交传动

车辆采用交流牵引电动机，由直流接触网供电，直流电经逆变器将直流电转换成电压频率均可调的三相交流电，供给交流牵引电动机。

直交传动系统由滤波系统和逆变器两部分组成，逆变器是将恒定的直流电交换为可调电压，可调频率的交流电。中间滤波环节是用电容器或电抗器对整流后的电压或电流进行滤波。直交变频器按中间直流滤波环节的不同，又可以分为电压型和电流型两种，由于控制方法和硬件设计等各种因素，电压型逆变器应用比较广泛。它在工业自动化领域的变频器（采用变压变频VVVF控制等）和IT、供电领域的不间断电源（即UPS，采用恒压恒频CVCF控制）都有应用。

在直流变换交流系统中，逆变器是将恒定的直流电压转化为幅值可变的三相交流电压，逆变器主要由六组功率开关器件组成，每个开关反并联了一个续流二极管。根据逆变器工作的直流电压不同，每组功率器件可由两个或多个IGBT或CGT等串联组成。

逆变器的信号调制一般利用PWM调制的控制方式，这样在一定程度上可以有效消除逆变器输出电压的谐波分量。对于高性能的交流伺服系统，需要有很快的动态响应，此时应采用电流跟踪型PWM技术，即对电流实行闭环控制，以保证其波形的正弦性。

直-交传动是目前有轨电车主流的传动技术，直-交传动技术主要是因为其驱动的电动机为交流异步电动机，因异步电动机尤其明显的优势，无换向器的机械部件，结构简单，易于维护；功率密度比高；效率高，调速过程中没有附加损耗；调速范围大，特性硬，精度高；因此直-交传动以其高效、轻量化、功率密度比高、维修方便而越来越受到用户的欢迎。

5.1.5 牵引电动机的分类

牵引电动机主要分为以下四类。

（1）直流电动机　直流电动机是将直流电能转换为机械能的电动机。因其良好的调速性能而在电力拖动中得到广泛应用。

（2）直线电动机 直线电动机也称线性电动机，线性马达，直线马达、推杆马达。最常用的直线电动机类型是平板式、U形槽式和管式，线圈的典型组成是三相，由霍尔元件实现无刷换相。

（3）交流异步电动机 交流异步电动机是一种将电能转化为机械能的电力拖动装置。它主要由定子、转子和它们之间的气隙构成。对定子绕组通往三相交流电源后，产生旋转磁场并切割转子，获得转矩。三相交流异步电动机具有结构简单、运行可靠、价格便宜、过载能力强及使用、安装、维护方便等优点，被广泛应用于各个领域。

交流异步电动机尤其是鼠笼式异步电动机具有可靠性高、使用寿命长；通用性极强，可提供各种冷却类型、防护等级及各种型号；可适用于腐蚀性环境条件和危险性应用场合；电动机效率高，冷却方式多样；制造与维修成本低，保证了较低的运行成本。

（4）永磁同步电动机 永磁同步电动机定子结构与工作原理同异步电动机，仅转子上镶嵌上永磁铁。

永磁同步电动机具有结构简单、体积小、重量轻、损耗小、效率高、功率因数高等优点，主要用于要求响应快速、调速范围宽、定位准确的高性能伺服传动系统和直流电动机的更新替代电动机。永磁同步电动机的组成部分包括定子、永久磁钢转子、位置传感器、电子换向开关等。

5.1.6 控制方式的分类

根据控制方式不同，分为转差频率控制、矢量控制以及直接转矩控制。

（1）转差频率控制 转差频率控制就是检测出电动机的转速，构成速度闭环，速度调节器的输出为转差频率，然后以电动机速度对应的频率与转差频率之和作为变频器的给定输出频率。

经过研究分析得到，如保持电动机的气隙磁通一定，则电动机的转矩及电流由转差角频率决定，因此，若添加控制电动机转差角频率的功能，那么异步电动机产生的转矩就可以控制。转差频率是施加于电动机的交流电压频率与电动机速度（电气角频率）的差频率，在电动机转子上安装速度传感器可以测电动机的速度，检测出的转子速度加上转差频率（与产生所要求的转矩相对应）就是逆变器的输出频率。

在电动机允许的过载转矩（额定转矩的150%~200%）以下，大体可以认为产生的转矩与转差频率成比例。另外，电流随转差频率的增加而单调增加。所以，如果给出的转差频率不超过允许过载时的转差频率，那么就可以具有限制电流的功能。

为了控制转差频率，需要增加检测电动机速度的装置，虽然设备成本提高了，但系统的加减速特性和稳定性比开环的U/f控制获得了提高，过电流的限制效果也变好。

转差频率转子速度闭环控制，速度调节器通常采用比例-积分控制，它的输入为速度设定信号和检测的电动机实际速度之间的误差信号。速度调节器的输出为转差频率设定信号。变频器的设定频率即电动机的定子电源频率为转差频率设定值与实际转子转速之和。当电动机负载运行时，定子频率设定将会自动补偿由负载所产生的转差，保持电动机的速度为设定速度。速度调节器的限幅值决定了系统的最大转差频率，20世纪的轨道车辆大都采用此技术进行牵引系统的控制。

（2）矢量控制 矢量控制实现的基本原理是通过测量和控制异步电动机定子电流矢量，

根据磁场定向原理分别对异步电动机的励磁电流和转矩电流进行控制，从而达到控制异步电动机转矩的目的。

矢量控制的原理是将异步电动机的定子电流矢量分解为产生磁场的电流分量（励磁电流）和产生转矩的电流分量（转矩电流）分别加以控制，并同时控制两分量间的幅值和相位，即控制定子电流矢量，所以称这种控制方式为矢量控制方式。简单地说，矢量控制就是将磁链与转矩解耦，分别设计两者的调节器，以实现对交流电动机的高性能调速。矢量控制方式又有基于转差频率控制的矢量控制方式、无位置传感器矢量控制方式和有位置传感器的矢量控制方式等。这样就可以将一台三相异步电动机等效为直流电动机来控制，因而获得与直流调速系统同样的静、动态性能。矢量控制算法已被广泛地应用现有的轨道交通牵引驱动系统里面。

矢量控制变频调速的做法是将异步电动机在三相坐标系下的定子电流，通过三相-二相变换，等效成两相静止坐标系下的交流电流，再通过按转子磁场定向旋转变换，等效成同步旋转坐标系下的直流电流，然后模仿直流电动机的控制方法，求得直流电动机的控制量，经过相应的坐标反变换，实现对异步电动机的控制。其实质是将交流电动机等效为直流电动机，分别对速度、磁场两个分量进行独立控制。通过控制转子磁链，然后分解定子电流而获得转矩和磁场两个分量，经坐标变换，实现正交或解耦控制。

在变频器调速技术成熟之前，直流电动机的调速特性被公认是最好的。究其原因，直流电动机优异的调速性能是具备了以下三个条件：

1）磁极固定在定子机座上，在空间能产生一个稳定直流磁场。

2）电枢绕组是固定在转子铁心槽里，在空间能产生一个稳定的电枢磁势，并且电枢磁势总是能保持与磁场相垂直，产生转矩最有效。电枢磁势与磁场保持垂直主要靠换向器作用使电枢电流在 N 极和 S 极下方发生变化，并采用补偿绕组防止电枢反应使磁场扭歪，以及碳刷位置安装的正确。

3）励磁电流与电枢电流在各自回路中，分别可调、可控。

矢量控制方法的提出具有划时代的意义。然而在实际应用中，由于转子磁链难以准确观测，系统特性受电动机参数的影响较大，且在等效直流电动机控制过程中所用矢量旋转变换较复杂，使得实际的控制效果难以达到理想分析的结果。

(3) 直接转矩控制（DTC）　这种思想是以转矩为中心来进行综合控制，不仅控制转矩，也用于磁链量的控制和磁链自控制。

直接转矩控制与矢量控制的区别是，它不是通过控制电流、磁链等量间接控制转矩，而是把转矩直接作为被控量控制，其实质是用空间矢量的分析方法，以定子磁场定向方式，对定子磁链和电磁转矩进行直接控制的。这种方法不需要复杂的坐标变换，而是直接在电动机定子坐标上计算磁链的模和转矩的大小，并通过磁链和转矩的直接跟踪实现 PWM 脉宽调制和系统的高动态性能。

直接转矩控制技术用空间矢量的分析方法，直接在定子坐标系下计算与控制电动机的转矩，采用定子磁场定向，借助于离散的两点式调节（Band-Band）产生 PWM 波信号，直接对逆变器的开关状态进行最佳控制，以获得转矩的高动态性能。它省去了复杂的矢量变换与电动机的数学模型简化处理，无通常的 PWM 信号发生器。它的控制思想新颖，控制结构简单，控制手段直接，信号处理的物理概念明确。直接转矩控制也具有明显的缺点：转矩和磁链脉动。针对其不足之处，现在的直接转矩控制技术相对于早期的直接转矩控制技术有了很大的改进，主要体现在以下几个方面：

1）无速度传感器直接转矩控制系统的研究。在实际应用中，安装速度传感器会增加系统成本，增加了系统的复杂性，降低系统的稳定性和可靠性，此外，速度传感器不实用于潮湿、粉尘等恶劣的环境下。因此，无速度传感器的研究便成了交流传动系统中的一个重要的研究方向，且取得了一定的成果。对转子速度估计的方法有很多，常用的有卡尔曼滤波器位置估计法、模型参考自适应法、磁链位置估计法、状态观测器位置估计法和检测电动机相电感变化法等。有的学者从模型参考自适应理论出发，利用转子磁链方程构造了无速度传感器直接转矩控制系统，只要选择适当的参数自适应律，速度辨识器就可以比较准确地辨识出电动机速度。

2）定子电阻变化的影响。直接转矩最核心的问题之一是定子磁链观测，而定子磁链的观测要用到定子电阻。采用简单的电压-电流磁链模型，在中高速区，定子电阻的变化可以忽略不考虑，应用的磁链模型可以获得令人满意的效果；但在低速时，定子电阻的变化将影响磁通发生畸变，使系统性能变差。因此，如果能够对定子电阻进行在线辨识，就可以从根本上消除定子电阻变化带来的影响。目前，常用的方法有参考模型自适应法、卡尔曼滤波法、神经网络以及模糊理论构造在线观测器的方法对定子电阻进行补偿，研究结果表明，在线辨识是一个有效的方法。

3）磁链和转矩滞环的改进。传统的直接转矩控制一般对转矩和磁链采用单滞环控制，根据滞环输出的结果来确定电压矢量。因为不同的电压矢量对转矩和定子磁链的调节作用不相同，所以只有根据当前转矩和磁链的实时值来合理地选择。

电压矢量，才能有可能使转矩和磁链的调节过程达到比较理想的状态。显然，转矩和磁链的偏差区分的越细，电压矢量的选择就越精确，控制性能也就越好。

4）死区效应的解决。为了避免上下桥臂同时导通造成直流侧短路，有必要引入足够大的互锁延时，结果带来了死区效应。死区效应积累的误差使逆变器输出电压失真，于是又产生电流失真，加剧转矩脉动和系统运行不稳定等问题，在低频低压时，问题更严重，还会引起转矩脉动。死区效应的校正，可由补偿电路检测并记录死区时间，进行补偿。这样既增加了成本，又降低了系统的可靠性。可用软件实现的方法，即计算出所有的失真电压，根据电流方向制成补偿电压指令表，再用前向反馈的方式补偿，这种新型方案还消除了零电压箝位现象。

综上所述，异步电动机的特点和优点决定了交流异步电动机驱动系统在机械、绝缘、耐热、耐潮、粘着、维修、效率、重量尺寸等诸多优越之处，两电平的电压型的直-交逆变器以其可靠、控制简单、成本低而广受青睐，早期牵引电动机采用的转差频率控制，目前基本都采用高效的矢量控制或直接转矩控制技术。因此，目前有轨电车车辆主要采用交流传动系统。

5.2　牵引系统的组成

有轨电车的牵引系统主要是指从接触网到牵引电动机的主电路，其主要由高压电器和驱动系统组成。列车牵引系统主要由受电弓、高速断路器、牵引逆变器、制动电阻箱（部分装有超级电容的车辆，也可取消制动电阻)、牵引冷却系统和牵引电动机组成。图 5-4 所示为某项目的高压牵引系统组成框图。

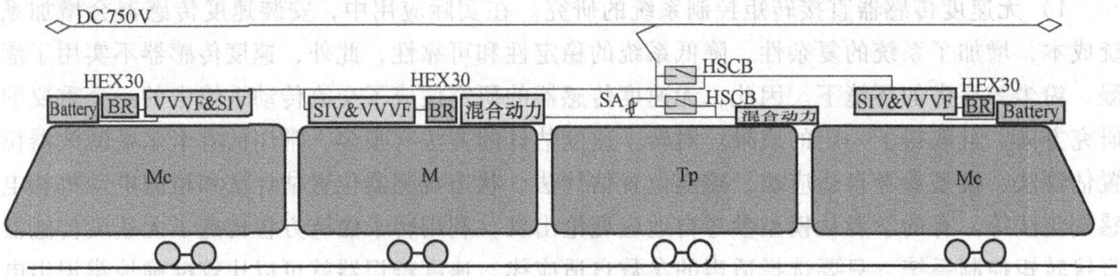

图 5-4 高压牵引系统组成

Mc—带驾驶室的动车 M—动车 Tp—带受电弓的拖车 VVVF&SIV—牵引逆变器 & 辅助逆变器
BR—制动电阻 HSCB—高速断路器 SA—避雷器 Battery—电池 HEX30—水冷箱

牵引系统的冷却方式为水冷，冷却液的温度依靠一个外部热交换装置进行降低。在 M 车和 Tp 车设置有超级电容和牵引蓄电池，车辆使用超级电容和牵引蓄电池组作为能量回收装置，车辆制动时，优先将制动能量存储在超级电容中，以备车辆牵引或者辅助设备用电使用，待超级电容和牵引蓄电池充电完成后，再将能量反馈到电网当中，以减少制动能量损耗。当列车通过无电区时，车辆使用超级电容和蓄电池作为车辆驱动电源，车辆可以 25km/h 的速度运行 20min。

高压电器的主要作用是将高压电能从接触网引下来，供给整车的牵引、辅助和控制用电，同时提供电器回路的保护与监控。高压电器主要包括受电弓、主断路器、绝缘子以及避雷器等高压器件。

5.2.1 受电弓

受电弓（Pantograph）也称集电弓（见图 5-5），是让电气化铁路车辆从架空裸导线取得电能的设备的统称，是从接触网向整个列车电气系统供电以及输送再生制动能量的必要部件。受电弓在刚性接触网和柔性接触网的线路上均能适用在车辆运行速度范围内，有良好的动力学性能，能够保证在各种轨道和速度条件下与接触网具有良好的接触状态和接触稳定性。它设置有机械止挡，可以限制受电弓在无接触网区段上的垂直运动。一般可分为单臂弓和双臂弓两种，均由碳滑板、弓头、弓角、上框架、下臂杆（双臂弓用下框架）、底架、升弓弹簧、支持绝缘子等部件组成。另外，按照弓头滑板数量，可分为单滑板与双滑板受电弓两种。

图 5-5 有轨电车受电弓

如图 5-6 所示，受电弓安装位置一般都是根据列车整车的设计来确定的，既要考虑平稳受流、列车的重量和布局，又要兼顾车辆的空气阻力。

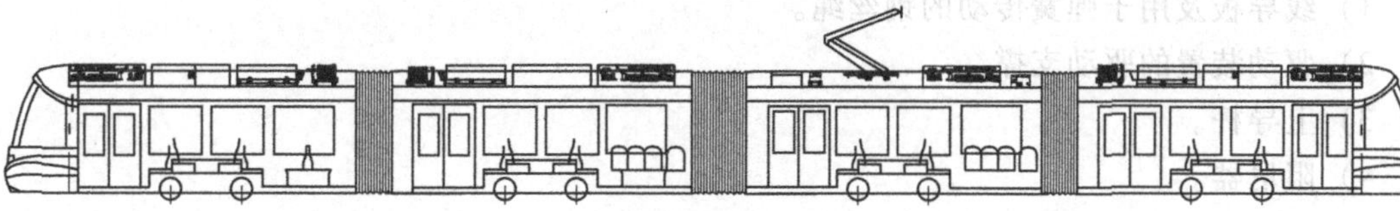

图 5-6 受电弓位置

1. 受电弓结构组成

受电弓主要由以下几部分组成，如图 5-7 所示。

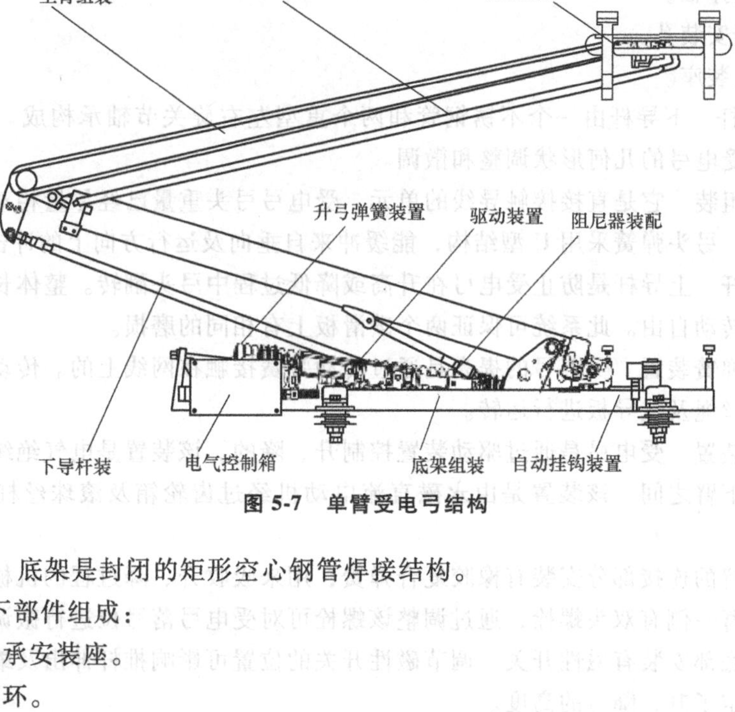

图 5-7 单臂受电弓结构

（1）底架 底架是封闭的矩形空心钢管焊接结构。

底架由以下部件组成：

1）下臂轴承安装座。

2）运输吊环。

3）降弓位置支撑弓头的橡胶堆。

用于支撑/安装的部件：

1）升弓弹簧安装座。

2）下导杆安装孔。

3）驱动装置安装座。

4）电气控制箱安装座。

5）高压连接板。

6）阻尼器安装孔。

7）绝缘子安装孔。

8）安全锁。

9）自动挂钩装置。

(2) 下臂　下臂是无缝钢管焊接结构，安装位置位于底架上。

下臂由以下部件组成：

1) 线导板及用于弹簧传动的钢丝绳。

2) 驱动装置的驱动支撑。

3) 上导杆。

4) 阻尼器。

5) 上臂安装座。

6) 升弓止挡。

(3) 上臂　上臂是封闭焊接铝框架结构，通过钢丝绳斜拉来保证必要的横向稳定性。

上臂由以下部件组成：

1) 弓头支撑轴。

2) 下导杆安装孔。

3) 下臂安装座。

(4) 下导杆　下导杆由一个不锈钢管和两个重型左右旋关节轴承构成。通过调整钢管长度，可进行受电弓的几何形状调整和微调。

(5) 弓头组装　它是直接接触导线的单元。受电弓弓头重量已经尽量相对减少。滑板装在钢板弹簧上，弓头弹簧采用U型结构，能缓冲来自垂向及运行方向上的冲击。

(6) 上导杆　上导杆是防止受电弓在升高或降低过程中弓头翻转。整体长度变化使得在网线上的弓头转动自由。此系统可保证两个碳滑板上有相同的磨损。

(7) 升弓弹簧装置　受电弓的提高是通过传动弹簧接触在网线上的。传动弹簧通过安装在下臂上的钢丝绳及线导板进行运转。

(8) 驱动装置　受电弓是通过驱动装置控制升、降的。该装置是电气绝缘的，安装在受电弓的底架和下臂之间。该装置是由永磁直流电动机经过齿轮箱及滚珠丝杠和机械制动组成的。

在驱动装置的连接部分安装有橡胶复合弹簧，用来吸收升、降过程的机械振动。

在靠近下臂一侧有双头螺栓，通过调整该螺栓可对受电弓落弓位进行微调整。

驱动装置底部安装有磁性开关，调节磁性开关的位置可影响推杆伸出及缩回的行程，通过终端电路决定了升、降弓的高度。

电动机齿轮箱通过软轴穿过车顶连接到车内软轴支架上，通过一个手摇把可以从车内进行操作，在电源故障时，可紧急升、降弓。

(9) 电气控制箱　电气控制箱安装在底架上，通过电缆将驱动装置及车辆控制中心连接。电气控制箱配备功率继电器，用来控制推杆的运动，并能够为机车提供受电弓位置信号。

(10) 软连线　所有轴承处通过软连线进行短接，阻止电流经过轴承，防止电腐蚀。

(11) 阻尼器　通过安装在下臂和底架上的阻尼器来实现受电弓运行过程的缓冲，使弓头的滑板具有良好的随网性。

(12) 自动挂钩装置　在静止位置（例如在运输过程中）防止受电弓的运动，从而在落弓位置受电弓被自动锁住；当受电弓升起时，随推杆回缩导致碰块旋转自动打开挂钩。

(13) 手动升弓装置　如果电源有故障，受电弓仍可用手动升降弓。基于此目的，电动机与曲轴手柄通过一个软轴相连，可从车内进行操作。主要包括手摇把、软轴及支架。

2. 受电弓工作过程

受电弓升起后，集电头与接触网导线接触，接触网上的电流通过集电头、上导杆、下导杆被引到底架，然后通过安装在底架上的列车电源电缆引入车辆内。由于在受电状态下，电流会流经整个受电弓框架，为了防止电流流入轴承，在受电弓所有的铰链处都装有电桥连线，避免轴承遭受损坏。

列车运行时，滑板沿架空线滑动。受电弓的受电性能在很大程度上取决于接触压力，若压力太小，则接触电阻增大且易跳动，导致接触不良产生电弧；但压力太大，则摩擦加大，增加滑板和导线磨损，因此要求受电弓的机械结构能保证滑板在工作高度范围内具有相同的接触压力。受电弓各关节的摩擦力对接触压力也有影响，当受电弓降低时摩擦力使压力增加，当受电弓升高时摩擦力又使压力减小。因此，为使上升压力同下降压力之差尽可能小，必须采取措施减小摩擦力。在静止状态下，接触压力与受电弓之间的关系称为受电弓的静特性。车辆运行时，受电弓随着架空接触导线高度的变化而上下运动。因此，接触压力与受电弓的静特性有关，而且与受电弓上下运动的惯性力即受电弓的特性也有关。此外，传动装置还应使升降弓过程中初始运动迅速，运动终了比较缓慢，即在降弓时可使受电弓很快断弧，升弓时可防止受电弓对接触网和受电弓底架有过大的机械冲击。

5.2.2 高速断路器

高速断路器是指能够关合、承载和开断正常高压回路条件下的电流并能关合、在规定的时间内承载和开断异常高压回路条件下的电流的开关装置，图 5-8 所示为某高速断路器示意图。

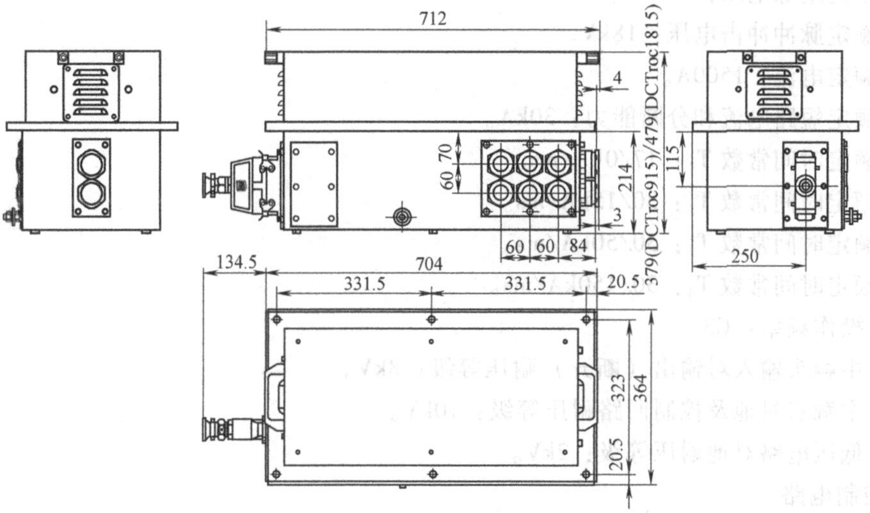

图 5-8 高速断路器

高速断路器可用来分配电能，不频繁地起动异步电动机，对电源线路及电动机等实行保护，当它们发生严重的过载或者短路及欠压等故障时能自动切断电路，其功能相当于熔断器式开关与过欠热继电器等的组合。而且在分断故障电流后一般不需要变更零部件。目前，已获得了广泛的应用。以赛雪龙公司的 UR26 型主断路器为例进行介绍。

1. 主要特性

1）发热电流额定值：2600 A（直流）。

2）绝缘水平 U_i：4000 V（直流）。

3）额定电压 U_e：1000 V、2000 V 和 4000 V（直流）。

4）电弧切断电压极限。

5）自动过电流断路（直接跳闸装置）。

6）电子控制间接高速断路（可选）。

7）几种电流设定比例。

8）较高的机械和电气寿命。

9）较低的触点磨损。

10）高绝缘水平。

11）对振动和机械冲击的不灵敏性。

12）简单的机械结构。

13）保养工作减少。

14）结构紧凑，重量轻。

15）插入式插头以便正确分离，从而简化设备上的固定和安全工作（可选）。

16）耐热性能。

17）符合 IEC 60077-3 以及 EN 50123-2。

2. 详细参数

1）额定电压：900V。

2）额定绝缘电压：2300V。

3）额定脉冲冲击电压：18kV。

4）额定电流：1500A。

5）额定短路电流和分断能力：30kA。

6）额定时间常数 T_1：17/0kA/ms。

7）额定时间常数 T_2：30/15kA/ms。

8）额定时间常数 T_3：30/50kA/ms。

9）额定时间常数 T_4：30/150kA/ms。

10）操作频率：C3。

11）主触头输入对输出（断开）耐压等级：8kV。

12）主触点对地及控制回路耐压等级：10kV。

13）低压电路对地耐压等级：2kV。

3. 控制电路

1）额定电压：24V。

2）闭合时功率消耗：200W。

3）保持时功率消耗：5W。

4）辅助触点电路。

5）触点数量：6NO/NC。

6）触点材料：硬质银。

7）额定电压：24V。

8）额定电流：10A。

4. 操作环境

1）环境温度：-40~70℃。

2）最小机械寿命（操作次数）：2×250000。

3）最高海拔：1400m。

4）最大湿度：95%。

5）污染等级：PD3。

5.2.3　避雷器

避雷器（见图 5-9）又称过电压保护器或过电压限制器，能释放雷电或兼能释放电力系统操作过电压能量，保护电力系统各种电气设备免受瞬时过电压危害。内部采用金属氧化物电阻片作为主要元件，它具有优异的非线性伏安特性和陡波响应特性。避雷器在系统正常运行电压下呈高阻状态，仅有几十微安电流通过；当系统出现大气过电压或操作过电压时，避雷器呈低阻状态，将有害过电压的能量迅速泄放入大地，使与之相并联的设备免受过电压的损害。

图 5-9　避雷器

避雷器内部采用直流氧化锌电阻片作为主要元件，电阻片两端设有金具和缓冲弹簧，压紧后用玻纤管套装，构成避雷器芯体；外部再用硅橡胶包封一体化压铸而成。避雷器具有以下功能特性及优点：

1）直流氧化锌电阻片具有优越的伏安特性，在正常持续运行电压下避雷器呈现高阻值，只流过很小的泄漏电流；当系统出现雷电和操作过电压时，氧化锌电阻片呈现低电阻，使避雷器的残压被限制在允许值以下，从而对电器设备提供可靠的保护。

2）避雷器的芯体上面涂有专用底涂液，使硅橡胶复合外套与芯体粘接成一体，消除呼吸作用的控制，避免避雷器因受潮而导致的事故，同时改善电阻片的散热性能。

3）避雷器芯体内电阻片与金具之间装有缓冲弹簧，避免各种冲击振动对电阻片的损伤。

4）玻纤管具有很高的机械强度，当避雷器超负荷而发生故障时，不会引起恶性爆炸。

5）避雷器外套采用防污大小伞设计，具有优良的耐污秽和憎水性，在各种恶劣的大气环境中均能可靠运行。

6）端子、底座及所有外露金属件均采用不锈钢材质，防腐蚀且美观。

安装环境条件如下：

1）海拔高度≤3000mm。

2）环境温度-40~40℃。

3）相对湿度：年平均为 75%，连续 30 天为 95%。

4）长期施加在避雷器两端的直流电压不超过避雷器的持续运行电压。

5）列车行驶速度≤120km/h。

6）地震烈度≤7度。

7）冲击和振动强度：应能承受IEC 61373—2010标准中规定的关于机车、动车垂向、横向和纵向的各种不同频率和加速度的随机振动和冲击，符合IEC 61373—2010中规定的1类A等级标准的要求。

8）能承受雨、雪、风、沙的侵袭及太阳光辐射。

9）覆冰层厚度≤2cm。

避雷器采用无火花隙的金属氧化物避雷器，特性如下：

1）结构耐用不会受潮。

2）高悬梁，高扭矩力。

3）无爆炸可能性。

4）可用做支撑绝缘器。

5）重量轻，体积小。

6）易于安装。

7）最大电压：1.4kV。

8）正常系统设计电压：1kV。

9）户外应用短路电流：25kA。

10）抗拉力：5000N。

11）重量：约3.4kg。

5.2.4 牵引逆变器

电气牵引系统为VVVF控制的交流传动系统。牵引逆变器的功率元件采用大功率电力电子器件IGBT。冷却方式为自通风冷却、强迫风冷或水冷。牵引控制单元一般采用32位计算机处理器控制。

系统具有优异的防空转/防滑控制功能，反应快速、有效、可靠，充分利用轮轨黏着条件。逆变器控制器的防空转/防滑保护主要包含以下五方面内容：

1）快速的速度稳定恢复能力。

2）牵引（含电制动力）的优化。

3）牵引链的保护：转矩波动保护、最大的黏着趋近控制。

4）车辆速度的估算。

5）闭环反馈中的计算和控制。

系统自诊断采用先进成熟的控制技术，并具有完备的监控和系统保护功能，主要包括对以下各工作状态的检测：

1）对所有传感器的检测。

2）控制电压检测。

3）高速断路器、接触器状况检测。

4）IGBT驱动信号、驱动电路检测。

5）滤波电容充电、放电检测。

6）对保护电路的检测。

牵引控制单元通过列车总线与车辆控制单元进行通信。故障及状态信息通过列车总线传送给车辆控制单元。关键的过程数据不间断地传送给车辆控制单元，以作为车辆控制单元的环境数据保存，其中一些过程数据作为驾驶室的显示信息。

某牵引逆变箱的原理框图如图 5-10 所示。

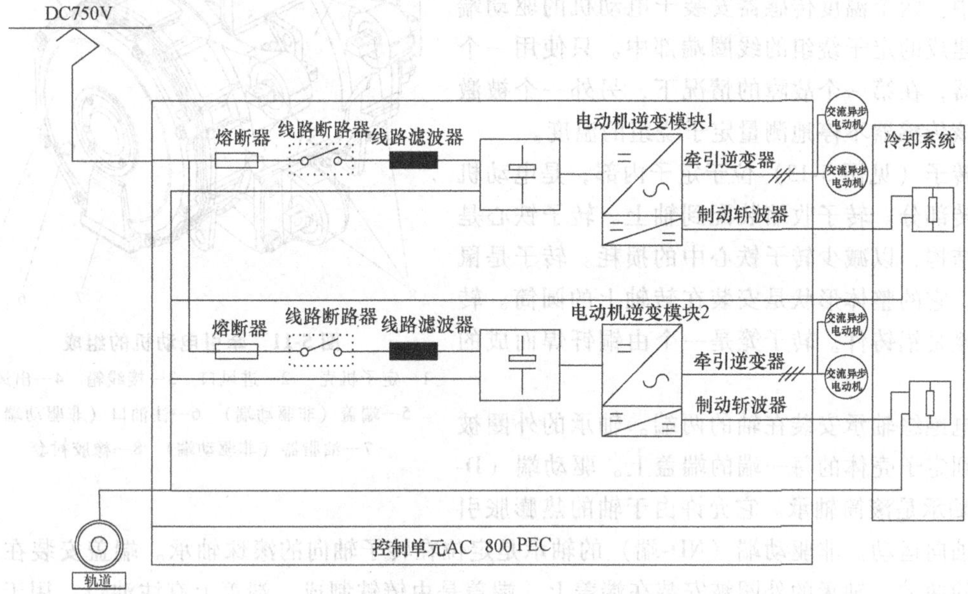

图 5-10　某牵引逆变箱的原理

牵引逆变箱包括以下功能单元：

1）输入接触器和熔断器：牵引逆变器。

2）输入电容器（直流环节）：滤波。

3）牵引逆变器：将直流环节电压逆变为频率可调的电动机电压。

4）制动斩波器：限制直流环节电压，再生制动时，将电网吸收不了的能量用制动电阻消耗。

5.2.5　牵引电动机

有轨电车大的趋势是交流牵引电动机，几大地铁车辆控制系统生产商（西门子、庞巴迪、阿尔斯通、现代等）都在生产交流控制技术的产品，大的趋势还是交流牵引电动机，交流电动机的调速主要靠的是“调频”即调节供给电动机交流电的频率，交流电是靠一种 VVVF（调频调压）装置，俗称牵引逆变器提供，VVVF 将直流电逆变为交流电供给牵引电动机，为调节电动机的转速可以调节交流电的频率，控制转矩可以通过调节电压。直流电动机最大的优点就是直流电动机可以实现“平滑而经济的调速”；直流电动机的调速不需要其他设备的配合，可通过改变输入的电压/电流，或者励磁电压/电流来调速。

牵引电动机为异步感应电动机。电动机通过电动机变流器获得电流。牵引电动机通过四个螺栓固定在牵引电动机的四个固定点上并被刚性地组装至转向架构架上。定子结构包括定子线圈、鼠笼式线圈转子、轴承、端盖、接线箱，牵引电动机的组成如图 5-11 所示。

定子（见图 5-12）是牵引电动机的静止部分并包围转子。定子由定子壳体、定子叠片和定子绕组组成。定子外壳有一个刚性和强大的设计，最大限度地降低了噪声，振动和杂散磁场。定子绕组在绝缘高磁导率电工钢薄片冲叠而成的迭片结构中。两个温度传感器安装于电动机的驱动端侧构建成的定子绕组的线圈端部中。只使用一个传感器，在第一个故障的情况下，另外一个被激活。该传感器不停地测量定子绕组的温度。

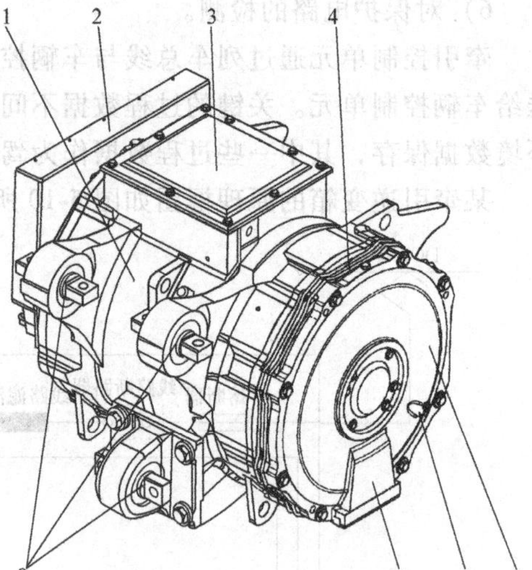

图 5-11　牵引电动机的组成

1—定子机壳　2—进风口　3—接线箱　4—出风口
5—端盖（非驱动端）　6—注油口（非驱动端）
7—油脂器（非驱动端）　8—橡胶衬套

转子（见图 5-13）位于定子内部，是电动机的旋转部分。转子收缩装配到轴上。转子铁心是迭片结构，以减少转子铁心中的损耗。转子是鼠笼型。它的整体形状是安装在转轴上的圆筒。转子鼠笼是铝铸件。转子笼是一个由铜钎焊而成的笼子。

电绝缘轴承安装在轴的两端。轴承的外圈被连接到定子壳体的每一端的端盖上。驱动端（D-端）轴承是滚筒轴承。它允许由于轴的热膨胀引起的轴向运动。非驱动端（ND-端）的轴承是定位在转子轴向的滚珠轴承。端盖安装在所述定子的两端。轴承的外圈被安装在端盖上。端盖是由铸铁制成。端盖上有注油口，用于轴承润滑。储油箱，用于存储油脂。

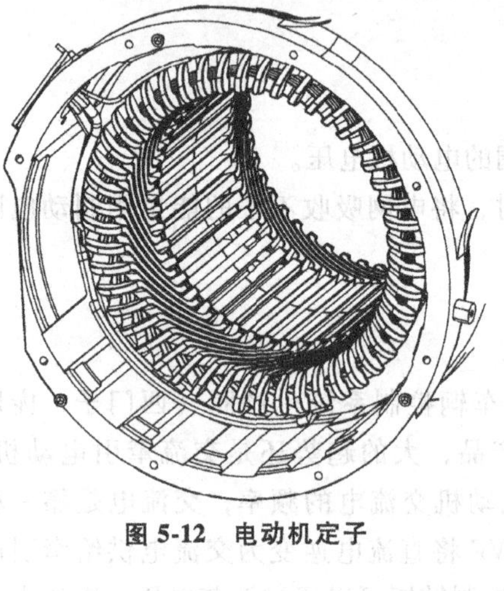
图 5-12　电动机定子

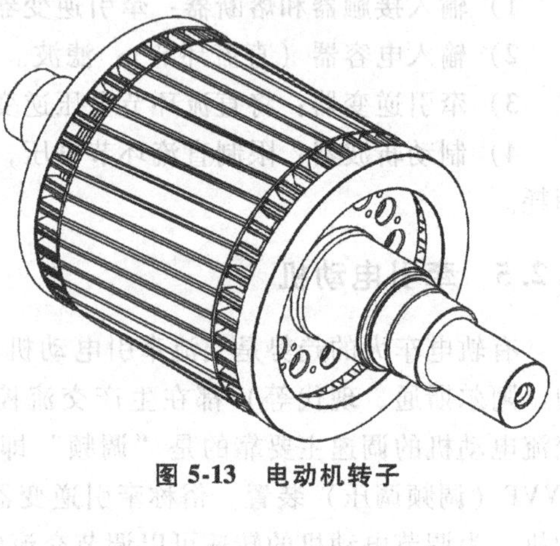
图 5-13　电动机转子

第 6 章 制动系统

6.1 制动系统概述

作为有轨电车关键部件的制动系统，国外先进的有轨电车制动系统主要采用机械制动、电制动和磁轨制动三种制动方式的混合制动。机械制动根据制动力动力源的不同分为计算机控制直通式电空制动和计算机控制模拟式液压制动系统。

现代有轨电车在国内的起步较晚，当时国内还没有一种能适用于现代有轨电车的先进、成熟的国产制动系统。大连电车工厂生产的现代有轨电车采用了日本 NABCO 公司生产的计算机控制直通电空制动系统。四方车辆研究所从1999 年起，承担了国家发展和改革委员会（原计委）的城轨交通车辆制动系统国产化项目，研制的城轨交通车辆计算机控制直通电空制动系统，于 2003 年通过了中国交通运输协会等单位进行的装车前专家评审。在此基础上，根据国内城轨车辆制动系统的不同特点，进行了系列化研制，其中城市有轨电车用计算机控制直通电空制动系统就是根据有轨电车制动系统的特点，于 2004 年完成研制。

空气制动装置结构简单，安装维护简单，使用安全，可靠性高，使用寿命长。尤其是工作介质为空气，成本低、无污染，利用空气的可压缩性，可储存能量，实现集中供气输出力及工作速度的调节非常容易。空气制动形式主要应用于日本和国内的部分低地板有轨电车上。

随着有轨电车车辆技术的发展，地板面与轨道面之间的间距变小，总体布局更为紧凑，车内、车下、车顶空间受到车辆限界的严格限制。体积较大的空气制动难以满足安装要求，液压制动很快发展并完善起来。

南京浦镇、大连机车、青岛四方、长春客车、株洲机车和唐山客车等国内车辆制造商通过技术引进或者合作开发的新型 100%低地板现代有轨电车，其制动系统均采用液压制动系统。但国外低地板有轨电车液压制动系统供应商，如克诺尔、汉宁卡尔、法维莱等几乎垄断了所有国内市场。

国内首套自主知识产权低地板有轨电车制动系统就是采用的液压系统。在 2012 年 7 月 19 日顺利通过了中国交通运输协会城市轨道交通专业委员会组织的专家技术评审，在长春轻轨进行了 50000km 的运营考核，期间经历了大客流、复杂气候环境等考验，最终在 2013 年 7 月 19 日顺利通过了运营考核评审。低地板有轨电车国产制动系统目前已经在长春轻轨和沈阳浑南有轨电车上进行了运用。其中国产制动系统陆续在长春轻轨二期和三期车上进行了推广运用，累积安全运行里程超过150000km。在沈阳浑南新区的有轨电车上，有两列70%和一列100%低地板列车分别使用了国产制动系统，运营里程已超过40000km。

在城轨交通车辆中，有轨电车等轻轨车辆往往在地面行驶，在很多情况下没有独立的路权，要与其他路面交通工具和行人共有平交道口，需要较大的制动减速度和满足连续操作的要求（标准EN13452规定常用制动平均减速度要求大于$1.2m/s^2$，紧急制动等效平均减速度不小于$2.8m/s^2$）。为了能够随时停车，对制动距离要求非常短，这就要求制动系统具有非常高的灵敏度和非常短的空走时间。

同时，有轨电车采用复合制动方式，所以要具有良好的电空或电液复合制动性能。同时为保证较高的紧急制动减速度增加了不受轮轨黏着限制的磁轨制动。另外一个特点是必须有完善的备用制动措施，有轨电车一般都装一套制动控制系统，一旦出现故障，就意味着所有制动系统出现故障，因此必须有完善的备用制动措施来保证停车。

现代有轨电车制动系统具有以下特点：

1）制动、缓解操纵频繁，要求制动系统响应快，减速度大。

2）具有常用制动、紧急制动、停放制动、保持制动和安全制动等多种制动功能。

3）具有非黏着的制动系统。

4）采用动力制动和机械制动的复合制动方式，优先采用动力制动，动力制动不能满足制动需求时，机械制动能够自动补足。两种制动形式转换平稳，转换过程中所需制动力不受影响。

5）车辆具有载荷补偿，能够根据车辆载荷变化自动调整制动力，同时还具有冲动限制，防滑防空转，故障诊断和故障信息储存、显示、通信等功能。

6）高度的模块化，小型化设计。受到车辆各系统安装空间的限制，各系统，包括制动系统，都需要向着高度模块化、小型化发展。需要尽可能减少所占空间，简化与转向架和车体的接口，提高维护的简便性。

7）配有撒砂装置，以提高轮轨的黏着力，满足高制动性能的要求。

6.2 制动方式

制动系统通常是由电制动、机械制动和磁轨制动三种制动方式组成。

6.2.1 电制动

电制动属于动力制动，包括再生制动和电阻制动。

所谓动力制动，就是把电动车中的牵引电动机在制动时使之成为发电动机，把车辆运行的动能变为电能，如果把这部分因制动而发出的电能送回到接触网，则称为再生制动，如果把这部分电能消耗在制动电阻上，使之变成热能而释放到大气，则称电阻制动，显然再生制动优于电阻制动，前者具有节约能源的作用，特别是对于城市轨道交通车辆，制动减速、停车十分频繁，采用再生制动节能的效果十分显著。

6.2.2 机械制动

机械制动又称为摩擦制动，当车辆运行速度较低时，电制动的制动效果随之降低，电制动产生的制动力已经不能满足制动的需求，这时需采用摩擦制动来达到车辆制动的要求。摩擦制动，包括闸瓦制动和盘形制动。闸瓦制动又称踏面制动，以压缩空气为动力；制动缸活塞推力，经制动杠杆将闸瓦压紧车轮踏面，通过闸瓦与车轮踏面的机械摩擦，把列车动能转变为热能消散于大气，并产生制动力。盘形制动是在车轴上或车轮侧面安装制动盘，也是以压缩空气或者液压为动力经制动将闸片压紧制动盘侧面，通过闸片与制动盘侧面的机械摩擦来产生制动作用。根据压力产生形式又可分为空气制动和液压制动。

1. 空气制动

有轨电车的空气制动方式与传统的直通空气制动方式原理一致，都是依靠压缩机把压缩空气储存于风缸之内。通过电气信号控制输出一定压力的空气给制动器，最终依靠闸片和制动盘这一对摩擦副实现空气制动。其常用制动优先采用电制动，当电制动不能满足减速度要求时，由空气制动补充。而当施加紧急制动时，电制动、空气制动和磁轨制动同时作用，产生很大的制动减速度，称之为电空制动。

对于低地板有轨电车空气制动系统，需要系统中各个组成部分尽可能小型化，或者把控制装置等模块安装在车上，以配合转向架非常小的空间。

对于夹钳单元等基础制动部件，通过改变安装方式、缩小闸片托尺寸等方法尽量避开转向架上其他部件，以满足小型化要求。

空气制动方式主要是应用在第1代低地板有轨电车上，也有部分第2代70%低地板有轨电车使用。然而目前的空气制动系统由于体积较大，较难适用于70%和100%的低地板有轨电车。

2. 液压制动

液压制动与空气制动有相同的控制模式，只是压力的产生形式不同。

与空气制动相比，液压系统体积相对较小，重量较轻，设计安装较为简单，易实现模块化安装，并可取消车与车之间的软管连接，对车辆的整体布局更加有利。同时液压制动系统还具有以下优点：

1）反应速度快，有很大的功率传送密度，可以安全、可靠并快速地实现频繁的带负载起动和制动。

2）液压控制系统的负载刚性大、精度高。

3）传动介质为液压油，兼有润滑作用，有利于延长元件的工作寿命。

4）通过管道进行能量分配和传递比机械方式方便。

正是由于液压制动系统的这些优点比较契合低地板车辆的要求，近年来，尤其是在70%和100%低地板有轨电车上得以广泛应用，成为低地板车辆的主流配置。

6.2.3 磁轨制动

由于低地板有轨电车有时需要与城市路面车辆共享路权，因此，较地铁车辆需要具备更高的减速度，以应对可能出现的紧急情况。这要求低地板有轨电车需要具备不依赖轮轨黏着的磁轨制动装置。

磁轨制动装置安装在转向构架侧梁下方，制动时将电磁铁放下，使磨耗板与钢轨吸住，车辆的动能通过磨耗板与钢轨的摩擦转换为热能。电磁制动能得到较大的制动力，因此常被用于紧急制动。

磁轨制动装置的主要工作原理是利用电磁体的吸力，使制动电磁铁与钢轨接触并产生正压力，列车运行时便会与钢轨作用产生摩擦力，达到制动减速的目的，如图 6-1 所示。

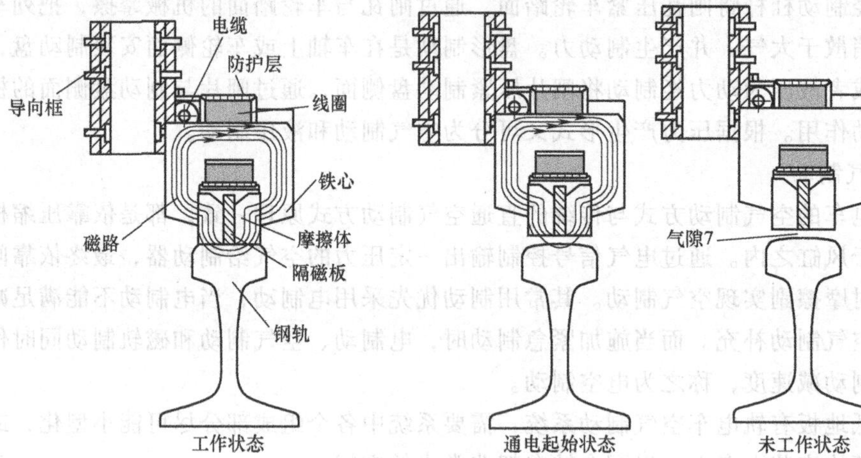

图 6-1 磁轨制动器工作原理

电磁线圈是磁轨制动装置的重要部分，当线圈加电时，磁场生成。摩擦体与钢轨是磁体系统的两个磁极，二者之间有气隙，阻隔磁路。

磁轨制动装置通过弹簧悬挂装置可与钢轨顶面保持一定距离，当线圈通电时，磁轨制动装置就会通过自身的磁力被钢轨吸住，并通过钢轨与摩擦体构成闭合磁路，则钢轨与摩擦体之间产生较大的吸力，相对运动时就会产生摩擦制动力。

磁轨制动装置的制动力传输至转向架，并通过构架传至车辆。磁轨制动装置用弹簧悬挂在转向架上，不会增加额外的簧下重量。线圈断电后，磁轨制动器通过弹簧力或气缸压力与钢轨分离，并使其回到初始位置。

制动力大小由电磁吸力和摩擦系数确定。而摩擦系数跟车辆运行速度有关，摩擦系数与速度成反比，速度越高摩擦系数越低，所能产生的制动力越少。

这种非黏着制动具有以下特点：

1）一般只在特殊情况使用，减轻制动盘的热负荷，并有效缩短制动距离。

2）使用时由于钢轨和电磁铁之间相对摩擦，起到了一定清洁钢轨的作用。而其使用频率并不高，所以，不会对钢轨造成损害。

6.3 制动模式

对于低地板车辆制动系统，现在普遍采用的标准为：

EN 13452：铁道应用-制动-公共运输制动系统。

Bostrab：（德国）轨道客运系统的构建和运营规程。

两标准对制动系统的要求基本一致，主要的规定概述如下：

1）车辆应至少配备两套相互独立的制动系统，一套制动系统的故障不会影响另一套制动系统的功能，且其中一套系统应在供电故障时仍能使用。

2）各制动系统应设计成在常用制动时可以以小的冲击使得车辆停止。在车辆运营中可以最大可能的利用轮轨黏着。

3）一套制动系统故障时，剩余的制动系统性能仍能满足规定的平均减速度要求。

4）应有一套制动系统可以使得最大载荷的车辆停放在线路最大坡度上。该系统应为弹簧施加，且制动力的产生和传递都应为机械形式。

5）运行在街道上的车辆，至少应有一套制动力的产生与轮轨间黏着无关的系统。应配备用于改善黏着的撒砂系统。

6）列车发生意外分离时，车辆能自动制动。

7）应在客室内提供乘客紧急装置，可激活紧急制动或发出警报。

综上所述，制动系统的制动模式设置应该能满足车辆各种运行工况下的制动需求。同时应能综合考虑到安全性和舒适性，具有如下几种制动模式：

（1）常用制动　常用制动是正常运行中的车辆进行调速及正常停止车辆时所施加的制动，制动过程中能够根据车辆载荷变化自动调整制动力，并具有防冲动限制功能。优先使用电制动，当电制动无法满足制动力需求时，机械制动能够自动补偿，保证总制动力满足制动力需求。

常用制动通过驾驶员控制器控制列车速度，如为有级控制的车辆，至少分为 7 级制动，7 级为最大常用制动位。施加的制动力百分比按表 6-1 进行。

表 6-1　常用制动级位分配

序号	制动级位	制动力(%)	备注
1	缓解位	0	—
2	制动 1 级	14	—
3	制动 2 级	28	—
4	制动 3 级	42	—
5	制动 4 级	56	—
6	制动 5 级	70	—
7	制动 6 级	84	—
8	制动 7 级	100	最大常用制动力

当列车以较高初速度制动时，采用电制动，以减少轮轨磨耗。当速度降到电制动和机械制动转换点（如 5km/h）时，牵引系统在 t_0 发出电制动淡出信号，经短暂延时，从 t_1 开始电制动按比例减少，机械制动按比例增加，直到 t_2 机械制动完全替代电制动，停车混合过程结束。在制动工况，当速度低于 0.5km/h 时，制动控制单元施加的保持制动力为机械弹簧最大的制动力。电制动和机械制动复合制动过程见图 6-2 所示。

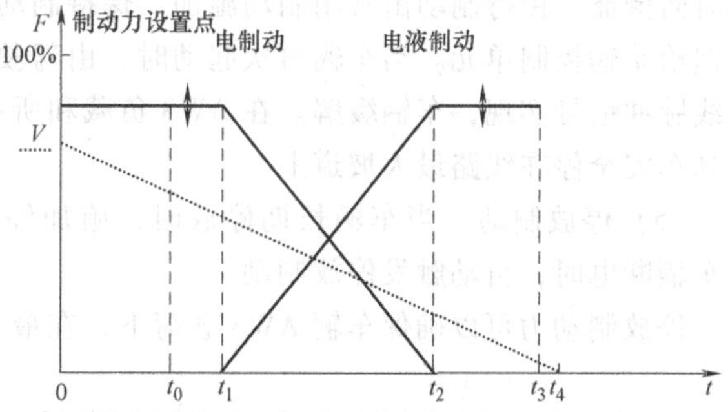

图 6-2　电制动与机械制动复合制动过程

t_0—在制动控制单元中的停车制动请求　$t_0 \sim t_1$—电液制动的延迟时间（=在制动力开始前电的延迟）　$t_1 \sim t_2$—电制动力下降到 0，电液制动接管整个制动力　t_3—进行停车检测　t_4—停车

(2) 紧急制动　紧急制动是在车辆遇到紧急情况或发生其他意外情况时，为使车辆尽快停车而实施的制动。紧急制动在 EN 13452 标准中分为四种情况，分别为紧急制动 1～4。紧急制动模式见表 6-2。

表 6-2　紧急制动模式

序号	紧急制动模式	减速度要求/(m/s^2)	触发方式
1	紧急制动 1	1.2	Deadman 或者 ATO 触发
2	紧急制动 2	1.2	乘客紧急制动触发
3	紧急制动 3	2.8	驾驶员制动手柄的紧急制动位，或者 ATP 触发
4	紧急制动 4	2.8	授权人员通过紧急制动按钮触发

其中，紧急制动 1 与最大常用制动减速相同。因此在设计中对于这种情况下触发的紧急制动定义为触发最大常用制动。

紧急制动 2，制动减速度虽然与最大常用制动减速相同，但是基于人性化原则考虑，乘客触发的紧急制动，首先触发驾驶员和客室对讲，由驾驶员确认是否触发该制动，如果驾驶员在设定的时间（3s）内没有反应，自动触发该制动。

紧急制动 3 和 4，制动减速度为 $2.8m/s^2$，制动响应时间为 0.85s。因此，将紧急制动 3 和 4 定义为紧急制动。此时，电制动、机械制动和磁轨制动同时施加，并触发撒砂装置。

一旦紧急制动被触发，其将保持直到列车完全停止（零速封锁），在此期间不能被缓解（驾驶员手柄触发的紧急制动除外）。

(3) 安全制动　安全制动是比常用制动和紧急制动具有更高等级系统完整性的制动模式，此时仅施加液压制动和磁轨制动，制动性能低于紧急制动的水平，并且不考虑载荷调整以及冲动限制，舒适性有了一定的降低。

通过车辆控制或者按下驾驶室内安全制动按钮断开安全环路，施加安全制动。一旦安全回路段开，电液控制单元中的安全制动阀失电，所有转向架施加一个预设定的制动力。在这种制动模式下不激活车轮防滑保护和载荷补偿，磁轨和撒砂装置激活。

安全制动一旦触发，在车辆完全停止前不能被取消。列车停车后，应立刻排查安全制动安全环上设备状态，使其恢复正常后才能开车。安全制动安全环故障不排除，列车无法牵引。

(4) 保持制动　保持制动用于在临时停车时，使列车在线路上安全停靠，以及坡道起动时防倒溜。保持制动由常用制动施加，保持制动施加状态需制动控制单元通过网络和硬线反馈给车辆控制单元。当车辆再次起动时，由驾驶员操作牵引杆触发缓解指令，该指令通过硬线脉冲信号实现，车辆缓解。在 AW3 负载和所有轴正常工作的情况下，保持制动力可以使列车安全停在线路最大坡道上。

(5) 停放制动　当车辆长期停放时，施加停放制动。停放制动通过车辆断电来实现，当车辆断电时，自动触发停放制动。

停放制动力可以确保车辆 AW3 载荷下，在最大坡道上安全停放。

6.4 计算机控制直通电空制动系统

该系统采用计算机控制直通电空制动模式，由空气制动和再生制动两种制动装置组成，主要包括制动指令发生及传输系统、制动控制系统、再生制动装置（属牵引系统）、基础制动装置、防滑系统、风源系统、气动系统附件等（见图 6-3）。

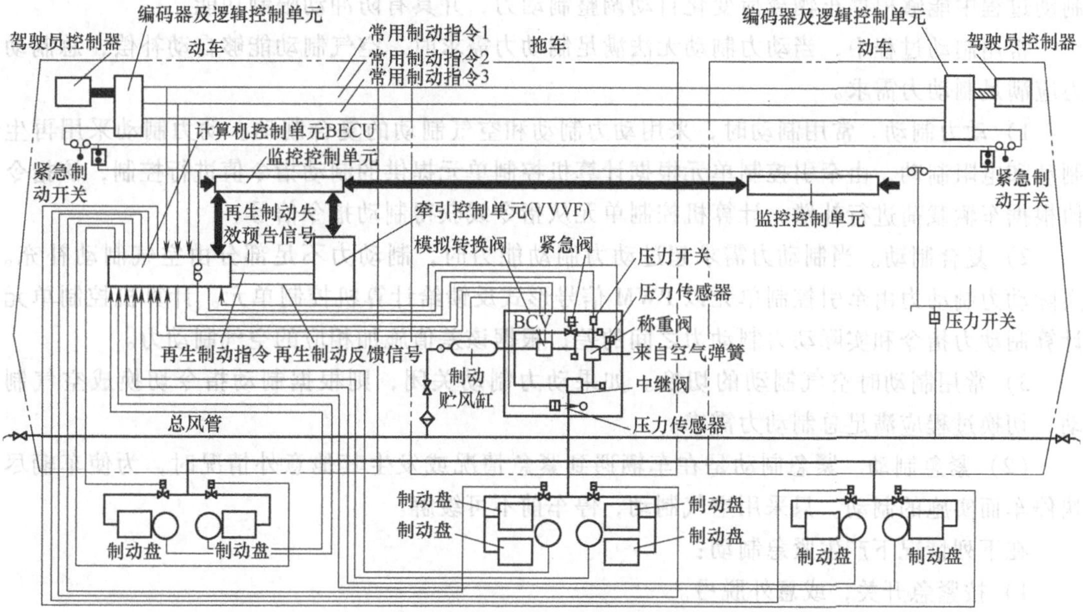

图 6-3　有轨电车直通电空制动系统组成

6.4.1　制动的指令发生及传输系统

制动的指令发生及传输系统包括驾驶员控制器、紧急制动开关、制动指令线等。驾驶员控制器可进行制动控制，设有制动控制手柄及驾驶员室选择钥匙。驾驶员控制器装有接触开关，用于产生制动指令信号。紧急制动开关用于产生紧急制动信号，每端驾驶室 1 个。总风压力不足等原因也可引起紧急制动。

6.4.2　制动的控制系统

（1）计算机控制单元（BECU）　计算机控制单元用于空气制动控制，并向牵引控制单元发出再生制动指令。计算机控制单元主要由 CPU 板、继电器板、AD 板、DI 板、通信板、电源板、背板等组成。

（2）制动控制单元（BCU）　制动控制单元包括空电转换阀、空重车阀、中继阀、紧急阀、平均阀、备用缓解阀、载荷和制动缸压力传感器、预控制压力开关、压力测试接口等。

（3）基础制动装置　基础制动装置采用盘型制动，每根轴 1 个制动盘，使用有闸瓦间隙自动调整作用的单元制动器。采用高摩合成闸片。

（4）防滑控制系统　防滑系统由计算机控制单元、防滑排风阀、速度传感器等组成。每台转向架的每根轴装有 1 个速度传感器和 1 个防滑排风阀。

（5）风源系统　车辆正常运行时，风源系统应保证制动装置、悬架系统等的用风量。空气采用螺杆压缩机，采用单塔空气干燥剂。

6.4.3　制动功能

计算机控制直通电空制动系统具有以下功能。

（1）常用制动　常用制动是正常运行中的车辆进行调速及每次进站时所施加的制动，制动过程中能够根据车辆载荷变化自动调整制动力，并具有防冲动限制功能。

常用制动过程中，当动力制动无法满足制动力需求时，空气制动能够自动补偿，总制动力应满足制动力需求。

1）动力制动。常用制动时，采用动力制动和空气制动的复合制动。动力制动采用再生制动和电阻制动，由牵引控制单元根据计算机控制单元提供的制动指令值进行控制，该指令值根据车辆载荷进行补偿，计算机控制单元从指令线获得制动指令信号。

2）复合制动。当制动力需求超过动力制动能力时，制动力不足部分由空气制动补充。实际动力制动力由牵引控制单元以 PWM 信号形式反馈给计算机控制单元。计算机控制单元计算制动力指令和实际动力制动力之间的差，根据该差值施加相应的空气制动力。

3）常用制动时空气制动的切换。如果动力制动关闭，则根据制动指令切换成空气制动，切换过程应满足总制动力需求。

（2）紧急制动　紧急制动是在车辆遇到紧急情况或发生其他意外情况时，为使车辆尽快停车而实施的制动。只采用空气制动，停车前不可缓解。

在下列情况下产生紧急制动：

1）按紧急开关，或意外脱弓。

2）总风压力过低（低于5kPa）。

3）紧急制动电路失电或失去动力。

（3）根据载荷变化调整制动力　常用制动时，安装在空气弹簧系统的压力传感器检测载荷信号，以模拟量形式传给计算机控制单元，计算机控制单元根据载荷变化自动调整制动力，同时将载荷信号传给牵引控制单元。紧急制动时，由空重车调整阀调整制动力。

（4）冲动限制功能　常用制动时进行制动力的防冲动限制，控制减速度变化率不超过 $0.175\mathrm{m/s^3}$。

（5）制动缸压力初跃升　为了与再生制动协调配合，减小制动空走时间，设有制动缸压力初跃升功能，即只要一产生常用制动指令，制动缸就跃升并维持一个初始压力，刚好克服制动缸的缓解弹簧力。这样空气制动与再生制动配合时，可以改善二者的协调配合性能，同时减少空气制动力产生的延迟时间，缩短空走时间。

（6）制动缸压力滞后修正　制动缸压力是通过中继阀控制的。由于中继阀本身的特性，在制动转缓解或缓解转制动时，很容易造成同一制动指令下制动缸压力不同，影响控制精度，因此，采用了相应的修正措施，保证制动和缓解过程中同一制动指令值形成的制动缸压力相同。

（7）通信功能　计算机控制单元可以实现 RS232 本地通信和 RS485 远程通信两种通信方式。

RS232 用于与上位机（PC）进行本地通信，实现试验检测功能。

RS485 用于与车载监控装置（Monitor）进行远程通信，实现在线网络监控功能。

车载情况下，通过该 485 串行口按照通信协议与车载计算机处理器（Monitor）进行通信。Monitor 每 200ms 向计算机控制单元请求接收制动系统状态信息或不定时请求计算机控制单元存储的故障履历数据。Monitor 既可以实时显示制动系统动态信息，又能查询最新出现的 4 种故障类型及其相邻时刻的制动状态信息。

上位机可以模拟 Monitor 通过 485 转接口与计算机控制单元的 485 口进行通信，完成上述功能。

（8）监控和故障功能 监控功能由计算机控制单元内部的每块电路板及外围部件如电磁阀、压力传感器、紧急制动阀和压力开关等完成。故障信息能够显示并与监控设备进行通信。

6.4.4 电空制动的作用原理

驾驶员控制器是制动指令的发出装置，发出的制动指令发送到计算机控制单元。

计算机控制单元根据制动力指令和载荷情况计算出所需制动力并提供给牵引控制单元，然后再根据动力制动力反馈信号计算出需要补充的空气制动力。

空气制动控制单元制动控制单元根据计算机控制单元传来的电子模拟制动力信号，通过空电转换阀将来自制动储风缸的空气压力转换成与模拟信号相对的预控制压力；预控制压力经紧急阀到空重车调整阀，受到空重车调整阀的检测和限制；从空重车调整阀出来的预控制压力到中继阀，打开中继阀中制动储风缸与制动缸的通路，最后使制动缸获得符合制动力要求的空气压力。紧急制动时，预控制压力不受空电转换阀控制，来自制动储风缸的压缩空气直接经紧急阀到达空重车调整阀，预控制压力只受空重车调整阀控制；如果紧急阀出现故障，则根据计算机控制单元设定的紧急制动力，通过空电转换阀控制预控制压力，实施紧急制动。

同样，计算机控制单元发出缓解指令时，制动控制单元中空电转换阀的排气阀励磁而打开，进气阀不通，预控制压力经排气阀排大气，制动控制单元中继阀膜板移动，切断储风缸与制动缸的通路，打开制动缸与大气的通路，制动缸排大气。

6.5 液压制动系统

目前，液压制动装置是现代有轨电车通用的摩擦制动形式，现以中车唐山机车车辆有限公司自主研发的 100%低地板现代有轨电车为例，介绍液压制动系统装置组成及控制原理。

列车采用三动一拖的编组型式，每个车辆下配置一个独立轮转向架，每个转向架配置一套独立的液压制动系统。该液压制动系统采用被动式弹簧液压制动和主动式液压制动相结合的作用模式：三个动车采用被动式液压制动，拖车采用主动式液压制动。液压制动装置采用克诺尔 KBGM-H 液压制动系统，该系统主要由制动电子控制单元、液压控制单元、基础制动装置和磁轨制动器等组成。动车和拖车的制动系统配置如图 6-4 所示。

6.5.1 制动电子控制单元（BECU）

制动电子控制单元（BECU），采用现代计算机技术，对输入信号进行处理。制动电子控制单元包含了制动控制和车轮防滑控制的电子元件，电子部分处理宽范围的输入信号，形成一个制动设定信号，通过控制单元中的模拟转换器转换成压力信号，带负载补偿的停车制动。此外，在制动过程中附加冲动限制，以满足常用制动时的舒适性。防滑器用制动压力来调整制动力，从而充分的利用轮轨黏着力，以达到较短的制动距离，降低车轮擦伤的风险。

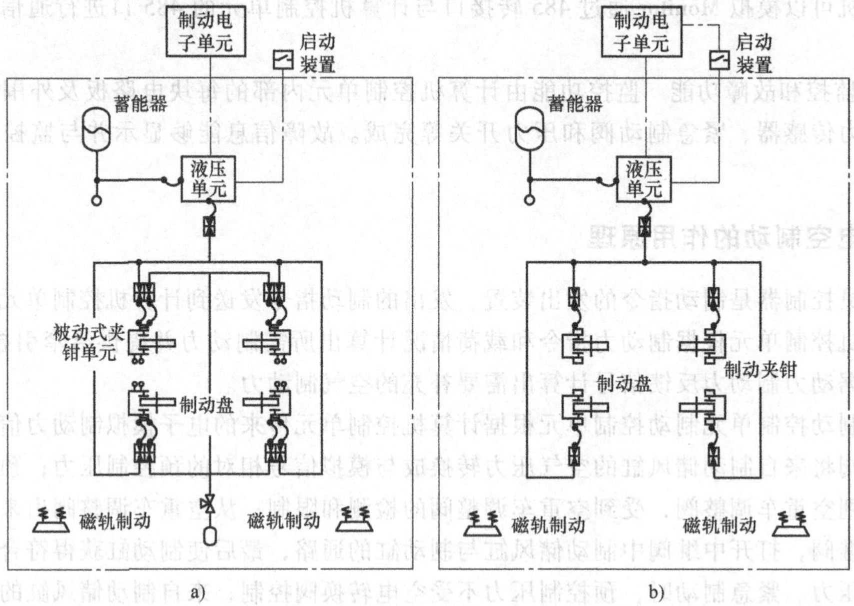

图 6-4 动车和拖车的制动系统配置

a）动车液压制动系统配置 b）拖车液压制动系统配置

不同的电路板安装在一个（19/2）in（1in=0.0254m）的箱子里，通过前面板的插接器与电气接口相连。制动电子控制单元的设计满足工作电压为 DC24V，+25%~-30%的公差范围。所有输入的控制信号在蓄电池电压下工作。

其基本功能是根据车辆控制单元所给指令控制机械制动。依据不同的模式（常用制动、紧急制动、电制动失效模式等）给出不同的制动力。制动控制器提供了以下功能：

1）制动压力计算和控制。

2）用于转向架的集成的车轮防滑控制。

3）液压制动装置的诊断。

4）具有维护能力和读取功能。

6.5.2 液压控制单元（HCU）

液压控制单元主要由带有 24V 直流电动机的油泵、油底壳、油滤清器、限压阀、单向阀、蓄能器、压力传感器等组成，来完成能量的传递、转换及控制。液压单元根据安装形式的不同，一般分为竖式安装和卧室安装，主要是考虑重力对液压油的影响，其内部元器件摆放位置略有不同，外形没有太大区别，如图 6-5 所示。

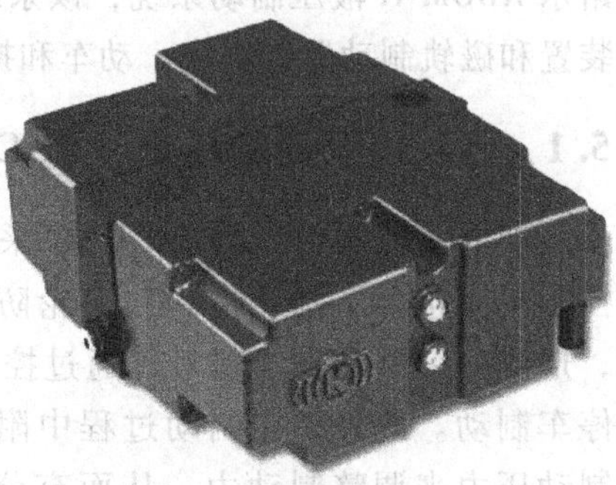

图 6-5 液压制动控制单元外形

液压制动单元包括压力产生部分和压力控制部分两个主要模块，按照功能的不同分为两种：主动式液压单元（用于拖车）和被动式液压单元（用于动车），其中压力产生部分组成一致，压力控制部分不同。

(1) 被动式液压制动单元工作原理　被动式液压单元是将一定压力的液压油充入被动式夹钳单元实现缓解的控制机构。搭配被动式制动夹钳，原理如图 6-6 所示。

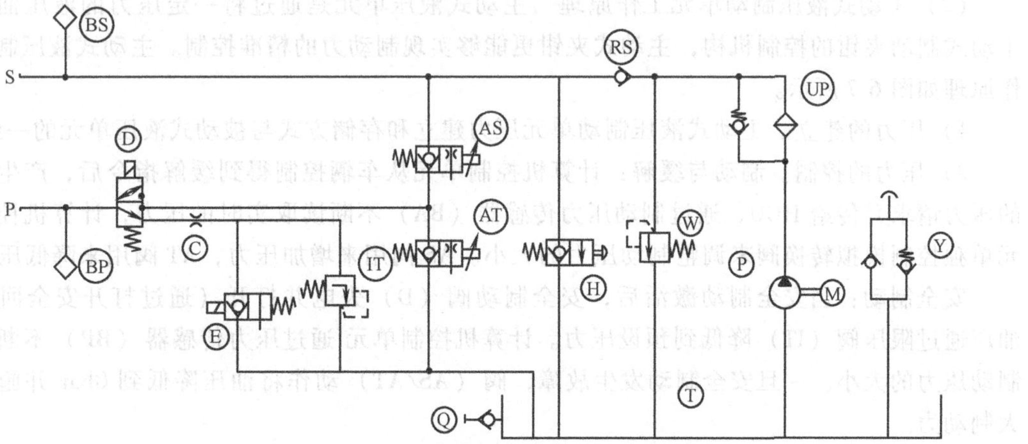

图 6-6　被动式液压制动工作原理

P/M—带有 24V 直流电动机的油泵　T—油底壳，包括通气阀（Y）和油面观察镜（Q）　UP—带旁路的油滤清器　W—限压阀　RS—单向阀　BS—蓄能器压力传感器　BP—制动夹钳压力传感器　AS—供给阀　AT—回油阀　H—手动阀　E—带停放制动电磁阀　D—安全阀　IT—限压阀

1）压力建立。正常运行时，车辆的安全制动回路是关闭的，因此安全制动阀（D）得电，回路关闭。油泵（P）通过直流电动机（M）驱动，制动电子控制器单元通过泵控制模块控制电动机的启停，在压力的建立过程中，压力传感器（BS）负责监测压力的变化，维持连接“S”口蓄能器压力的准确。当系统压力到达 120bar（$1bar=10^5Pa$）时关闭电动机，随着系统工作，蓄能器压力下降，达到 100bar 时，电动机重新开启，为系统建立压力。单向阀（RS）确保液压油只可以从泵向外输出。当传感器发生故障或者其他原因造成系统压力到达 120bar 后还不停止，限压阀（W）开启，液压油从此处流回油底壳，以防止蓄能器损坏。在电动机工作时，有油温保护装置，若油温过高，会停止电动机工作，以防止电动机损坏或者温度过高带来的其他危险。建立起压力的液压油存储在蓄能器中，隔膜式蓄能器预充氮气压力为 80bar，容积为 2.8L 。当电动机（M）失去动力，连接到 HCU 的“S”口的膜片式蓄能器可以施加制动。

2）压力控制。制动与缓解：计算机控制单元从车辆控制得到缓解指令后，HCU 内的油泵（P）和电动机（M）同时起动，建立缓解所需的压力。计算机控制单元实时监测压力传感器（BS），当缓解压力达到设定值后，电动机/油泵失电。一旦缓解压力低于预设压力，电动机/油泵重新起动保证必须的缓解压力；计算机控制单元收到车辆控制的制动指令后，基于制动指令、载荷条件、压力传感器（BP）的压力信息，计算机控制单元 的管理软件控制 HCU 中的阀（AS/AT）施加需要的制动压力。

安全制动：当安全制动激活后，安全制动阀（D）失电并打开（通过打开安全回路）。油压通过限压阀（IT）降低到预设压力。计算机控制单元 通过压力传感器（BP）不断控制制动压力的大小。一旦安全制动发生故障，阀（AS/AT）动作将油压降低到 0bar 并施加最大制动力。

停放制动：当列车停运且计算机控制单元 断电后，停放制动施加。制动压力降低到0bar 并施加最大制动力。

（2）主动式液压制动单元工作原理　主动式液压单元是通过将一定压力的液压油充入主动式制动夹钳的控制机构，主动式夹钳更能够实现制动力的精准控制。主动式液压制动工作原理如图 6-7 所示。

1）压力的建立。主动式液压制动单元压力建立和存储方式与被动式液压单元的一致。

2）压力的控制。制动与缓解：计算机控制单元从车辆控制得到缓解指令后，产生相应的压力请求并传给 HCU，通过制动压力传感器（BA）不断读取实时的压力，计算机控制单元单独控制模拟转换阀来调整制动压力的大小。AS 阀用来增加压力，AT 阀用来降低压力。

安全制动：当安全制动激活后，安全制动阀（D）失电并打开（通过打开安全回路）。油压通过限压阀（IT）降低到预设压力。计算机控制单元 通过压力传感器（BP）不断控制制动压力的大小。一旦安全制动发生故障，阀（AS/AT）动作将油压降低到 0bar 并施加最大制动力。

集成的液压辅助缓解功能：

如果拖车转向架需要由内置的辅助缓解功能来进行缓解，车辆控制激活 HCU 的辅助缓解阀（E），将主动式制动夹钳的制动压力降低到 0bar。压力开关将辅助缓解的状态反应给车辆控制。

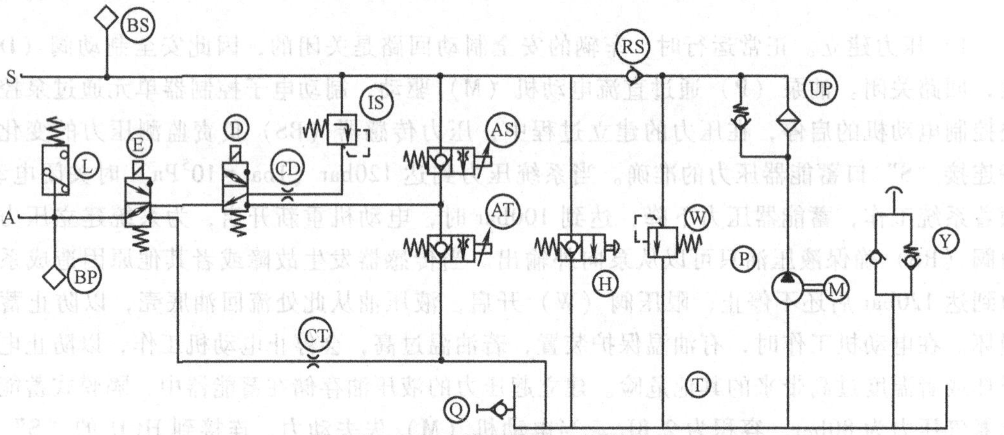

图 6-7　主动式液压制动工作原理

P/M—带有 24V 直流电动机的液压泵　T—油底壳，包括通气阀（Y）和油面观察镜（Q）　UP—带旁路的油滤清器　W—限压阀　RS—单向阀　BS—蓄能器压力传感器　BP—制动夹钳压力传感器　AS—供给阀　AT—回油阀　H—手动阀　D—安全阀　IS—限压阀　E—辅助缓解阀　L—压力开关

6.5.3　蓄能器

每个模块配置一个蓄能器。蓄能器通过弹性膜片分为两个腔，用于能量储存并减少油泵工作周期，当油泵故障后，也可作为储能缸使用。

6.5.4　油泵电动机控制模块

油泵电动机控制模块（PSM）相当于一个直流电动机控制继电器。根据制动指令和实际制动压力的大小，制动控制单元通过油泵控制模块 PSW 控制 EHU（电液控制单元）中电动机的起、停。为了避免直流电动机退磁（特别在低温环境下），PSM 带有的软启动功能可以使启动电流平缓上升。

6.5.5 基础制动

为满足转向架的狭小安装空间，液压制动装置采用盘形基础制动，主要由夹钳单元、制动盘和闸片组成。盘形制动是以压缩空气或者液压为动力经制动将闸片压紧制动盘侧面，通过闸片与制动盘侧面的机械摩擦来产生制动作用。

根据压紧力产生的型式不同，基础制动同样分为主动式和被动式两种。

制动夹钳的选择基于停放制动能力的计算，在本项目中，三个转向架采用被动式制动夹钳即可满足停放在 70‰ 坡道上，同时考虑最大载荷和风速。

（1）被动式弹簧制动夹钳　每个动车转向架配备了被动式弹簧制动夹钳，夹钳机构由浮动部分和夹钳杠杆结合而成，安装在齿轮箱上，外形如图 6-8 所示。制动力通过一个单独的活塞缸在活塞的单侧产生，并且装有闸片间隙自动调整器。当压力为 0bar 时，制动力达到最大，当压力达到 100bar，夹钳缓解，制动缸压力与制动力关系如图 6-9 所示。为了缓解制动夹钳，液压油须连接到制动夹钳相应的“P”或“H”口。一般夹钳“P”口与液压制动单元“P”口相连，而“H”口与辅助缓解管路相连。

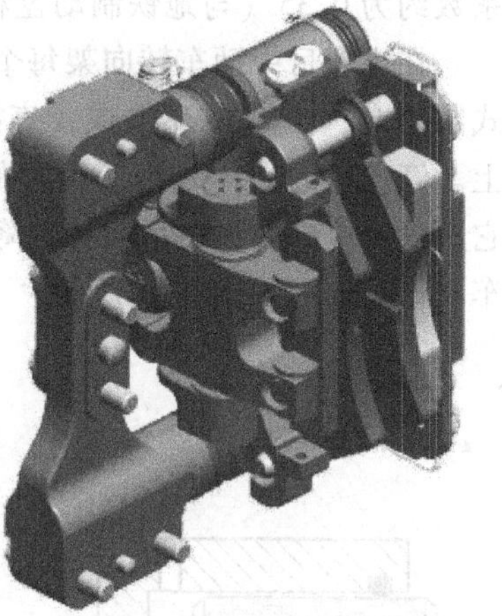

图 6-8　带支架的被动式弹簧制动夹钳

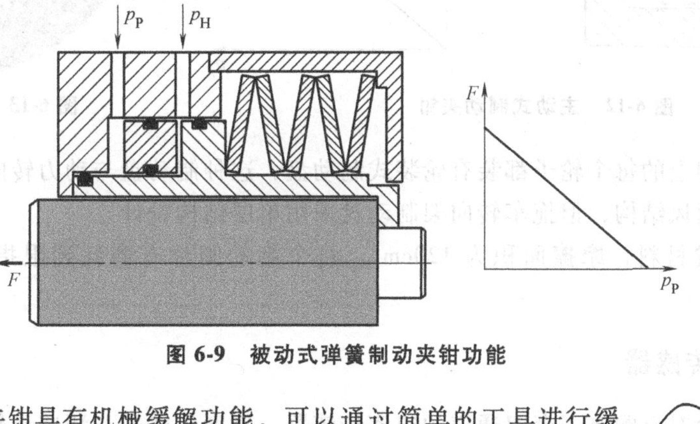

图 6-9　被动式弹簧制动夹钳功能

被动式制动夹钳具有机械缓解功能，可以通过简单的工具进行缓解（例如在车间内进行制动闸片的更换），在机械缓解后，可以通过几次液压制动与缓解过程使制动夹钳自动恢复制动能力。机械缓解工具外形如图 6-10 所示。

图 6-10　机械缓解工具

（2）主动式弹簧制动夹钳　拖车转向架上安装了主动式制动夹钳，制动夹钳用两对活塞，分别安装在制动盘两侧，因此可以安装在固定的位置上，外形如图 6-11 所示，该单元极其紧凑和轻量化。由四个活塞产生的最大夹紧力大约为 70kN。当压力增加，夹钳制动；压力降低，夹钳缓解，制动力 F 与液压 P_A 成正比，如图 6-12 所示。

（3）制动盘、闸片　对于拖车制动盘可以装在车轮或者车轴上。对于动车，除车轮和车轴之外，还可以安装在电动机轴和车轮之间的环节。低地板有轨电车制动盘直径一般为 350~400mm，闸片为有机合成闸片，制动盘与闸片这对摩擦副摩擦系数约为 0.35（与地铁制动盘相同）。

在本项目中动车转向架每个车轮配备了齿轮箱式制动盘，由摩擦环组成，直接安装在齿轮轴箱上。摩擦盘的设计采用了独有的散热筋布置方式，它不仅有更高的散热系数，也降低了泵风效应。动车制动盘外形如图 6-13 所示。

图 6-11　拖车主动式基础制动

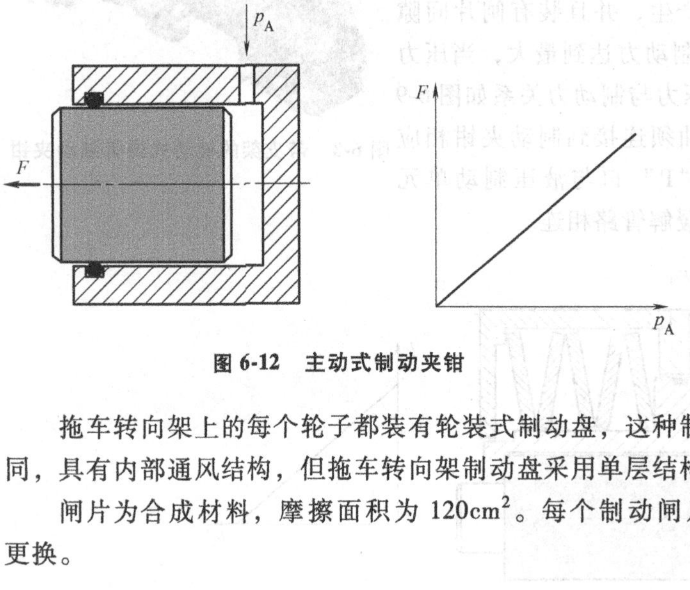

图 6-12　主动式制动夹钳

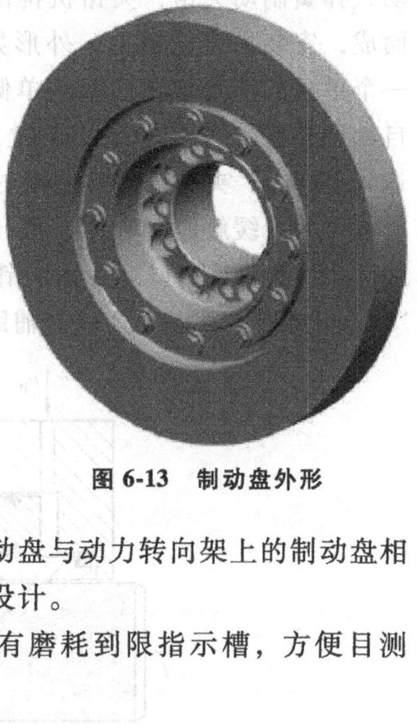

图 6-13　制动盘外形

拖车转向架上的每个轮子都装有轮装式制动盘，这种制动盘与动力转向架上的制动盘相同，具有内部通风结构，但拖车转向架制动盘采用单层结构设计。

闸片为合成材料，摩擦面积为 $120cm^2$。每个制动闸片有磨耗到限指示槽，方便目测更换。

6.5.6　速度传感器

每个独立轮对上配有一套双通道的速度传感器，速度传感器与测速齿轮配合使用，产生的速度信号传递给计算机控制单元进行车辆防滑保护，计算机控制单元的车辆防滑控制逻辑激活液压单元中的电磁阀，调整制动力，使制动在一个合理的滑行范围，减少车轮擦伤的风险。

6.5.7　辅助缓解装置

每个动力转向架配备一套辅助缓解装置，在集中电控缓解装置功能失效时，可以通过连接手动泵或者电辅助缓解，在辅助缓解回路中建立缓解压力，对制动进行缓解。压力开关可以显示辅助缓解的状态。

（1）手动泵缓解　制动夹钳通常留有辅助缓解的 H 口，在辅助缓解管路中留有外部接口，需要缓解时，连接手动泵建立缓解压力，使夹钳缓解。需要制动时，打开连接阀，使液压油流回到油缸。

（2）电辅助缓解　电辅助缓解单元由 DC 24V 供电，根据控制指令缓解制动夹钳弹簧制动力。外形如图 6-14 所示。当辅助缓解单元未被激活时，辅助缓解系统内的压力为零；制动夹钳由辅助缓解单元通过 P 口控制。辅助缓解装置工作原理如图 6-15 所示。

图 6-14　辅助缓解装置

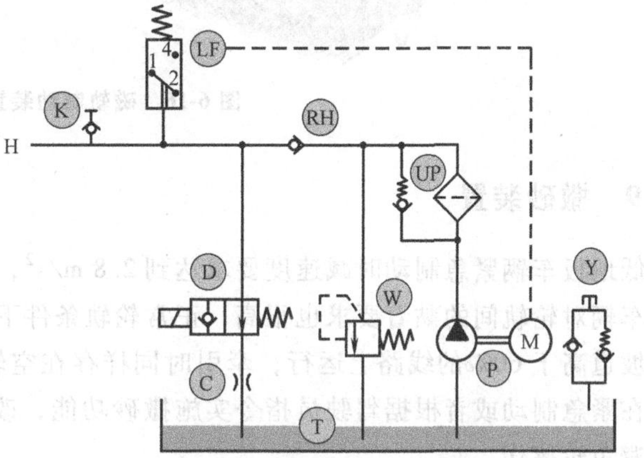

图 6-15　辅助缓解装置工作原理

当电磁阀 D 得电时辅助缓解单元起动。得电后电磁阀 D 处于工作状态并关闭管路和油底壳 T 的通路。同时压力开关 LF 发出信号驱动开关以起动电动机 M。随后液压泵 P 从油底壳 T 通过供给滤油器 UP 和止回阀 RH 向辅助缓解管路（端口 H_1）泵送液压油。

当液压泵 P 关闭，止回阀 RH 阻止液压油回流到油底壳 T 中，通过这种方式维持了辅助缓解管路的压力。

如果辅助缓解管路中的压力下降，低于压力开关 LF 的下设定值，电动机 M 在此启动直到压力再次恢复到上设定值。这个过程使得辅助缓解管路中的压力维持在压力开关 LF 设定的上设定值和下设定值之间。

如果液压泵控制器失效，限压阀 W 将会保护辅助缓解单元，防止辅助缓解管路过电压，该限压阀 W 会有一个预先设定值。当超出该压力，阀打开，液压油回流到油底壳中。

（3）手动泵+电动泵　为了防止辅助电源没电，也可以使用手动泵加电动泵相结合的方式。

6.5.8　磁轨制动装置

根据 EN13452 的要求，系统设置了磁轨制动。磁轨装置安装在每个动车转向架两侧，其悬架装置在不使用磁轨制动时能保证磁轨装置平稳的悬架在轨道上方，并有防止意外脱落的措施，如图 6-16 所示。磁轨装置的悬架装置可调节，方便维修人员在车轮磨耗后根据车况进行调整和更换。磁轨装置的磨耗靴距离轨面的间隙为 7~10mm，当磁轨装置通电后，能迅速靠磁力落到轨道上，其所产生的吸力不小于 66kN。

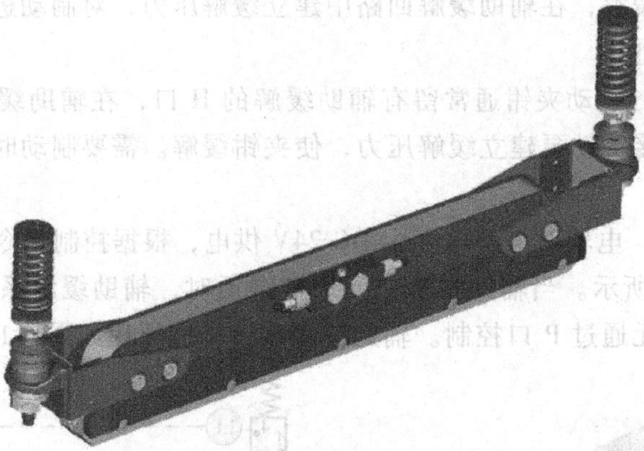

图 6-16　磁轨制动装置

6.5.9　撒砂装置

低地板车辆紧急制动时减速度要求达到 2.8 m/s^2，即使考虑到不依靠轮轨黏着的磁轨制动，车辆对轮轨间的黏着要求也很高，正常轮轨条件下很难保证车辆不发生滑行。低地板车辆在坡道高于 60‰的线路上运行，牵引时同样存在空转风险。车辆设计时必须配置撒砂装置，在紧急制动或者根据驾驶员指令实施撒砂功能，改善轮轨之间的黏着，缩短制动距离，有效避免轮擦伤。

撒砂装置装配在动车前端的转向架上，因为动车所需黏着要高于拖车，且在运行方向的前端撒砂，对整列车轮轨黏着改善最有效。由于低地板车辆采用液压制动，没有风源系统，所有需要为撒砂装置配置单独风源，在车辆上撒砂装置作为一个独立的系统，其主要由空压机模块、储砂模块、注砂模块、撒砂模块以及喷嘴模块组成。

除此之外撒砂装置还需具备以下功能：

1）在砂箱里面配备砂位传感器，当砂量低于设定值时，指示灯亮提示加砂。

2）撒砂出口处配有伴热装置，以防止恶劣天气时砂子受潮或者结板影响出砂。

3）砂量调节器，以得到最佳的轮轨黏着。结合国内外运营经验，正常情况下，撒砂量为 600～800g/min，考虑到最恶劣的条件，砂量定位 300～1200g/min。撒砂量的条件可以通过撒砂器进砂口大小、压缩空气流量或者压缩空气压强实现。

6.5.10　制动系统控制

制动系统的控制采用 CANopen 网络和硬线控制相结合的方式，并采用网络控制优先的原则。当网络系统故障时，车辆采用硬线模式，制动系统功能不受影响。

通过对比分析国内外各种 100%低地板现代有轨电车可以看出，制动系统的功能优劣主要取决于电制动能力的发挥，液压制动和磁轨制动仅仅作为电制动的必要补充，当电制动能力不足时，均不建议车辆运营。因此，制动系统的控制相对较简单。制动系统中电制动和液压制动采用分别控制的方式实现制动功能。车辆将 3 个动车的电制动信号分别通过网络和硬线发送至各个车辆的制动电子单元；制动电子单元通过读取相应的信号，确定各个动车的电制动是否正常。就制动系统控制而言，各个单车的电制动力只存在 100%电制动力和无电制动力两种情况。

制动电子单元之间不再进行数据交互。车辆依据等黏着利用的原则，在某辆车丢失电制动的情况下，通过施加拖车的液压制动力进行补充；如果拖车液压制动力不足，再施加丢失电制动力的单车的液压制动来进行补充。如果某一车辆的电制动发生故障，则制动系统的制动控制单元需要施加液压制动力，以满足各种制动功能，同时还考虑限速的要求（见表 6-3）。

表 6-3　电制动故障限速

制动功能名称	电制动故障描述	限速值/(km/h)
常用制动	1 个动车电制动故障	50
常用制动	2 个动车电制动故障	30
紧急制动	1 个动车电制动故障	50
紧急制动	2 个动车电制动故障	30

列车的制动管理由车辆控制单元来完成，而各车的制动控制单元是相互独立的，之间没有通信。计算机控制单元只负责接收制动指令，并根据制动指令控制对应的 HCU 执行制动指令；当列车出现故障时，可以通过辅助缓解来缓解制动以便列车救援。不同制动方式的组合实现不同的制动模式，具体见表 6-4。

表 6-4　制动逻辑

制动方式	电制动	液压制动(拖车)	液压制动(动车)	磁轨制动	撒砂
常用制动	√	√			
紧急制动	√	√	√	√	√
安全制动			√	√	√
保持制动		√	√		
停放制动			√		

本项目的制动系统，经过试验验证完全符合 EN 13452 标准的要求，各种制动性能见表 6-5，在紧急制动减速度和制动中电制动的利用均优于标准的规定。EN 13452 标准作为低地板现代有轨电车制动系统的标准，在欧洲市场已经开始广泛采用。目前，中车唐山机车车辆有限公司制造的 100%低地板现代有轨电车满足欧洲相关标准，已经成功打入欧洲市场，并得到了用户的认可。

表 6-5　列车制动性能

序号	制动功能	制动减速度/(m/s²)	响应时间/s
1	常用制动	0~1.2	1.5
2	最大常用制动	1.2	1.5
3	乘客紧急制动	1.2	基于驾驶员的操作
4	紧急制动	2.8	0.85
5	停放制动	满足 AW3 载荷下 70‰坡道安全停放	
6	停车制动	1.2	速度降低到 5km/h 后，自动施加
7	保持制动	—	—
8	安全制动	1.0	2

第7章 辅助供电系统

7.1 概述

现代有轨电车上除牵引系统外，为了保证现代有轨电车的正常运行并提供舒适的驾驶和乘坐环境，还配备辅助电气设备和辅助设施，构成了辅助电气系统。辅助供电系统对辅助电气设备提供电力，是现代有轨电车不可缺少的重要电气组成部分。

现代有轨电车主电路主要采用 VVVF（Varying Voltage and Varying Frequency，变压变频）逆变器控制的交流传动系统，辅助供电系统采用辅助逆变器。一般情况下，每列车设置有两组辅助逆变器及两组蓄电池组。辅助逆变器将接收到的 DC750V 直流高压电变换成 3AC380V 50Hz 三相交流电及 DC24V 直流电，作为客室照明、空调系统及各系统控制设备的电源，同时可向蓄电池组充电，并满足不同负载的供电需求。由于辅助供电系统设备安装在车顶，设备及插接器密封等级符合 IEC 60529 相应等级标准要求。

现代有轨电车辅助供电系统对提高车辆的运行可靠性以及乘坐舒适性起着重要的作用。随着城市的发展和对运输质量要求的日益增加，辅助供电系统的结构形式也逐步多样化，功能逐渐增加，技术指标及可靠性的要求也越来越高。

7.1.1 系统组成

有轨电车的辅助供电系统，由辅助逆变器、充电机、蓄电池组、交流负载、直流负载等构成，如图 7-1 所示。辅助供电系统主要为车载设备如冷却风机、空调装置、照明、网络控制系统、制动装置、旅客信息等提供交流或直流电源，由辅助电源装置、蓄电池、辅助及控制用电设备、地面电源等几部分组成。核心电源设备为辅助变流器，还包括供电控制、用电设备等系统组成。

国内外较多采用的辅助电源系统为直流发电动机组和辅助逆变器两种：

1）直流发电动机组，使用于负荷容量较小的辅助电源，比较经久耐用，但有效率低、噪声振动大、维修工作量大的缺点。

2）辅助逆变器，具有体积小、重量轻、转换效率高、噪声低、输出电压频率精度高、维修工作量少及具有自我保护等优点，并且在较高的容量时仍可采用自然冷却的方式而不需采用电动机通风，节约了能源，减少了维修工作量。

因此，辅助电源系统以采用效率高、噪声低、重量轻的 IGBT 辅助逆变器为宜。

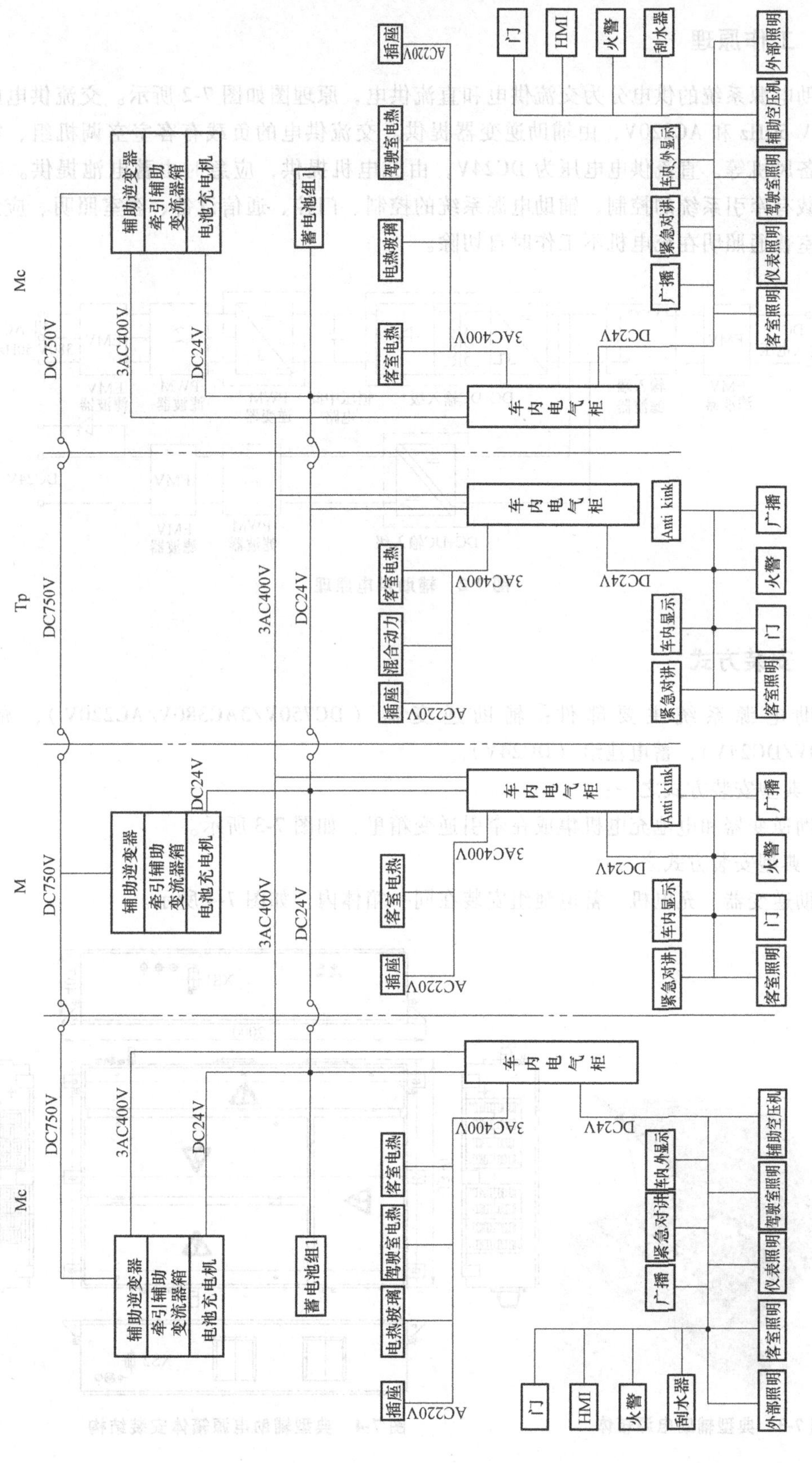

图 7-1 辅助供电系统组成

7.1.2 工作原理

辅助电源系统的供电分为交流供电和直流供电，原理图如图 7-2 所示。交流供电电压为3AC380V 50Hz 和 AC220V，由辅助逆变器提供。交流供电的负载有客室空调机组、客室电热、设备风机等。直流供电电压为 DC24V，由充电机提供，应急时由蓄电池提供。直流供电的负载有牵引系统的控制、辅助电源系统的控制、门控、通信设备、客室照明、应急照明等。客室普通照明在充电机不工作时自切除。

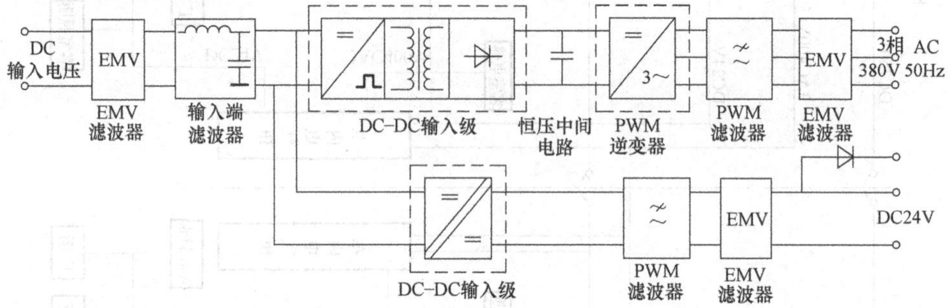

图 7-2 辅助供电原理

7.1.3 安装方式

辅助电源系统主要部件：辅助逆变器（DC750V/3AC380V/AC220V），充电机(DC750V/DC24V)，蓄电池组（DC24V）。

1）典型安装方式之一：

辅助逆变器和电池充电机集成在牵引逆变箱里，如图 7-3 所示。

2）典型安装方式之二：

辅助逆变器、充电机、蓄电池组安装在同一箱体内，如图 7-4 所示。

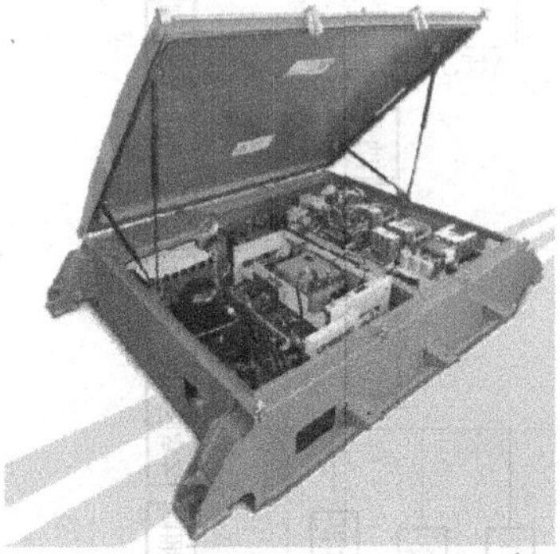

图 7-3 典型辅助电源箱体

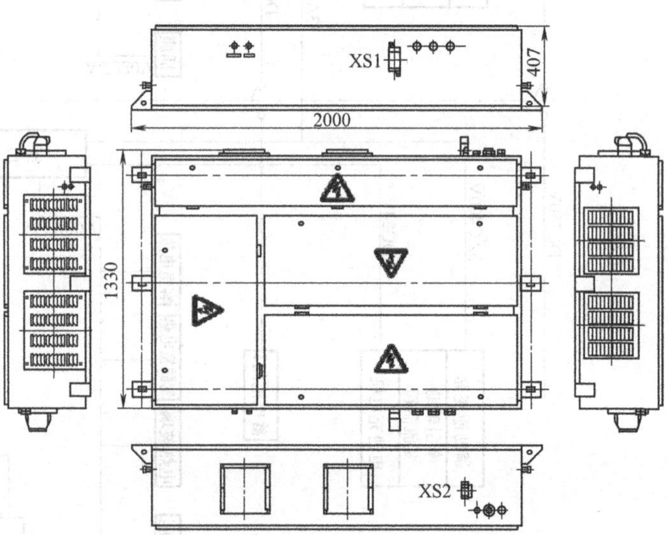

图 7-4 典型辅助电源箱体安装结构

7.2 辅助逆变器

辅助逆变器（DC/AC 逆变器）是现代有轨电车上一个必不可少的关键的电气部件，安装于车顶上。现代有轨电车整车变流系统由受电弓获取接触网 DC750V 电压，给牵引变流器和辅助变流器供电。牵引变流器将直流电逆变为变频变压的交流电驱动牵引电动机；辅助变流器分为提供三相 3AC380V/单相 220V 交流电源的辅助逆变器和 DC24V 电源的充电机。

当供电系统供电正常时，DC750V 的直流电源经辅助逆变器（DC/AC）逆变为三相 3AC380V/单相 220V 的交流电源，向设备供电，并经过直直变换器（DC/DC）变换为 DC24V 电源，供蓄电池充电及其他直流负载用电，辅助供电系统的负载设备遍布全车。

作为现代有轨电车辅助系统的重要组成部分，车载电源设备之一，辅助逆变器提供可靠稳定的交流电给空调机组、空压机、通风装置、电加热器等负载供电，将输入直流逆变为三相 3AC380V/单相 AC220V 交流为负载供电。由于辅助逆变器属于电压型逆变器，提供精度高的输出电压能为下垂控制环节的电压幅值和相位检测作好铺垫，需要选择性能良好的逆变器控制技术。

7.2.1 系统组成

辅助逆变器系统是辅助供电系统的核心，主要部件包括滤波电抗器、充电电路、滤波电容器、EMI 电容、三相滤波器、变压器等。

（1）PWM 变频单元　即脉冲宽度调制，是英文“Pulse Width Modulation”的缩写，简称脉宽调制，是利用微处理器的数字输出来对模拟电路进行控制的一种非常有效的技术。它的理论基础是：冲量相等而形状不同的窄脉冲加在具有惯性的环节上时，其效果基本相同，根据这个理论，可以根据正弦波频率、幅值和半周期脉冲数，准确计算 PWM 波各脉冲宽度和间隔，据此控制逆变电路开关器件的通断，就可得到所需 PWM 波形。

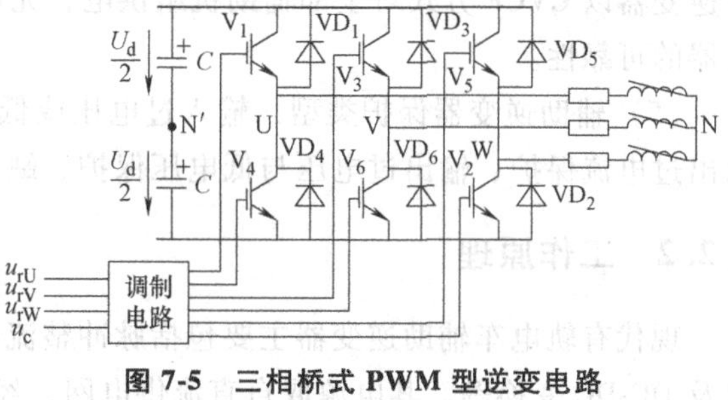

图 7-5　三相桥式 PWM 型逆变电路

交流传动牵引变流器采用三相桥式 PWM 型逆变电路，如图 7-5 所示。

（2）基本逆变器系统　根据所选择的不同的储能元件，交流传动相应地分为两种基本系统：电压型系统和电流型系统。电压型系统和电流型系统的典型电路结构如图 7-6、图7-7 所示。

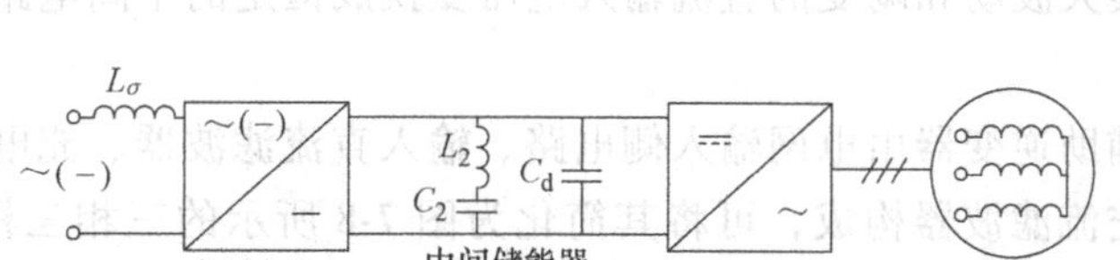

图 7-6　电压型逆变器系统

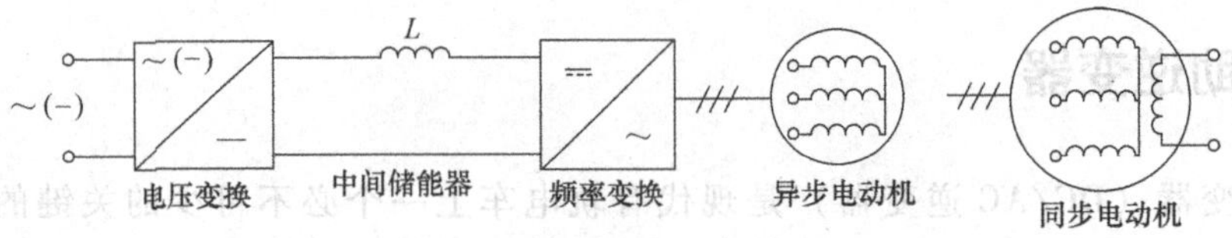

图 7-7 电流型逆变器系统

1）电压型系统。在电压型变流器中，电容器用作中间回路的储能器，它接受向中间回路供给的瞬时电流与从中间回路取用的瞬时电流之差，并使电压保持恒定。作为逆变器的电源，在其输入端提供一个实际上恒定不变的电压。由于这个电源具有低的内阻抗，所以逆变器的端电压不随负载变化。

2）电流型系统。对于电流型变流器，采用电抗器作为中间回路储能器。它吸收波动形式的差电压，保持中间回路的电流恒定。由于这个作为逆变器电源的中间回路具有很大的内阻抗，逆变器输入端的电流在负载变化时保持恒定，这种逆变器称为电流源逆变器。

（3）滤波器　滤波电抗器和滤波电容器构成高压输入部分的滤波器，它能抑制输入电路的谐波和减少输入电路暂态过程的影响。输入电路的负极通过转向架接地，负极上接有 EMI 电容，其作用是为了确保高频接地和降低电磁干扰对辅助逆变器的影响。辅助逆变器的输出经三相输出滤波器进行滤波，该滤波器由三相滤波电抗器和三相滤波电容器构成，属于低通滤波器，能滤除逆变器输出的 PWM 波的大部分谐波。三相滤波器后面是一个输出变压器，逆变器的输出电压为 380V，起到使低压和高压隔离的作用。

（4）负载　辅助逆变器的负载分两类：一类是泵类负载，如压缩机、空调机组等，这一类负载采用 CVCF（Constant Voltage and Constant Frequency，恒压恒频）方式控制；另一类是风机类负载，如牵引风机，采用 VVVF 控制。当任何一组逆变器出现故障时，可由另一组逆变器以 CVCF 方式对全部辅助机组供电，完成辅助逆变器的冗余控制，从而提供辅助逆变器的可靠性。

（5）辅助逆变器保护类型　输入过电压或低电压保护、输入电流保护、输出短路保护、输出过电流保护、输出过电压与低电压保护、缺相保护、过热保护。

7.2.2 工作原理

现代有轨电车辅助逆变器主要包括脉冲整流器、降压斩波器、逆变器、三相降压变压器以及 DC-DC 变换等。其电源取自直流供电网，经过 DC-DC 输入级在变频器输入端作了电位隔离和退耦，变频器的所有输入、输出端都设有 LC 无源元件构成的滤波环节。输入端的滤波器主要是用来抑制网压峰值以及减小变频器对电网的反作用。

输出端的滤波器主要是保证输出电压脉动及畸变系数小，它决定了所用的低通滤波器参数。滤波器将常有很大波动和畸变的直流输入电压变换成恒定的中间电路电压，再供给 1 个或多个输出级。

现代有轨电车辅助逆变器由电网输入侧电路、输入直流滤波器、充电放电电路、三相两电平逆变器、输出交流滤波器构成，可将其简化为图 7-8 所示的三相三桥臂逆变器的结构。由图 7-8 可知，现代有轨电车辅助逆变器采用两电平拓扑结构，两电平结构简单，控制技术成熟可靠，现有 IGBT 耐压等级已能满足逆变器的要求。

IGBT 斩波器对直流电压进行高频斩波，经串联的变压器按需要作变压，IGBT 斩波器还可以根据输入电压的波动，利用移相脉宽调制（PS-PWM）方法来保证输出电压的稳定。整流器和滤波电抗器电路再次对电压进行整流。

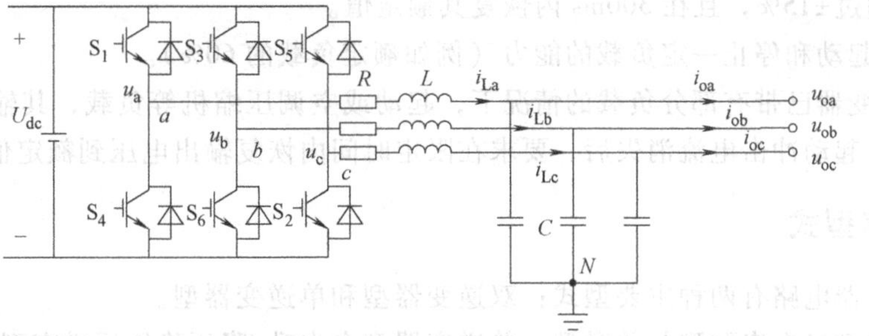

图 7-8　三相三桥管逆变器结构

7.2.3　技术要求

辅助逆变器是恒压恒频输出，它的技术性能要求与主逆变器相比，主要有以下不同：

（1）要求在大电压波动范围内输出额定功率　现代有轨电车的电压波动范围是 -33.3%~20%，要求辅助逆变器在此电压范围内输出全功率，还要求输出电压值及谐波含量在规定值之内。此要求比较高，特别是在最低电压情况下。

（2）负载特性　辅助逆变器的负载很大部分是泵类，而且是直接起动，起动时冲击电流大。例如辅助逆变器最大负载的空调机，其中的压缩机又占主要部分。因此，对辅助逆变器负载的起动有种种限制。

（3）过载能力　辅助逆变器的过载能力根据各厂商提供的参数不同，表示的方法也不同。有的以限定时间内过载电流值表示，有的则以过载容量值表示。辅助逆变器的过载能力，在 IEC61287 中没有规定。辅助逆变器的短时过载能力以能达到其额定容量的倍数及时间来表示。各公司产品的过载能力相差较大，主要取决于逆变器所用的功率半导体器件（如 IGBT 等）电流冗余量。

（4）对辅助逆变器输出特性的要求

1）输出电压畸变因数：输出电压波形为准正弦波，其谐波含量取决于 PWM 调制质量与开关频率，而过高的开关频率又影响效率。一般畸变因数要求小于 10%，个别用户要求小于 5%。

2）全负荷效率：辅助逆变器的环节较多，从输入到输出经过线路滤波器、逆变器、输出滤波器、隔离变压器。又因 PWM 开关频率较高（2kHz 以上），使 IGBT 的开关损耗较大，因此，系统效率不能太高，一般要求高于 90%，个别也有做到 92%。

3）噪声：采用强迫风冷的辅助逆变器噪声较高，一般要求限制在 70dB（A）以下（相距 1m 处）。而对于自然冷却的辅助逆变器，可以做到 65dB（A）以内。三相电压不对称度：要求小于 1%。

（5）对负载起动的要求　辅助逆变器的负载，经常是随机的、直接起动的。因此对负载起动有较高的要求：

1）负载顺序起动，以避免起动冲击电流叠加。每次加到逆变器的负载不超过逆变器额定负载的 X%。具体数值视逆变器的容量而定。

2）当负荷在一定范围内变化时，要求其输出电压瞬间变化在一定范围内，且在限定时间内恢复其额定值。例如，当负荷变化为逆变器额定负载的±30%时，要求其输出电压瞬间变化范围不超过±15%，且在 300ms 内恢复其额定值。

3）重复起动和停止一定负载的能力（例如额定负载的 60%）。

4）当逆变器已带有部分负载的情况下，起动或空调压缩机等负载，其输出电压降在允许范围之内。起动冲击电流消失后，要求在限定时间内恢复输出电压到额定值。

7.2.4 电路型式

辅助逆变器电路有两种主要型式：双逆变器型和单逆变器型。

双逆变器型又有串联型与并联型；单逆变器型有先升/降压稳压后逆变型和直接逆变型。其中先升/降压斩波后逆变型是用在网压为 DC750V 时，因为它对的网压波动范围为DC500~900V，所以斩波器还有升压功能。

这两种形式都能使得逆变器输入电压稳定，即使负载变化时，也能保证斩波器有稳定的输出电压。但从目前的技术水平来看，以 IGBT 为代表的开关器件的开关频率足以满足在网压波动范围内用 PWM 调制，完全可以使逆变器输出稳定，并且能满负荷运行。因此现在一般都采用直接逆变的方式。

辅助逆变器与低压电源电路的不同结构，应用在现代有轨电车中，有以下九种形式：

1）线路滤波器—升/降压斩波器—滤波器—逆变器—滤波器—隔离变压器—隔离变压器的一组次边绕组输出带中点的 AC380V；另一组次边经二极管整流桥—滤波器—输出 DC 24V。它的作用是一方面使逆变器输入电压稳定，另一方面对逆变器起保护作用。

2）线路滤波器—降压斩波器（CHO）—滤波器—逆变器（INV）—滤波器（FIL）—隔离变压器初级（T_0）—输出带中点的 AC380V。从 AC380V 输出—降压变压器（T_1）—二极管整流滤波—输出 DC24V。

降压器一般有斩波降压和逆变降压两种方式，它使逆变器输入的电压稳定并对逆变器起到保护作用。逆变器 INV 的输出经电感电容滤波网络 FIL 滤波后输入到隔离变压器 T_0 变压器的初级绕组为△联结，次边绕组为 Y 联结。输出三相四线 AC380V50Hz 电压。另有 1 个变压器 T_1 由 AC380V 供电，如图 7-9 所示。分别经过降压、整流、滤波后，最终输出所需要 DC24V。由于器件水平与控制技术的提高，现在已很少采用升/降压环节。

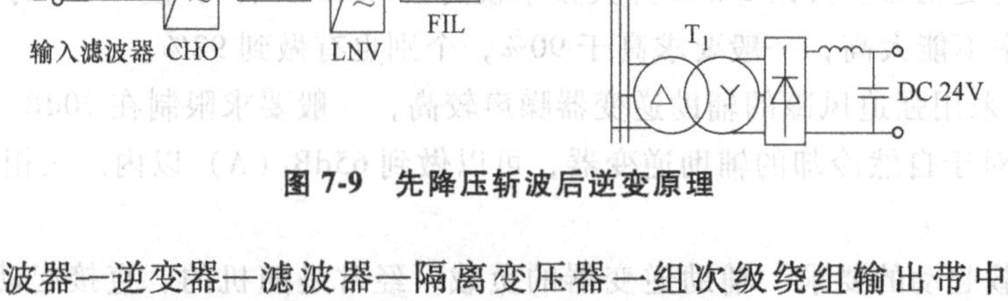

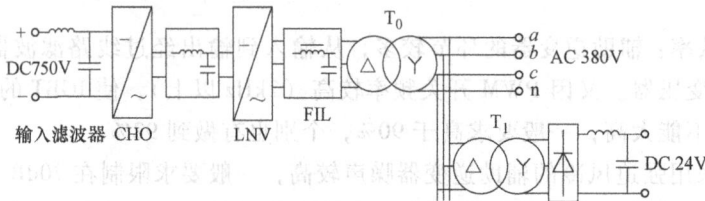

图 7-9 先降压斩波后逆变原理

3）线路滤波器—逆变器—滤波器—隔离变压器一组次级绕组输出带中点的 AC380V；另一组副输出—二极管整流—滤波—输出 DC24V。

单逆变器电路相对简单，使用的电子器件少，可靠性较高。但是其开关频率高，因此开关损耗较大，使用的效率相对较低。

4）线路滤波器—滤波器—隔离变压器—变压器次边一组输出带中点的 AC380V；另一组输出经降压变压器—相控整流桥—滤波器，输出 DC24V。直接逆变是现代有轨电车车辆辅助逆变电源最简单的电路形式（见图 7-10）。

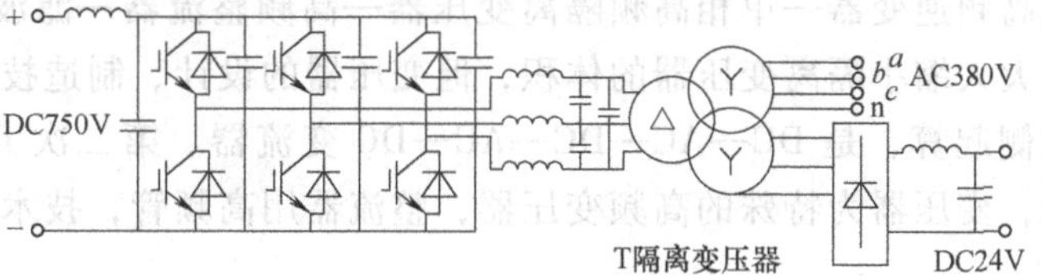

图 7-10 直接逆变型

开关元器件通常采用大功率的 GTO、IGBT 或 M 集成模块，逆变电源采用直接从受电弓受流方式。这种电路结构简单、元器件数量少、控制方便。但这种逆变器电源输出的电压易受电网输入电压波动的影响，功率电子器件换流时承受的 du/dt 较大，尤其是在高压情况下。

5）双逆变器型：线路滤波器—两台串联的逆变器—分别经过两台独立的滤波器—隔离变压器。该变压器有两个独立的初级绕组，一个次边绕组，如图 7-11 所示。

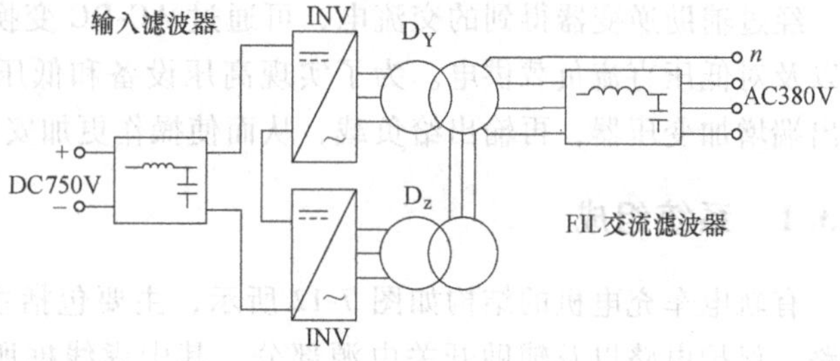

图 7-11 双逆变器型

两个初级绕组输入产生的磁通在铁心内叠加，次级感应出输出电压。一方面输出带中点的 AC380V，另一方面经降压变压器—相控整流器—滤波器—输出 DC24V。

6）线路滤波器—两台串联的逆变器—分别到两台独立的、不同结构的变压器初级，（一台称 D_Y 型，另一台称 D_Z 型变压器）。D_Y、D_Z 变压器次边串联输出，经过滤波输出带中点 AC380V。

这种系统没有从 AC380V 变换为 DC24V 输出，另外设有一个由电网直接供电的 DC/DC 变流器，输出 DC24V。此种方式开关损耗小、逆变器效率高，对输出滤波器要求低。可把较低电压的电力电子器件用于较高电源电压的逆变器。但是，双逆变器的电路复杂，使用器件多，动态均压要求高，故障率也高。

7）线路滤波器—2 台串联的逆变器—分别输出多绕组变压器的两个初级。该变压器有两个初级绕组，3 个次边绕组（AC380V 三相绕组、AC220V 单相绕组、DC24V 的三相绕组）。2 个初级绕组在铁心中产生的磁通叠加，在次级绕组感应电压。

该系统与形式 6 不同之处在于，前者是将两个变压器次边输出叠加，是电路的叠加，后者是磁路的叠加。这两种电路中，逆变器输出电压有一个相位差，这样叠加后输出侧电压波形谐波就小，则对滤波器要求就低。

8）直接由电网供电的 DC-DC 变流器，线路滤波器—两台串联、半桥、单相、高频逆变器—分别输出两台高频变压器—分别输入两台高频整流器—两台整流器的输出并联后经滤波器输出 DC24V。

这种经过两个串联的逆变器形式，是采用一种半桥单相逆变器。即逆变器的一个桥臂用IGBT，而另一个桥臂是用高频电容器代替。这种逆变器必须是高频的，所以它的输出隔离变压器也是高频变压器，其整流器也是快恢复二极管构成。

9）由 AC380V 供电的 AC/DC 系统（输出 DC24V）。由 AC380V 供电—滤波器—相控整流桥—滤波—单相高频逆变器—单相高频隔离变压器—高频整流器—滤波器—DC24V 输出。采用高频逆变可以大大缩小隔离变压器的体积，但变压器的设计、制造技术要求较高。

这种形式从网侧起算，是 DC—AC—DC—AC—DC 变流器。第二次 DC-AD 变换也是采用高频逆变的方法，变压器为特殊的高频变压器，整流器用高频管，技术要求较高。

7.3 充电机

低压电源包括充电机（DC-DC 变换器）和蓄电池。充电机的功能是对蓄电池组充电，向所有与充电机并联的直流负载供电。有轨电车充电机输出 DC24V，主要是提供给辅助电路、显示屏、照明、监视装置、制动装置、关门装置等电气设备。

经过辅助逆变器得到的交流电，可通过 AC-DC 变换将其变成 DC24V，从而为蓄电池充电以及对低压直流负载供电。为了实现高压设备和低压设备的隔离，一般在 AC-DC 变换器输出端增加变压器，再输出给负载，从而使操作更加安全可靠。

7.3.1 系统组成

有轨电车充电机的结构如图 7-12 所示，主要包括主电路、控制电路、驱动电路、检测电路、保护电路以及辅助开关电源部分，其中虚线框所示部分即为充电机主电路的结构组成。主电路是实现电能变换和功率流通的载体，其结构形式由充电机的类型和性能指标决定，并将直接影响到控制策略和控制电路的结构形式。充电机的主电路主要包括软启动电路、全桥逆变电路、高频变压器、输出整流滤波电路等几个部分，其主要作用是实现一个高频 DC-DC 变换器的功能。

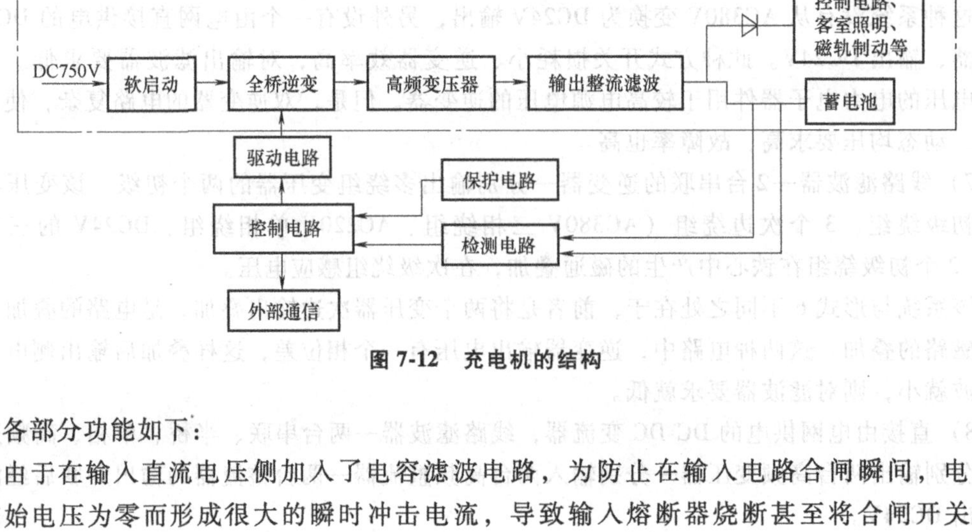

图 7-12 充电机的结构

各部分功能如下：

由于在输入直流电压侧加入了电容滤波电路，为防止在输入电路合闸瞬间，电容上的初始电压为零而形成很大的瞬时冲击电流，导致输入熔断器烧断甚至将合闸开关的触点烧坏，轻者也会使空气开关合不上闸。通过加入软启动电路，保证整个系统正常而可靠的运行。

全桥逆变电路采用单相逆变桥。其作用是把输入直流电压逆变为高频交流方波，即把能量转换为变压器能够传递的形式。这部分是整个充电机系统研究的重点，其转换效率和可靠性是否良好，将直接影响到整个充电机运行的效率和可靠性。

高频变压器既充当能量传输的载体，又起到隔离和变压的作用。由于其工作在高频和大功率场合，因此对其磁芯材料、型号、寄生参数以及线圈绕组计算等都有特殊的要求。

输出整流电路采用的是全波整流结构，这种结构适用于低压、大电流的应用场合，而充电机的参数设计正符合这一特点。因为整流电路的损耗等于流过整流管的电流乘以整流管的正向压降，采用全波整流时，在变压器次级与负载所形成的回路中只串联了一个二极管，而桥式整流电路则串联了两个二极管，因此在输出电流相同的情况下，采用全波整流电路时的整流损耗是采用桥式整流电路时的 1/2。输出滤波电路采用最常见的 LC 滤波方式，L 和 C 的取值将直接影响输出直流的纹波大小，所以也应仔细计算。

输出部分一方面为蓄电池充电，另一方面还为低地板车控制电路、客室照明、磁轨制动等部分提供电源。

经过以上几个部分，就能把 DC750V 变换为充电机工作时所需要的低压大电流直流电源，输入和输出之间通过高频变压器实现隔离和变压。

7.3.2 工作原理

在正常情况下列车运行时，车上所有 DC24V 负载全由充电机供电，蓄电池处于浮充电状态。如 4 辆编组的列车上有两台变流器，两台变流器并网供电或 1 台变流器供 1 个列车单元的负载。如果有 1 台变流器发生故障，则另 1 台变流器要给全列车的负载供电。即使在这种情况下蓄电池也不承受负荷。因此，充电机的容量在设计时要考虑有足够的冗余量。只有当发生故障时（例如电网供电中断），蓄电池才向应急负载供电。

充电机的工作形式，主要有以下三种：

1）为逆变器交流侧经过 AC-DC 转换得到 DC110V 电压，再由 DC110V 经 DC-DC 变换得到蓄电池 DC24V。

2）为逆变器交流侧经过 AC-DC 转换得到蓄电池 DC24V。

3）由网侧 DC750V 经 DC-DC 转换得到蓄电池 DC24V。

从电网获得的电压需要经过 DC-DC 变换器转换成较低电压，从而为蓄电池充电并供应给辅助电器。

有轨电车一般采用上述第二种工作形式，即采用 PWM 方式调制的脉冲波，使其逆变成为三相四线交流电，一部分供给空调、风机等用电器，另一部分由二极管构成的整流器整流。再经过图 7-13 所示的高频逆变，得到高频交流电，通过高频变压器得到 AC110V 电压。最后采用全波整流，直流输出电压可调，输出 DC110V，再转化得到 DC24V，供辅助设备使用。

为了安全必须将电网上的高压与低压用电设备，尤其是常需人工操作的控制电源的设备，在电气电位上实现隔离。通常采用变压器进行电气隔离，同时可通过设计不同匝比来满足电压值的需要。此处变压器就起到了很好的电气隔离作用，使操作更加安全可靠。

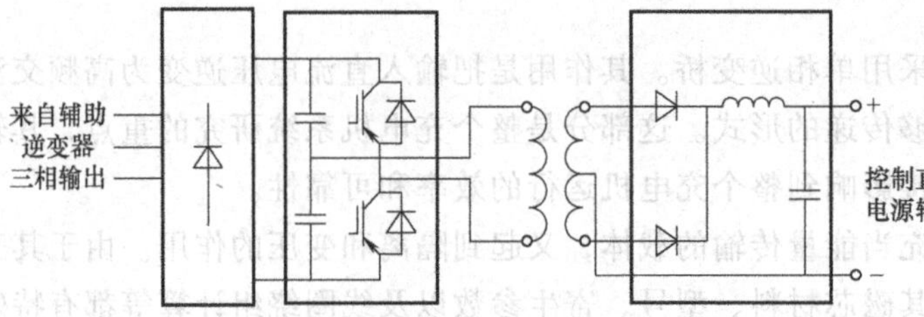

图 7-13 辅助供电系统的直流电源部分

通过对充电机系统工作原理的分析，可以得出：

1）根据设定的输出电压，监测列车低压系统电压的变化和电路输出总电流，通过 PWM 方式控制逆变器模块，在整流后实现输出电压的稳定。

2）检测蓄电池电压和蓄电池充电电流。

3）通过相应的 LED 灯来指示当前系统的工作状态。

4）检测逆变器模块的输入电压、变压器的初级及次级电流、逆变器模块中 IGBT 的饱和压降、逆变器模块的温度、电子板的电源电压等参数，在系统异常时实现系统的自我保护。

7.3.3 设计要求

充电机实际上是一种变换器，主要是对 DC24V 蓄电池进行充电，由于现代有轨电车的电源系统及其运行特点，对充电机系统的设计有一定的要求：

1）可承受大范围波动的直流输入电压（-30%~30%），这是由于充电机直接从架空线取电，现代有轨电车运行时还会频繁地牵引和制动，这也会造成直流电压的波动和振荡。

2）具有温度补偿功能，温度补偿值可调，这是由于充电机置于车顶，其工作温度在夏天可达 70℃，因此要求此温度能够正常工作。

3）充电机对输出具有过载保护、输出短路保护、过电压保护、电压低报警、最大电流限制功能。当充电机输出短路时，充电机能够停止工作并自动重启，如果一段时间内连续三次发生过电流故障，充电机就停止工作。

4）充电机对输入应具有瞬态过电压保护，输入过电压、欠电压保护。

5）采用热管散热和强迫风冷的散热方式，散热效果明显，同时具有热保护功能。

6）由于现代有轨电车的电气设备主要布置在车顶，距离客室很近，需选择工作频率超出人耳敏感的音频范围（20kHz），高频工作也可减小充电机的体积和质量。

7.3.4 电气参数

充电机的主要电气参数有：充电机额定输出功率、输出电压范围、温度补偿系数、输出纹波电压、最大输出电流、电池充电限流值、变换效率、工作温度等。

充电机对蓄电池进行浮充电，并给直流负载供电。每列车配备 2 台充电机。当一台充电机故障时，另一台充电机仍能保证列车运行。蓄电池采用浮充电方式。充电机（低压电源）的输出电压为 24~29V 直流，其实际结构见图 7-14。

图 7-14　充电机箱体及内部电路

7.4　蓄电池

蓄电池的功能是在系统故障情况下（缺少接触网电压，蓄电池充电机故障等）确保向重要负载供电。一般现代有轨电车安装两组蓄电池，车辆充电机工作前，供给控制电路使用。当无高压或充电机故障时，为车辆应急负载提供电源。

蓄电池主要分为铅酸蓄电池和碱性蓄电池两大类，碱性蓄电池按其结构和工艺又分为袋式镍镉蓄电池和烧结式蓄电池。现在铁路列车一般采用碱性蓄电池。碱性蓄电池具有其使用寿命长、结构坚固、耐过充过放、自放电小、可靠性高、维护方便的特点。

袋式镍镉蓄电池根据用途的不同（即不同放电电流）可分为低倍率、中倍率和高倍率三种。在环境温度 20℃±5℃的条件下，按标准充电制充电后，可在−40~60℃环境温度下使用。现在铁路上广泛使用的是中倍率碱性蓄电池。

7.4.1　系统组成

（1）单体电池　单体电池为 PP 容器中装有烧结电极的高电流镍镉单体电池，如图 7-15 所示，某种型号的单体电池尺寸。

（2）电池组　电池组由 1 个电池托盘组成，每个电池托盘上装有 20 节串联的某型单体电池。单体电池的互连使电池组的标称电压达到 24V，其连线见图 7-16。

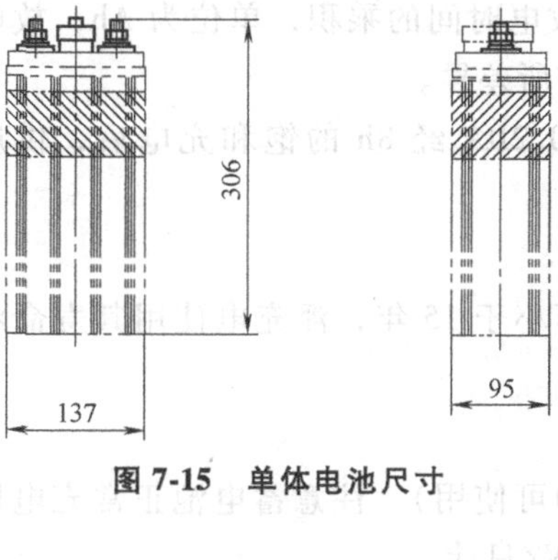

图 7-15　单体电池尺寸

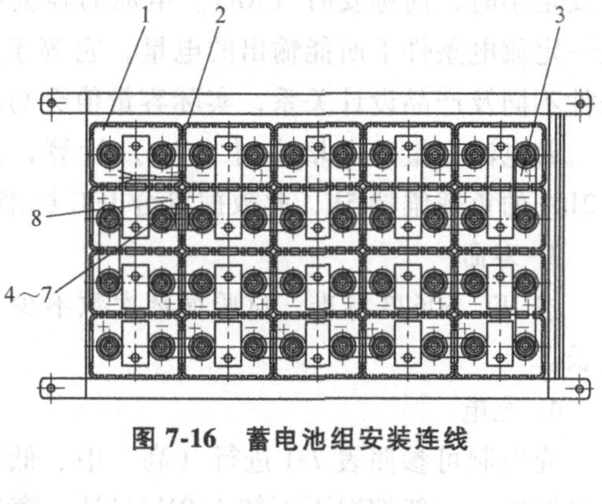

图 7-16　蓄电池组安装连线

7.4.2　工作原理

蓄电池由正极活性物质、负极活性物质分别包在穿孔钢带中经加工而成为正极板和负极板，正、负极板根据需要数量装配成正、负极板组，采用绝缘隔离物隔离正、负极板，牢固地装在铁质或工程塑料外壳内组成。为区分正负极，盖上靠正极处有“+”号，并在正极柱上套有红色套管。极柱与盖之间装有橡胶密封圈，以防止电解液泄漏。蓄电池盖上留有注液口，平时装有带有出气孔的气塞，需注入电解液时可随时打开，它既能排除蓄电池内产生的气体，又可防止杂物及灰尘落入蓄电池内，实物如图 7-17 所示。

图 7-17　蓄电池及蓄电池箱

蓄电池充电时正极发生氧化反应，负极发生还原反应；放电时负极发生氧化反应，正极发生还原反应。蓄电池采用辅助逆变器直流方式进行均衡和浮充电，均衡和浮充电电压根据电池的环境温度，按照蓄电池充电特性曲线进行温度补偿。

7.4.3　性能指标

镍镉低倍率蓄电池适用于≤0.5ItA 电流放电；中倍率蓄电池适用于 0.5~3.5ItA 电流放电；高倍率蓄电池适用于 3.5~7ItA 电流放电。

1. 标称电压

镍镉蓄电池的标称电压是来自氢氧化钾电解液中镍与镉离子游离所产生的电位差，蓄电池的电极两端标称电压为 1.2V/只，蓄电池组的额定电压为 1.20n（n 为串联蓄电池的只数）。

2. 电池的容量

电池在一定放电条件下所能给出的电量称为电池的容量，以符号 C 表示，常用的单位为安培小时，简称安时（Ah）。电池的容量可分为额定容量和实际容量，实际容量是指电池在一定放电条件下所能输出的电量，它等于放电电流与放电时间的乘积，单位为 Ah，放电条件不同及产品设计关系，实际容量值会与额定容量值有所差异。

蓄电池容量以安培小时（Ah）计算，其电量可在 0.2ItA 经 8h 的饱和充电后，供应 0.2ItA 的负载维持 5h，此数据符合 IEC 标准。

3. 寿命

按 IEC 60623 标准，试验循环次数不少于 550 次，不小于 15 年，浮充电使用其寿命将更长。

4. 充电

充电制可参照表 7-1 进行（高、中、低倍率蓄电池均可使用）。注意蓄电池正常充电所需电源电压一般情况下可按 1.9V/只计，寒冷地区按 2.2V/只计。

5. 充电制度的选用

蓄电池一般采用正常充电制，急用时，可采用快速充电制；如遇蓄电池过放电、反充电、小电流放电、间隙放电或长期使用容量不足时，必须采用过充电制充电；若蓄电池充电后搁置 1~3 个月，使用前须进行补充充电。

表 7-1　蓄电池充电制

充电制度	充电电流/ItA	充电电压/(V/只)	充电时间/h	充电温度/℃
正常充电制	0.2		8	20±5
过充电制	0.2		12	
补充充电制	0.2		不定	
快速充电制	0.5 转 0.2		2.5	
浮充电制		1.41~1.50	不定	
均衡充电制		1.55~1.65	12	

蓄电池作为备用电源与负载并联工作时，用浮充电制充电，当停止浮充电供负载用电后，须用均衡充电制充电，然后转入浮充电制充电；对长期处于浮充电的蓄电池，每年进行 1~3 次的均衡充电。

6. 放电

低倍率蓄电池可用≤0.5ItA 电流放电（短时间内可以用 1ItA），中倍率蓄电池可用0.5~3.5ItA，高倍率蓄电池可用 3.5~7ItA。放电时电解液温度不得超过 45℃，否则，应立即减小放电电流或采取降温措施。

第 8 章

辅助电气系统

有轨电车的辅助电气设备，包括照明系统、旅客信息系统、火灾报警系统及附件设备等，主要用于满足驾驶员、乘务员及乘客使用需求。由车上辅助供电系统提供直流或交流电源，供给辅助电气设备使用。

8.1 照明系统

列车照明分为外部照明和内部照明，实物图见图 8-1 和图 8-2。

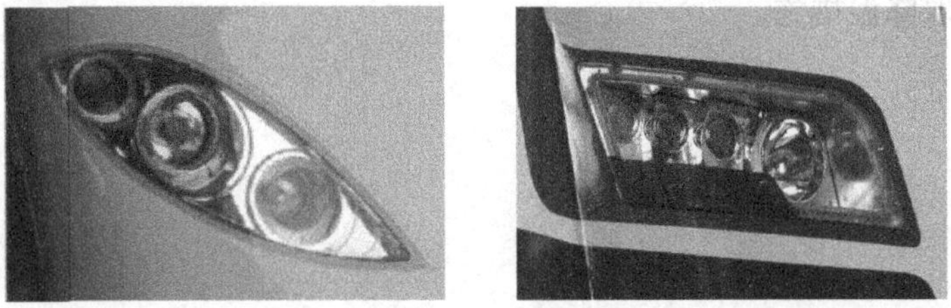

图 8-1　外部照明

图 8-2　内部照明

8.1.1 外部照明系统

列车外部照明有前照灯、标志灯和尾灯。前照灯能提供“亮”和“暗”两种照度，前照灯一般为卤素灯、氙气灯或 LED 灯。标志灯设在列车两端部，可以发出白色和红色两色，多采用 LED 灯。头、尾灯的工作电压为 DC24V。前照灯具有强、弱光功能，前照灯的强光在车辆运行前方紧急制动安全距离处的照度不小于 2lx。尾灯在天气良好的情况下，距车辆运行前方 300m 处清晰可见。前照灯灯体密封性要满足 IEC 60529 标准的相关规定，至少满足防护等级 IP65。

外部照明常用逻辑控制如下：

1）由 DC24V 紧急直流电源列车线供电：

① 控制方式能按照灯的显示区分出列车运行方向。

② 前照灯的亮度调节开关设于驾驶室，并可由驾驶员操作。

③ 列车处于激活状态时仅两端的红色尾灯亮，所有的前照灯不亮。

④ 列车关闭时前照灯、尾灯、运行灯都不亮。

2）当驾驶室激活，且方向手柄在“向前”位时，以下应得电：

① 在列车“前”端的前照灯。

② 在列车“尾”端的尾灯。

3）当驾驶室激活，且方向手柄在“向后”位时，以下应得电：

①“前”和“尾”两端的前照灯。

②“前”和“尾”两端的尾灯。

1. 前照灯

光源：氙气或 LED。现阶段城轨车辆前照灯越来越多采用 LED 光源。

照度：根据 TB/T 2325 标准要求，氙气灯光强度 600×103cd，适用于动车组车辆；有轨电车车辆前照灯要求一般参照 GB/T 7928 执行，在车辆前端紧急制动距离处，照度不小于 2Lux。

防护等级：前照灯安装后，防护等级要达到 IP65 以上。

安装结构：前照灯安装在驾驶室外壳上，由于车内驾驶台原因，没有空间在车内检修，所以要求前照灯能在车体外面拆装。

2. 标志灯

标志灯包括红标灯和白标灯，灯具光源为 LED，防护等级要达到 IP65 以上，安装结构可与前照灯集成，也可单独设置。

前照灯和标志灯具体见图 8-3。

图 8-3 前照灯和标志灯

8.1.2 内部照明系统

内部照明分为两路控制，即正常照明和紧急照明。每条照明线路都由独立的断路器进行保护。正常照明由辅助变流器或充电机供电，紧急照明由蓄电池供电。正常照明考虑可靠性和节能性，一般设置两条独立的照明供电母线，可以实现全灯、半灯控制。紧急照明一般设置一条供电母线。

现代有轨电车照明的一路和二路照明的额定电压为 AC220V 或 DC24V，通过车辆辅助逆变器供电，紧急照明的额定电压都为 DC24V，通过蓄电池直接供电，在车辆端部电气柜之间设贯通道灯（LED 筒灯）。正常情况下，正常照明和紧急照明都工作，在紧急情况或无 DC750V 供电情况下，紧急照明仍能提供足够的客室照明。

按有轨电车标准规定，列车紧急照明时间不能低于 30min。照度要求：一般是距离地板面 800mm 处全照明时为 200~300lx，故障照明为 50~100lx。照明灯具光源主要是 LED 灯照明。

1. 照明安装排布

有轨电车车辆客室灯带均匀排布在中顶板两侧，安装在顶板二次骨架上。

设计时应注意灯具安装的横向调整量，以便调整灯具与右侧格栅的缝隙。

照明分为两路正常照明和一路应急照明，两路照明交替排布以保证一路照明故障时另一路照明能均匀分布在客室内部，门区设置应急照明，在正常照明失效时，能照亮门区的疏散区域，灯具排布如图 8-4 所示。

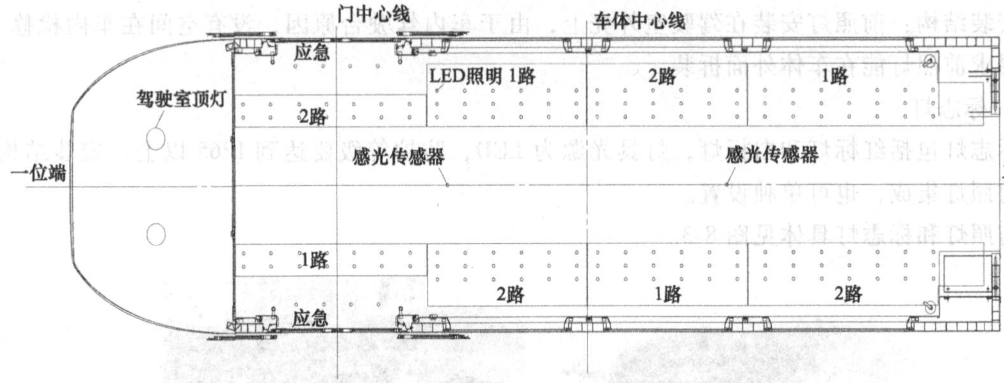

图 8-4 灯具排布

2. 照明基本要求

（1）光源要求　现阶段客室照明可分为荧光灯和 LED 光源，LED 灯具的优势为可调光、寿命长和能耗低；荧光灯的优势为成本低。目前主流车辆选择 LED 灯具居多。

（2）照度要求　根据标准 EN 13272 的要求，在地板面以上 800mm 处，客室平均照度大于 150lx。

一般对客室照明照度的要求在 200~240lx。

为确保照明能达到照度要求，在设计前期要进行模拟仿真照度计算，根据客室灯具排布及各设备排布，根据灯具的发光强度及各部位光线反射率，计算客室的平均照度，如

图 8-5~图 8-8 所示。

通过项目验证，模拟照度分析得出的结论与真实数据基本吻合。

（3）色温要求　色温越高，光色越倾向青白色，带给环境清凉的气氛。

设计时要根据要求选择相应的色温，如没有要求，可根据当地环境温度选择，如在南方高温地区应选择高色温的冷色调，如在温度比较低的北方可选择暖色调，不同色温下的效果图见图 8-9。

图 8-5　客室 3D 效果

（4）防护等级要求　由于客室灯具安装在客室内部，相应的防护等级不会太高，如果是灯罩与灯体分体的卡接形式，防护等级能达到 IP30，如果是灯罩与灯体为一体的形式，防护等级能达到 IP40。

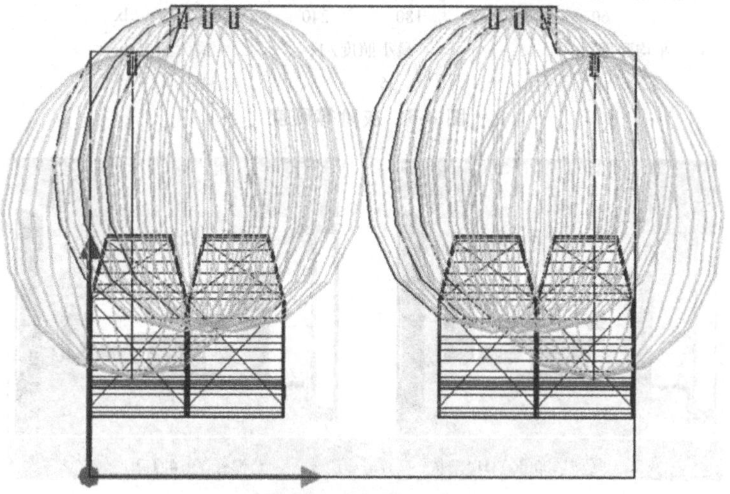

图 8-6　灯具出光

图 8-7　3D 伪色表现

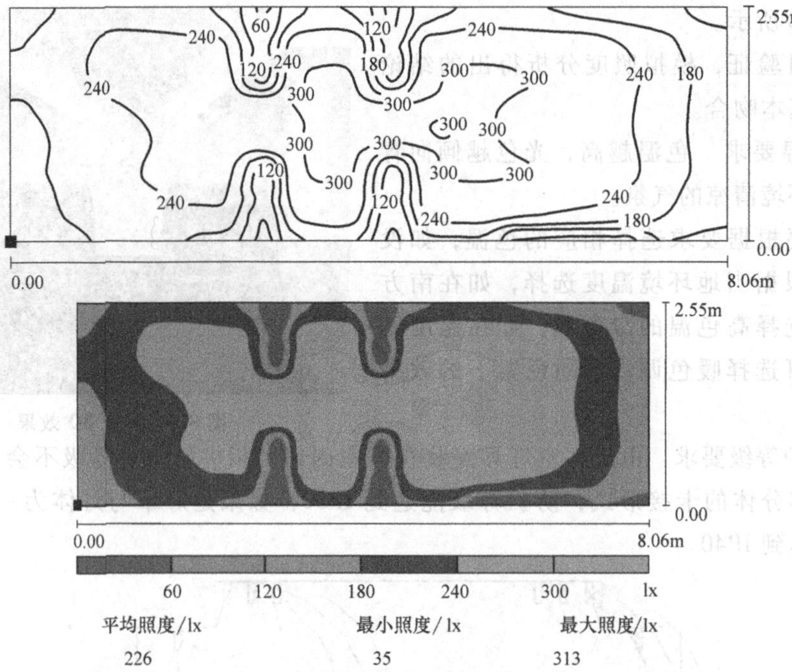

图 8-8　灰阶等照度

图 8-9　不同色温效果

（5）标准要求　灯具密封及外壳防护性能符合标准 IEC 60529 有关规定；灯具符合 BS 6853 或最新防火标准；灯具符合 IEC 61373 防振标准；灯具符合 IEC 60571 电气设备技术标准；灯具电磁兼容符合 EN 50121-3-2 相关标准。

3. 照明控制

照明控制分为集中供电和分散供电，分散供电是将正常照明分为两路控制，可控制开全照明和半照明，适用于荧光灯和 LED 灯具。集中供电仅适用于 LED 灯具，两条灯带设置四个电源模块，分为四路照明，如图 8-10 所示。

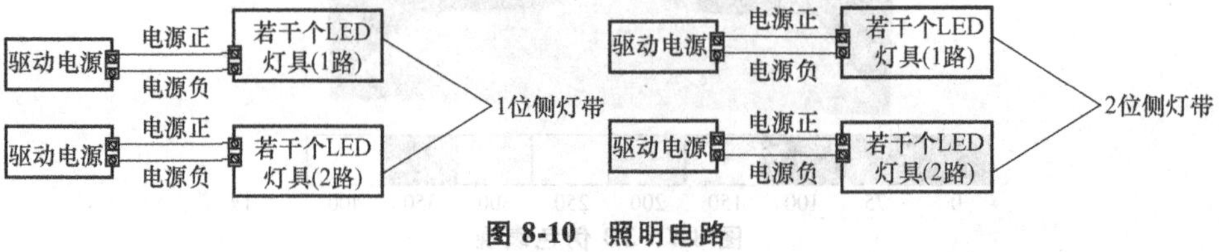

图 8-10　照明电路

灯具之间采用并联连接，保证一个灯具损坏不影响其他灯具，当进入应急状态时，可整体降低灯具的功率，使光线均匀分布在客室车厢内，也能满足蓄电池的容量要求。通过调研，现阶段照明控制以集中供电居多。

8.2 火灾报警系统

火灾报警系统应用在有轨电车防火系统中，能有效保证及时发现火情，及时报警，确保车辆和乘客的人身安全。各部件系统之间能够合理配合并保证数据可靠传输，其功能特点见图 8-11。

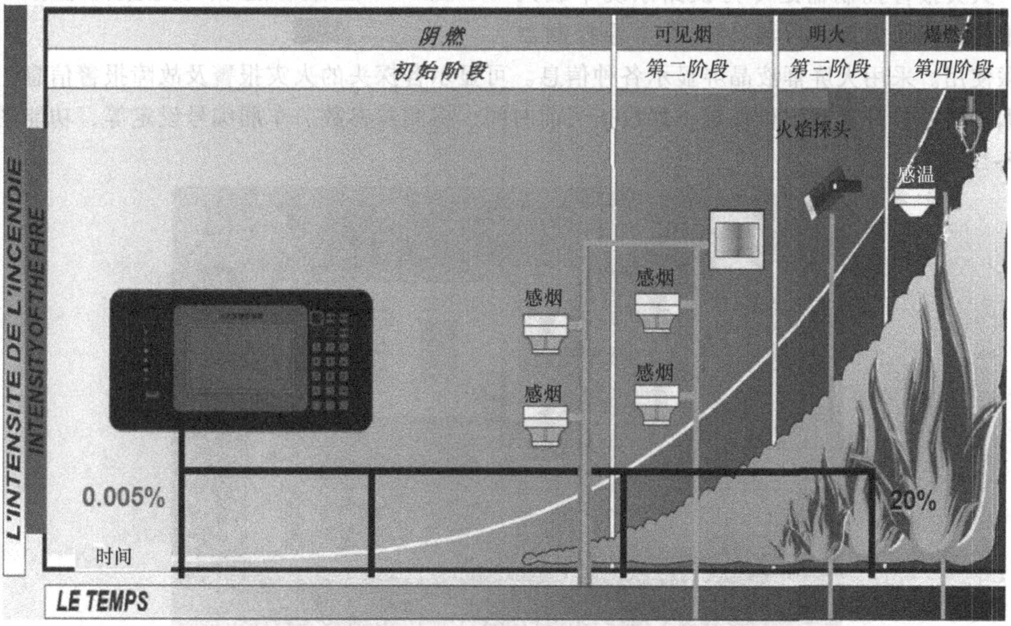

图 8-11 火灾报警系统功能特点

8.2.1 火灾报警系统的安装

火灾报警探头布置要满足对客室、驾驶室及车内电气设备柜等进行有效探测。

车上电器柜内火灾报警探头安装见图 8-12。

客室、驾驶室内火灾报警探头要求能对客室、驾驶室内的烟火进行有效探测，一般安装在顶板上，下开蜂窝孔，见图 8-13。

图 8-12 车上电器柜内火灾报警探头安装

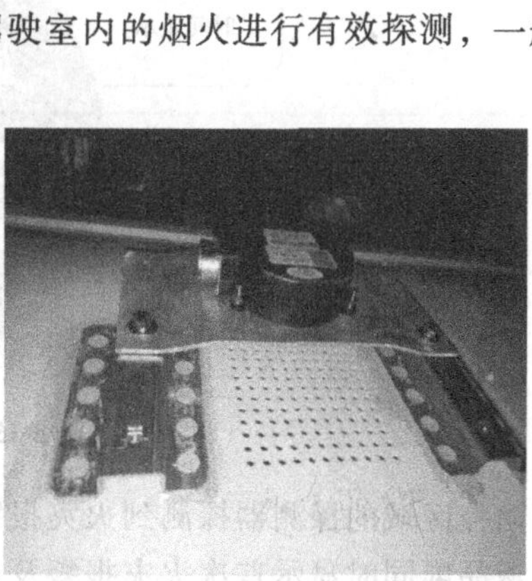

图 8-13 客室、驾驶室顶板火灾报警探头安装

为了增加探头的探测范围及探测效果，探测器需要能够探测客室空调回风口的火灾状态，以达到借助空调回风增大探测范围及缩短火灾报警预警时间的目的，如图 8-14 所示。

图 8-14　空调回风道中火灾报警探头安装

8.2.2　火灾报警系统的功能

火灾报警控制器是专为铁路系统车载火灾报警系统而设计，可与 24 个烟、温探测器串联使用。采用大屏幕液晶屏显示各种信息。可显示各探头的火灾报警及故障报警信息。可根据需要对各种参数进行设定，如校正当前时间、探测器参数、车厢编号设定等，功能图见图 8-15。

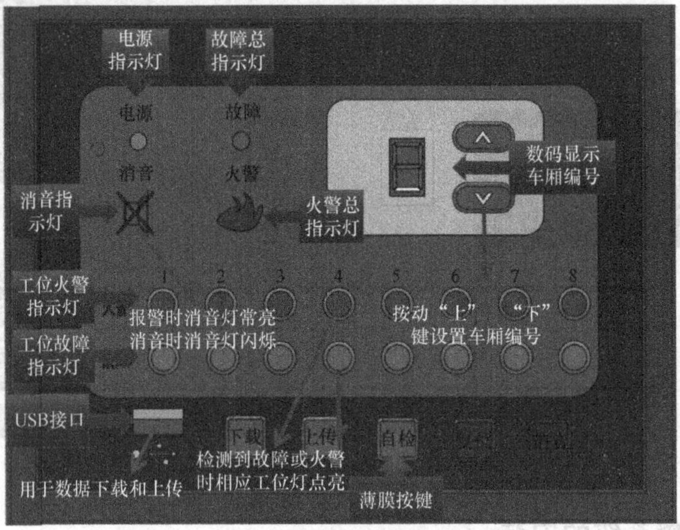

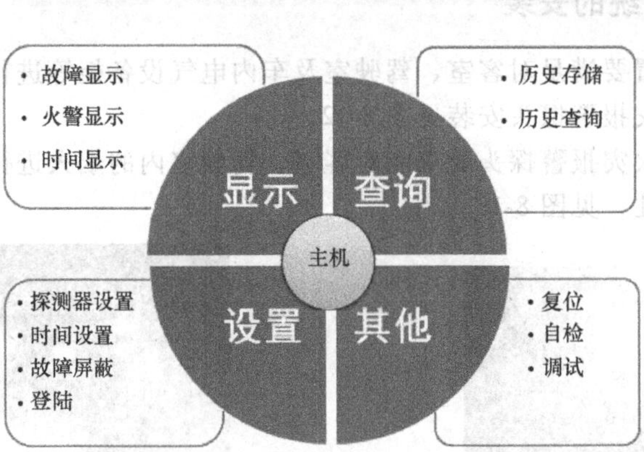

图 8-15　火灾报警主机功能

当防控区域的探测器探测到火灾报警之后，通过专门通信方式上报主机，主机报火灾报警音，液晶屏同时显示首次火灾报警及后续火灾报警的报警部位及报警时间。

（1）火灾报警　被检测部位的烟探测器和温探测器探测到火灾报警信息时，火灾控制器相应警告灯亮，显示该探测器相应部位号，报火灾报警音，显示火灾报警时间。火灾报警音可用“消音键”手动消音，但不影响下次报警。显示屏有消音标志。存储器可以记录1000 条本车厢火灾报警历史记录。

（2）故障报警　当探测器发生故障时（探测器污染等），火灾报警控制器主机故障灯亮，报故障音，显示故障报警部位（本系统探测器能够根据位置自动编号）。故障音可用消音键手动消音，故障排除，火灾报警控制器主机自动恢复。存储器可以存储 1000 条故障记录。

（3）火灾报警优先　当探测器与控制器之间有接触不良或发生开路、短路故障时，控制器报故障音。故障灯亮，显示故障报警部位（即探测器编号）。故障音可用“消音键”手动消音，但不影响下次报警。显示屏有消音标志。存储器可以记录本车厢故障报警历史记录。若某部位当前有故障报警，同时另一部位又有火灾报警信号到来时，则故障部位显示保持，同时显示火灾报警部位，火灾报警音取代故障音，即火灾报警优先。

（4）免编码、自动登录功能　控制器可根据探测器的物理连接，通过令牌环结构自动登录探测器，不需人工编码确认。

（5）设置功能　可根据需要对各种参数进行设定，如校正当前时间、修改探测器使用与否、修改本车厢号、清除报警信息等。

（6）自检功能　按自检键控制器可对其显示功能及报警功能进行检查。自检后，屏幕显示恢复到自检前状态。当需要检查设备指示灯及火灾报警音是否正常时按下“自检”键。

（7）查询功能　查询列车上当前探测器的实时烟值、温度曲线、火灾报警、故障等历史记录。可查询本车厢的火灾报警记录及故障报警记录。

（8）复位功能　运行人员对火灾报警状态确认并处理完成之后，可以通过人工复位火灾报警主机，否则，系统不能自动复位火灾报警状态。

（9）消音功能　当主机（从机）部分发生火灾报警时，主机（从机）会将报警信息传给从机（主机），并发出同样的声音报警，此时按下消音键，消除声音报警（包括故障和火灾报警）。

8.2.3　火灾报警系统的工作原理

火灾自动报警控制器与两线制的感烟探测器配套使用，设置在防火区域的探测器根据防火区域内温度和烟雾的变化，将变化信息传递至火灾报警控制器，控制器根据程序的设定值进行自动判断，是否进行火灾报警，其系统见图 8-16，组成见图 8-17。

在防火区域的探测器第一次发出火灾信号后，液晶屏显示该探测器的部位，经约 20s 确认后，该探测器仍然发出火灾信号，或在 20s 内还存在另一探测器发出的火灾信号则火灾报警灯亮，报火灾报警音，液晶屏同时显示报警部位及报警时间。经 20s 确认后，并在此后的约 1min 内不再发出火灾信号，则不报警，液晶屏恢复系统正常显示。被检测部位的烟探测器和温探测器探测到火灾报警信息时，火灾控制器相应警告灯亮，显示该探测器相应部位号，报火灾报警音，显示火灾报警时间。火灾报警音可用“消音键”手动消音，但不影响下次报警。显示屏有消音标志。存储器可以记录本车厢火灾报警历史记录。

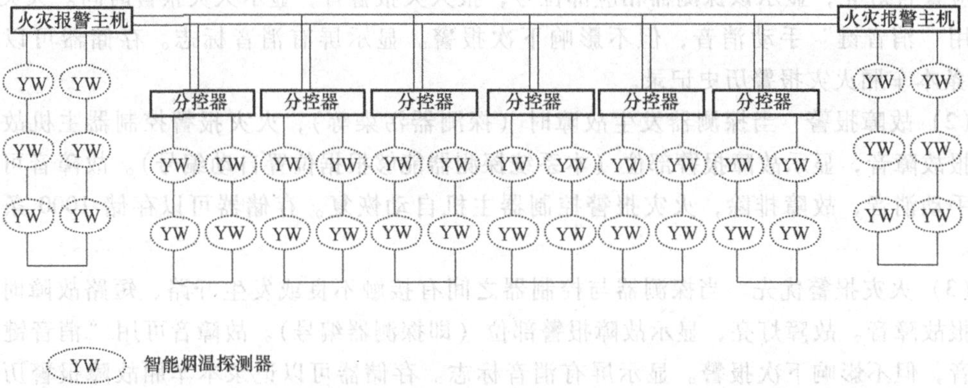

图 8-16 火灾报警系统

注：每个主机和分控器连接探测器数量可以更改，但最大工位数不能超过 8 个
（主机和分控器除了连接探测器还能连接感温线，总工位数不超过 8 个）

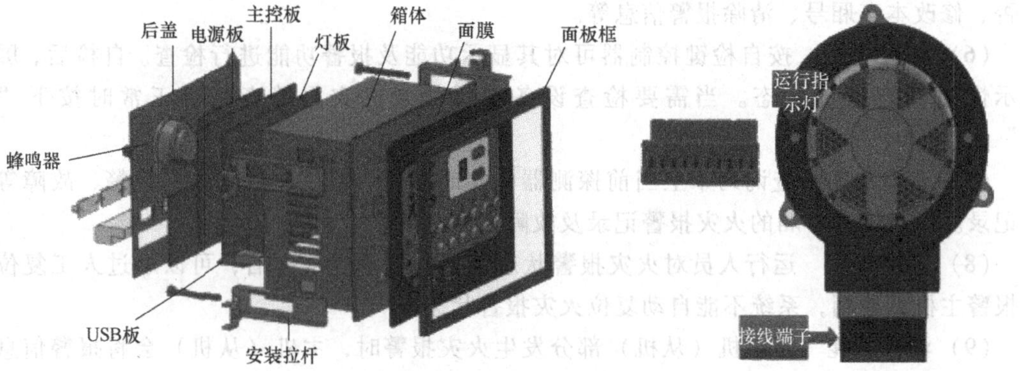

图 8-17 火灾报警主机组成、智能型烟温复合探测器

8.3 乘客信息系统

乘客信息系统（Passenger Information System，下文简称 PIS），是有轨电车弱电系统的重要组成部分。PIS 系统主要是利用在有轨电车列车内的液晶显示屏、LED 显示屏和扬声器等，发布各种信息如：到站信息、开门侧、行驶方向、人文景观、新闻时事等资讯为乘客提供一个更加舒适、更加人性化的乘车环境；在火灾、车辆故障及恐怖袭击等非正常情况下，提供动态紧急疏散提示。此外 PIS 系统还提供列车视频监控系统，在列车运营中全程监控、保证列车安全运营控制和处理紧急突发事件的必要技术手段。视频监控系统可以起到事先进行判断分析、事后取证的作用，已经成为协助公共安全部门打击犯罪、维持社会安定的重要手段。

PIS 系统按照功能，分为音频、显示和视频监控三个子系统，主要由以下设备组成：①广播主机；②广播控制盒；③鹅颈送话器；④触摸显示屏；⑤车厢控制器；⑥外侧显示屏；⑦终点屏；⑧端部屏；⑨乘客紧急报警器；⑩客室摄像头；⑪端部摄像头；⑫侧部摄像头；⑬驾驶室扬声器；⑭GPS 天线；⑮LCD；⑯客室扬声器。设备的数量根据每个项目要求有所差异，下表是一般情况下设备配置，见表 8-1。

表 8-1　PIS 系统设备配置

序号	系统	产品名称	Mc	M	Tp
1	音频子系统	广播主机	1	0	0
2		广播控制盒	1	0	0
3		鹅颈送话器	1	0	0
4		乘客紧急报警器	2	2	2
5		驾驶室扬声器	2	0	0
6		客室扬声器	4	4	4
7	显示子系统	触摸显示屏	1	0	0
8		车厢控制器	1	1	1
9		外侧显示屏	2	2	2
10		终点屏	1	0	0
11		端部屏	2	2	2
12		GPS 天线	1	0	0
13	视频监控子系统	客室摄像头	3	2	2
14		端部摄像头	1	0	0
15		侧部摄像头	1	0	0
16		LCD	4	4	4

8.3.1　乘客信息系统的安装

1）乘客紧急报警器安装在门立罩板上，如图 8-18 所示。

2）客室扬声器安装在中顶板上方或侧顶上，图 8-19 所示为安装在中顶上示意图。

3）驾驶室扬声器安装在驾驶室中顶板上，见图 8-20。

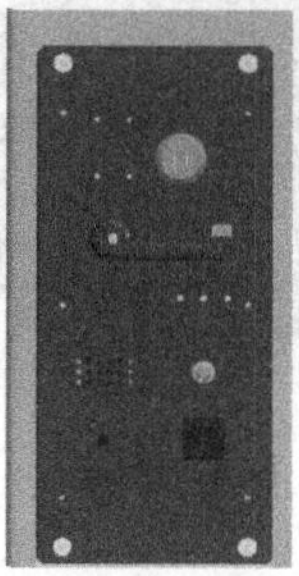

图 8-18　乘客紧急报警器安装

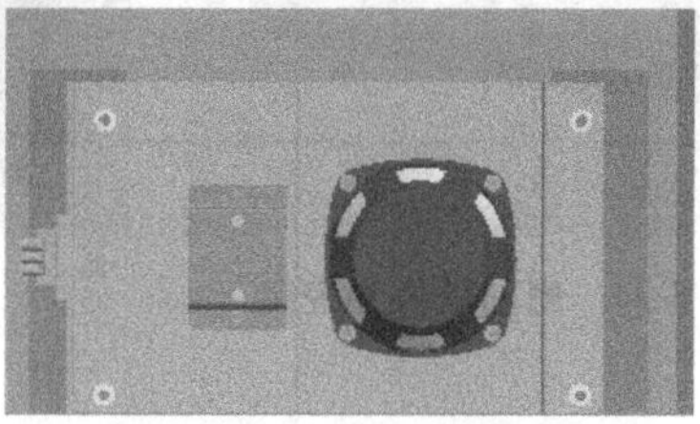

图 8-19　客室扬声器安装

图 8-20　驾驶室扬声器安装

4）终点屏安装在驾驶室骨架上，如图 8-21 所示。

5）端部屏安装在端墙骨架上，如图 8-22 所示。

6）客室摄像头安装在中顶板上，如图 8-23 所示。

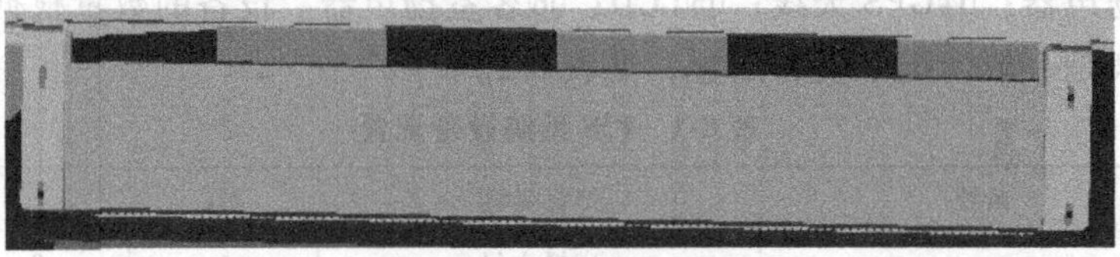

图 8-21　终点屏安装

图 8-22　端部屏安装

7）侧部摄像头安装在车体侧面，如图 8-24 所示。

8）LCD 安装在侧顶板、侧墙或者端墙上，图 8-25 所示为安装在端墙上。

8.3.2　乘客信息系统的组成

乘客信息系统主要由以下四部分组成：

1）车载广播系统。

2）驾驶员对讲、乘客紧急报警系统。

3）车载多媒体信息播放系统。

4）车载视频监视系统。

车载 PIS 系统组成见图 8-26。

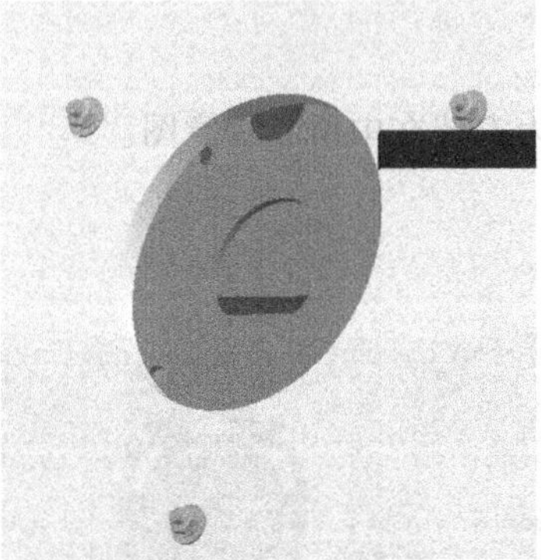

图 8-23　客室摄像头安装

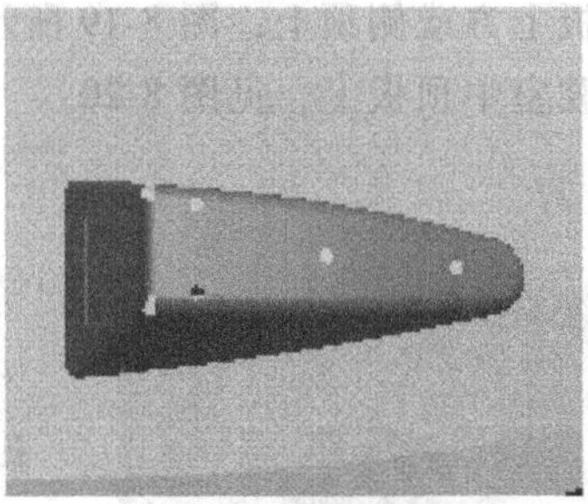

图 8-24　侧部摄像头安装

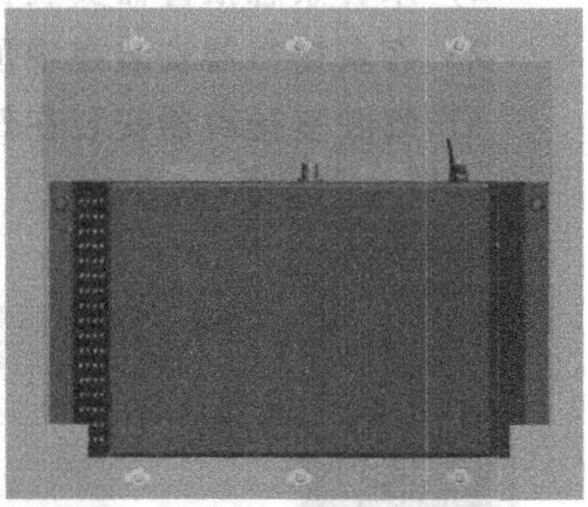

图 8-25　LCD 安装

8.3.3　车载广播系统

车载广播系统主要用于对客室乘客的广播功能，通过优先级控制执行广播，并且广播音量可自动调节。数字语音采用 MP3 格式进行存储，预存储数字语音内容灵活多变，具有多语种广播扩展功能。该系统能进行多音源广播，包括驾驶室话筒、预存储数字语音（自动报站、紧急通告等）、OCC 通过专用无线系统广播以及视频多媒体伴音信号。该系统具有全

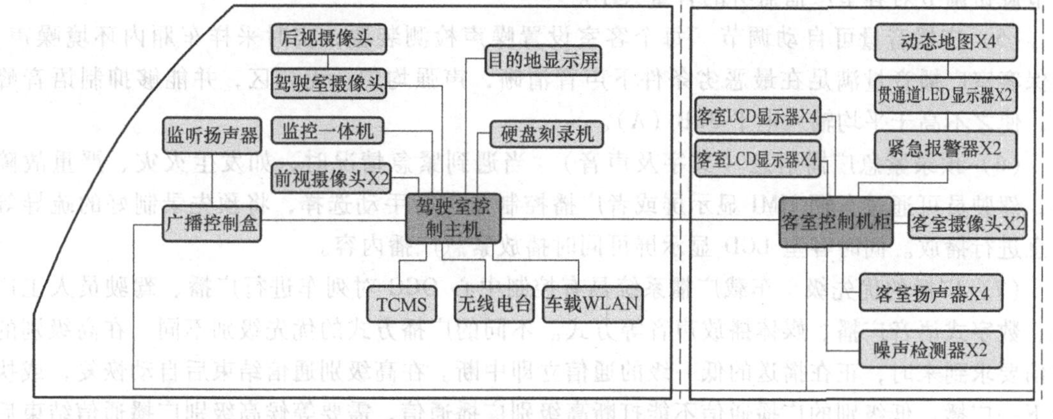

图 8-26　车载 PIS 系统组成

自动广播、半自动广播及人工广播三种模式。全自动广播和半自动广播均播放预存储的数字语音，其系统构架如图 8-27 所示。

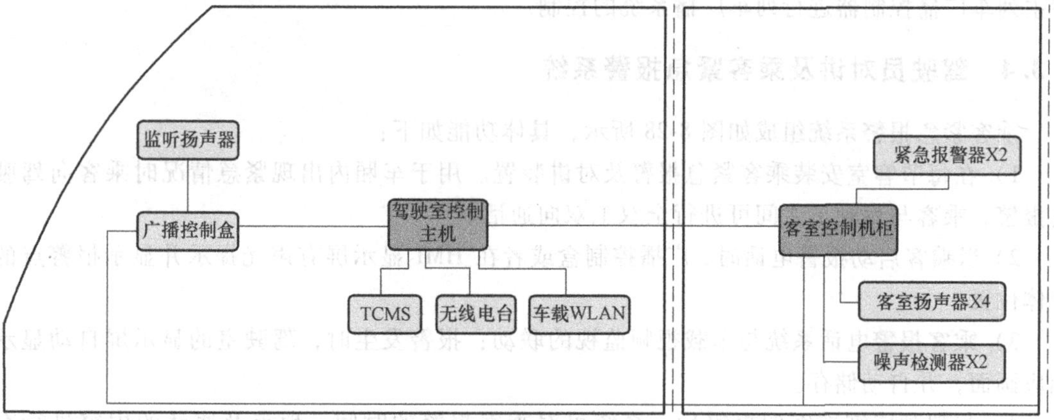

图 8-27　车载广播系统构架

三种模式采用不同的控制方式，具体如下：

（1）全自动广播　车载广播系统能实时接收列车管理系统（TCMS）发来的“列车运行”触发信号、开/关门信号，实现列车预存储数字语音全自动广播。全自动广播主要播放报站信息。多媒体信息播放系统的伴音信号也可自动的通过车载广播系统进行广播。

（2）半自动广播　在全自动数字化语音报站的基础上，驾驶员可以在激活驾驶室的 HMI 显示屏或者广播控制盒上进行播报信息选择，选择站名代码或选择下一站站名来实现报站信息的广播。驾驶员也可以选择紧急信息、服务信息执行相关信息的广播。半自动广播可播放报站信息、服务信息、紧急信息等数字语音广播。

（3）人工广播　驾驶员通过驾驶控制台的送话器可以对客室乘客进行人工广播，预告前方到站和有关信息。OCC 调度员可通过车载无线通信设备与驾驶员进行对话，并可无须驾驶员授权直接对列车客室内乘客进行广播。当 OCC 对乘客进行语音广播时，车辆上的任何广播活动将被停止。

（4）广播监听　驾驶室安装有监听扬声器。驾驶员可通过 HMI 或者广播控制盒上音量调节旋钮调节对客室广播监听的音量大小。

(5) 广播音量可自动调节　每个客室设置噪声检测装置，实时采样车厢内环境噪声，确保客室广播音量满足在最恶劣条件下声音清晰，声强均匀，无死区，并能够抑制语音峰值，使之不高于平均输入电平 3dB（A）。

(6) 预录紧急广播信息（文字及声音）　当遇到紧急情况时，如发生火灾、严重故障等，驾驶员可通过车辆 HMI 显示屏或者广播控制盒进行手动选择，将预先录制好的疏导等信息进行播放。同时客室 LCD 显示屏可同时播放紧急广播内容。

(7) 广播的优先级　车载广播系统具有控制中心 OCC 对列车进行广播、驾驶员人工广播、数字式语音广播、媒体播放声音等方式。不同的广播方式的优先级别不同。在高级别的通信要求到来时，正在播送的低一级的通信立即中断。在高级别通信结束后自动恢复，或执行下一广播。低级别的广播通信不能打断高级别广播通信，需要等候高级别广播通信结束后才能开始。优先级模式可根据用户需要通过软件进行设置或更改。

(8) 冗余功能　车载广播系统采用冗余性设计。设置在两个头车内的主机互为冗余热备，一旦主广播控制器发生故障，主从广播控制器将自动进行转换，从列车广播控制器将代替主列车广播控制器进行列车广播系统的控制。

8.3.4 驾驶员对讲及乘客紧急报警系统

乘客紧急报警系统组成如图 8-28 所示，具体功能如下：

1）在每节客室安装乘客紧急报警及对讲装置。用于车厢内出现紧急情况时乘客向驾驶员报警，乘客与驾驶员之间可进行全双工双向通话。

2）当乘客启动报警电话时，广播控制盒或者在 HMI 显示屏有声光提示并显示报警点的具体位置。

3）乘客报警电话系统与车载视频监视的联动：报警发生时，驾驶室的显示屏自动显示相应画面，并自动储存。

4）当驾驶应答乘客的报警后，系统可对乘客报警的时间、地点及通话的内容进行存储，用于备案查询。

每节车厢提供客室应急对讲装置用于紧急情况下乘客向驾驶报警，一旦该按钮被触发，按钮旁的话筒就处于乘客与驾驶的全双工通话的状态，同时触发视频监控系统将拍摄到的相应视频图像及音频视频合成后的影音文件存储在列车视频监控系统的硬盘中。带音频的录像文件以报警器的发生时间存储，采用先入先出，从而也实现音视频文件的滚动存储。

5）在某一乘客报警通话期间，若有其他乘客报警时，系统会储存其呼叫信息，当前一乘客报警结束后，已被储存等待的乘客报警将会继续自动进行音响报警并显示报警车辆号码，驾驶可以继续选择报警的乘客进行通话。

6）当驾驶和乘客通话完毕后，可通过远端复位乘客紧急报警及对讲装置。

8.3.5 车载多媒体信息播放系统

乘客显示系统包括多媒体信息 LCD 播放系统和 LED 显示系统。具体功能如下：

1）车载多媒体信息 LCD 播放系统主要终端设备为：客室内设置的 LCD 多媒体信息播放显示屏；每列车配置车载视频播放系统，为列车上的乘客提供多媒体信息服务。播放的内

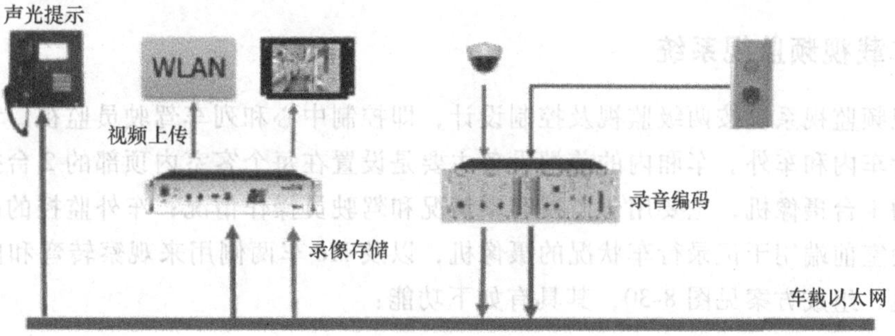

图 8-28 乘客紧急报警系统组成

容包括数字电视信号的实时播放，预存视频节目、商业广告播放及动态地图显示。在发生紧急事件时，LCD 显示器上将播放紧急信息。每列客车安装若干个集成了播放服务器的 LCD 播放终端。每套 LCD 播放终端由 LCD 显示器背靠背组成，其中每侧由两个 15 寸显示器拼接而成，即共由 4 个独立的 LCD 显示屏组成。显示器采用分区显示，其中左边播放视频信息，右边为动态地图显示，如图 8-29 所示。

每套 LCD 播放终端内部设置一台播放服务器，分别控制两路输出，分屏后，输入至每个 LCD 显示器中，媒体部分的显示内容存储在播放服务器中，在每侧的一边显示视频、图片等媒体信息，另一边显示运营信息。LCD 播放终端本地播放多媒体视频伴音内容。

图 8-29 车载多媒体信息播放系统

2）显示系统终端设备，包括：客室贯通道上方设置 LED 显示屏；头车外侧的终点站显示屏。车体外侧的侧部屏通过安装在头车外侧的终点站显示器向站台乘客显示列车的车次和起始区间；通过安装在头车客室内通道上方的端部显示器向车内乘客显示运行线路、站点信息以及其他预定义的文字内容。

8.3.6 车载视频监视系统

车载视频监视系统按两级监视及控制设计，即控制中心和列车驾驶员监视。该系统的监视范围包含车内和车外。车厢内的前端设备主要是设置在每个客室内顶部的2台摄像机和驾驶室上部的1台摄像机，主要用于监视客室情况和驾驶员操作情况；车外监控的前端设备为设置在驾驶室前端用于记录行车状况的摄像机，以及Mc车两侧用来观察转弯和门区情况的侧部摄像机，组成方案见图8-30，其具有如下功能：

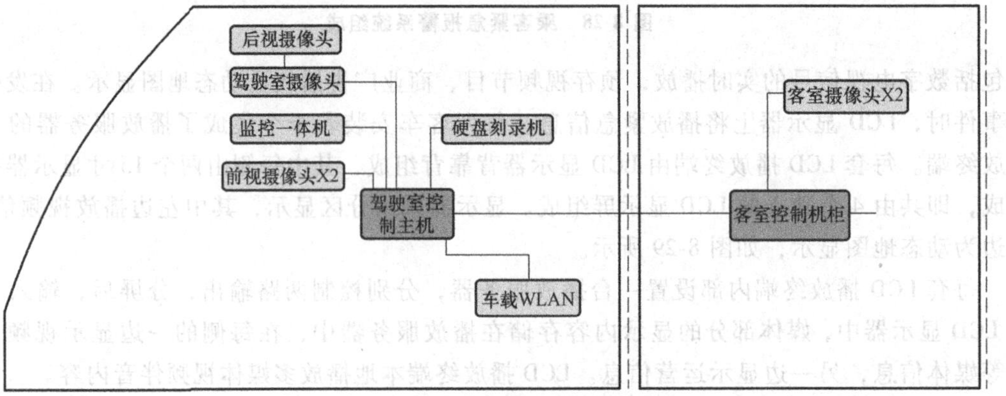

图8-30 车载视频监视系统组成方案

（1）监视功能 驾驶员监视：每列车配置独立的车载视频监视系统，为列车驾驶员提供实时监视本列车上的治安状况。

控制中心监视：该系统还能通过网络把车上的监视图像传到控制中心，供中心值班人员实时监视全线运营列车上治安状况。

（2）录像功能 本列车上的所有监视视频能存储在视频监视存储设备中。

（3）录音功能 能对驾驶室进行录音，录制的音频信息能存储在车载服务器的硬盘中。

（4）上传功能 车上的监听音频、监视视频应能通过无线网传到控制中心，供中心值班人员调用。

客室视频监视系统与列车乘客紧急对讲电话、列车紧急开门扳手构成列车内部联动：一旦发生客室扳动紧急开门手柄或客室按压紧急通话按钮，立即将该车厢的客室监视的画面切换到驾驶室显示屏和控制中心OCC，并伴随有醒目的文字提示（如列车号码、车厢号码、时间标记等）和声音告警。此时，如果有人按压了乘客紧急对讲按钮，则立即开始录音。

第 9 章 空调及供暖系统

9.1 空调及供暖系统概述

伴随着人们物质生活水平的提高，对生活环境及人体舒适度要求也逐渐增加，为满足乘客身体舒适度要求，空调系统在现代有轨电车中发挥着重要的作用。

9.1.1 乘客温热舒适度要求

人体热感觉取决于周围环境的冷却能力，即空气的温度、湿度、流动性及四周表面的辐射换热强度等综合作用的效果。在标准大气压下，人体对温热条件的舒适度要求，因人的体质、年龄、民族、地域、生活习惯、衣着服饰等不同而有所不同，对冷热干湿的要求也是有所差别。

对于现代有轨电车来说，由于其自身的运行特点和条件决定着乘客对温热条件的舒适度要求有其特殊性。参照我国现行的城市轨道交通车辆空调、采暖及通风装置技术条件的要求，参见标准 CJ/T 354—2010《城市轨道交通车辆空调、采暖及通风装置技术条件》，下面对现代有轨电车的客室舒适环境列出相关标准作为参考。

1）车辆空调制冷能力：当环境温度为 33℃时，车辆空调的制冷能力应能保证定员条件下车内温度不高于（28±1）℃，相对湿度不超过 65%。

2）车辆采暖能力：采暖装置应使驾驶室温度不低于 14℃，客室内温度不低于 10℃。

3）系统设计应能保证整个客室内空气的均匀分配，保证出风口送风的均匀性，气流组织合理，不应出现送风和回风短路，在风道和客室区域不应产生冷凝水。

4）系统运转时，客室内气流速度应大于 0.07m/s。系统测试时规定的客室内风速测点在 24~28℃时最大气流速度小于或等于 0.9m/s。

5）客室内平均温度的变换允许偏离车内温度设定值的最大偏差为±2℃。系统测试中限定的客室内温度测点，同一水平面或同一铅垂面上任意两点间的温度差不大于 8℃。

6）空调装置的安装与风道连接结构的设计应合理，空调系统装车后，车辆静止状态时距轨道中心 7.5m，距轨道高度 1.5m 处的整车噪声小于等于 69dB（A）。

7）客室内人均新风量不应少于 $10m^3/h$，驾驶室内的人均新风量不应少于 $30m^3/h$，并且进入客室的新风应过滤。

8）紧急通风：当正常供电失效时，紧急通风系统能提供客室和驾驶室通风。紧急通风应为全新风，且其风量不低于超员载荷下每人 $8m^3/h$。

9.1.2 空调系统的特点及要求

1. 具有足以保证规定微气候条件的制冷能力

现代有轨电车客室基本采用全密封结构，而且为保证大流量乘客上下车的时间和效率，每侧设置多个客室车门。由于有轨电车站间距短，客室车门频繁开启，因此，客室内部制冷损耗大，制冷效率低。要达到和保持使人体感觉舒适的微气候条件，必须加大空调系统的制冷能力。

2. 保证足够的新风量

现代有轨电车载客量大，人员众多，在客室内，由于人的呼吸，车内氧气减少，二氧化碳含量增加，车内过多的二氧化碳会使乘客感到气闷、疲劳，当增加到一定浓度后就会影响人的健康。此外，车内还可能产生其他有害气体，使车内空气变得污浊。因此，必须不断更换车内的空气，使车内空气保持一定的新鲜程度。按照标准要求，每人必须有不低于 $10m^3/h$ 的新鲜空气量即新风量的要求。空调机组应设有可自动调节的新风口，新风调节机构可保证从全开到全闭范围内调整新风量，根据车辆载客量的不同，可调节不同的开启度，改变新风量。

3. 送风应适中均匀

现代有轨电车车内的空气流速，同样影响人体的散热。车内空气流速的增大可以加速人体表面的对流散热，促进人体表面汗液的蒸发，从而增加散热效果。通过试验，在风道每个出风口处的空气流速一般控制在 1~3m/s。现代有轨电车送风均匀性是靠通风系统来保证的，因此，通风系统是空气调节的重要组成部分。目前，我国现代有轨电车普遍采用静压风道，该种送风形式能够降低噪声，使送风均匀。

4. 应合理分布气流组织，保证废气排出流畅

现代有轨电车车辆内部要求做到全面送风。车内优化气流组织，避免客室的回风口和送风口之间出现空气短路。合理分布车厢内的风速场及温度场，避免车厢内存在送风盲区。同时为保证车内的一定正压，又要平衡所需要的新风量带来的正压过大，需将客室内多余的空气排出车外，因此，现代有轨电车根据车辆情况来设置排风装置。

5. 满足供电要求

现代有轨电车主要采用 VVVF 逆变器控制的交流传动系统，辅助供电系统采用静止逆变器（SIV）。现代有轨电车空调机组的主电路供电通常分为两种，一种是车辆接收到的 750V 直接供给空调机组作为主电路供电，另一种是静止逆变器（SIV）将接收到的 750V 直流高压电变换成三相 380V 50Hz 交流电作为空调机组的主电路供电。现代有轨电车的空调装置的压缩机、冷凝器风机、蒸发器风机一般采用三相 380V 50Hz 交流电工作，控制系统一般采用 24V 直流电。

6. 自动化程度高

现代有轨电车空调系统有较高的自动运行能力，根据运行所在地的气候环境可实现通风、制冷、制暖等功能，并根据运行条件自动调节制冷（暖）量大小。空调机组的制冷系统设置高压和低压保护，电气系统设置过载、短路等保护，能够在出现问题时自动处理，有一定的自我保护及自我恢复能力；同时，空调控制系统通过列车总线系统，将运行状态和故

障信息在 VCU 和空调控制单元之间进行通信交换，实现机组的正常运行、停机和可靠的监控保护，对故障能够自我诊断及存储，以便车辆进站后及时修复。

7. 满足噪声要求

一般来说，现代有轨电车对空调装置的噪声要求是：车辆处于静止状态和自由声场内，所有辅助设备正常运行时，客室内部沿车辆中心线距离地板面 1.5 m 高处至少测量 3 个点，

测得的噪声级不超过 69dB（A）。在空调回风口下方测得的噪声级不超过 72dB（A）。对空调机组本身要求在名义工况下，距空调机组中心线 1.5m 处，空调机组整机噪声级不大于 78dB（A）。

8. 空调机组应小型轻量化

由于现代有轨电车车辆设备安装于车顶，空调机组通常收到车顶空间和车辆轴重的限制，其体积和总重受到一定约束。所以小型、轻量化是空调机组必须满足的条件。

9. 满足车辆运行振动、冲击条件下的可靠性要求

首先，车辆空调的耐振性能要好。车辆在运用过程中会产生较大振动，因此车辆空调系统要具备耐振性能。有轨电车可参照 TB/T 1804—2009《铁道客车空调机组》对车辆空调设备提出的抗振要求及试验标准。

10. 满足免维护程度高、可维修性好的要求

为满足免维护程度高、可维修性好的要求，现代有轨电车空调制冷系统应采用单元式、全封闭式制冷循环系统，该系统具有如下优点：

1）系统密封性好。

2）出厂前充入定量制冷剂，因在性能试验后发货，无泄漏，所以性能与质量稳定，可靠性高。

3）相对分体式空调装置，单元式空调由于可省掉储液器、管路接头，以及免充入过多的制冷剂，故质量轻。

4）因为系统无泄漏，故制冷系统的维修周期长。

5）因为管路元件少，系统不泄漏，故制冷系统维护工作量少。

11. 满足电磁兼容性要求

现代有轨电车自动化程度高，车辆设备及信号控制系统电磁环境复杂，电子部件信号系统要适应此电磁环境。因此，空调系统控制装置要在预期的电磁环境中能正常工作，且无性能降低或故障。

9.1.3 空调系统的组成、原理及类型

有轨电车空调系统通过对空气进行热湿处理，再以一定的方式送入客室内，使客室内空气的温度、湿度、流速及洁净度等达到乘客舒适、卫生的要求。

1. 空调系统的组成

为了完成上述空气调节作用，现代有轨电车空调系统主要由通风系统、制冷系统、加热系统以及自动控制系统组成。考虑到实际运行区域的气候条件，部分车辆可不设专门的加热系统。

2. 空调系统的原理

车外新鲜空气经过新风入口进入空调机组后，在新风与回风混合箱内与回风口吸入的车

内空气进行混合，经过滤网过滤后，由通风机送入蒸发器，经冷却、干燥处理后的空气由主风道均匀地送入客室内。

在制冷工况下，压缩机由蒸发器出口吸入低温低压的制冷剂气体，将其压缩成为高温高压的制冷剂蒸汽，并排入冷凝器，然后经节流装置节流降压后变成低温低压的液体，进入蒸发器后吸收由室内流过蒸发器的空气的热量，蒸发成低温低压蒸汽，再被压缩机吸入，就可完成一个制冷循环。其工作过程如图 9-1 所示，箭头方向为制冷剂流动方向。

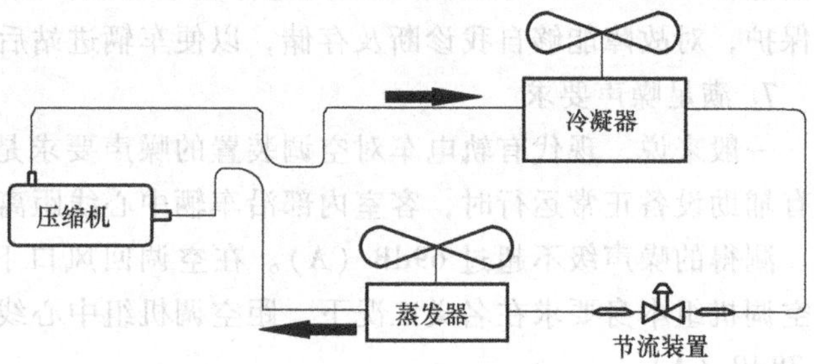

图 9-1　制冷工作过程

空调机组在制冷工况下连续工作，可使车内的温度不断降低，从而达到制冷、干燥、除湿的效果。在机组回风口安装有回风温度传感器，新风入口安装有新风温度传感器，两者参数反馈协调控制可对车内温度按照既定曲线自动控制。此外，在回风阀和新风阀的配合控制下，还可以实现空调机组预冷、制冷和通风的功能。

3. 空调系统的种类

第一种分类方式是根据空调工作原理进行划分，可分为单冷型空调、冷暖型空调和热泵型空调。

1）单冷型空调：是指仅具有制冷功能的空调装置，一般运用于我国南方城市。

2）冷暖型空调：是指既能够实现制冷，又能够实现制热的空调装置。制冷过程依照蒸汽压缩式制冷工作原理进行，制热工作由空调中预热器对新风进行预加热，同时，安装于有轨电车座椅底部的加热器进行补偿加热。

3）热泵型空调：热泵型空调和单冷型空调的结构基本相同，它是利用空调在夏季制冷的原理，即空调在夏季时，使室内制冷、室外散热，而在秋冬季制热时，制冷剂流向同夏季相反，室内制热、室外制冷来达到温暖的目的。

第二种分类方式是根据安装方式进行划分：一种是分体式空调系统，又叫集中式空调系统；另一种是车顶单元式空调系统，又叫独立式空调系统。空调系统均由制冷系统、通风系统、加热系统和自动控制系统组成。

1）分体式空调系统分为两部分，一部分将压缩机、冷凝器、冷凝风扇、储液器等集中安装在一个箱体内，并悬架于车体底架，一般用于干线铁路客车；另一部分由蒸发器、通风机、节流阀、空气预热器等安装在车顶内部，各部件之间用铜管连接，组成封闭的循环系统，如图 9-2 所示。这种形式的空调系统可以使车辆重心降低，但因体积较大，拆装复杂且检修不方便，而且管路较长，接头较多，容易产生泄漏。

2）车顶单元式空调系统是指将压缩机、冷凝器、节流装置、蒸发器、通风机、冷凝风机以及空气预热器等安装在一个箱内，组成一个完整的单元后安装在车顶，如图 9-3 所示。通风道布置在车内顶棚的中央或两侧。单元式空调系统采用全封闭式压缩机，结构紧凑、质量轻、管路短、不易泄漏、不占用车下空间，但会使车辆重心提高。现代有轨电车多为低地板车辆，根据其技术特点，一般采用单元式空调。

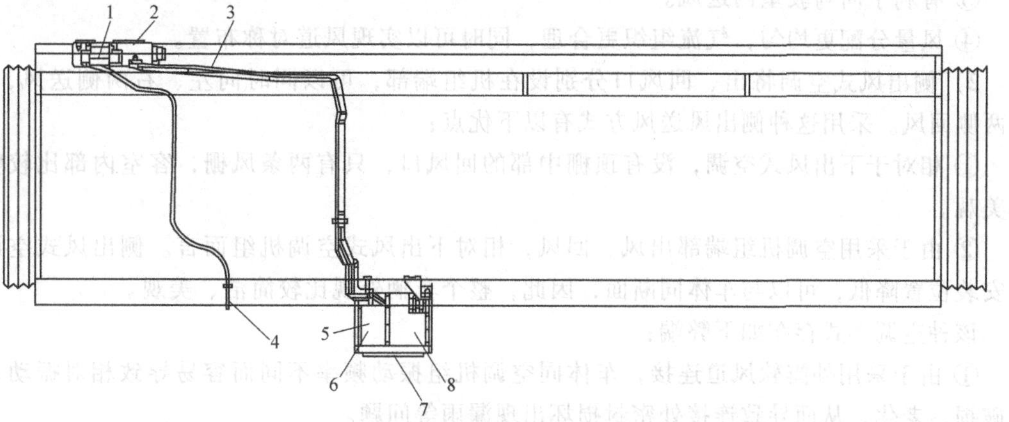

图 9-2　分体式空调机组结构组成

1—通风机　2—蒸发器　3—制冷机管路　4—冷凝水排水管路　5—压缩机　6—储气罐　7—冷凝风机　8—冷凝器

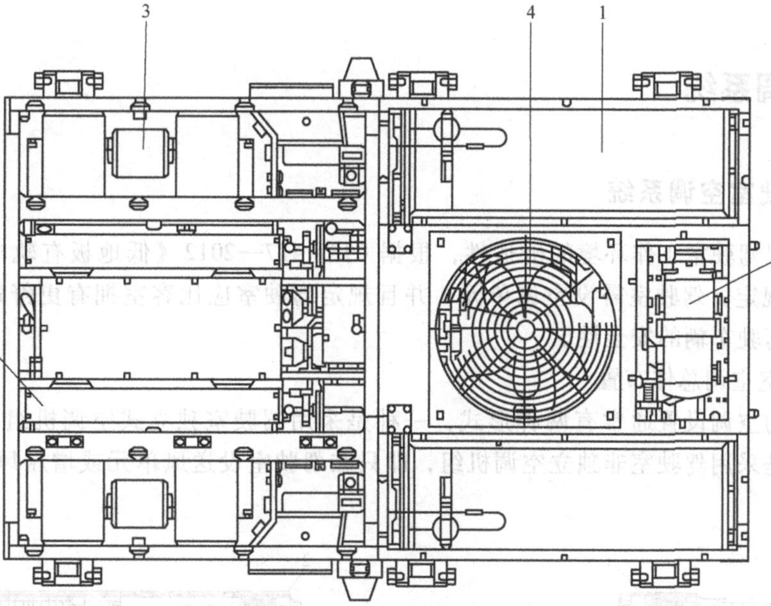

图 9-3　车顶单元式空调机组结构组成

1—冷凝器　2—压缩机　3—通风机　4—冷凝风机　5—蒸发器

第三种分类方式是根据空调机组的出风方式进行划分，可分为下出风式空调和侧出风式空调。

1）下出风式空调是采用下出风方式的空调机组，其送风口设在机组下方，这种布局有以下优点：

① 相对于侧出风式空调的外露软风道连接，避免了外露软风道由于车体同空调机组振动频率不同而导致相对振动及早期破损、老化，从而导致连接处密封损坏出现漏雨等问题。

② 送风分为 4 路，有利于降低风机压力，同时降低噪声。

③ 有利于向驾驶室内送风。

④ 风量分配更均匀，气流组织更合理，同时可以实现风道对称布置。

2）侧出风式空调将出、回风口分别设在机组端部，可以同时向左、右两侧送风，左、右两侧回风。采用这种侧出风送风方式有以下优点：

① 相对于下出风式空调，没有顶棚中部的回风口，只有两条风栅，客室内部比较整洁和美观。

② 由于采用空调机组端部出风、回风，相对下出风式空调机组而言。侧出风式空调机组安装位置降低，可以与车体同断面，因此，整个车辆外观比较简洁、美观。

该种空调形式存在如下弊端：

① 由于采用外露软风道连接，车体同空调机组振动频率不同而容易导致相对振动及早期破损、老化，从而导致连接处密封损坏出现漏雨等问题。

② 中部主风道长，压力损失大，风量分配不均匀，气流组织不尽合理。

③ 空调机组下部通过两侧支风道送风，压头损失大，出风量不足。同时，该部位又有回风区，通过送风的支风道之间空隙作为回风口，回风量不足，回风阻力大，相对噪声大，结构复杂。

9.2 空调系统

9.2.1 驾驶室空调系统

为了确保驾驶室工作环境的舒适性，根据 CJ/T 417—2012《低地板有轨电车车辆通用技术条件》规定，驾驶室需设空调单元，并且规定驾驶室应比客室拥有更舒适的环境，以确保驾驶员驾驶车辆的安全性。

1. 驾驶室空调总体布置

驾驶室的空调设置通常有两种形式，一种是采用驾驶室独立式空调机组，如图 9-4 所示；另一种是采用驾驶室非独立空调机组，即只在驾驶室设送风单元或增压风机，如图 9-5 所示。

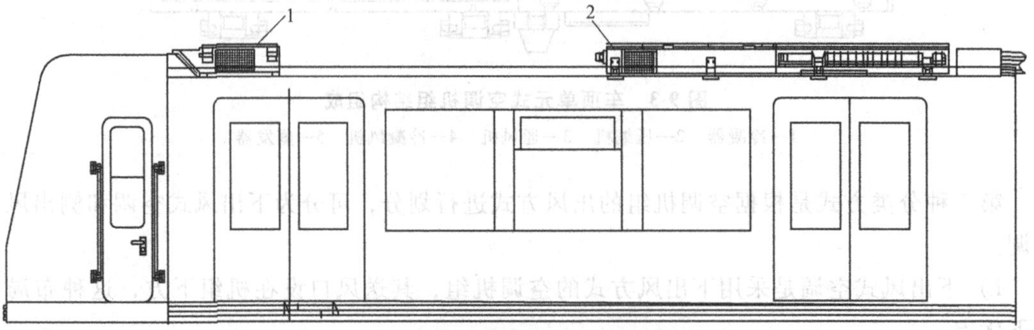

图 9-4 驾驶室独立空调形式

1—独立驾驶室空调 2—客室空调

非独立式空调机组通过驾驶室的连接风道，与驾驶室相邻的空调机组将部分已处理的空

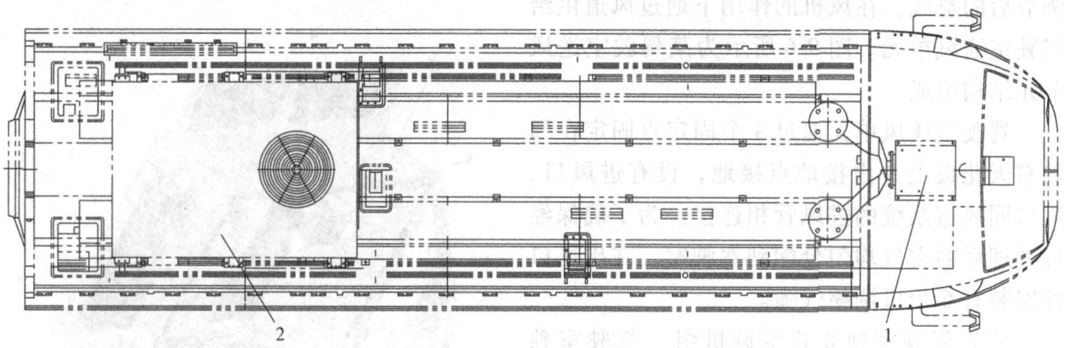

图9-5 驾驶室非独立空调形式

1—驾驶室通风单元 2—客室空调

气直接送到驾驶室，驾驶室内设有调节风量大小的独立风机，通过驾驶室的旋钮来调节风量，送风方向通过可调叶片调节。

独立式空调机组的优点是：控制系统独立，制冷、制热效果好。其不足之处是：造价偏高，且空调机组和控制板需要单独设置，造成驾驶室空间更加紧张。

相比而言，驾驶室非独立空调的优点是：结构简单，内部只有通风机、电加热器和简单的控制系统，质量较轻。其缺点是：增压风机经过连接到客室的风道吸风到驾驶室，空气阻力大；增压风机产生的噪声通过驾驶室顶板很容易传入驾驶室内；同时，为了给电器元件降温，回风口设计在电器柜下部，回风阻力偏大，造成驾驶室空气流通不通畅，制冷效果差。建议通过合理的回风设计和选择匹配的风机，采用增压风机的设计方案，这样可以减少设计、维护、检修成本，减少电器故障。

2. 驾驶室空调主要技术要求

由于驾驶员长期在车内工作，驾驶室的舒适性要求和卫生要求应高于客室，在驾驶室空调温度、风速以及新风量等方面都应有严格要求。

（1）驾驶室内温度和湿度　驾驶员的主要工作之一是监控。驾驶室应比客室拥有更舒适的环境，以确保驾驶员驾驶车辆的安全性。目前，欧洲的 EN 14813-1—2006+A1—2010《铁路应用—驾驶室空气调节装置—舒适度参数》规定，在室外40℃、等量太阳负荷800W/m^2时，驾驶室内温度不高于30℃；在室外35℃、等量太阳负荷700W/m^2时，驾驶室内温度不高于28℃，相对湿度不高于60%~65%。

（2）驾驶室风速　驾驶室内适当的风速，可以使人感到空气清新，根据规定，室内风速测点在不高于30℃时最大气流速度不高于0.9m/s。

（3）新风量　空调系统中摄入新风量的的作用是调节车内空气质量，使车内环境中的各种污染物浓度保持在卫生标准所容许的浓度值以下，但新风的摄入量受到车辆空调机组制冷量的限制。

目前，欧洲国家的现代有轨电车一般为30m^2h/人，我国 CJ/T 417—2012《低地板有轨电车车辆通用技术条件》规定驾驶室内每人不少于30m^3/h。

3. 驾驶室空调主要部件

（1）驾驶室非独立式空调机组　驾驶室非独立空调是由安装于车顶的空调单元将经过

调节后的空气，在风机的作用下通过风道供给驾驶室通风单元。图 9-6 所示为某驾驶室送风单元结构组成。

驾驶室通风单元通过 4 个固定点固定在驾驶室天花板上并由接地点接地，设有进风口，风口同风道系统的进风管相连接。为了确保经过处理后的空气均匀分配到驾驶室，在出风口处安装有 6 个可调喷气嘴。

（2）驾驶室独立式空调机组　驾驶室独立空调机组主要由压缩机、冷凝器、蒸发器、节流装置四大部件组成，为了实现驾驶室空调的调节，还应有温度控制器、电磁阀、截止阀、压力控制器、分油器、干燥滤清器、储液器等控制元件和辅助部件，并由管路连接为封闭的循环系统。

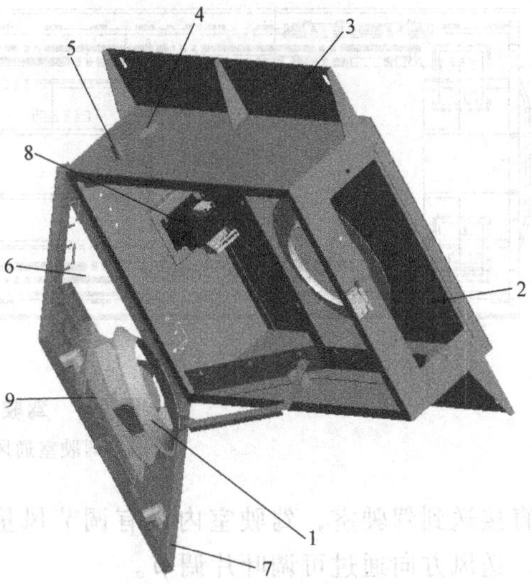

图 9-6　驾驶室送风单元结构组成

1—风机　2—进风口　3—安装座　4—电气接头　5—接地点　6—出风口　7—维护盖板　8—变压器　9—风机安装座

驾驶室非独立空调的驾驶室空气调节主要靠送风单元调节风量大小的独立风机实现。为保证驾驶员驾驶的舒适性，设有驾驶室增压单元，通过风道将客室空调机组处理后的空气送入驾驶室。驾驶室顶板设风量和风向均可调的风口，可由驾驶员根据需要手动调节，通过调整风口百叶窗的方向及开度控制风量的大小。

独立驾驶室空调则可根据驾驶人员的舒适性、习惯自由设置参数，其调节方式与客室调节方式完全相同。

9.2.2　客室空调系统

为了给乘客提供舒适的乘车环境，客室空调设备是有轨电车非常重要的电气设备之一。

有轨电车空调运用环境特点可概括为：运行区间环境变化小；定员较多，乘客人数随时间、区段的不同变化较大，上下班高峰期乘客人数最多，繁华地段乘客也最多，车门开闭频繁；全程运行时间多为 0.5h 左右，一般不超过 1h，乘客乘坐的时间较短。下面以土耳其萨姆松 100%低地板有轨电车为例进行空调系统的介绍。

1. 客室空调总体布置

中车唐山机车车辆有限公司出口土耳其萨姆松的 100%低地板有轨电车，每列车四辆编组，根据车辆热负荷计算，每辆车安装 1 台制冷量为 27kW 的空调机组，考虑空间位置的关系，空调机组安装在车辆顶部，如图 9-7 所示。

2. 客室空调主要技术要求

（1）基本要求　空调机组采用顶置式安装，由于受空间限制，空调机组高度为 490mm，机组质量每台不超过 720kg，空调机组的外壳采用 SUS304 不锈钢材质，各紧固件螺栓、螺母、垫圈等采用不锈钢材料。空调机组由箱体框架、压缩机、风机、蒸发器、冷凝器、干燥滤清器、节流装置、制冷回路、温度传感器、排水装置、新风过滤网、空调机组安装座、保

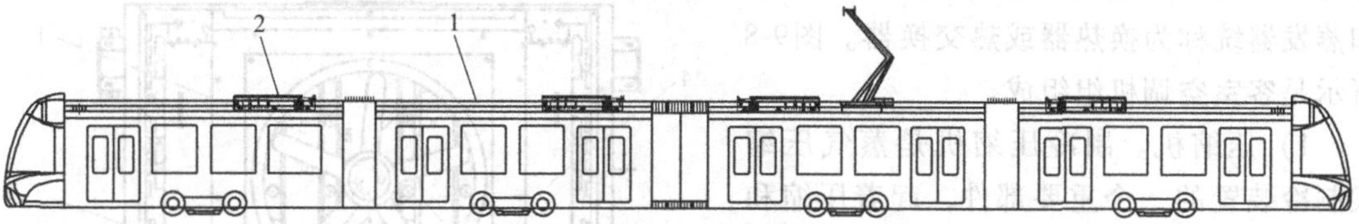

图 9-7 土耳其萨姆松 100%低地板有轨电车空调布置

1—车体 2—空调机组

温隔热材料、电气插接器、回风口防风防水密封条等附件组成。空调机组单元、控制装置的设计满足 IEC 61373 的要求，能承受沿车辆纵向 3g，垂向 2g，横向 1g 的加速度。

空调装置设有手动、自动、通风和停止等工况，并可通过本车控制装置对空调进行控制，也可通过驾驶室内的车辆监控显示器进行控制和温度设定。在手动工况时，空调机组根据各自的温度控制器所设定的温度进行客室内温度控制；在自动工况时，空调机组根据外界环境温度和客室温度自动调节制冷量。

空调机组可与列车总线网络进行通信，并可通过列车总线网络对空调机组进行控制。空调机组设有电动新风风阀调节机构，不仅可以根据不同工况的要求，自动调节新风阀的开闭，还可以根据列车载客量多少调节新风量。空调机组采用带有挡水百叶窗的新风口，并设新风过滤装置，新风经过滤后进入客室，应防止雨、雪等的进入。新风过滤网采用不锈钢网结构，防止异物进入空调机组内部；插入式免螺钉压取式安装，便于拆卸，不需打开机箱即可拆卸及安装。

在紧急通风时由紧急通风逆变器对空调机组风机供电，保证车辆紧急供风。空调机组蒸发腔以及空调机组与车体之间必须保证密封。车顶空调机组上盖板有足够的刚度和强度，并设置踩踏区标识及防滑条，踩踏区可以允许检修人员（至少两人）在上面进行维修作业。每台机组焊接两个接地块，并配备安装接地线螺栓。空调机组过滤网检修方便，蒸发腔上方盖板具有二次防脱落装置。

（2）机组性能　根据乘客对温热条件的舒适度要求，客室空调机组应满足表 9-1 的性能参数。

表 9-1 客室空调机组性能技术参数

额定制冷量/kW	27　工况条件：外温 33℃，相对湿度 70%；车内温度 26℃，相对湿度 65%
热泵额定制热量/kW	16
辅助电加热制热量/kW	9
送风量/(m^3/h)	大于 3500
新风量/(m^3/h)	1060
紧急通风风量	—
制冷剂	R407C
外形尺寸/mm	净尺寸 2400(L)×1670(W)×490(H)
重量/kg	小于 720

目前，现代有轨电车空调均采用蒸气压缩式制冷，空调机组由压缩机、冷凝器、节流装

置等核心部件以及辅助设备组成，冷凝器和蒸发器统称为换热器或热交换器。图9-8所示是客室空调机组组成。

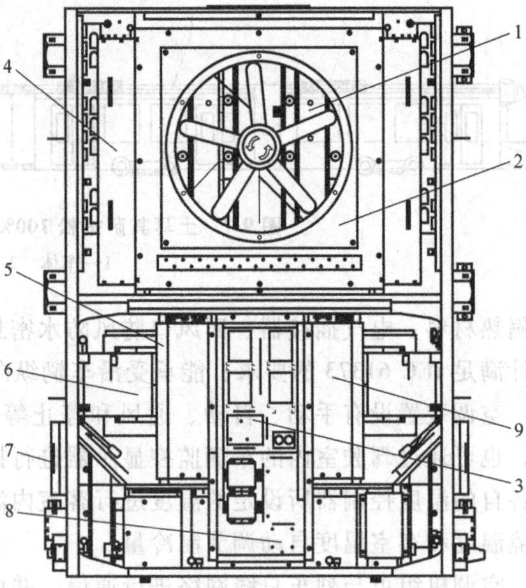

图 9-8　客室空调机组组成

1—压缩机　2—冷凝风机　3—电控盒
4—冷凝器　5—电加热　6—离心风机
7—新风格栅　8—电源　9—蒸发器

1）压缩机。制冷压缩机是蒸气压缩式制冷装置的一个重要部件，起着压缩和输送制冷剂蒸气的作用，它是推动制冷剂在制冷系统中不断循环的动力。因此，制冷压缩机被称为蒸气压缩式制冷装置的主机。目前，我国现代有轨电车空调主要采用涡旋式压缩机制冷。图 9-9 所示为涡旋式制冷压缩机。

涡旋式制冷压缩机有如下特点：

① 无往复运动机构，故结构简单、体积小、重量轻、零件少（特别是易损件少），可靠性高。

② 力矩变化小、平衡性高、振动小、运转平稳，故操作简便，易于实现自动化。

③ 在其适应的制冷量范围内具有较高的效率。

④ 噪声低。

2）换热器。在制冷设备中，除有起主导作用的压缩机外，还必须包括起换热作用的换热器：蒸发器和冷凝器。

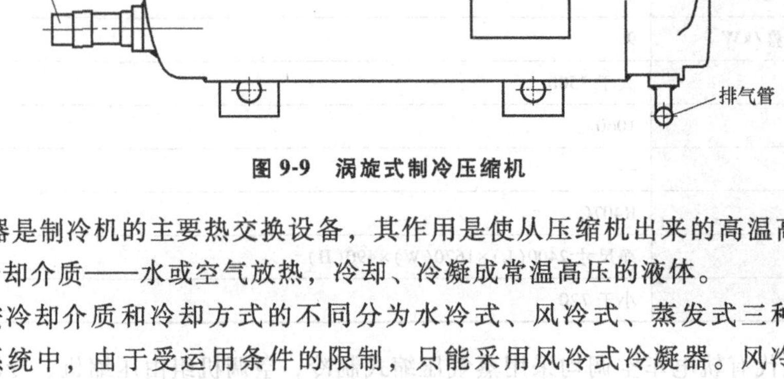

图 9-9　涡旋式制冷压缩机

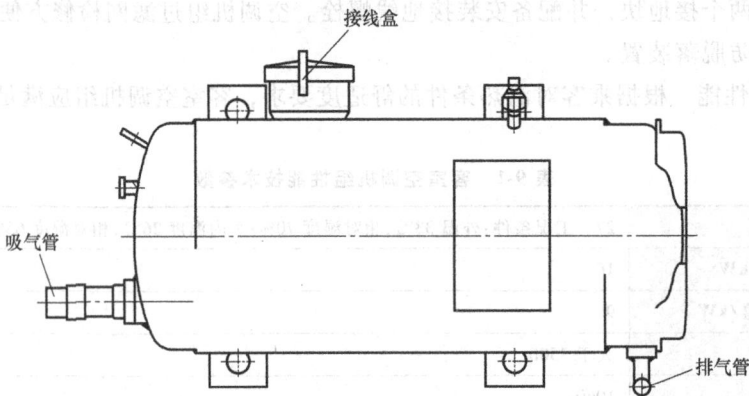

① 冷凝器是制冷机的主要热交换设备，其作用是使从压缩机出来的高温高压制冷剂蒸气在其中向冷却介质——水或空气放热，冷却、冷凝成常温高压的液体。

冷凝器按冷却介质和冷却方式的不同分为水冷式、风冷式、蒸发式三种类型。在有轨电车空调系统中，由于受运用条件的限制，只能采用风冷式冷凝器。风冷式冷凝器通常做成蛇管式，外套肋片，蛇管一般用直径较小的铜管制成，铜管接头用银焊密封，肋片为铝片或铜片。为使结构紧凑，将几根蛇管并联在一起，做成长方体形，肋片用套片机套在管簇上，然后向管内充压力水使管簇胀大与肋片接触，其结构可设计为上进下出或横进横出。

② 蒸发器是制冷机的另一主要热交换设备。在蒸发器中，制冷剂液体在较低温度下蒸发（沸腾）而转变为蒸气，利用制冷剂的蒸发潜热，吸收被冷却介质的热量而使被冷却介质的温度降低。所以蒸发器是制冷系统中产生和输出制冷量的设备。

蒸发器按冷却介质的不同分为冷却液体（水、盐水等）的蒸发器和冷却空气的蒸发器两种。冷却空气的蒸发器又可分为冷却排管式和直接蒸发式空气冷却器。直接蒸发式空气冷却器广泛应用于现代有轨电车空调系统，制冷剂在蛇管内吸热蒸发，管外空气在风机作用下强迫流动。

3）节流装置。空调机组普遍采用的节流装置主要为电子膨胀阀或毛细管。

① 电子膨胀阀由阀体和线圈两部分构成，阀体通过连接管与空调系统连接，线圈装配在阀体上。线圈与阀体构成了 PM 型步进电动机，线圈相当于步进电动机的定子，阀体充当步进电动机的转子，通过对脉冲发生器输入到线圈的脉冲驱动信号的控制，可以控制阀体内转子的定位转动，从而实现电子膨胀阀的开闭和冷媒流量的线性调节。

② 毛细管作为节流装置没有运动部件，可靠性高。采用毛细管节流的制冷装置，制冷剂充注量要很准确，否则影响制冷装置的正常工作。毛细管可以用一根也可以几根并联。当用几根并联时要分配分液器，且应仔细调整，使几根毛细管的工作情况大致相同（可由结霜情况来判断）。在毛细管前应设滤清器，以防止毛细血管堵塞。毛细管的供液能力主要取决于毛细管入口处制冷剂的状态（压力和温度）以及毛细管的几何尺寸长度和内径。

4）辅助设备。在有轨电车空调系统中，为改善制冷装置的工作条件，提高运行的经济性和安全可靠性，还必须设置一些辅助设备，如干燥滤清器、气液分离器。

① 干燥滤清器。在有轨电车空调装置制冷系统节流装置前的输液管上，都装有干燥滤清器，它是制冷系统的净化设备。其作用是消除制冷剂中的水分和机械杂质，如金属屑、氧化皮等，以防止水和杂质在膨胀阀（毛细管）、电磁阀处产生冰塞、堵塞以及进入压缩机刮伤气缸和吸排气阀等，也防止了水长期溶解于制冷剂分解而产生盐酸、氢氟酸腐蚀金属及使冷冻机油乳化。

② 气液分离器。气液分离器是用来分离蒸发器出口蒸气中的液体，从而保证压缩机为干压缩。对于毛细管节流的制冷装置，由于制冷剂流量不能自动调节，当负荷减小时，蒸发器中制冷剂就有可能不能完全蒸发，如果制冷压缩机吸入了带有液滴的制冷剂蒸气，就有可能产生液击而使阀片、活塞、连杆等损坏。因此，为避免制冷压缩机吸入液体制冷剂，在制冷压缩机的回气管上可装设气液分离器，对制冷蒸汽中的液体分离储存。

3. 空调系统运行控制

有轨电车空调自动运行控制，是指在没有人为干扰的条件下，利用控制装置操控受控对象，使受控对象的被控量根据预定规律进行调整。目前，有轨电车空调系统的自动运行控制主要包含两个主要内容，即主要工作参数的自动调节和紧急情况下的自动保护。

空调系统的自动调节装置一般采用双位调节，主要是根据车内外温度控制制冷压缩机的开、停或频率变化，还可以通过调节新回风比例，以获得在不同季节时的最佳经济运行参数。空调自动控制系统的双位控制。在控制机构中有两个固定位置——开启或关闭的控制，即温度控制器和电磁阀均可实现对制冷系统开启或关闭的控制。

（1）自动控制系统的类型　空调自动控制系统采用的双位控制，其原理如图9-10所示。双位调节的特点是：室温在给定值上下波动呈等幅振荡过程。一般情况下，若波幅不超空调室内允许波动值，其调节是合理的。

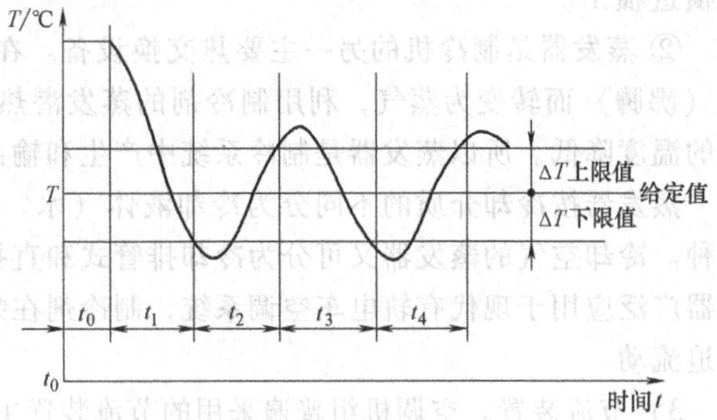

图9-10　双位调节

有轨电车空调系统的基本电气控制原则主要有以下几点：

1）通风与制冷及制暖正联锁。

2）冷凝风机与压缩机正联锁。

3）制冷与制暖反联锁。

4）控制通风机低速与高速运行的电路反联锁。

5）为防止压缩机频繁起动及多台压缩机同时起动，在每台压缩机的控制电路中均设有时间继电器，使多台压缩机间隔顺序起动。

6）为了使同一机组中的两台压缩机运行时间尽量一致，在控制电路中设有转换断电器，使两台压缩机在单机工作时轮流工作。

7）不同的车型应安装不同数量、不同制冷量的空调机组，同样也应配有不同形式的电气控制系统。

（2）有轨电车空调系统的基本电气控制过程　现代有轨电车空调工作模式指令包括自动冷、自动暖、通风、紧急通风、减载、停机、半冷测试、全冷测试、半暖测试、全暖测试等，由下载到KPC的软件控制，先闭合主回路开关，然后闭合控制回路开关，通过TCMS设定空调系统工作模式和设定温度，由传感器检测到车内外温度，与KPC内部设定的温度比较后，空调系统即自动实现相应工作模式的转换。

空调机组在各工作模式下，各电动机和电加热的运行情况如下：

1）通风工况时仅两个通风机运转。

2）半冷工况时两个通风机运转，两个冷凝风机运转，一个压缩机运转。

3）全冷工况时两个通风机运转，两个冷凝风机运转，两个压缩机运转。

4）半暖工况时两个通风机运转，一个电加热运行。

5）全暖工况时两个通风机运转，两个电加热运行。

9.3　通风系统

通风是空气调节的重要组成部分，有轨电车在运行过程中的空气循环依靠车辆的通风系统进行。车辆的通风系统除了可以给乘客提供新鲜空气外，它的另一项功能就是保证车厢内具有适当的正压，即当车外气压发生明显变化时，通风系统会将车厢内的正压维持在一个让人们感到舒适的水平。

9.3.1　通风系统的组成

通风系统是空调装置的重要组成部分，一般由风机、进排风装置、风道以及空气净化设备组成，它的作用是将经过处理的空气输送和分配到客室并获得合理的气流组织，同时还将客室内污浊的空气排出室外，使室内的空气参数满足设计的要求，其结构如图 9-11 所示。通风系统是客车空调装置中唯一不分季节而长期运转的系统，因此，通风系统对乘客的舒适性和空调装置的经济性有直接影响。

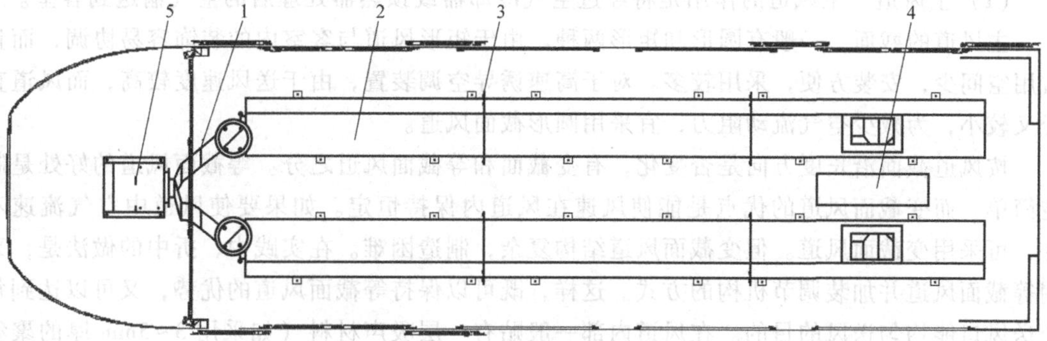

图 9-11　有轨电车通风系统的组成

1—软风速　2—复合板主风道　3—法兰盘　4—回风道　5—送风单元

按照工作动力来区分，通风系统可分为自然通风系统和强迫通风系统。由于自然通风受外界气象条件和车辆运行状况影响较大，通风效果难以实现人为控制，所以目前现代有轨电车空调客车几乎全部采用强迫通风系统。

系统工作时，在通风机组的作用下，室外新鲜空气经新风口吸入车内，经滤尘器过滤并与回风混合后送入空气处理室，经过蒸发器冷却或者由电预热器预热，送入主风道，再由各送风口均匀地送入室内。室内空气的一部分，经回风口、回风道被通风机吸入作为再循环空气重复使用。另一部分则经由排风口或排放扇排出车外。

1. 通风机组

通风机组是通风系统的动力装置，它由离心式通风机和电动机组成，由于有轨电车采用低地板设计，顶部空间设备安装受限，一般安装在车辆空调出风口处。由于空间位置的限制，大部分客车单元式空调机组采用两台通风机并联使用，一台双向伸轴的电动机放在通风机中间。

按照空气流动方向，通风机安设在空气处理室前面的为压出式系统，通风机放在空气处理室后面的为吸入式系统。在通风系统中，送风和回风共用一台通风机的叫作单风机系统，分别设有送风机和回风机的则叫作双风机系统。

通风机组在安装时，应采用有效的隔声减振措施，以减少通风机和电动机所产生的噪声传入车内客室。一是在通风机组的安装座上加装橡胶减振器；二是在通风机机壳上敷设阻尼涂料。

2. 风道

风道的作用是输导空气。送风系统通过风道，把处理好的新鲜空气输送到客车车厢内；

排风系统通过风道，把需要排除的污浊空气输送至车外。风道的形状和布置将直接影响车内的气流组织和空调效果，因为车内的送、回风量能否达到要求，在很大程度上取决于风道系统的压力分布。同时，空气在风道内流动所损失的能量，是靠风机消耗电能予以补偿的，所以风道布置也直接影响车辆空调系统的经济性。

通风系统的风道可以由各种不同的材料制成，也可以有很多不同的构造和断面形式。在有轨电车通风系统中，风道应满足经济性、耐腐蚀、隔热性好、质量轻和易于加工等方面的要求。常用的材料有铝合金板、非金属复合材料等。

（1）主风道　主风道的作用是将经过空气冷却器或预热器处理后的空气输送到客室。

主风道的截面，一般有圆形和矩形两种。由于矩形风道与客室内的装饰容易协调，而且占用空间少，安装方便，采用较多。对于高速诱导空调装置，由于送风速度较高，而风道直径又较小，为减少空气流动阻力，宜采用圆形截面风道。

按风道截面沿长度方向是否变化，有变截面和等截面风道之分。等截面风道的好处是制造简单，而变截面风道的优点是能使风速在风道内保持恒定。如果要使风道中空气流速不变，可采用变截面风道。但变截面风道结构复杂，制造困难。在实践中，折中的做法是，采用等截面风道并加装调节机构的方式。这样，既可以保持等截面风道的优势，又可以达到每个送风口能均匀送风的目的。在风道内部一般贴有一层吸声材料（如采用3~5mm厚的聚氨基甲酸酯泡沫塑料），它可有效地吸收通风机的噪声及空气流动的噪声，并减少热交换损失。

（2）回风道　回风道是车厢与通风机之间用于传输再循环空气的通道。回风道的断面形状一般根据其在车内的安装位置和空间大小而确定。回风道在客室一端与回风口相连。客车上的回风口大部分设在客室内通风机端端壁的下部，采用集中回风方式。回风经回风口，由回风道引至车顶上部，以利于通风机吸入。

（3）排风道　排风道是用来排除车内污浊空气的，所以其一端是连接在排风口，而另一端与排风扇相连或与自然通风器连接。由于外界新鲜空气不断被送入车内，与其等量的车内污浊空气就由排风口，经排风道被排出车外，以保持车内压力恒定。

3. 吸风口、送风口及其调节板

（1）吸风口　吸风口也称新风口或进风口，它是新鲜空气的吸入口。吸风口一般布置在单元式空调机组的两侧。吸风口上装有百叶窗和网格，用以防止杂物和雨、雪进入车内。多数吸风口上还装有调节机构，以便根据需要调节新风量，同时，在通风机停止运转时，也便于关闭吸风口。

（2）送风口　送风口的作用是给车厢分配空气。它的形式对射流的扩散及空间内气流流形的形成有直接影响。送风口处一般都装有散流器（送风器），它不但可以使送风均匀，达到室内气流分布合理和温度均匀，而且还可以根据室内具体要求，调节送风的方向，避免直吹乘客等现象。

集中送风的通风系统，其送风口一般都沿车顶棚或侧壁均匀布置。图9-12所示为常用的送风口形式，其中图9-12a为圆盘式散流器，图9-12b、c、d为直片式散流器。其风量调节机构装在风道中。回风口一般设置在间壁上，外表面设有格栅以增加美观，内部部分装有滤网以防止杂物进入风道。

（3）调节板　调节板的作用就是调节通过风道的空气流量，其结构根据风道截面形状

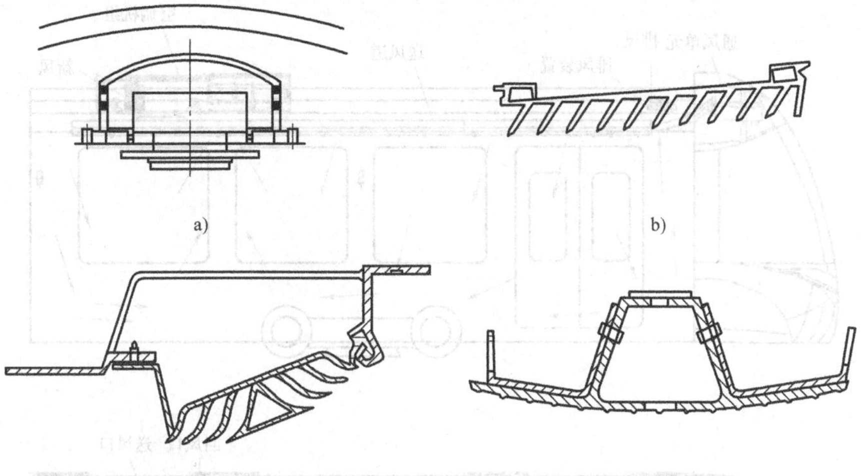

图 9-12 常用的送风口形式

而定。最简单及应用也比较广的调节板是百叶窗式。常用的圆形、矩形调节板，使用时只要转动手柄，改变调节板的角度，即可改变空气通过的截面面积，进而达到调节风量的目的。

(4) 空气滤清器　空气中总是不同程度地含有各种灰尘和杂质。过多的灰尘进入车内，不仅会影响乘客的舒适和健康，也不利于空气处理设备的正常工作，因此，通风系统中一般设有空气滤清器。滤清器应装在空气处理室的前面，它可以水平安装，也可以垂直安装。空气滤清器的作用原理是使含尘的空气，通过直径比尘粒小的空隙或者通过孔径虽大但充分长且又曲折的孔道，将灰尘留下来。此外，尘埃颗粒在通过滤清器时，还会因为扩散作用、摩擦力、静电力或者材料表面湿润时产生的黏附力而使灰尘留下。总之，滤清器的过滤效果取决于所用材料的空气通道的粗细、密实程度和通过滤清器的风速。

根据国家标准 GB/T 14295—2008 和 GB 13554—2008，空气滤清器按其过滤效率分为粗效、中效、高中效、亚高效和高效五种类型。工程中常见的有粗效、中效和高效空气滤清器，而高中效和亚高效空气滤清器则属于国内较新的分类。

9.3.2 通风系统的工作原理

空调通风系统工作过程如图 9-13 所示。安装于车辆顶部的两台空调机组分别设有新风入口，在空调机组底部有回风口，回风口吸入的车内空气首先在机组内同新风入口送入的新鲜空气混合，经过空调机组处理后，由送风口在风机的作用下将处理后的空气送入风道，再由车内顶部的送风口送入客室。在客室内，送风的同时不断有车内空气以回风形式抽走，形成循环气流组织。

为保证客室换气，车顶设置有可调节风量的自然通风器。当车内无正压时，排风装置的调节风门保持关闭状态；当车内有正压时，废排装置的调节风门打开。采用自然排风的方式，不用安装排风机，减少了维护和保养工作量。

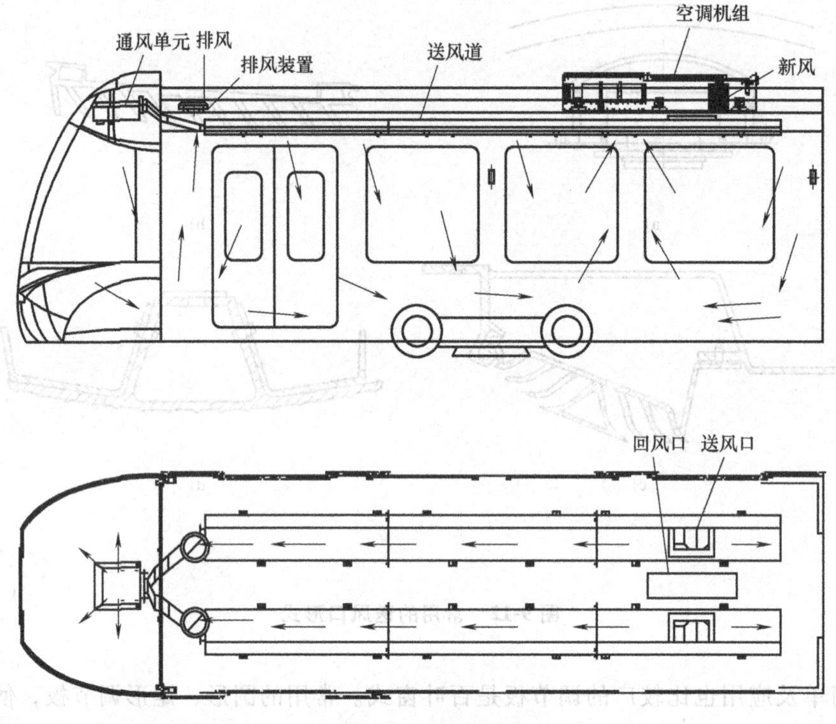

图 9-13　有轨电车空调通风系统工作过程

9.4 供暖系统

在冬期工况下，为了给乘客和驾驶人员提供舒适的环境，有轨电车应考虑车辆的供暖功能。对车辆进行供暖主要有两种形式：一是对送入车内的空气进行预热；二是对车内空气进行补偿加热。空气的预热是使空气流过空气预热器来实现的，主要采用电热器或热泵来实现；空气的补偿加热，主要由设在车内的加热器实现。

1. 空气预热

在冬季车辆需要空调提供制热时，空调机组起动热泵工况，由压缩机将制冷剂压缩成高温高压的过热蒸汽，在四通阀的作用下进入室内换热器，通过通风机的循环送风，车外新鲜空气和室内空气经过室内换热器加热后送到车内，从而达到制热目的。

空调机组的热泵工况在外温-15℃时将不能起动，这时需要空调机组内的电加热器来实现对车外新风的预热，电加热器布置在室内换热器的出风侧，由于空调机组内空间的限制，因而布置的电加热器功率也受到制约。

2. 车内补偿加热

车内补偿加热通常采用电加热器的方式，电加热器已经成了运输线上的必需品，其广泛应用于火车车厢、地铁及低地板车厢等移动供暖区域。电加热器的外壳一般采用不锈钢或经处理过的铝合金材料，发热元件采用电热管，电热管用不锈钢散热翅片散热；具有散热快、温度均匀、寿命长的特点。电源盒及接线端子要求防水性能好。电加热器各项技术指标符合

TB/T 2704—2005《铁道客车电加热器》的技术要求。电加热器一般具有半暖及全暖两种工作状态，配合空调机组的制热工况，更为精确地调节车内温度。图 9-14 所示为电加热器组成。

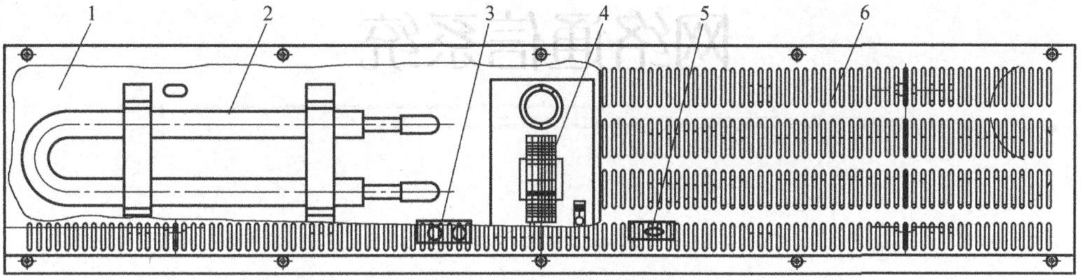

图 9-14　电加热器组成

1—底板　2—电热管　3—熔断器　4—接线盒　5—温控器　6—罩板

3. 采暖的控制

空调机组的热泵制热可以分为手动和自动两种工况，手动制热时可以由驾驶员手动在设定范围内调节温度，自动制热时空调控制系统根据车外环境温度自动设定目标温度。当车内温度在一定时间内达不到设定值时，空调机组会自动开启机组内预热器进行温度补偿，当车内温度达到或超过设定值一定时间时，预热器又会自动关闭。

车内电加热器的开关一般与空调机组进行联动设计，当机组的制热量不能满足车辆采暖的要求时，机组控制车内电加热器起动，运行半暖工况，如制热量还是不能达到车辆采暖要求，这时会起动电加热器的全暖模式，运行车辆的最大制热模式。

第10章 网络通信系统

10.1 网络通信概述

列车通信网络是用于连接车载设备，实现信息共享、控制功能、监测诊断的数据通信系统。经过近二三十年的发展，列车网络技术已经走向成熟，并成为现代轨道车辆的关键技术之一。目前，在城市轨道车辆、高速动车组上，无不采用列车通信网络技术。当前，列车网络形式并不统一，专门为列车车载设备通信而量身定制的符合 IEC 61375 标准的 TCN（Train Communication Networks）列车通信网络与其他多种网络形式相比，更能普遍地适应列车通信的要求。

10.1.1 网络通信系统的发展

由于世界范围内列车通信网络技术的差异，造成了多种总线技术并存的局面。除 TCN 标准的列车总线之外，WorldFIP、LonWorks、CAN 等其他总线形式也在列车通信网络中有不同程度的运用。上述几种列车网络技术，绝大部分都是在其他领域应用成熟的现场总线技术移植到列车控制系统中来的。于是基于有轨电车网络通信的特点和成本考虑，设计有轨电车的开放式列车通信系统，实现车载可编程电子设备统一接口标准而实现互换的构想应运而生。

任何技术都不是凭空而生的，列车网络也正是如此。它是由车载计算机系统发展而来，在原有的技术基础上加以遴选、改进和标准化而形成的。其主要参考的模型则是 Siemens 公司的 SIBAS 系统和 Adtranz 公司的 MICAS 系统。以上两种形式车载计算机控制系统的发展已从最初的完成简单的单一功能，发展到现在的多功能集成的列车通信网络，为 TCN 列车网络技术的起步与成型，以及日后成为国际标准，做出了巨大贡献。在铁路机车动车控制方面，德国 Siemens 公司早在 1981 年就研制出了相应的计算机控制系统，并命名为 SIBAS16，这个系统的样机首次应用在纽伦堡交通运输管理局地铁车辆上。SIBAS16 中的数字代表其采用的是 16 位微处理器，这个系统由中央机、一个或多个子机以及存储单元构成，各计算机之间采用串行通信来实现数据传送。这种机车控制系统形式新颖，扩展性好，可靠性高，使用安装便捷，大有取代传统控制技术的趋势，成为列车计算机控制发展中的发轫之作，影响不可不谓之重大。

随着技术的不断革新以及 SIBAS16 的不断完善，Siemens 公司不失时机地推出了基于 32 位控制器和信号处理器的列车计算机控制系统 SIBAS32，其在性能上较 SIBAS16 更具优越性，同时也对原有 SIBAS16 系统在接口上保持了向下兼容。20 世纪 90 年代，列车通信网络国际标准正在制定当中，Siemens 公司着眼于控制系统功能的长远发展，其推出的 SIBAS32 系统是一种多功能通用计算机系统。系统采用网络通信技术，外围设备已经开始标准化、专用化、智能化，基本上可在保持硬件结构不变的情况下便捷地与任意终端相挂接，构成一个对各种机车车辆移植性很好的控制与监控系统。

我国列车通信网络的发展可以追溯到 1991 年，株洲电力机车研究所在购买 ABB 公司的牵引控制系统开发工具特别是软件开发工具的基础上，联合国内高校开发出了我国第一套电力机车计算机控制装置，安装 SS40038 电力机车上。

20 世纪 90 年代中期，国内列车通信网络随着动车组的兴起而发展起来。一方面，铁道部开展了列车通信网络研究课题，另一方面国内外许多单位也先后自发地开展了自我开发、联合开发或技术引进工作。这些工作主要在局域网、现场总线、TCN、通信介质、基于 RS-485 的通信协议等领域展开。

随着智能交通的发展，在城市中运营的有轨电车对 TCMS 的需求越加明确，相比于高速动车组，有轨电车具有车辆编组较短、设备安装空间狭窄、车辆成本低、数据通信量和计算量较少，但是对于运营和维护行为中的车地通信功能，以及对旅客的信息服务功能要求较多，所以设计一种适合有轨电车的高效稳定、成本较低、服务通信量较大的列车网络系统成为人们工作的焦点，目前有轨电车网络控制系统一般基于 CANopen 列车总线和 MVB 列车总线，通过设备性能的轻量化设计和模块化设计降低成本，通过在网络系统中增加车地 wifi 系统或 LTE 系统满足车辆与控制中心高数据量通信的要求，同时增加事件记录设备，为城市有轨电车在运营中发生的事故提供具有司法效益的证据。

10.1.2 网络通信系统的组成

现代有轨电车采用 TCMS 对车辆进行综合管理及控制。TCMS 系统是以计算机网络为核心，将计算机技术、网络通信技术、控制技术以及设备故障诊断技术紧密结合起来的产物。

TCMS 由三部分组成：具有现代有轨电车控制应用软件的智能硬件装置、用于 TCMS 和其他系统连接的硬件接口装置、可以实现不同硬件装置之间通信的数据总线。

在具体设备组成方面，TCMS 由 VCU（车辆控制单元）、RIOM（远程输入输出）、HMI（显示器或人机接口）及各种设备接口组成。VCU 和 HMI 一般安装在驾驶室内，RIOM 安装在有轨电车各车辆内部。VCU 和 RIOM 之间的数据通信通过有轨电车总线进行，总线的构成采用双绞屏蔽线。

1）VCU（车辆控制单元）：VCU 是 TCMS 系统的大脑，采用冗余设计，设有两套控制环节，一套为主控制环节，一套为热备控制环节（处于开机状态的备控设备，而不需要冷起动），主控制环节发生故障时自动切除，热备控制环节立即自动投入工作。

2）RIOM（远程输入输出模块）：通过列车总线能够将实现网络信号与电信号之间转换，从而对列车非智能设备的状态监控和指令控制功能。

3）HMI：可进行人机对话的显示触摸屏，VCU 与 HMI 进行数据交换，将采集到的数据发送至 HMI 进行显示，也将 HMI 设定的一些参数（如轮径、空调设定等）转发至相应的子设备。驾驶员可从 HMI 输入指令，传送到 VCU 进行处理。各类设备的工作状态分别传送给各节车辆模块的主设备和辅助设备，最终在显示器上显示，另外，各类设备的故障也在显示器上显示，如门控器的开门、关门到位故障显示。

4）双绞屏蔽线是各类车辆总线的数据通信线缆。具有屏蔽功能的电缆线，由两条相互绝缘的导线按照一定的规格互相缠绕（一般以顺时针缠绕）在一起，并在双绞线与外层绝缘封套之间加入一个金属屏蔽层而制成的一种通用配线，属于信息通信网络传输介质，屏蔽层可减少辐射，防止信息被窃听，也可阻止外部电磁干扰的进入，使双绞线屏蔽比同类的非双绞屏具有更高的传输效率。

有轨电车的网络拓扑描述了列车网络通信系统组成和结构，也描述了网络系统与列车其他子系统之间的联系。例如图10-1所示，列车采用MVB网络主链-分支结构，MVB分支通过中继器连接到一条主线上。

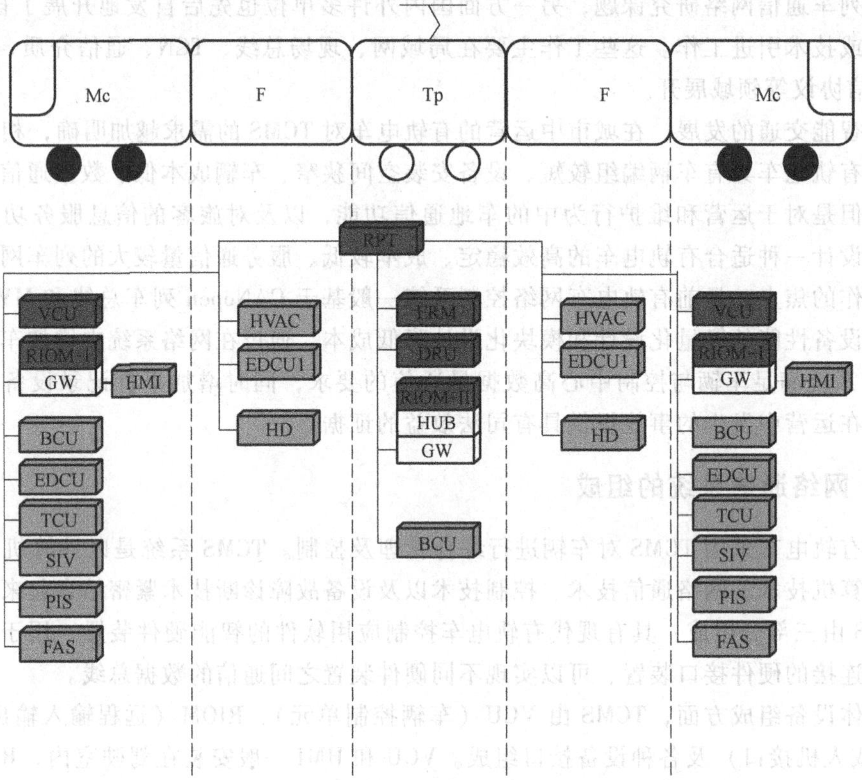

图10-1　有轨电车网络控制系统

其中总线上的各设备描述如下。

VCU：车辆控制单元（列车控制与管理系统设备）；

HMI：驾驶员显示屏（列车控制与管理系统设备）；

RIOM：远程输入输出模块（列车控制与管理系统设备）；

RPT：中继器（列车控制与管理系统设备）；

ERM：事件记录仪（列车控制与管理系统设备）；

TCU：牵引控制单元（牵引系统设备）；

SIV：辅助控制单元（辅助供电设备）；
BCU：制动控制单元（制动系统设备）；
EDCU：车门控制装置（车门系统设备）；
HVAC：采暖、通风和空调控制单元（空调系统设备）；
PIS：旅客信息系统主机（旅客信息系统设备）；
FAS：火灾报警系统主机（火灾报警系统设备）；
HD：超级电容。

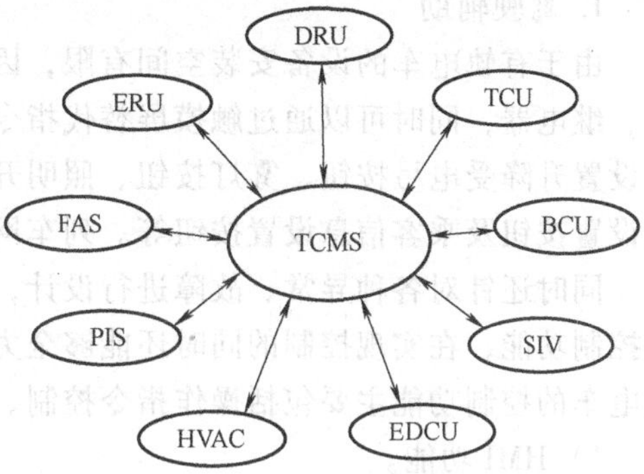

图 10-2 子系统与 TCMS 之间的关系

子系统与 TCMS 之间的关系如图 10-2 所示。

连接到多功能车辆总线 MVB 上的每个控制单元需要完成下列工作：

1）子系统管理、控制和检测功能。

2）处理来自车辆控制单元 VCU 或其他 MVB 设备的 MVB 控制信号。

3）评估由下级传感器和/或下级控制单元提供的信息。

4）将操作状态反馈到车辆控制单元 VCU。

5）将诊断、故障信息传输到诊断系统。

6）记录车辆、子系统和 TCMS 系统关键的运行状态和数据。

10.1.3 TCMS 的功能

TCMS 在功能的方面主要分为驾驶辅助和维护辅助（见图 10-3），驾驶辅助主要为驾驶员在驾驶有轨电车时提供一些辅助的功能，例如车辆状态的显示、车门监控等车辆常用功能；维护辅助主要是为维护人员提供有轨电车行车的状态数据和故障信息，提供故障排查和维修的有效分析手段。

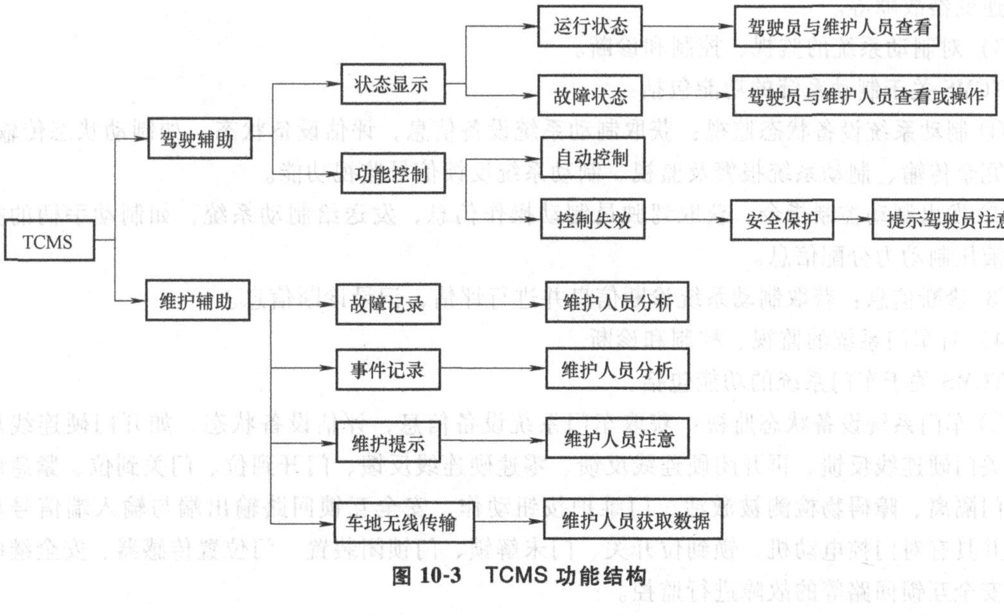

图 10-3 TCMS 功能结构

1. 驾驶辅助

由于有轨电车的设备安装空间有限，因此列车网络控制系统参与列车控制，以便减少硬线、继电器，同时可以通过触摸屏替代指令控制按钮等，使驾驶室设计更智能化。人机界面可设置升降受电弓按钮、雾灯按钮、照明开关、刮水器开关、驾驶员窗户除霜按钮、客室空调设置按钮及乘客信息设置按钮等。列车网络控制系统的控制功能不仅实现控制逻辑的软件化，同时还针对各种异常、故障进行设计，依据故障导向安全原则，确保列车网络控制系统的控制功能，在实现控制的同时还能够全力确保列车的安全运行及相关人员的生命安全。有轨电车的控制功能主要包括操作指令控制、牵引制动控制、空调控制等。

1）HMI 功能。

① HMI 显示和操作：通过 HMI 显示列车状态数据和提供操作界面，主要包括各子系统状态的显示，功能。

② 状态监视：采集各子系统的信息，评估列车各子系统设备状态。

③ 列车控制：根据驾驶员的操作指令，执行牵引/制动控制、空调控制、车门控制等功能。

④ 故障诊断：对列车各子系统故障进行评估及显示。

2）对牵引系统的监视、控制和诊断

TCMS 关于牵引系统的功能包括：

① 牵引系统设备状态监视：获取牵引系统设备信息，评估设备状态，如牵引力、输入电压、母线过电压与欠电压、输出电压、输出频率、输出缺相、电动机电流、电动机转速、电动机温度、电动机过温、散热器过温、电抗器过温、接触器通电与否。

② 发出牵引控制指令：获取驾驶员牵引操作信息，发送给牵引系统，如网络信号自诊断、牵引模块测试、运行速度监视、限速设置、超速防护、轮径值设定、车载重计算、复位牵引变流器等功能。

③ 诊断信息：获取牵引系统诊断信息并进行评估，记录诊断信息，如牵引电动机故障、牵引逆变器故障等。

3）对制动系统的监视、控制和诊断。

TCMS 关于制动系统的功能包括：

① 制动系统设备状态监视：获取制动系统设备信息，评估设备状态，如制动状态传输、信号冗余传输、制动系统报警及监视、制动系统反馈信号监视功能。

② 发出制动控制指令：获取驾驶员制动操作信息，发送给制动系统，如制动手柄的指令、液压制动力分配信息。

③ 诊断信息：获取制动系统诊断信息并进行评估，记录诊断信息。

4）对车门系统的监视、控制和诊断。

TCMS 关于车门系统的功能包括：

① 车门系统设备状态监视：获取车门系统设备信息，评估设备状态，如开门硬连线反馈、关门硬连线反馈、再开闭硬连线反馈、零速硬连线反馈、门开到位、门关到位、紧急解锁、门隔离、障碍物检测被激活、门维护按钮动作、安全互锁回路输出端与输入端信号反馈，并具有对门控电动机、锁到位开关、门未解锁、门锁闭装置、门位置传感器、安全继电器、安全互锁回路等的故障进行监控。

② 发出控制指令：获取驾驶员对车门的操作信息，发送给车门系统，如车门开关等。

③ 诊断信息：获取车门系统诊断信息并进行评估，记录诊断信息。

5）对空调系统的监视、控制和诊断。

TCMS 关于空调系统的功能包括：

① 空调系统设备状态监视：获取空调系统设备信息，评估设备状态，如对通风机、空调压缩机、电加热等设备的工作状态进行监视，对工作模式进行反馈，对压缩机过电流、低电压、高电压进行保护，对通风机过载、冷凝风机过载、电加热过电流与过热、新风与回风温度传感器、三相电源的故障进行监视（3AC380V 供电空调）。

② 发出空调控制指令：获取驾驶员操作信息，向空调系统发送指令，如空调开启和关闭、自动冷与自动暖控制、通风与停止控制、压缩机启停控制、紧急通风控制，空调温度设定，并具有温度控制测试功能（包括全冷、半冷、全暖、半暖测试）。

③ 诊断信息：获取空调系统诊断信息并进行评估，记录诊断信息，如空调压缩机故障等。

6）对旅客信息系统的监视和诊断。

TCMS 关于旅客信息系统的功能包括：

① 旅客信息系统设备状态监视：通过 MVB 获取旅客信息系统设备信息，如起始站及终点站设定、车辆速度值、环境温度值发送及显示、时间设定、线路编码设定、当前站及下一站报站控制，并具有对车内各摄像机、多媒体播放控制机、LED 设备连接状态监视等。

② 诊断信息：获取旅客信息系统诊断信息并进行评估，记录诊断信息，如 PIS 设备故障。

③ TCMS 可实现此系统在紧急情况下的紧急救灾信息优先使用的原则。

7）对火灾报警系统的监视和诊断。

TCMS 关于火灾报警系统的功能包括：

① 火灾报警系统设备状态监视：获取火灾报警系统设备信息，评估设备状态，如火灾报警主机状态、烟雾探头状态等。

② 诊断信息：获取火灾报警系统诊断信息并进行评估，记录诊断信息。

8）对辅助供电控制单元的监视和诊断。

TCMS 关于辅助供电系统的功能包括：

① 辅助供电系统设备状态监视：获取辅助供电系统设备信息，评估设备状态，如：辅助系统输入电压及输入电流、充电机输出电流及负载电流。

② 辅助供电系统设备控制：主要对辅助电源系统进行逆变器-切除、复位，对辅助充电机切除、复位。

③ 诊断信息：获取辅助供电系统诊断信息并进行评估，记录诊断信息，例如：电压故障、功率模块故障、风扇故障、散热器过温、蓄电池过温。

9）超级电容系统控制。

TCMS 关于辅助供电系统的功能包括：

① 超级电容系统设备状态监视：对 DC-DC 进行监视，包括对超级电容的电压、电流、电网电压、母线电压的参数、充电接触器故障、母线过电压与欠电压故障、超级电容模块过温进行监视。

② 超级电容系统设备控制：对于使用超级电容系统的现代有轨电车，TCMS 对 DC-DC（不同直流电源位的转换）系统进行控制，主要是控制 DC-DC 的切除与复位。

③ 诊断信息：在重要模块发生故障时，TCMS 会有声响报警，并显示故障设备、位置和时间，且可进行详细的信息检索及故障记录。其中，行驶记录包括记录开始的日期、时间，记录的累积数据值、总里程、当日里程、当日运行时间等信息，事件记录包括某时某地的制动级位、列车车速、驾驶员控制器相关命令、紧急制动运行指令状态等；故障记录包括日期、时间、故障码、故障子系统、故障名称示意、故障发生解除等信息。

2. 维护辅助

（1）对故障信息的收集、评估处理和存储　如图 10-4 所示车辆数据记录和故障诊断系统实时地采集列车中各子系统的状态数据和故障信息，进行汇总分析，并根据对运行和安全的影响程度以及对部件或系统的破坏程度进行评估，以帮助维护人员迅速地查找、排除故障。当发生故障或维护人员根据需要选择时，故障信息能够清晰地显示，具体功能如下：

① 主控车辆控制单元（VCU）收集子系统的状态信息、过程数据和故障信息进行分析，根据对运行、安全的影响程度以及对部件或系统的破坏程度，对所接收的故障进行评估，划分为不同的故障等级。

② 正常工作时，主控车辆控制单元将把故障的评估结果及其他故障信息储存在本单元的储存器中，储存器满足先进先出的原则。同时也将同样的信息送到从控车辆控制单元中储存，使列车两端车辆控制单元所储存的信息完全相同。

③ 故障信息包括故障码、故障名称、故障等级、车号、故障设备的名称、故障发生日期时间、故障消失日期时间、故障描述和处理建议。

④ 维护人员可以通过计算机与维护接口相连接，将记录和存储的数据传输至计算机内，

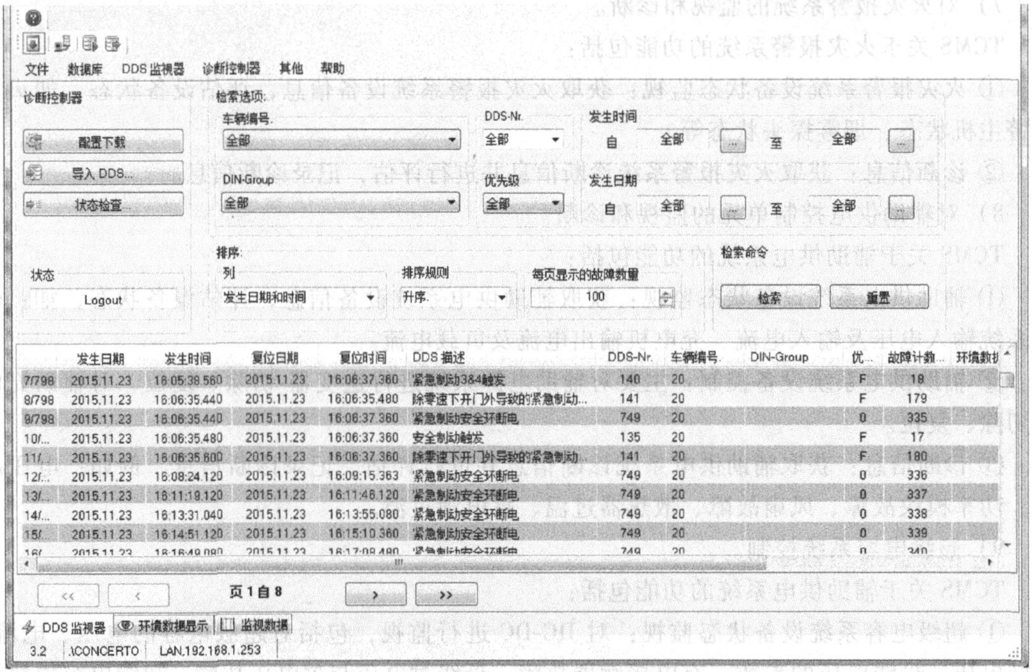

图 10-4　车辆数据记录和故障诊断

以便于维护人员对这些数据进行分析。

(2) 列车故障诊断与故障分级　车载故障诊断系统根据故障对列车的运行性能、安全性能或子系统的影响对故障划分为不同的四个等级：

① 1 级故障：列车无法移动且需要与其他列车连挂拖曳。

② 2 级故障：要求疏散乘客，但是列车可自行行驶至车辆段。

③ 3 级故障：无需疏散乘客，列车到达行程终点后不能继续服务。

④ 4 级故障：列车可执行计划行程并继续运行至当天结束。

子部件故障应划分为以下三个故障等级（并非所有都有三个故障等级）：

① 轻微故障：不影响部件系统功能的故障。

② 中等故障：限制部件系统功能的故障。

③ 严重故障：严重影响系统的故障，系统自动关闭。

(3) 列车控制网络子系统部件故障的评估　列车控制网络子系统部件单个故障发生时，故障诊断系统根据整列车的故障情况及该子系统部件故障对列车运营的影响程度，对故障综合评估，并给出相应的应急处理建议。

各计算机控制的部件对其本身自诊断以及对被控对象进行监测诊断结果的记录能断电保存。并且将故障等级等信息通过列车通信网络向车辆控制单元报告。

(4) 车地无线传输　车地通信能够为维护人员提供快捷方便的获得车辆数据的方法，其中有轨电车车地通信的组成和结构如下：

W-LAN 网络在停车区域构建，通过车载无线传输模块和地面无线 AP 进行数据传输，通过地面有线以太网络传输数据给 W-LAN 服务器。W-LAN 网络的结构原理如图 10-5 所示。

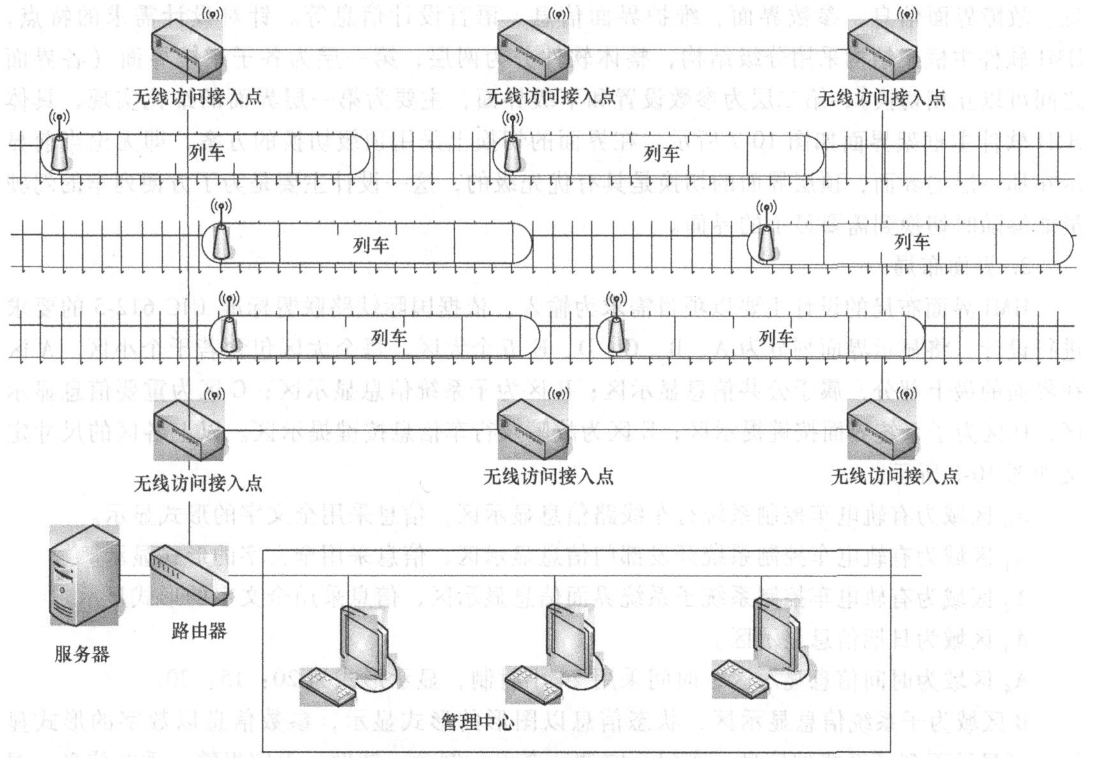

图 10-5　W-LAN 网络的结构原理

车载无线传输系统通过TCMS获取车辆信息数据，数据采集/记录模块通过接口与TCMS相连接，从TCMS获取车辆信息数据；车载无线数据传输模块通过以太网与数据采集记录模块相连接，从数据采集/记录模块获取存储数据并进行压缩，并进入W-LAN覆盖区域后进行传输。

车辆信息采集的基本结构原理如图10-6所示。

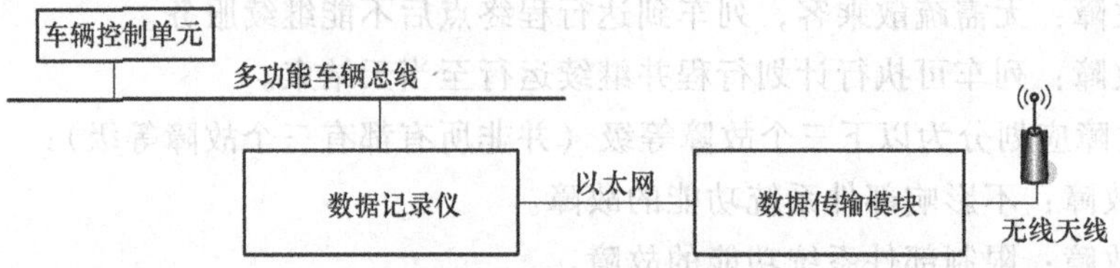

图10-6　车辆信息采集原理

车载无线传输模块能够从数据采集/记录模块获取车辆信息，并能够自动检测W-LAN网络，当检测到网络后，自动传输数据至地面设备，地面服务器将接收到的数据进行存储。

地面服务器接收到车辆信息数据后，对于可解析的数据进行分类、统计和评估，存入数据库中以便于管理人员查看。管理人员可通过访问服务器数据库，查询存储的车辆信息。

10.1.4　HMI的结构与设计

1. HMI结构

根据现代有轨电车项目需求，HMI界面需要显示牵引系统信息、制动系统信息、车门系统信息、火灾报警系统信息、辅助供电系统信息、旅客信息系统信息、混合动力系统信息、故障界面信息、参数界面、维护界面信息、语言设计信息等。针对设计需求的特点，HMI软件主框架结构采用分级结构，整体软件分为两层，第一层为各子系统界面（各界面之间可以互相切换），第二层为参数设置和下级界面，主要为第一层界面的细化实现，具体HMI软件主框架界面如图10-7所示。在界面的切换上采用顶级切换的方案，即无论当前显示在那一层的界面，顶层界面的切换是具有优先级的，这一设计主要是为了方便列车的驾驶员能够随时切换到需要显示的界面。

2. 界面布局

HMI界面布局的设计主要以项目需求为输入，依据国际铁路联盟标准UIC 612-3的要求进行设计。将显示界面划分为A、B、C、D、E五个大区，每个大区包含若干个小区。A区在界面的最上部分，属于公共信息显示区；B区为子系统信息显示区；C区为重要信息显示区；D区为子系统界面按键提示区；E区为故障及行车信息按键提示区。以上各区的尺寸定义如图10-8所示。

A_0 区域为有轨电车控制系统行车线路信息显示区，信息采用全文字的形式显示。

A_1 区域为有轨电车控制系统开发部门信息显示区，信息采用全文字的形式显示。

A_2 区域为有轨电车控制系统子系统界面信息显示区，信息采用全文字的形式显示。

A_3 区域为日期信息显示区。

A_4 区域为时间信息显示区，时间采用24小时制，显示形式为20：15：30。

B区域为子系统信息显示区，状态信息以图形的形式显示，参数信息以数字的形式显示。可显示下列子系统的信息：车门、空调、牵引、制动、辅助、火灾报警、乘客信息、混

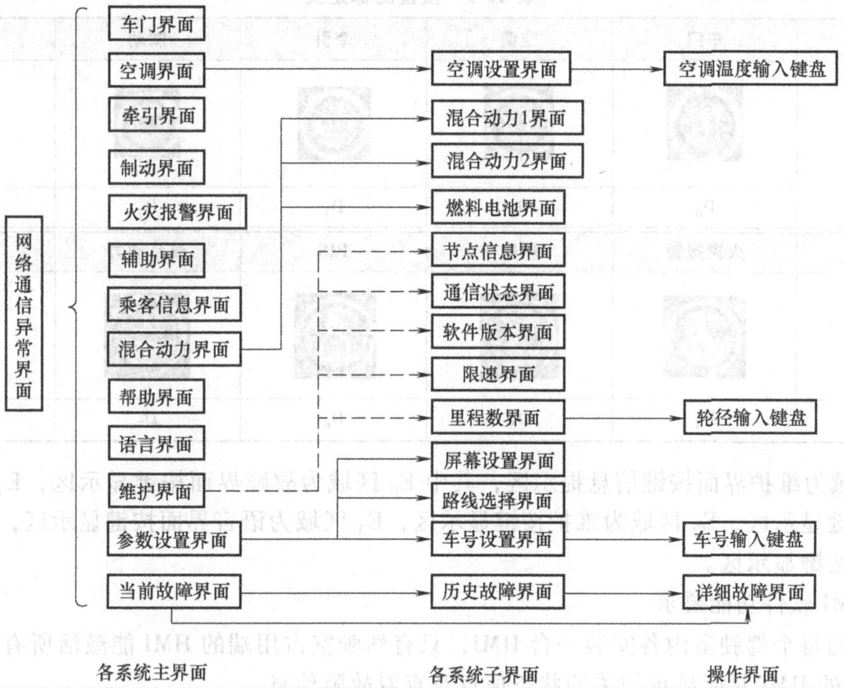

图 10-7 HMI 主框架界面

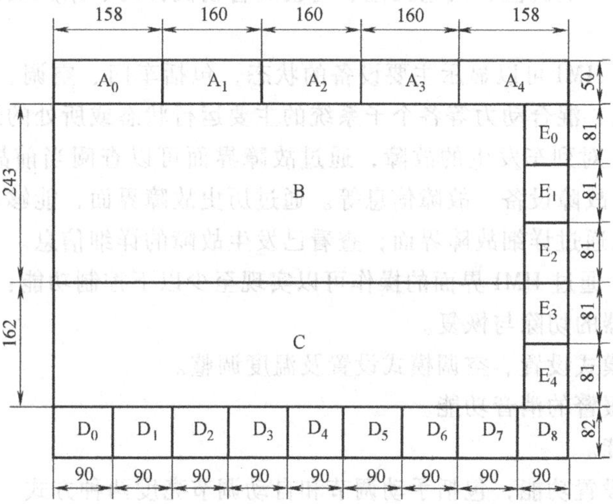

图 10-8 HMI 界面布局的设计

合动力等。

C 区域为重要信息显示区，无论当前所处的是哪个子系统界面，这些信息都会在当前界面显示。该区主要包括磁轨制动、紧急制动、安全制动、驾驶员警惕倒计时、当前速度、限速值、受电弓状态、牵引状态、断路器状态、牵引/制动等级等。

D 区域为界面按键区，该区的软按键主要实现页面的切换。显示形式见表 10-1。

表 10-1 按键图标定义

定义	车门	空调	牵引	制动	像素
图标					82×82
区域	D_0	D_1	D_2	D_3	
定义	**火灾报警**	**辅助**	**PIS**	**混合动力**	**像素**
图标					82×82
区域	D_4	D_5	D_6	D_7	

E 区域为维护界面按键信息提示区，其中 E_0 区域为故障界面按键显示区，E_1 区域为参数界面按键显示区，E_2 区域为维护按键显示区，E_3 区域为语言界面按键显示区，E_4 区域为帮助界面按键显示区。

3. HMI 软件功能要求

列车的每个驾驶室内各安装一台 HMI，只有驾驶室占用端的 HMI 能激活所有功能菜单，非占用端 的 HMI 只能显示相关的状态信息及查看故障信息。

HMI 软件需要实现的功能主要有：

（1）参数显示　HMI 需要对列车主要的技术参数进行显示，包括列车速度、当前限速值、当前日期时间、线电流值、线电压值、驾驶员警惕倒计时、泵压及混合动力系统的各种参数等。

（2）状态显示　HMI 可以显示主要设备的状态，包括车门、空调、牵引、制动、辅助、火灾报警、乘客信息、混合动力等各个子系统的主要运行状态或所处的运行模式等。

（3）故障提示　对列车发生的故障，通过故障界面可以查阅当前故障信息，包括故障码、故障开始时间、故障设备、故障信息等。通过历史故障界面，能够查询列车曾经发生过的故障信息。还可以通过详细故障界面，查看已发生故障的详细信息。

（4）控制功能　通过 HMI 界面的操作可以实现至少以下控制功能：

① 对牵引变流器的切除与恢复。

② 空调的控制模式设置、空调模式设置及温度调整。

③ 驾驶员火灾报警的消音功能。

④ 故障翻页功能。

⑤ 显示屏亮度设置功能，包括手动调节和自动调节亮度两种方式。

（5）维护功能　HMI 需设置维护界面，专门供列车维护人员使用。主要包括的功能有：节点信息、通信状态、软件版本、限速、里程数等。其中，维护界面需要设置密码保护，在里程数界面，需要对轮径值进行数字量的输入并保存在显示屏中。

10.2 信号控制系统

目前国内外现代有轨电车以地面敷设方式为主，车辆运营在城市绿地、街道或是商业圈等，在路权的形式上，分为独立路权、路口共享路权和混合路权三种形式，其中根据城市地面交通的特点，城市现代有轨电车的建设多采用混合路权。现代有轨电车的建设周期相比于地铁具有投资小、周期短的特点，但是由于线路的建设多在地面上，所以项目施工中对城市的地面交通影响较大，所以在线路施工的规划阶段要与城市现有的地面交通情况相结合，设计阶段要充分考虑施工过程中的各种冲突和矛盾；建设阶段要合理地规划疏导交通的有效方案，并做好有效的宣传工作；运营阶段要与地面其他的交通进行协调的管理和控制。有轨电车的设计要注意沿线相交道路交通的组织，电车的速度与服务水平要求沿线道路的设计要尽量减少与其他交通的冲突，保障电车运营的顺畅；现代有轨电车作为中运量的公共交通方式，需要妥善协调与大运量轨道交通、低运量常规公交之间的关系，共同构建系统的公交交通体系；为加强客流覆盖，电车车站需要设计合理的慢行过街设施，为避免资源浪费，应将新建慢行设施与现代慢行设施进行有机整合；由于现代有轨电车的线路建设多采用混合路权的方式，因此应该结合电车行驶特点对路口控制方式进行优化，以降低电车停车与其他交通和社会人员的影响。所以城市轨道交通对其信号系统提出与铁路不尽相同的要求，该系统要求具有高安全性、抗干扰能力强、可靠性高、通过能力大、保证信号显示和自动化程度高等特点（见图 10-9）。

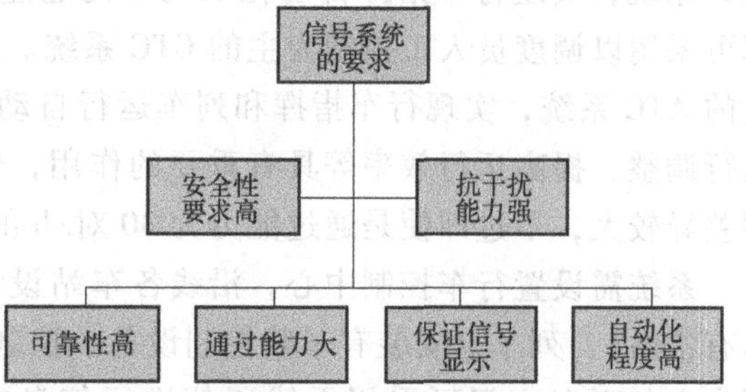

图 10-9　有轨电车信号系统要求

10.2.1　信号控制系统的组成

城市轨道交通的信号系统通常由列车运行自动控制系统（ATC）和车辆段信号控制系统两大部分组成，用于列车进路控制、列车间隔控制、调度指挥、信息管理、设备工况监测及维护管理，由此构成一个高效综合自动化系统，如图 10-10 所示。

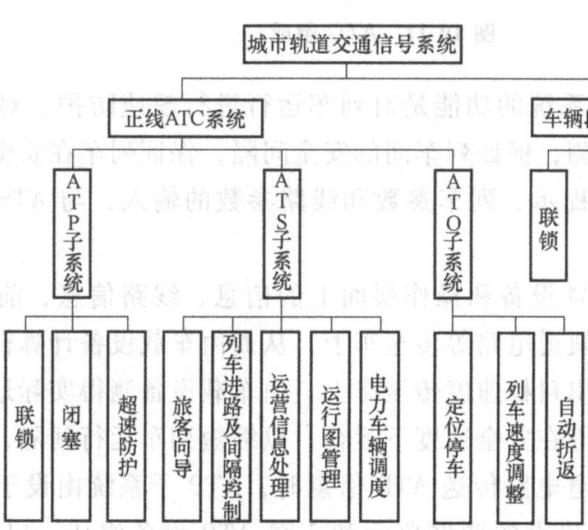

图 10-10　有轨电车信号系统组成

1. 列车运行自动控制系统

如图 10-11 所示：列车运行自动控制系统（ATC）包括列车自动防护（ATP）、列车自动运行（ATO）及列车自动监控（ATS）三个系统，简称“3A”。为确保行车安全和线路最大通过能力，根据国内外的运营经验，一般最大通过能力小于 30 对/h 的线路宜采用 ATS 和 ATP 系统，实现行车指挥自动化及列车的超速防护。在最大通过能力较低的线路，行车指挥可采用以调度员人工控制为主的 CTC 系统。最大通过能力大于 30 对/h 的线路，应采用完整的 ATC 系统，实现行车指挥和列车运行自动化。ATO 系统对节能、规范运行秩序、实现运行调整、提高运行效率等具有重要的作用，但不同的信号系统设或不设 ATO 会使运营费用差异较大，不过即使是通过能力为 30 对/h 的线路，有条件时也可选用 ATO 系统。

系统需设置行车控制中心，沿线各车站设计为区域性联锁，其设备放在控制站（一般为有岔站），列车上安装有车载控制设备。控制中心与控制站通过有线数据通信网连接，控制中心与列车之间可采用无线通信进行信息交换。ATC 系统直接与列车运行有关，因此 ATC 系统中的数据传输要求比一般通信系统的安全性、可靠性、实时性更高。

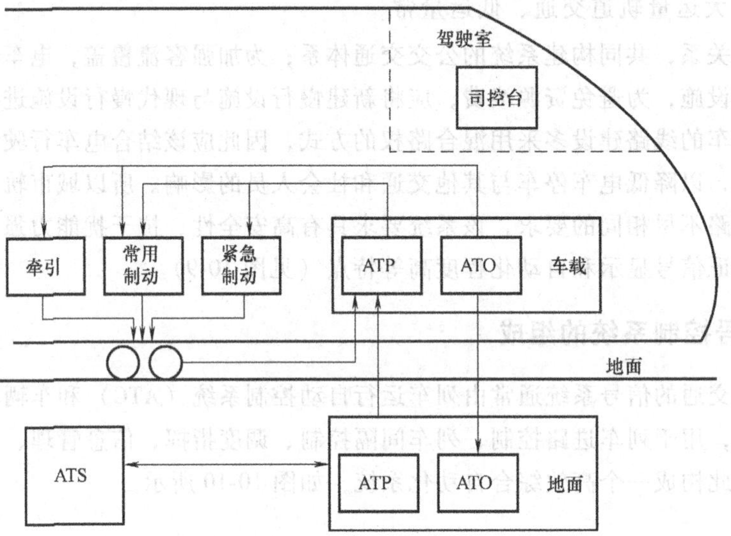

图 10-11　ATC 组成

(1) ATP 子系统　ATP 子系统的功能是对列车运行进行超速防护，对与安全有关的设备实行监控，实现列车位置检测，保证列车间的安全间隔，保证列车在安全速度下运行，完成信号显示、故障报警、降级提示、列车参数和线路参数的输入，与 ATS、ATO 及车辆系统接口并进行信息交换。

ATP 子系统不断将来自联锁设备和操作层面上的信息、线路信息、前方目标点的距离和允许速度信息等从地面通过轨道电路等传至车上，从而由车载设备计算得到当前所允许的速度，或由行车指挥中心计算出目标速度传至车上，由车载设备测得实际运行速度，以此来对列车速度实行监督，使之始终在安全速度下运行，以缩短列车运行间隔，保证行车安全。

如图 10-12 所示，采用轨道电路传送 ATP 信息时，ATP 子系统由设于控制站的轨旁单元，设于线路上各轨道电路分界点的调谐单元和车载 ATP 设备组成，以及与 ATS、ATO、联锁设备的接口设备。

（2）ATO子系统　ATO子系统主要用于实现“地对车控制”，即用地面信息实现对列车驱动、制动的控制，包括列车自动折返，根据控制中心的指令使列车按最佳工况正点、安全、平稳地运行，自动完成对列车的起动、牵引、惰行和制动，送出车门和屏蔽门同步开关信号。

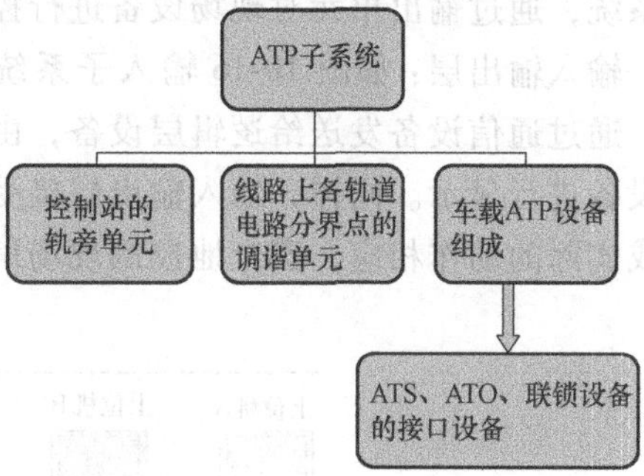

图10-12　ATP子系统组成

使用ATO后，可使列车经常处于最佳运行状态，高质量地自动驾驶，提高列车运行效率，避免了不必要的、过于剧烈的加速和减速，因此明显提高了旅客的舒适度，提高列车正点率及能量消耗和减少轮轨磨损。

如图10-13所示，ATO子系统包括车载ATO单元和地面设备两部分。地面设备有站台电缆环路、车—地通信设备以及ATP、联锁系统和接口设备。

ATO还装有一个双向的通信系统，使列车能够直接与车站内的ATS系统接口，保证实现最佳的运行图控制。

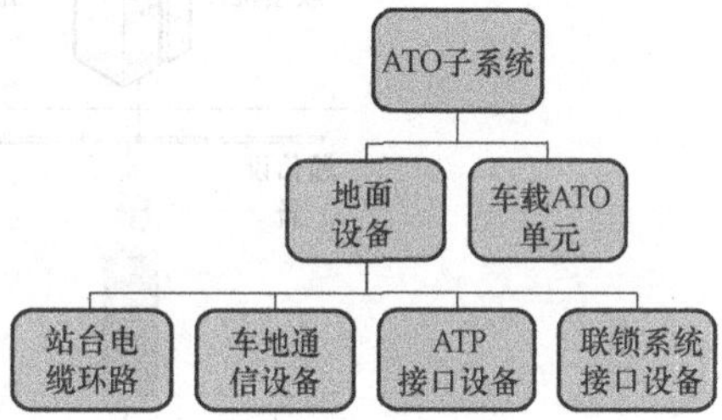

图10-13　ATO子系统组成

（3）ATS子系统　ATS子系统主要实现对列车运行的监督和控制，辅助调度人员对全线列车进行管理，其功能包括：调度区段内列车运行情况的集中监视与控制，监测进路控制、列车间隔控制设备的工作，按行车计划自动控制轨旁信号设备以接发列车，列车运行实迹的自动记录，时刻表自动生成、显示、修改和优化，运行数据统计及报表自动生成，设备运行状态监测，设备状态及调度员操作记录，运输计划管理等，还具有列车车次号自动传递等功能。ATS工作方式为集中管理，分散控制。

如图10-14所示，ATS子系统包括控制中心设备和ATS车站、车辆段分机。此外，在ATC范围内的各正线控制站各设一套联锁设备，正线有岔站原则上独立设置联锁设备，当然也可以采用区域控制方法。

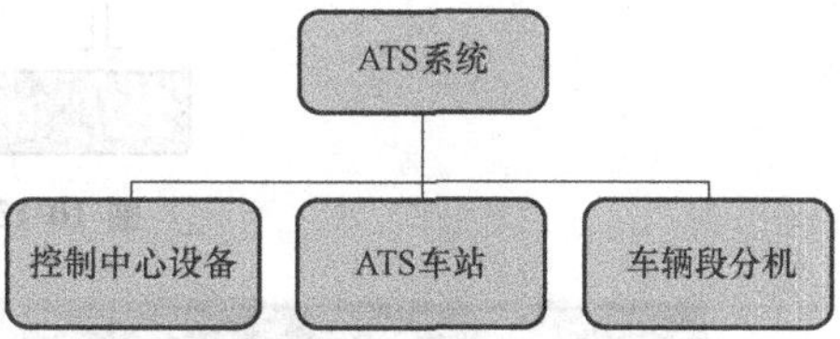

图10-14　ATS子系统组成

2. 车辆段联锁设备

车辆段设一套联锁设备，用以实现车辆段的进路控制，并通过ATS车辆段分机与行车指挥中心交换信息。实现作业进路上的道岔、信号机、轨道区段联锁功能，保障调车作业安全。

如图10-15车辆段联锁结构可分为三个层次：操作显示层、逻辑运算层、输入输出层。

操作显示层：提供可视化的人机交互界面，地面控制人员可以通过操作显示终端实施对车辆段的联锁系统进行监视和控制。

逻辑运算层：运算系统是整个联锁系统的核心层，联锁逻辑子系统接受来自操作显示层的操作信息和来自输入子系统的现场设备状态信息，据此进行联锁运算，产生相应的输出控制系统，通过输出单元对现场设备进行控制。

输入输出层：如图 10-16 输入子系统通过采集接口驱动设备，采集现场设备的状态信息，通过通信设备发送给逻辑层设备，由逻辑层设备进行逻辑判断和筛选，最后通过操作显示设备进行显示。同样，输入输出层接受来自逻辑运算层的控制指令，通过驱动设备将其转换成实际的动作相应，安全地控制现场信号设备。

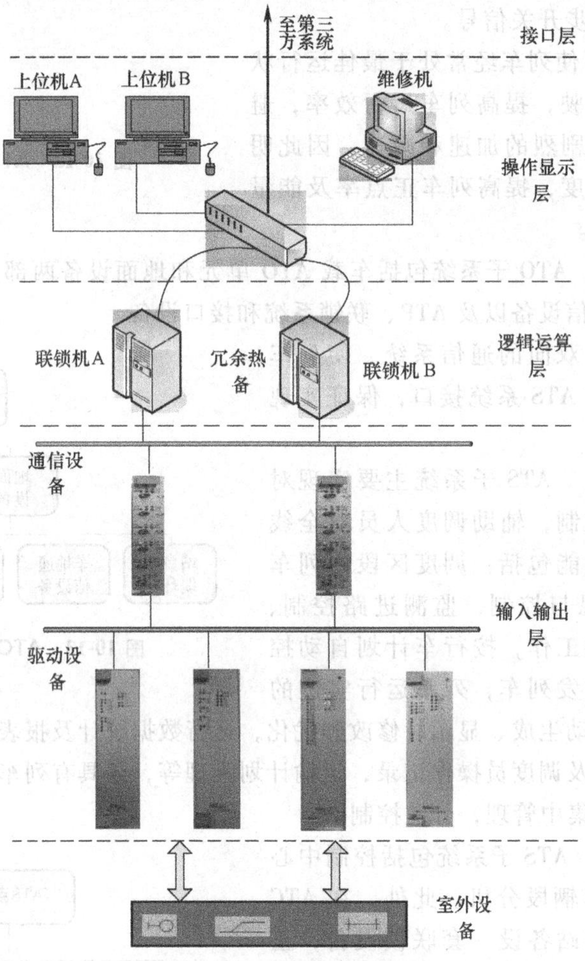

图 10-15　车辆段联锁结构

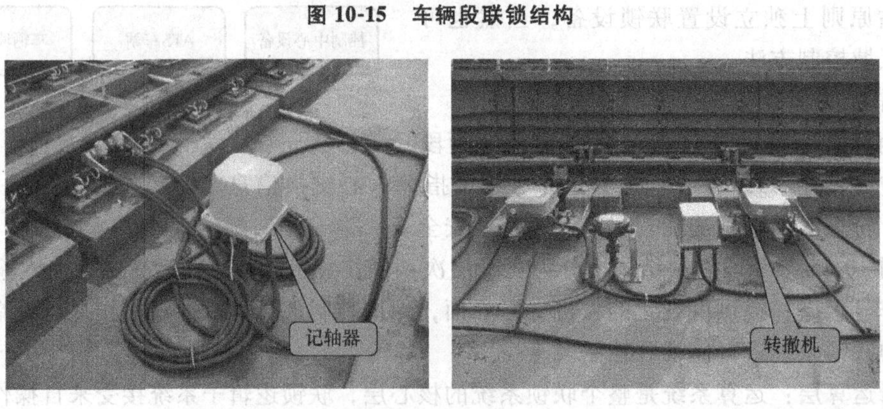

图 10-16　车辆段联锁采集和驱动设备

10.2.2　路权信号的控制

路权是指交通参与者根据交通法规的规定，在一定的时间和空间内使用道路，进行交通活动的权利。城市中有轨电车的路权，是需要经过当地交通管理部门批注认可的，符合相关交通管理法律法规的，为有轨电车规定的在专门的时间和范围内使用专用通道的权利。

对于现代有轨电车，在正常模式下只有走在最前方的车辆才对前方进路具有控制权，前左车辆通过进路后，后方车辆才能操作进路。为了进一步提高车辆过道岔的安全性，在道岔区域采用信标和地面感应环组合对车辆进行定位。

有轨电车在区间行驶时，操作盘显示运行轨迹、前方到站等信息，当有轨电车到达道岔接近区域时，电车结合轨旁控制箱无线广播出的道岔、进路表示器等状态信息自动显示该区域的动态站场状态图，自动显示并提示电车将要通过的进路，并将其他进路办理按钮设置为无效状态。驾驶员按下进路按钮并确认后，轨旁控制箱自动办理进路并开放信号，电车越过进路表示器后信号自动变为禁止信号，电车完全通过进路后进路解锁。

有轨电车路权信号控制有如下特点：

（1）道岔局部控制　有轨电车道岔控制与地铁采用中心控制不同，主要采用车辆靠近之后局部控制，安全与效率是道岔局部控制主要考虑的因素，故道岔局部控制可采用自动、司控和手动三种模式，兼顾安全与效率。

（2）低地板车辆　有轨电车一般采用低地板车辆，普通的计轴等信号设备不能在该环境中运用，故信号路权控制要充分考虑低地板等车辆的特点。

（3）与社会车辆混行　有轨电车普遍采用 C 路权（全线不封闭），有轨电车与社会车辆混行，故路权控制要考虑有效识别社会车辆和有轨电车。

（4）不同线路存在共同路段　与地铁不同，有轨电车存在一个车辆可能会在多条线路行驶的情况，而各线路可能使用的设备不是同一厂家生产的，故要考虑系统预留车载和地面的各种接口。

（5）采用人工驾驶模式　目前，有轨电车行驶采用纯人工驾驶方式，为解决对驾驶员的安全依赖性过高的问题，控制系统要设计超速防护、撞信号灯、前后车距离追踪等安全防护措施。其中现代有轨电车路权信号控制级别分如下三级：

A 级路权即全线封闭专用路权。要求全线不允许有平面交叉口，在法规上不允许任何其他车辆或行人进入，即全封闭专用道。在形式上是桥梁、隧道或在地面上专门隔离出的通道。

B 级路权即全线半封闭部分专用路权。要求沿着现代有轨电车通路拥有与其他交通方式（行人、机动车）物理隔离的措施，如栅栏或路缘石等，但与其他交通方式有平面交叉，包括常规的街道交叉路口。

C 级路权即全线不封闭无专用路权。各种交通模式混行的通道，有轨电车可以拥有非物理隔离的保留车道，也可能是在普通车道上行驶。

现代有轨电车设计应根据路权信号控制级别的具体要求、线路条件、客流特征和运营需求，明确沿线各区段的路权及隔离方式。按照现代有轨电车运行的实际工程要求及综合考虑，地面线专用道应尽可能采用 B 级路权。

第11章 车辆的检修

11.1 车辆的运行、检修管理体制

现代有轨电车车辆的运行、检修工作是现代有轨电车系统的重要组成部分，随着现代有轨电车的发展，更多城市中的有轨电车线路会形成网络，现代有轨电车系统网络管理的统一化、总体化的综合管理将会被重视。对现代有轨电车车辆建立适应城市轨道交通网络要求的运用和检修管理体制，实现现代有轨电车车辆设备资源、人力资源统一管理与综合利用，以及管理集约化、规模化、规范化是提高车辆运行、检修工作效率、运行质量、经济效益和社会效益的有效途径，已经成为现代有轨电车车辆运用和检修工作的目标。

11.1.1 车辆的运行、检修流程及其评估

1. 车辆运行、检修工作流程

现代有轨电车车辆的运行、检修工作流程如图 11-1 所示，图中虚线框中的程序属于车辆检修部门的工作范围，双点画线框中程序属于车辆运用部门的工作范畴。

运营公司根据客流情况并统筹考虑公司车辆配属量以及车辆检修需要制定乘客运输计划，确定列车运行图，确定列车的使用计划之后，就进入运用部门和车辆检修的工作程序。

(1) 车辆运行的主要工作范围 掌握运行列车的情况进行列车和列车驾驶员的合理调度，按照确定的列车运行图安排运用列车和列车驾驶员，进行每日的列车运营。

在运营列车发生掉线、退出运营与运用列车发生临修、不能投入次日运营时，安排让备用列车投入运营。

车辆运行部门还应安排列车驾驶员在车辆检修部门对列车检修的调试

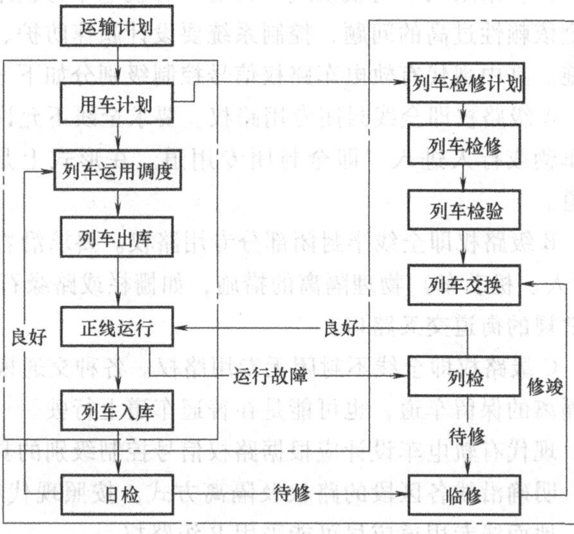

图 11-1 现代有轨电车车辆的运行、检修工作流程

工作，配合进行列车的动态调试。

车辆运行部门根据得到批准的列车检修计划将需要进行检修的列车交车辆检修部门对检修列车进行检修。

（2）车辆检修的主要工作范围 车辆检修部门根据列车的需用计划制定列车检修计划。制定列车检修计划时应统筹考虑列车的修程和车辆检修设备等检修条件，在保证运输需求和列车运行质量的前提下编制计划。列车检修计划在得到批准后，车辆检修部门应认真组织实施，按车辆检修规程和检修工艺，在列车修竣并检验合格后与车辆运用部门进行列车交接，修竣列车作为完好列车纳入运用列车范围。

在每日列车运营结束回库后，车辆检修部门要对列车进行日常检查维护，经检查技术状态良好、经维护和简单修理恢复良好技术状态的列车交给列车运用调度，作为次日运用列车。当列车需要进一步检修，交车辆临修组进行修理。

运营列车在运营途中发生故障时，若故障在驾驶员处理范围之内并经驾驶员处理恢复良好技术状态的列车可继续在正线运行；列车驾驶员若不能处理，应尽量避免救援，将列车行驶到折返线或停车线，由车辆检修部门的列检人员进行处理和维护，通过处理能恢复良好的列车可继续投入正线运行，如需进一步检修，将列车交车辆临修组进行修理。

2. 车辆运用和检修工作评估

现代有轨电车是直接面对社会和乘客的公共交通，具有安全、准时、快速、便捷等特点，深受市民青睐，同时现代有轨电车系统的运营单位也是以“人·公里”作为生产产品的运输生产企业。因此其运营单位要不断地提高乘客服务质量，同时也要以最小的投入获得最大的产出为目标，不断地总结运营经验，对工作持续改进、提高管理水平，达到提高效率和质量并降低运营成本的最终目标。

现代有轨电车是运载乘客的直接工具，车辆运行质量直接影响到对乘客的服务质量，同时车辆检修在整个运营成本中有着比较高的比例，其检验质量也影响到列车的运行质量。现代有轨电车车辆的运用和检修工作的评估工作在运营单位的运营管理工作中占有重要地位。

现代有轨电车车辆运用和检修工作的评估指标有以下几项：

（1）车辆利用率（%） 即最高运营车辆数与配属车辆数之比，见式（11-1）。

$$车辆利用率=\frac{最高运营车辆数}{配属车辆数}\times 100\% \tag{11-1}$$

配属车辆数=运营车辆数+备用车辆数+检修车辆数

该指标反映了对车辆检修水平和车辆运营的成本水平。

车辆利用率高，则说明车辆质量稳定，需要的备用车辆少，车辆检修停运时间短，其检修质量和效率高，同时投入运营的车辆增加，可以提高运营的经济效益。

（2）车辆平均无故障运营里程（km） 车辆运营总里程与车辆正线运营发生故障总数比值，见式（11-2）。

$$车辆平均无故障运营里程=\frac{车辆运营总里程}{车辆正线运营发生故障总数} \tag{11-2}$$

运营故障指运营车辆发生救援、清客和造成5min及以上运营间隔的故障。

该指标反映了车辆运行的可靠性及车辆检修质量对运营服务质量的影响。

（3）车辆临修率（次/列千公里） 运营车辆每运行千公里平均发生的临修次数，见式（11-3）。

$$车辆临修率=\frac{车辆临修次数}{车辆行驶总里程}\times 10^{-3} \tag{11-3}$$

临修指车辆临时发生故障经技术工人修理的次数，修理指对车辆进行零部件更换或尺寸调整。

该指标反映了各修程对车辆的检修质量水平。

(4) 车辆下线率（次/列·万公里） 运营车辆每运营万公里因故障离开运营线路回库的平均次数，见式（11-4）。

$$车辆下线率=\frac{车辆故障下线次数}{车辆行驶里程}\times 10^{-4} \tag{11-4}$$

车辆下线包括因车辆故障驾驶员对可处理故障处理不当引起的车辆下线和因车辆故障驾驶员不能处理引起的车辆下线。

该指标反映了对车辆检修质量水平和驾驶员在车辆运行中处理车辆故障的能力。

(5) 车辆维修效率（人/辆） 定修及以下修程的检查维修人员数与配属车辆数之比，见式（11-5）。

$$车辆维修效率=\frac{车辆维护(定修及以下修程)人员}{配属车辆数} \tag{11-5}$$

车辆检修人员数为车辆日常检修实际需要人员数，不包括为新开通线路准备的储备人员数。

该指标反映了对车辆进行日常维护的工作效率。

(6) 车辆检修效率（人/辆） 车辆架修/厂修所用人工数与完成车辆架修/厂修的车辆数之比，见式（11-6）。

$$车辆检修效率=\frac{架修/厂修人员数\times停运天数}{完成修理车辆数} \tag{11-6}$$

车辆检修人员数为实际需要人员数，不包括为新开通线路准备的储备人员数，停运天数从车辆送修起至竣工交付运营止。

该指标反映了对车辆进行架修、厂修的工作效率。

11.1.2 车辆的运行、检修工作管理模式

现代有轨电车的运行、检修工作的管理模式目前有两种：一种是现代有轨电车的车辆运行和检修工作由线路运营单位统一管理，另一种是车辆的检修由专门的车辆部门进行管理，车辆的运用由线路运营公司管理。

第一种模式中，车辆的运行和管理单位是运营公司，下属有检修车间、运行车间和其他相关的辅助车间和职能部门，承担运营线路配属车辆的检修和运用工作。根据运营需要向运营线路提供完好的车辆，并对车辆的运行和检修进行统一的管理、全面负责。

这种管理模式的优点是对车辆进行统一管理，有利于制定驾驶员操作规程、列车故障操作办法等与车辆技术有关的列车运用规章制度，有利于进行列车驾驶员的培训，有利于列车运行情况的反馈和处理，有利于车辆运行与车辆检修后的调试工作，比较容易进行车辆运行、检修的统筹安排，对车辆运行和检修的管理程序简化、管理效率高。

第二种模式中，车辆的运行和线路设备、设施由运营公司统一管理，这种管理模式可以

对所有运营线路设备、设施和车辆统一管理，有利于统一协调，尤其是在发生运营特殊情况时协调和处理的效率高。车辆检修部门除保证车辆的正线车辆运行外，还需做好车辆检修所需要的调车、列车调试等配合工作。

无论采取哪种管理模式，车辆的运行和检修工作都必须密切配合，还必须与其他各专业密切配合，才能使现代有轨电车系统顺利运转。

11.1.3　车辆的检修模式

在现代有轨电车发展的初始阶段，城市只有一、二条线路时，一般一条线设一个停车场或具有简单检修能力的定修厂，另设车辆大修厂或将一处的停车场建设成功能齐全的车辆段。车辆段里设各种车辆部件的维修班组，对车辆进行现场修理，车辆检修效率低且成本高。

目前，国内现代有轨电车正逐步向网络化发展，沈阳、泉州、苏州、台州等城市都规划或建成了众多现代有轨电车线路网络体系（见图 11-2 ~图 11-5）。一条线设一个车辆段的现代有轨电车检修模式远远不能适应现代有轨电车线网运行的要求。车辆检修基地需要配备大量的线路、设备设施，并要占用大量土地。随着城市发展，尤其是在大中型城市中，其土地资源宝贵、土地价格昂贵，需要对现代有轨电车线网中的车辆、车辆检修设备以及有关的技术、物资、人力等资源实现共享。目前，车辆的设计和生产采用先进技术，使车辆的维修量逐步减少、维修周期逐步延长，并且很多车辆部件向免维修的方向发展，这也对车辆检修资源的共享创造了有利条件。

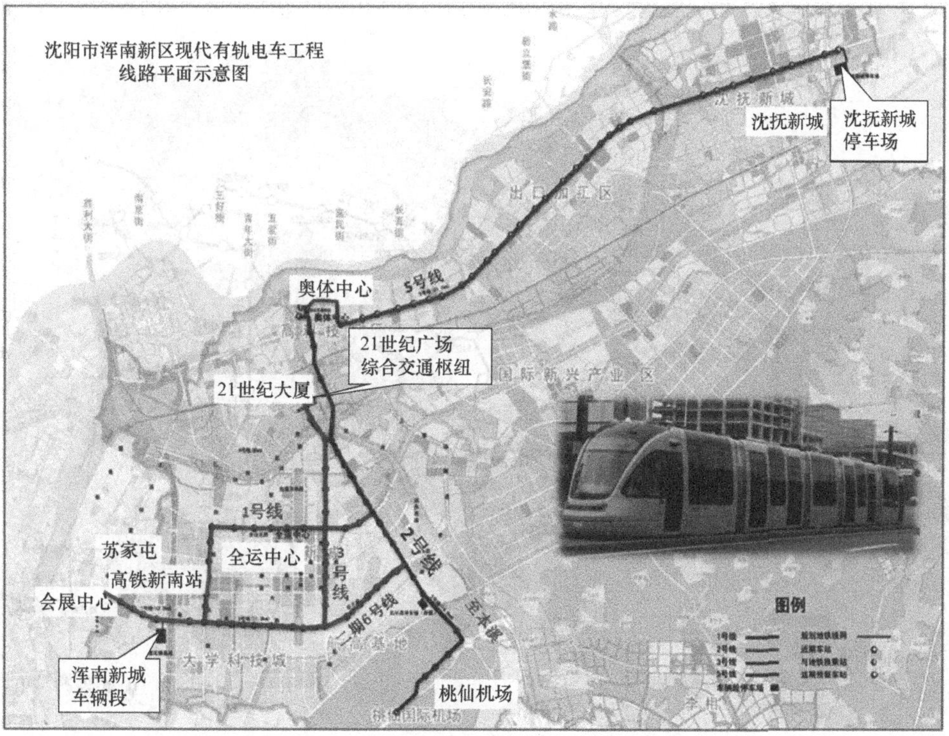

图 11-2　沈阳浑南新区现代有轨电车线网规划

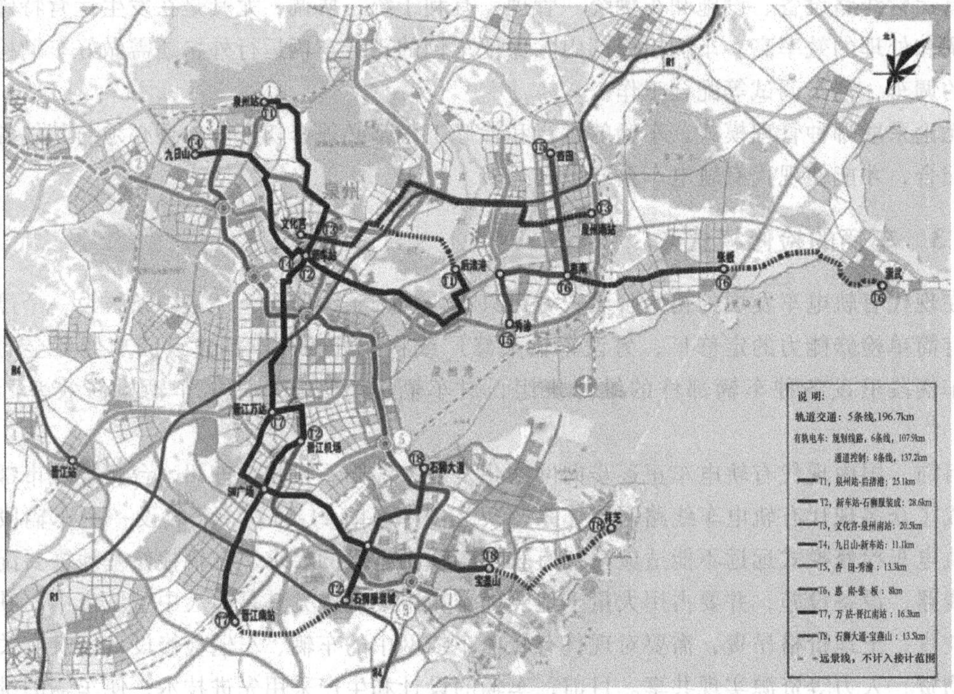

图 11-3 泉州现代有轨电车线网规划

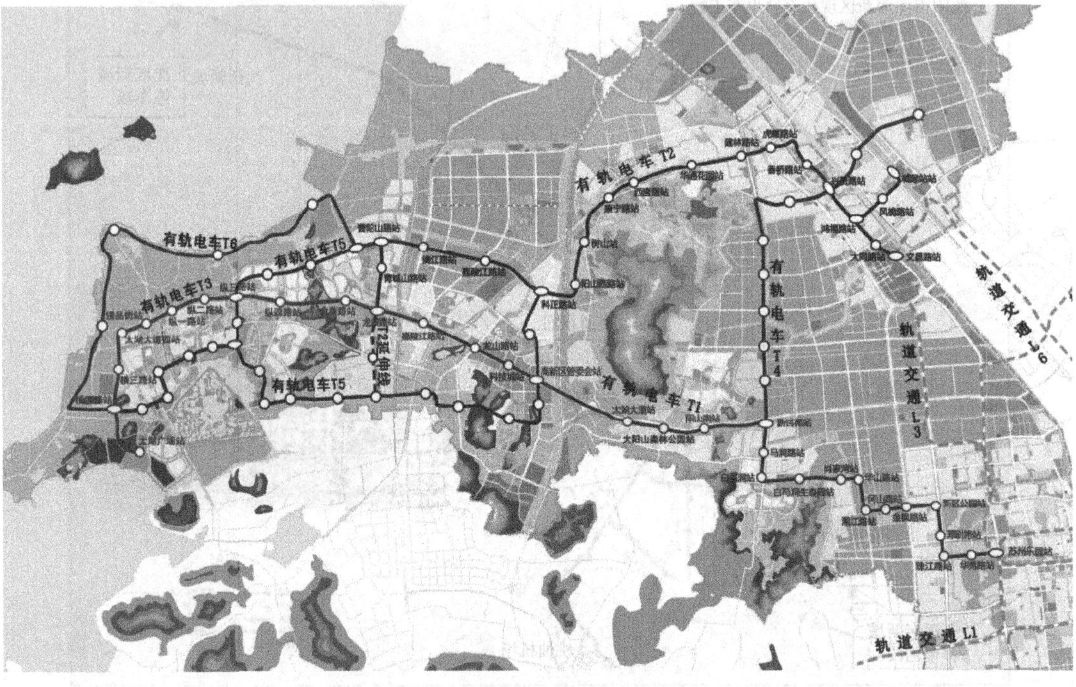

图 11-4 苏州现代有轨电车线网规划

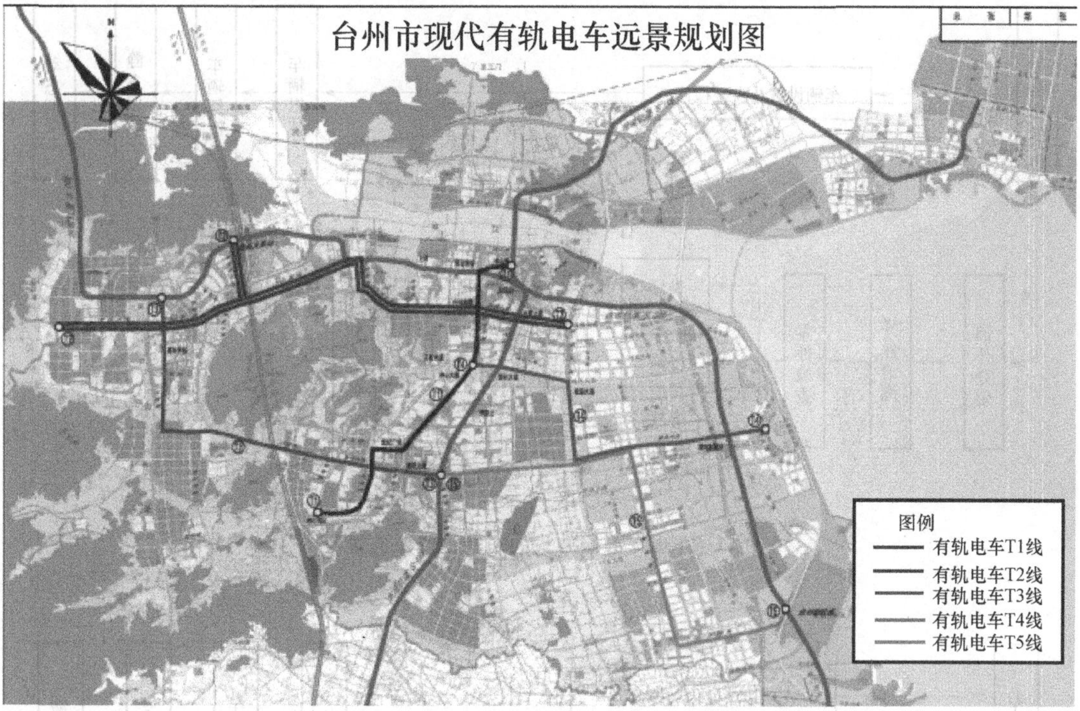

图 11-5　台州现代有轨电车线网规划

我国现代有轨电车由于处于发展初期，国内还没有统一的国家建设标准文件，其检修模式主要借鉴已有的城市轨道交通中的地铁和轻轨的检修经验，而这些轨道交通车辆其检修模式也主要是借鉴国外先进经验。主要借鉴处包括：车辆检修方式采用部件互换修，车辆部件专业化集中修理，车辆使用、维护养护、检修合理分工，最终实现车辆段多线共用等。这不仅可以大大提高车辆检修的效率和质量、降低车辆的维修成本，而且对提高现代有轨电车运营的经济效益和社会效益都具有重要意义。

1. 采用部件互换修为主的车辆检修方式

现代有轨电车发展初期，车辆配属量较少，车辆检修量较小，车辆检修往往采用部件维修的工艺方式，如图 11-6 所示，这种方式除少量待修和报废的零件从备品库领取新品外，其他零部件均待修竣后再安装回车辆上。此种检修方式不需要储备过多的备用零部件，但由于零部件检修时间较长，车辆需要等待零部件检修完成才能组装、编组、调试，导致车辆检修停运时间较长。

采用部件互换修的车辆检修方式，是在车辆定期检修时将待修车辆上分解下来的零部件或车辆临修需要从车辆上拆卸的零部件，修竣后可安装在同车型的任何车辆上。在车辆检修组装时所需的零部件来源于部件中心提供的互换零部件。采用部件互换修车辆检修方式的工艺过程如图 11-7 所示。

采用部件互换修的车辆检修方式需要必要的车辆零部件的储备，由图 11-7 可见列车的检修分成了独立的两大部分：车辆检修和零部件检修。车辆检修不受零部件检修时间的影响。

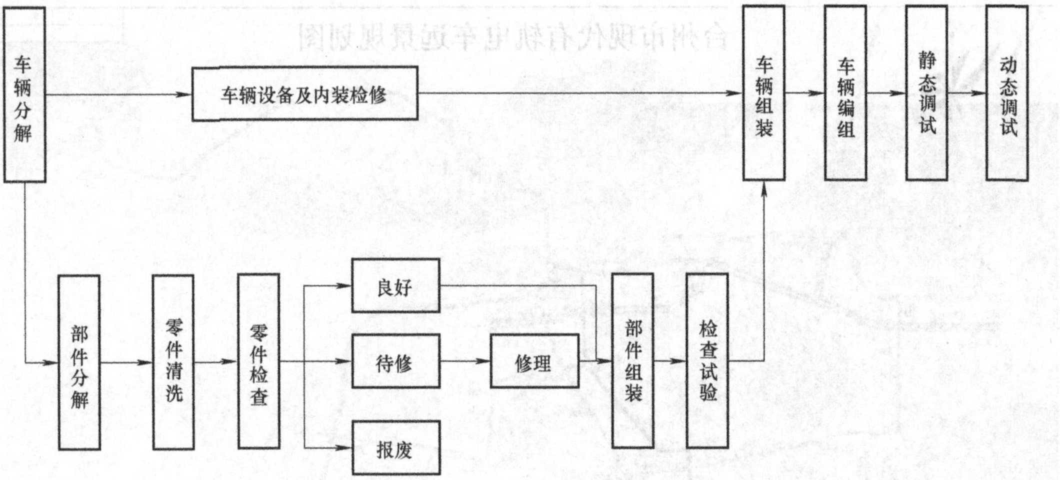

图 11-6　现车维修方式的车辆检修工艺过程

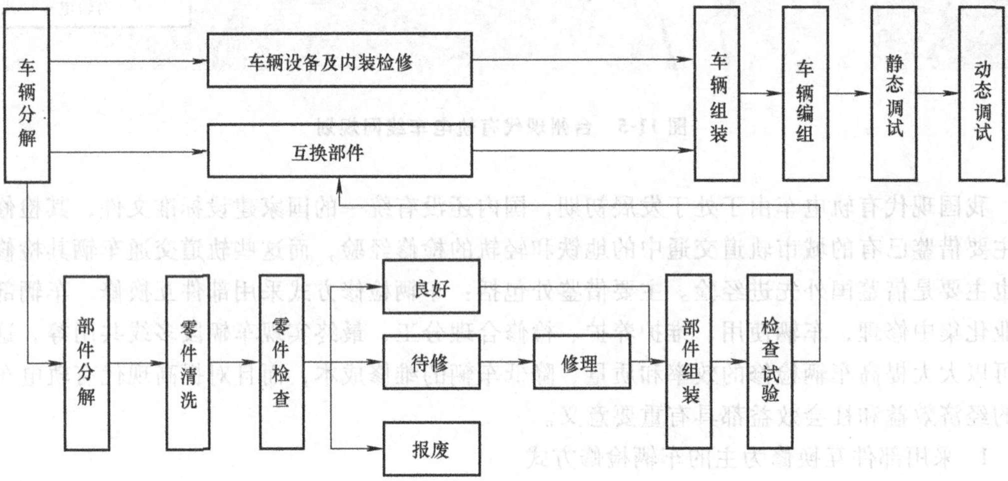

图 11-7　部件互换修方式的车辆检修工艺过程

采用零部件互换修为主的车辆检修方式的优点：

① 可以大大缩短车辆的检修停运时间，提高车辆的利用率。

② 为合理组织生产创造有利条件，从而有效地提高劳动生产率。

③ 能提高车辆的检修质量，提升车辆运行的可靠性。

④ 为车辆零部件检修的专业化，形成检修生产规模化创造有利条件。

⑤ 车辆利用率的提高还会减少现代有轨电车工程的建设成本，降低运营成本。

目前车辆检修要全部采用互换修，需要大量的互换零部件的储备量，存在一定的困难，但可以根据实际情况确定互换零部件范围，对于一些车辆的主要零部件，如：车钩缓冲装置、转向架、轮对、轴箱装置、空调以及车辆的电器和电气设备，一般采用互换修，形成车辆以部件互换修为主的检修方式。

2. 车辆零部件的专业化集中修理

车辆零部件的检修不仅需要大量的专业化检修设备、人才，还需要专业的试验设备。在现代有轨电车形成网络，配属车辆大大增加，车型比较集中以及车辆相同功能的设备、零部件趋于外观尺寸、功能相同的情况下，车辆零部件的专业化集中修理无疑是降低车辆零部件检修成本、提高检修效率和质量，形成规模效应，提高经济效益的有效途径。在规划中，现代有轨电车线网可以设置车辆部件维修中心，兼顾作为车辆部件的物流中心；也可以在不同车辆段设置不同车辆零部件维修基地，作为部件维修中心的分部，供给本车辆段和其他车辆段的车辆部件互换修使用。也可设专门的车辆部件修理厂，在对车辆需要进行厂修、进行技术改造时，发展为车辆修理厂，并进行车辆部件的集中专业修理，供现代有轨电车线网中车辆检修使用。

3. 现代有轨电车车辆的使用、维护保养、检修合理分工

车辆检修按照采用车辆部件互换修的方式和车辆检修资源共享、综合利用、统一管理的原则，现代有轨电车的检修可以分为三个层次：停车场检修、车辆段检修、车辆修理厂检修。

（1）停车场检修　停车场承担现代有轨电车的停放、清洁、检查、维护任务，一般进行车辆定修及以下车辆修程，定修以检查车辆系统或部件的技术状态为主，并根据需要对其进行维修或更换。停车场还应具有对车辆进行临修能力，遇到重大临修可采用部件的互换修。

一般一条运行线路设置一个停车场，对于一些运营线路较短并且运营线路是交叉或共线运营的线路有条件的也可共用一个停车场，对于运营里程在20km以上的线路，可以设置辅助停车场，辅助停车场一般只承担现代有轨电车车辆的停放、清洁、整备任务，如果需要承担车辆的检修工作，也只是进行车辆列检工作。

（2）车辆段检修　车辆段作为现代有轨电车交通配套系统，它主要包括车辆段、综合维修中心、物资总库和培训中心四大基本部分，并辅以必要的办公、生活设施。其功能主要包括：车辆停放及日常保养功能、车辆检修功能（包括定修、架修和大修）、列车救援功能、系统设备/设施的维护、保养和检修功能、材料物资供应功能和技术培训功能。对车辆的架修和大修采用部件互换修方式为主、现场修为辅方式，可以提高车辆检修效率，减少车辆停运时间，加快车辆周转时间。

按照车辆检修资源共享、综合利用、统一管理的原则在现代有轨电车形成网络时，车辆段作为车辆架修、大修基地，大都采用多线共用方式。

（3）车辆修理厂检修　车辆修理厂是在车辆需要时对全系统车辆集中进行全面大修、翻新和技术改造工作。车辆修理厂还可以是整个现代有轨电车线网车辆部件的维修中心，满足停车场、车辆段互换件的需求。同时具备到停车场、车辆段维修现场进行部件检修、简易维修的能力。

车辆修理厂承担的最大作用还是车辆的大修、翻新和技术改造工作，在规划线网车辆段的时候要对车辆段有合理的定位，如车辆段规划中不承担对车辆的厂架修工作，则可将此工作交由车辆修理厂负责，减少车辆段投资规模；如车辆段要承担车辆的所有检修工作，则在规划车辆段时需考虑其相应规模。

11.2 车辆的检修制度

11.2.1 现代有轨电车检修指导综述

检修制度的确立来自于实践，它是一种经验的积累和总结。一个城市的轨道交通企业或一条现代有轨电车线路，只有通过长期反复实践和论证，才能建立起一套完整的检修制度。世界各国对现代有轨电车车辆所采用的检修制度，根据自身经验和思维的不同，有很大差异，但大致分为两种类型：一种类型是将车辆维修划分成若干个周期，按周期制定不同的维修规程，然后按规程进行有计划的预防性维修；另一类型是不断观测和记录车辆在运用中的技术状态，按照车辆各种零部件的状态和表征这些状态的参数确定检修时间和内容，然后进行必要的维护修理。这两种类型检修分别称为计划修和状态修。

1. 计划修

计划修是指对现代有轨电车车辆进行有计划的检修。检修是按照一定的规程进行的。它规定了车辆检修的具体时间周期、检修范围、检修内容和检修标准。计划修的目的是在掌握了车辆损伤规律的基础上，在零部件尚未达到失效之前就加以修复或更换，因此是一种预防性的检修，而且防重于治，防治结合。按计划定期进行检修，可以防止和减少车辆故障，延长使用寿命，确保线路安全运营。

除了计划检修外，计划修的内容还包括日常维护。日常维护是指平时还需对车辆按规定的时间间隔进行必要的检修和保养，其主要包括清洁、检查、调整、紧固与润滑以及易耗小件的更换等。其目的一方面是为了消除车辆细小隐患，使故障消灭在萌芽状态，从而保证列车安全运行；另一方面也能对主要零部件的技术状态有所积累，使计划检修工作能够比较主动。

建立计划修制度，必须具备以下前提和基础：

1）有长期积累的车辆零部件检修记录，或者同类零部件资料归纳总结获得的主要零部件的检修周期。新购车辆可由供货商提供零部件的检修周期。

2）根据主要零部件的检修周期，制定出一套完整的车辆检修规程，规程包含检修周期、检修等级、检修内容和检修标准。

3）与车辆检修规程相配套的检修场地、检修人员、检修设备等条件。

4）有足够的、不影响运营的、可供计划检修周转用的备用车辆。

2. 状态修

状态修是指按车辆的现状而进行必要的检修。与计划修相比，状态修没有明确和固定的检修计划，每次修理的作业范围和工作量是随机的，车辆什么零部件有故障就修理什么零部件。虽然此种检修模式的工作量比计划修大大降低，但不均衡性较严重，因此不能制定固定的检修计划。

从维修方式角度来看，状态修属于视情维修，它是一种按需性预防维修方式。对车辆检修的实施，是根据日常检查，以及经常性监测与测试车辆零部件技术状态，按技术状态的表征参数而随时进行的预防性修理。因此，实施状态修能避免计划修的检修频繁、在修时间长等特点，从而显著地提高车辆的利用率和降低车辆的维修成本。

建立状态修制度，必须具备以下前提和基础：

1）对车辆的技术状态有很强的监测与检测手段，包括检测人员和设备。

2）有一支机动性的、多工种的、处理故障能力很强的技术工人队伍。

3）车辆发生故障不会造成重大影响或整条轨道交通线路瘫痪。

状态修具有较高的检修效率、较小的工作量，因此，近年来引起国内外的格外重视，并逐渐成为一种发展趋势。当然，与计划修相比，它们各有优点和适用条件。

11.2.2 国外车辆检修情况

1. 日本营团地铁检修制度

（1）概述 日本营团地铁根据预防修的原则，从走行公里与运行时间上考虑，对车辆的各部件进行修理，并以专业分工为原则，设有车辆部，下辖工场、检车区、车辆区，车辆工场承担车辆的重要部位检（相当于国内定修），全面修（相当于国内架修）。检车区承担日检、月修、清扫洗刷、停放管理。

（2）检修修程、内容及周期 日本营团地铁检修修程、内容及周期见表11-1。

表11-1 营团地铁检修修程、内容及周期

修程	周期	停修时间/天	场所
日检查	3天	0.25	检车区
月检查	3个月	1	
重要部检查	3年（新车4年）或40万km	12~15	车辆工厂
全面检查	6年（新车7年）	18~25	

日检查：根据车辆种类及状态，主要对车辆的重要部位从外部进行检查。

月检查：根据使用状况，对集电装置、主电动机、控制装置、辅助电源装置、台车、制动装置、连接装置、门系统、车体、灯具、蓄电池等各部状态及作用进行检查。

重要部检查：根据使用状况，对集电装置、主电动机、控制装置、辅助电源装置、台车、制动装置、连接装置、门系统、车体、仪表、蓄电池等重要部件进行部分解体，检查其状态及作用。

全面检查：最高级别修程，主要对集电装置、主电动机、控制装置、辅助电源装置、台车、制动装置、连接装置、门系统、车体、仪表、蓄电池等重要部件拆下解体，检查其状态及作用。

2. 法国巴黎地铁检修制度

（1）概述 法国巴黎地铁是一个拥有100年历史和经验的地铁公司，采用计划性维修，利用非营运时间和运营非高峰时间来做列车维修，在满足运营用车的前提下，找到列车的维修机会（称为维修窗）。维修组织体现在以下三个方面：

1）在每个车厂做现场维修。一个车厂下设一个轻型维修车间和一个现场维修车间。维修的对象为整列车，内容是小于3h的短时间修理。如日检、双周检、三月检、半年检、一年检、二年检。维修采用普通的方法：在列车上利用维修机会（维修窗），在非营运时间和运营非高峰时间进行较小修程的计划性维修以及通过驻站维修和轮值维修的故障性维修，从而确保地铁车辆的技术状态和地铁运营，并做到在高峰时间将每个车厂配属的列车全部

上线。

2）在大修工厂做强化维修。一个大修工厂可设X线和Y线。维修的对象为整列车，内容是全面的长时间维修，如三年检、小修、大修。维修的方法是在整列车上进行，并用装备进行必要的部件更换。

3）在大修工厂或委外的专业工厂做部件维修。维修的对象为部件，内容是部件的大修或改进。维修的方法是在专业班组或工厂专业大修或改进。

（2）检修制度　巴黎地铁公司经过不断优化，将车辆维修分为5级，见表11-2。

表11-2　巴黎地铁计划性维修制度

级别	列车	装置	部件	任务	内　容	备　注
1	√			操作的实用性与维修质量	短时间的修理（<3h），非营运时间在列车上进行只需普通的维修方法	在车厂进行
2	√					
3	√	√		使用性，维修质量与潜在的寿命	全面的长时间维修，在列车或承载装置上进行，要求用适当的技术方法、组织手段和人力资源	在大修工厂进行
4		√	√	部件寿命	每个部件进行总体大修	在大修工厂或专业工厂进行
5		√	√	部件更新	工艺技术的现代化或改进	

注：1、2级为现场维修，3级为强化维修，4、5级为部件性能维修。

11.2.3　国内车辆检修修程

目前，我国还没有专门针对现代有轨电车系统的国家技术标准，现有的主要是地方标准，如北京市有《北京市现代有轨电车技术标准》，采用的基本车辆检修制度仍然是按运行里程和时间进行预防性“计划维修”制度。车辆定检周期见表11-3。

表11-3　车辆定检周期

序号	检修种类	定检周期/万km	停修时间/天	库修时间/天
1	厂修	90	45	38
2	架修	45	30	24
3	定修	15	18	14
4	月检	1.25	2	2

虽然上述周期表中没有涉及日检和周检，在现实操作中还是会对车辆进行日检和周检的。日检、周检、月检都属于日常维修，定修、架修和厂修属于定期维修，按照日期或走行里程进行维修。

日检于每日车辆入库后在停车线上进行。主要从外部检查车辆制动、车辆走行装置、车门传动装置、车体、车厢、照明等与行车安全与服务质量有关的部件和装置，保证次日列车的正常运行。

周检：对主要部件做外观检查，主要检查车内PIS系统（包括各种呼叫按钮、各种显示屏、广播系统、内外摄像头及扬声器等）、驾驶室、车下制动部件及转向架门系统装配件等部位的检查。

月检：对列车进行全面、细致检查，并且要对接近到限的易损、易耗件进行更换，对主要部件的技术状态进行检查、测试和保养。

定修：对主要零、部件技术状态进行检查，对技术状态不良的零、部件进行更换或检修，消除所发现的故障；此外还要对电气部分的技术整定值进行检测和调整。

架修：对车辆予以解体，进行设备及零、部件的检查、测定、修复及更换等检修。对重要部件，如转向架、车钩、车门传动装置、制动装置、牵引电动机、受电弓等，进行测试、检查、修复，恢复车辆设备及零、部件的运用性能。

厂修：对车辆进行全面分解、整体修复，修竣后性能、标准应达到新造车的技术水平。

定修、架修、厂修三个修程，在检修完成后都要对车辆进行静态调试，最终还要到试车线试车、进行动态测试。

11.3 车辆的日常维护

如上一节中提到，由于现代有轨电车系统还没有统一的国家标准，国内各个轨道交通企业都有独立的现代有轨电车产品，每个产品都是基于不同的技术平台进行开发设计的，检修工艺不尽相同，下文将以中车唐山机车车辆有限公司生产的100%低地板现代有轨电车为例进行介绍，此车型目前已出口土耳其萨姆松市，2014年正式运营，产品成熟且具有一定的代表性。

11.3.1 日检工艺过程和操作方法

日检是每天必须对车辆进行的检查。一般安排在每天的运营结束后，列车回库时进行。日检目标是保证车辆的正常运营，所以日检主要针对车辆运营安全至关重要的部件以及运营服务有关的部件进行例行检查，保证在第二天出车前，车辆能够处于良好状态。

日检工作主要包括以下几部分：

1. 驾驶室项目检查

（1）驾驶室试灯按钮测试　测试以下带灯按钮和指示灯，检查其是否正常点亮工作。按钮和指示灯包括：换端、限速、零速旁路、辅助缓解1、辅助缓解2、辅助缓解3、安全环旁路、紧急开门、门全关闭旁路、左转向、右转向、双闪、连挂、乘客紧急制动旁路、降级模式、升弓到位/降弓到位双色指示灯、本端有权、库用插座状态、安全环状态、制动缓解指示灯、Deadman触发的声光报警器、接地状态、开门允许指示灯、左侧门全关闭指示灯、右侧门全关闭指示灯、Anti kink故障、供电故障、远光指示灯、近光指示灯、高速断路器状态的指示灯、TDS指示灯。

（2）检查塞拉门工作是否正常　操作左侧开门按钮3次，操作右侧开门按钮3次，观察外门功能是否正常。

（3）检查HMI信息　检查HMI上各系统功能是否正常，包括：外门、空调、照明、牵引、制动等。并对故障信息进行查看，查看HMI屏幕观察有无影响列车正常运行的故障。

（4）检查外部照明灯　调节灯光观察外部照明是否功能正常。

（5）制动系统检查　驾驶室占用，车门关闭操作制动强迫缓解按钮，查看HMI显示制动缓解，且无制动故障码出现。

（6）触摸显示屏功能检查　旅客信息系统的触摸显示屏放置在用户服务区域，连接到广播主机。触摸显示屏使用触摸屏实现操作。触摸屏所在位置见图 11-8。

图 11-8　触摸屏位置

作业步骤如下：

1）观察触摸显示屏是否正常启动。

故障：广播主机启动正常，而触摸显示屏黑屏。

处理方法：检查线路，检查触摸显示屏的插接器是否连接到位。

2）触摸屏启动后，观察画面显示是否清晰、正常。

故障：触摸显示屏显示异常。

处理方法：检查广播主机显示分辨率是否设置为 1024×768；检查相应插接器是否松动。

3）触摸屏启动后，触摸操作是否正常。

故障：触摸操作没有响应。

处理方法：检查相应插接器是否连接到位。

（7）广播控制盒的功能检查、维护　广播控制盒安装在驾驶室，每列共 2 台，所在位置见图 11-9。广播控制盒是旅客信息系统的组成部分，基本的广播和内部通话功能根据 UIC568 标准，并且同时作为广播主机的操作终端，具有选择线路等功能。广播控制盒与 UIC 总线相连，它是列车工作人员使用广播和内部通话系统的接口。使用广播控制盒可以通过扬声器进行广播或呼叫驾驶员，或者接听乘客报警。广播控制盒具有监听广播的功能，监听音量可以调节。

作业步骤如下：

1）检查车内、车外广播功能。

故障：车内、车外广播时无声音。

处理方法：检查 X1、X2 插接器是否松动。

2）检查驾驶员对讲、紧急报警通信功能。

故障：驾驶员对讲、紧急报警通信不正常。

处理方法：检查 X1、X2、X4、X14 是否松动。

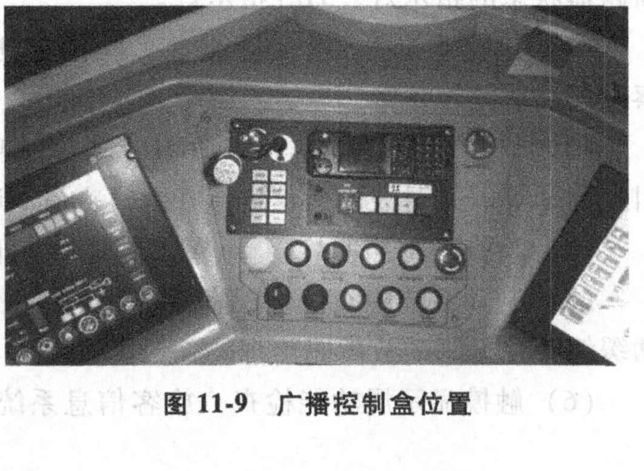

图 11-9　广播控制盒位置

3）检查 OCC 通信功能。

故障：OCC 通信不正常。

处理方法：检查 X2、X6、X14 是否松动。

4）检查驾驶员监听功能。

故障：驾驶员监听不正常。

处理方法：检查 X2、X4、X14 是否松动。

如需要，更换广播控制盒。

2. 显示屏检查

显示屏主要包括车内屏、端部屏、侧部屏、终点屏，具体位置如图 11-10 所示。

车内屏用 LED 显示图像，安装在列车内部的车体上，可满足三色 LED（红色、绿色、黄色）显示。当显示文字超过预订长度的时候，进行滚动显示。车内屏可向旅客提供以下信息：列车运行线路、站点信息以及其他预定义的文字内容。

端部屏用 LED 显示图像，安装在列车内部的车体上，可满足三色 LED（红色、绿色、黄色）显示。当显示文字超过预订长度的时候，进行滚动显示。端部屏可向旅客提供以下信息：列车运行线路、站点信息以及其他预定义的文字内容。

侧部屏用 LED 显示图像，安装在头车外部两侧的车体上，可满足三色 LED（红色、绿色、黄色）显示。当显示文字超过预订长度的时候，进行滚动显示。侧部屏可向旅客提供以下信息：列车的车次和起始区间以及其他预定义的文字内容。

终点屏用 LED 显示图像，安装在列车内部的车体上，可满足三色 LED（红色、绿色、黄色）显示。当显示文字超过预订长度的时候，进行滚动显示。终点屏可向旅客提供以下信息：列车的车次和起始区间。

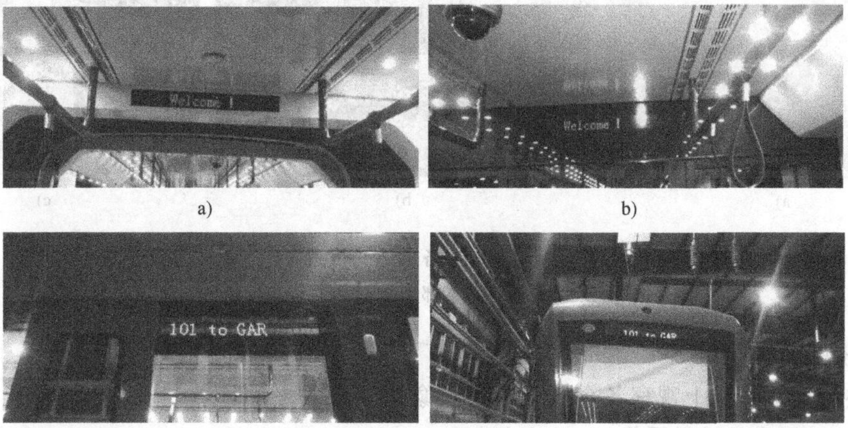

a)　b)　c)　d)

图 11-10　各显示屏位置

a）车内屏　b）端部屏　c）侧部屏　d）终点屏

作业步骤：

检查显示屏显示功能是否正常：在触摸显示屏上选择报站信息。

故障：无显示信息或显示信息不正常。

处理方法：检查输入电源是否有 24V 输入电源；检查电源线极性是否正确；检查显示

屏到本车厢车厢控制器的以太网连接以及显示屏上的终端连接是否牢靠。

3. 电视检查

主要对车厢内的电视机进行检查维护，电视位置如图 11-11 所示。

作业步骤：

1）在广播主机主程序下播放视频节目，检查电视能否播放视频。

故障：不能播放视频。

处理方法：检查电视 X1 插接器连接是否可靠；检查电视 X2 以及车厢控制器的 X24 连接是否可靠。

2）如需要，更换电视。

图 11-11 电视位置

4. 摄像头检查

摄像头主要包括客室、端部、侧部摄像头，是列车监控系统的主要设备，负责采集视频监控数据，所有的摄像头连接至本车厢的车载服务器，其位置见图 11-12。

客室摄像头安装于客室内部上方天花板，每个客室配置两台客室摄像头，保证监控整个客室空间无死角。

端部摄像头安装于头车前端上方，每个头车部署一台端部摄像头，用于对头车前方的实时情况进行监视。

侧部摄像头安装于头车前方两侧，每个头车部署两台侧部摄像头，用于对列车外部两侧的实时情况进行监视。

a) b) c)

图 11-12 各摄像头位置

a）客室摄像头 b）端部摄像头 c）侧部摄像头

作业步骤：

1）在触摸显示屏上观察各个摄像头的录像。

故障：摄像头无显示图像。

处理方法：检查对应摄像头是否上电；检查 BNC 插接器是否连接牢靠；检查车厢控制器网管交换机端是否连接牢靠；检查车厢控制器 X6 到车载服务器之间的连线是否正常。

2）如需要，更换摄像头。

5. 扬声器检查

扬声器包括客室扬声器和外部扬声器。客室扬声器安装在每节车的车内，用来播放视频伴音、语音服务信息和人工广播；外部扬声器安装在头车车顶外部，用来播放语音服务信息和人工广播。扬声器见图 11-13。

a)　　b)

图 11-13　扬声器

a）客室扬声器　b）外部扬声器

作业步骤：

1）在广播主机主程序界面，播放视频，检查各扬声器播放声音是否清晰、流畅。

故障：扬声器不能正常播放。

处理方法：检查电缆焊接是否牢靠；检查变压器是否正常；检查喇叭是否正常；检查音频端口到车厢控制器之间的连线是否正常。

2）如果接线都正确，那么是扬声器内部故障，需要更换。

6. 客室部件检查

包括以下作业内容：

（1）铅封检查　目视检查乘客紧急制动手柄铅封完好。

（2）PIS 系统　检查语音、视频系统工作状态正常。

（3）内装　目视检查内装是否完好。

（4）贯通道　目视检查紧固件无松动丢失。

（5）座椅　检查座椅是否损坏、整洁。

（6）照明　检查内部照明灯；观察客室照明是否功能正常。

（7）电器柜外观检查　目视检查外观良好，检查柜内外有无灰尘、异物，进行清洁、除尘，柜体表面的涂装能够有效避免周围污染物的损坏或腐蚀。

7. 车下部件检查

包括以下作业内容：

（1）转向架表面目视检查　目视检查撒沙及轮缘润滑管路是否破损；目视检查连接线缆是否有破损、断裂。

（2）裙板　检查螺栓是否松动。

（3）齿轮箱　目视检查齿轮箱表面是否有划伤、油漆脱落；目视检查各油堵是否有损坏、丢失；目视检查电动机表面是否有破损、油漆脱落。

（4）轮对　目视检查踏面是否有擦伤、变形等情况。

（5）制动传感器、温度传感器检查　检查电缆是否有裂纹或者损坏，以及其他部件是否外部损坏。

（6）制动系统部件检查　制动夹钳外观检查，管路无破损、无泄漏，油漆正常。

（7）制动盘检查　目视检查是否有缺失或者损坏，检查无螺栓生锈或杂物入侵，以免导致制动夹钳的运动受到限制，使制动功能失效。

11.3.2 周检工艺过程和操作方法

现代有轨电车在国内近几年才兴起，由于使用成熟度还不够完善，并没有像其他城市轨道交通一样取消了周检，为保证车辆的正常运行，现代有轨电车还需进行周检以保证车辆的稳定性。

周检工作内容覆盖了日检，但增加了以下内容：

1. 残疾人呼叫按钮检查

残疾人呼叫按钮是装在两个头车的两个可以呼叫驾驶室的按钮，其位置如图 11-14 所示。

作业步骤：

1）按动残疾人呼叫按钮，检查驾驶室扬声器以及触摸显示屏有无响应。

故障：呼叫时，驾驶室扬声器无声音；触摸显示屏无响应。

处理方法：检查对应车厢控制器的 X22 连接是否可靠。

2）如需要，更换残疾人呼叫按钮。

2. 驾驶员控制器功能检查

驾驶员控制器位于驾驶室内，集成有调速手柄、转向手柄、鸣笛按钮和警惕按钮等，是控制车辆运行的重要部件，其结构如图 11-15 所示。

图 11-14 残疾人呼叫按钮位置

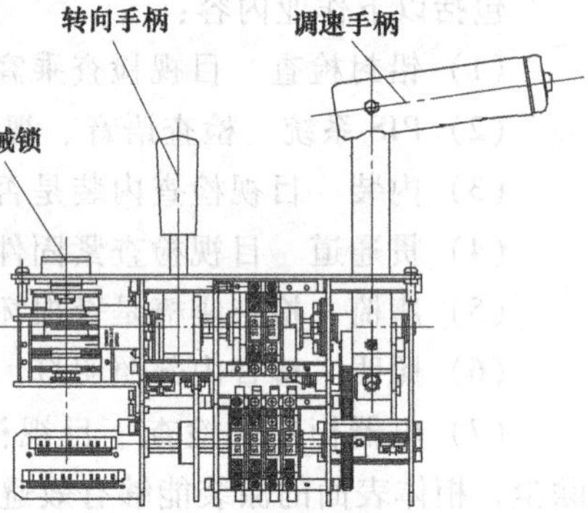

图 11-15 驾驶员控制器结构

作业步骤：

1）检测驾驶员控制器的联锁功能。如联锁异常需更换驾驶员控制器。

2）检测驾驶员控制器的鸣笛及警惕联锁功能，如检测异常需更换驾驶员控制器。

3）清洁驾驶员控制器面板。

3. 门系统的检查

检查塞拉门装配部件的螺钉是否松动（检查记号漆是否被破坏）。

如果螺钉松动，那么必须拆除、清洁、再按要求的扭矩紧固。

4. 转向架和制动部件检查

对此部分的检查要比日检更加丰富和细致，检查项目及作业步骤如下：

1）转向架表面目视检查：

① 目视检查传感器表面，是否有异物击打痕迹，传感器是否虚接。

② 目视检查制动管路是否有破损泄漏。

③ 目视检查连接线缆是否有破损、断裂。

④ 目视检查构架上安装座及横侧梁主要焊缝是否有可见裂纹。

⑤ 目视检查钢板是否有裂纹。

⑥ 目视检查构架上各安装座是否弯曲变形。

⑦ 目视检查涂漆，漆面是否损伤、锈蚀。

2）轮轴：目视检查表面是否损坏，主要是踏面擦伤。

3）二系悬架：目视检查二系悬架表面，是否有撕裂、划伤。

4）齿轮箱：

① 目视检查齿轮箱表面是否有划伤、油漆脱落。

② 目视检查各油堵是否有损坏、丢失。

③ 目视检查齿轮箱油位。

④ 检查齿轮箱密封垫圈的密封性，是否漏油。

5）电动机：

① 目视检查电动机表面是否有破损、油漆脱落。

② 目视检查电动机接线是否有外部击打破损、撕裂。

6）悬架装置：

① 目视检查所有悬架装置的螺纹连接，检查防松标记，若防松标记移位，重新打扭力画防松标记。

② 检查橡胶是否有外部损坏，金属部分腐蚀和橡胶部分裂纹。

7）撒沙装置：

① 目视检查撒沙管路是否有外部击打损坏，检查撒沙管路连接是否脱落。

② 目视检查撒沙喷嘴是否损坏。

8）制动夹钳、制动盘：

① 检查制动管路是否损坏、漏油。

② 目视检查制动夹钳连接、定位销。

③ 目视检查制动盘是否有划伤。

④ 不同的运营效果可能会引发不同垫片区域不同的厚度（所谓的倾斜性磨损），磨损的程度或多或少。倾斜性磨损的定义限制为 5mm。

⑤ 允许垫片摩擦表面上的发丝式裂纹，在这个表面上不允许在任何位置上产生影响垫片强度的明显裂纹。

9）轮缘润滑：目视检查喷嘴、软管、接头是否有损伤。

10）输出万向节：目视检查弹片组是否有损坏、撕裂。

11）磁轨制动器：

① 目视检查磁轨制动器是否有外部损坏。

② 橡胶是否有裂纹、老化、腐蚀。

③ 磁轨制动器与轨道间隙不小于 6mm。

④ 检查压力弹簧悬吊物的部件磨损情况：压缩弹簧不能有任何生锈的迹象。调整螺母的磨损圈：如果磨损圈出现划痕或者损坏，球帽或者轮缘衬套严重磨损，更换磨损圈。如果

更换了磨损圈，轮缘衬套需更换，且调整杆也需更换；如果调整杆的螺纹处发现损坏，则必须更换。

12）检查液压单元：

① 油量在正常位置，液面应该达到上部油尺的中间。

② 检查隔板蓄能器是否损坏，比如刮伤、裂纹、变形、腐蚀（目视）。目视检查隔板蓄能器外部和液压口有无泄漏。

11.3.3 月检工艺过程和操作方法

月检属于低级别的检修。内容基本覆盖了日检和周检，但增加了对易耗零配件的更换以及对部分易损零件的修理。月检一般所需时间为两天，因此要占用车辆投运时间。

以下重点介绍月检中增加的内容，未提到的内容与日检和周检一致：

1. 受电弓接触力和碳滑板检查

图 11-16 所示为受电弓整体结构。

1）受电弓接触力检查：

升高受电弓到最高位置，用弹簧秤检查接触力，额定静态接触力：80N（60～120N 可调）如未达到所需接触力，需对其进行相应调整。

将受电弓放在最低位置，将弹簧秤（100N）设置到上臂十字管上，现在用弹簧秤将上臂提升到最大距离缓冲器 5～10mm。最低位置的保持力应为>50N。如果没有达到所需的保持力，则必须在心轴驱动装置处调整磁开关。

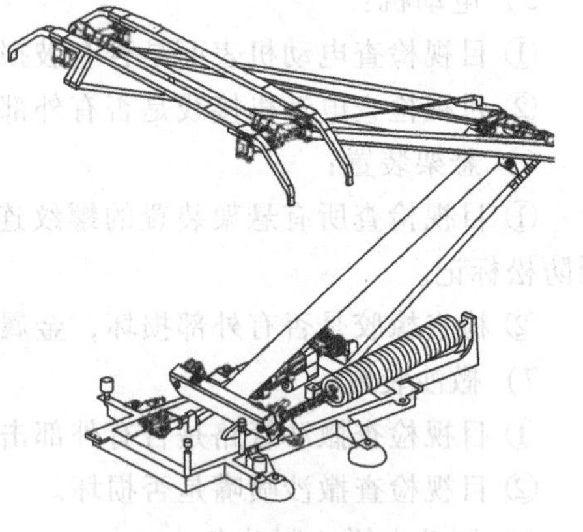

图 11-16　受电弓整体结构

2）受电弓碳滑板检查：

检查碳滑板剩余高度，在剩余的碳棒高度（从碳棒座上边缘测量）达到 2～3mm 时，必须更换。

如果在边缘处有崩花的碳滑板（见图 11-17a），应用粗锉刀轻轻锉平断边，然后才能继续使用。有较大崩花的碳滑板必须更换。在边缘处有崩花同时有裂纹出现的碳滑板必须更换。

进行功能检查。有延伸到碳棒座的裂纹的碳接触件（见图 11-17b）必须更换（有受腐蚀的危险）。

有延伸到碳棒座的细裂纹同时有电路损坏的碳接触件（见图 11-17c）必须更换。在没有电路损伤只有轻微细裂纹的情况下，碳接触件可以继续使用。

2. 贯通道检查

贯通道分为单铰接（见图 11-18）和双铰接（见图 11-19）两种。

1）单铰接贯通道。

举起渡板圆盘检查，若折棚底部有污垢和垃圾堆积，清洁；检查渡板滑行边缘是否有磨损，测量：最小滑行边缘宽度=1mm，超过更换。

上部铰接组合：

a)　　b)　　c)

图 11-17　碳滑板破损

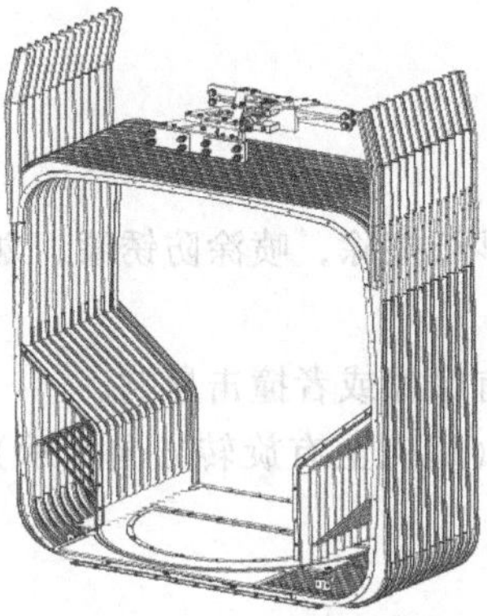

图 11-18　单铰接贯通道

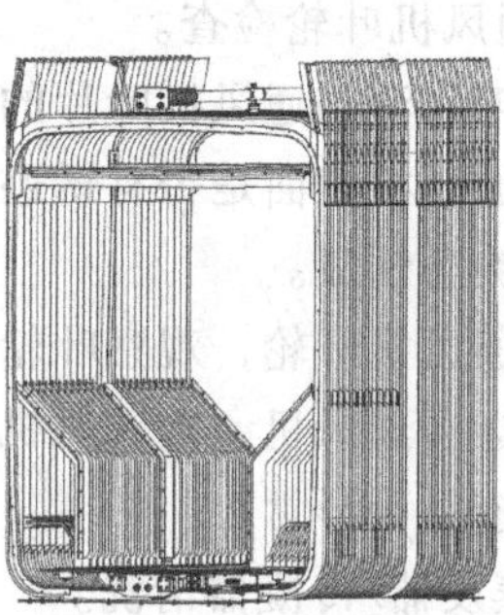

图 11-19　双铰接贯通道

① 目视检查连接螺栓是否松动，若松动，拧紧。

② 目视检查保护套（Scrub-protection shell）是否有磨损，若金属外露，更换。

③ 滑动部分是否有磨损。

④ 铰接连接轴承老化。

⑤ 其他一般损坏。

下部铰接：

① 目视检查螺纹连接是否松动，若松动拧紧。

② 目视检查是否有一般损坏。

2）双铰接贯通道。

上部铰接：

① 目视检查螺纹连接是否松动。

② 目视检查橡胶密封是否老化，若已老化，更换。

③ 其他损坏。

渡板/折棚底部：

① 目视检查圆形渡板边缘是否磨损。

② 折棚底部是否有污垢垃圾堆积，若有堆积，清洁。

下部双铰：

① 目视检查螺纹连接是否松动，若松动拧紧。

② 目视检查是否有一般损坏，若损坏更换。

③ 测量轴承间隙是否大于0.2mm，若大于0.2mm，更换。

3. 空调机组检查

1）对空调进行系统状态检查，如有故障按照保养手册进行故障排除。

2）清洗新风过滤网。

3）对冷凝风机叶轮进行检查。

检查冷凝风机表面是否有锈迹、划伤等。如有锈迹用砂纸擦除，喷涂防锈漆；划伤处用砂纸打磨后喷涂防锈漆。

用手旋转冷凝风机叶轮，观察叶轮转动是否平衡，是否有摩擦或者撞击异响。

上电运转冷凝风机，查看风机叶轮旋转方向是否正确（叶轮上有旋转方向标示），同时检查叶轮转速是否异常。

4）通风机叶轮检查。

用软毛刷清扫通风机叶片的灰尘（重点叶片内侧）。

检查通风机表面是否有锈迹、划伤等。如有锈迹用砂纸擦除，喷涂防锈漆；划伤处用砂纸打磨后涂防锈漆。

旋转通风机叶轮，观察叶轮是否转动平衡，听是否有摩擦或者撞击异响。

上电运转通风机，查看风机叶轮旋转方向是否正确（蜗壳上有旋转方向标示），同时检查叶轮转速是否异常。

5）蒸发器/冷凝器清洗。

将主电控盒拆下。

对航插电气接口做好密封措施，以免灰尘、水渍浸入。

将防水工装安装在回风口。

在蒸发器/冷凝器表面有少量脏污时，使用高压空气枪进行清除即可。

在蒸发器/冷凝器表面脏堵严重时，使用中性洗涤剂混合温水进行清洗。

4. 电动刮水器维修

检查（并紧固）刮臂接头螺母是否松动。

检查（并紧固）雨刷与刷杆连接螺母。

清理喷射孔。

5. 塞拉门系统检查

电气元件调试主要检查门到位、锁到位、“紧急装置”紧急解锁、退出服务锁机构功能。

机械部分主要检查紧急出口/入口装置的功能、挤压力测试和障碍检测功能，并进行必要的润滑。

6. 客室电器柜清洁

打开客室内电气柜柜门，外观检查，检查柜内外有无灰尘、异物，进行清洁、除尘，柜体表面的涂装能够有效避免周围污染物的损坏或腐蚀。用吸尘器或者其他清洁设施对电气柜内进行清洁，用抹布擦拭电气柜内显示器设备。

柜内元器件、电线电缆、接线端子及保护接地检查，柜内安装接地线齐全，导线连接可靠、紧固，螺栓无锈蚀，接地标识齐全。

检查各接线端子排，应无发热、变形或烧损现象，否则应进行更换。导线压接紧固，无毛刺外露。

检查控制柜内各电器元件是否处于断开状态，且应无发热、变形、老化或烧损现象，否则应进行维修或更换。

恢复正常，检查设备在线状态及工作情况。

11.3.4 临修

临修与日检、周检和月检等日常维修不同，它没有固定的检修周期，但在车辆运营中经常发生某个零件故障，需要立即更换零部件或作排除故障处理，因此临修虽然也属于车辆日常维修一部分，但它属于事后维修。

1. 临修发生的主要原因

根据经验积累，车辆零部件发生故障几率最高的一般首先为有触点电器，如继电器、接触器、接插件、行程开关等，其次是电子设备，如大功率电子器件、电子线路板等。机械故障相对较少，而一旦发生就比较严重。故障比较集中地在这些零部件上发生是有原因的。

大功率电子器件和电子线路板因为结构复杂，抗干扰能力差，在日常维护中也没有可能去经常测试或检查。这些器件或设备基本处于"状态修"状态，即"不坏不修，一坏即修"。

有触点电器在车上数量巨大，每列车上仅继电器就有成百上千。日常定期检查，如日检、周检和月检不可能对它们逐一检查和测试。它们的工作频率又特别高，每天动作上千次，氧化、疲劳磨损和金属腐蚀使它们触点接触不良，导致故障频繁发生。

机械零部件的临修较少，由于它们比较直观，因此在日常检查中容易发现故障或故障苗头。但有些部位较为隐蔽，不易观察和触摸到；或者故障苗头太小，不易发现；有时车辆在运行中遭受外力的突然袭击，使部件承受强烈的冲击而损坏。这些都是造成车辆机械临修的原因。

2. 临修作业方法

车辆发生临修，临修场地可视故障部位和故障情况而定。如果故障原因很明确，只需要更换小型的零件，则可以在车辆运营的折返线或停车线上利用短暂的停车间隙进行临修。如果故障原因未明，或者需要更换较大的部件，则应立即使车辆退出运营，返回检修库进行临修。为了弥补车辆退出运营的时间，临修时间应尽量缩短。因此，临修必须集中具有较高经验和技术的人员分析原因，并且动用一切人力、物力和设备进行抢修。一旦车辆故障排除，应立即返回运营线路。

由于临修时间紧迫，故障原因也一时难以找到，所以临修一般都以更换零部件为主要排故方法。有时故障部位都找不到，只能逐项检查，直到找出真正的故障原因。

临修要做好记录，能够对故障部位和故障频率进行系统统计，便于掌握车辆故障发生的规律、改进车辆零部件设计和加强重点维修部位都有重要的指导意义。

11.4 车辆的定修

定修属于计划修，是一种预防性的检修，参考表11-3，一般每15万公里进行一次。定修对重要的大部件做较为细致的检查，对检查后发现故障的部件进行修理，对易损零件进行更换。现代有轨电车车辆段都会根据车辆配属情况设置专门的一条或多条定修线，车辆定修就在定修线上进行。定修的检修内容较多，检查也有相当的深度，一般定修时间大约需要 14 个工作日。

11.4.1 定修的工艺组成

定修的主要目的是对重要部件进行细致检查和对发现的故障进行处理，其主要分项内容和工艺如下。

1. 转向架检修

转向架关系到列车的运行安全，定修时需要进行较为仔细的检查，检查内容要比周检、月检更为详细。

(1) 轮对　用轮对尺测量车辆直径是否到限，如到限需更换；用轮对内侧矩尺测量轮对内侧距，如超出标准说明轮轴配合已松动；用轮缘尺测量轮缘厚度、高度，以备镟轮参考。

检查轮轴是否有外力损伤、有裂纹。如发现疑点需进行着色检测。

检查踏面磨损情况；检查是否有严重擦伤、剥离，将情况记录供镟轮参考。

(2) 构架　检查构架有无锈蚀、裂纹，如发现疑点进行着色检测。

(3) 撒沙装置　进行各模块功能性试验以查找故障。各模块出现故障时，应尽量在安装好的状态下查找原因，找出原因后可以借助表 11-4 的提示说明来排除故障。

表 11-4　撒沙装置故障处理

故　障	原　因	解决措施
电磁阀不工作	电磁阀损坏	更换电磁阀
压力开关起停值不对	压力开关损坏,压力开关周期性变动	更换压力开关,调节压力开关起停值
管路泄露	管路接头 O 形密封圈损坏	更换 O 形密封圈

对管件内的 O 形密封圈进行更换。对管件内 O 形密封圈的要求每一期定修更换一次。

转向架其他部件的检查与月检相同。

2. 车钩及防爬吸能装置检修

(1) 车钩系统检查　车钩仅在定修及以上检修时才被打开，车钩结构如图 11-20 所示。

1) 目视检查：

目视检查旨在检测产品是否有明显损坏。

彻底检查整套产品是否有明显损坏。

2) 润滑：

首先，去除所有滑动面上的污垢，例如使用刷子或抹布。完成这项工作后，润滑滑动表面。

确保涂层厚度不超过所允许的厚度（最大 30μm），以确保顺利连挂。

3) 零件更换：

在大多数情况下，目视检查腐蚀、磨损和损坏情况足以确定是否需要更换零件。

一旦拆解或拆除零部件，螺钉、螺母、垫圈、挡圈、螺旋环和弹性圆柱销等紧固件必须更换。松动后，更换所有紧固件。

（2）防爬吸能装置　装置如图 11-21 所示。

检查项目如下：

1）组件和关节情况的目视检查有危险的变形、裂纹、裂缝、弹性体的泄漏，平滑表面的腐蚀，螺栓连接的松动。

2）目视检查压溃标识是否完好。

3. 制动系统检修

1）液压单元目视检查作业程序：

① 外观检查，工作人员在规定周期内进行系统功能检查。

② 定期的泄漏和油位检查。

检查控制单元、管路、制动夹钳是否存在向外漏油的情况，无漏油现象检查油位。

检查油位之前进行泄压工作，然后从油位测量处检查油位。

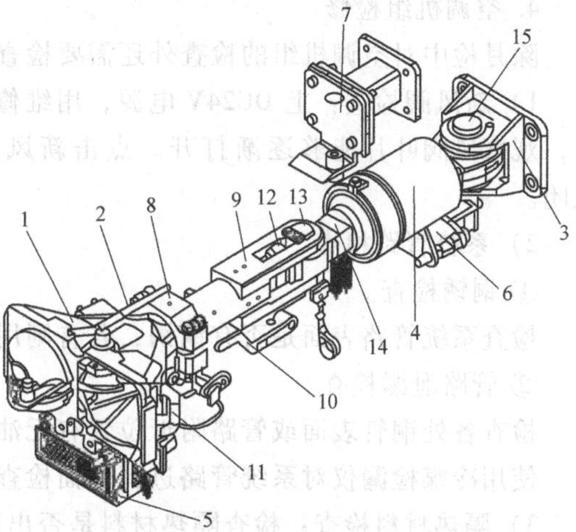

图 11-20　车钩结构

1—机械车钩　2—解钩扳手　3—安装吊挂系统　4—缓冲系统　5—电气连接及推送　6—钩高调整装置　7—车端固定装置　8—连接环组成　9—转动臂组成　10—拉块　11—把手　12—锁定挡块　13—中销　14—拉杆　15—钩尾销

2）制动夹钳、制动盘检查作业程序：

制动管路是否损坏、漏油。

目视检查制动夹钳连接、定位销检查有无松动丢失。

目视检查制动盘是否有划伤。

3）制动闸片：

目视检查闸片厚度，厚度接近磨耗到限指示槽必须更换。

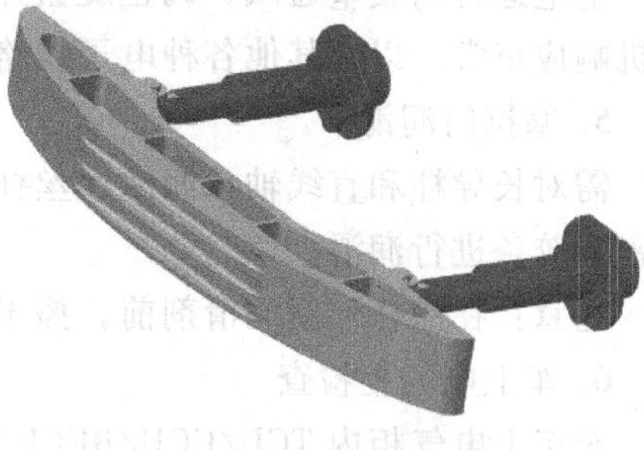

图 11-21　防爬吸能装置

4）蓄能器

① 目视检查。目视检查蓄能器是否有划伤、破裂、变形、腐蚀等。

② 泄漏检查。液压端口可见，在规定的期间内泄漏检查根据列车服务环境来规定，但最多不超过三个月。

③ 检查隔板蓄能器是否损坏，比如刮伤、裂纹、变形、腐蚀（目视）。整体更换损坏的隔板蓄能器以及损坏的螺栓帽。

5）速度传感器检查：在轴箱盖检查孔处穿过侧隙规测量速度传感器与旋转齿轮之间的间隙，(0.9±0.5)mm。

6）空压机系统检查：检查压缩空气输出；检查反吹风是否正常；检查排水是否正常；紧固件检查无松动；检查空压机单元功能及压缩空气质量；若需要更换干燥器；若必要更换橡胶软管；若必要更换空气滤芯；检查接线端子是否牢固；检查电动机是否正常；检查空压机是否达到正常载荷；检查管接头是否牢固；检查安全阀动作是否正常。

4. 空调机组检修

除月检中对空调机组的检查外还需要检查以下项目：

1）新风阀检查：上 DC24V 电源，用维修软件测试新风阀。点击新风阀测试“开”命令，观察风阀叶片能够逐渐打开。点击新风阀测试“关”命令，观察风阀叶片能够逐渐关闭。

2）系统管路检查

① 铜锈检查。

检查系统管路表面是否有铜锈，若有则用砂纸进行清除，并喷涂专用光油。

② 管路泄漏检查。

检查各处铜管表面或管路附近位置有无油渍（焊接部位重点检查）。

使用冷媒检漏仪对系统管路进行全面检查。

3）隔热材料检查：检查隔热材料是否出现老化、翘起、收缩、破损等现象，若出现以上情况将问题区域隔热材料（厚度 16mm 或 9mm）切割去除，并使用全新的隔热材料及福乐斯胶水进行粘贴。

4）电动机及绝缘电阻检查：上电运行风机，如出现电动机运行异常，则更换电动机。

用 500V 兆欧表（绝缘摇表）测量电动机三相接入点对机壳的绝缘电阻应大于 5M。

5）驾驶室通风单元检查：检查各紧固的防松动标记有无错位，若出现错位重新紧固并标定防松动标记。

上电运行驾驶室通风，调正旋钮开关各个档位测试，观察风速是否分三个区间变化、开关机响应正常。以及其他各种电子线路的检查。

5. 塞拉门润滑

需对长导柱和直线轴承润滑，丝杆、丝杆轴承、上滑道、短导柱、压轮、下导轨以及门的密封胶条进行润滑。

注意：在涂任何新润滑剂前，擦干净部件上原来的润滑剂和灰尘。

6. 车上电气柜检查

对车上电气柜内 TCU/CCU/BECU/ACU 等控制箱的电子线路板进行清扫和检查，更换锂电池，重新设定时间，设定轮径代码等。

除上述检修外，定修还要对其他月检所涉及的项目进行检查或修理，由于基本内容和工艺与月检相同，此处不再重复叙述。

7. 列车镟轮

部件检修和分项检修结束后，列车被送至镟轮线。所有车轮将通过不落轮镟床，进行轮对踏面的镟削和测量。不落轮镟床按踏面标准自动对各个轮对测量、计算和加工，并把镟削结果记录下来。

8. 列车调试

定修列车最后还要进行静态和动态调试。静态调试包括以下内容：

① 起动试验。

② 升弓试验。

③ 空调机组顺序起动试验。

④ 复核、调整制动空压机压力开关。

⑤ 制动功能试验。

⑥ 停车制动及缓释试验。

动态调试和试验包括：

① 列车起动和收车试验。

② 低速牵引、制动试验。

③ 牵引曲线试验。

④ 制动试验（包括常用制动和紧急制动）。

11.4.2 定修的工艺特点和作用

从定修的工艺过程来看，它具有以下几个特点：

1）因为定修以检查为主，修理为辅，很多零件未到修理极限，所以不采用互换修，而采用现车修。

2）为了缩短停修时间，定修采用分空间（车前、车后、车上、车下）分专业同时作业的方法组织生产，这样可以充分利用空间和时间。

3）因为一列车的定修工作量虽然不大，但是每年要进行的定修列车数量较大（这主要跟线路长短、配属车辆数量有关），因此，一般都专门成立一个定修组来负责定修工作；既充分利用劳动力，又能实现检修专业化。

定修在现代有轨电车车辆的预防性计划定期修理中，是周期最短、级别最低的一种。虽然它不同于架修和厂修那样对车辆及所有零部件做彻底的检查和修理，但定修在车辆日常维护与架修和厂修之间起到了承前启后的过渡作用，这对保证车辆的长期运行安全有着重要的作用。

11.5 车辆的架修和厂修

11.5.1 架修和厂修的性质及目标

现代有轨电车的架修和厂修都属于高级别的定期维修，主要是以运行里程作为检修期限；只有车辆到达了运行里程，不管车辆技术状态如何，都需要进行规定的检修工作，这是一种强制性的预防性维修方式。

现代有轨电车车辆架修一般为45万km进行一次，主要是恢复性的修理。架修时应对车辆进行全面检查，但重点是车辆的转向架、车钩缓冲装置和空气制动系统等部件。对车辆在运营中已经发现的各种故障和损伤应彻底修复，按照要求更换磨损过限的零件，保证各零部件作用良好，减少架修后投运过程中的临修作业，提高车辆的使用效率。

厂修是最高级别的车辆修理，一般为90万km进行一次，大多在大型轨道车辆修理厂内进行，也有送回原车辆制造厂进行厂修的。厂修的目的是对车辆进行彻底的检查和修理，使其恢复新车出厂时的功能和标准。厂修除了覆盖架修内容外，还要更换车轮、轴承、内饰和橡胶件等零部件。厂修时对车辆进行全面细致的检查，对主要部件进行更换或彻底修理。厂修还有额外任务，如果通过长期运营后发现车辆的个别部件设计有问题，应修改设计并重新制造部件在大修过程中更换。

11.5.2 架修和厂修的工艺

架修工艺和厂修工艺没有很大差别，只是修理项目和修理程度有一定不同，为了避免描述上的重复，下文将架修和厂修工艺的相同点和相似点一同介绍，再指出其不同点，使读者对架修和厂修的工艺有一个初步认识。

1. 转向架

转向架包括三种：端部动力转向架、中间动力转向架和非动力转向架。各种转向架均为独立轮转向架，如图 11-22 所示。

端部动力转向架由构架、轮对与一系悬架、二系悬架、基础制动装置、电动机驱动装置和附件组成。中间动力转向架附件组成不设轮缘润滑器和扫石器。

非动力转向架包括构架、轮对与一系悬架、二系悬架、基础制动装置。与中间动力转向架相比，除没有电动机驱动装置、制动盘安装方式不同、不设附件组成，其余均与动力转向架相同。

中车唐山机车车辆有限公司为土耳其萨姆松提供的低地板车辆转向架采用两系悬架、无摇枕结构。采用了轻量化、模块化设计理念，结构简单，成本低廉，易维护，安全性、可靠性良好。

a)

b)

图 11-22 现代有轨电车转向架

a）动力转向架 b）非动力转向架

转向架是车辆中最重要的部件之一，它的技术状态好坏直接影响列车的运行安全及车辆运行的平稳性和舒适性。因此，无论是架修还是大修，对它的检修要求和标准特别严格。

转向架从车体上被假台车换下来后，送入转向架修理流水线，首先进行零部件的分解。一般城市轨道车辆转向架的主要部件包括构架、轮对、一系悬架（弹簧）、二系悬架（弹簧），齿轮箱、万向节、牵引装置、抗侧滚扭杆以及横向、垂向减振器和止挡等。当然，从转向架上分解出来的还有一牵引电动机、单元制动机等，但它们不属于转向架修理范围，它们将被送到电动机车间和制动车间去修理。这些从转向架上分解下来的部件被分送到各个修理台位，下面逐一介绍它们的修理工艺。

（1）构架　构架采用单横梁、两端带端梁型式。横、侧梁均为钢板焊接箱型结构，端梁采用细钢管。为方便车体内座椅布置，二系弹簧布置在电动机内侧，侧梁采用中部下凹型式，侧梁上设有电动机驱动装置吊座、磁轨制动装置档座、垂向减振器座、轮对提吊座和摇头止挡座。横梁上设有牵引拉杆座、扭杆座和横向止挡座。为使构架的刚度、强度满足车辆的使用要求，构架两端增设了端梁，如图 11-23 所示。

转向架构架主体结构钢板采用改进的耐大气腐蚀结构钢，钢板的性能满足转向架的使用要求。

转向架构架符合 EN 15085 的焊接要求，所有关键焊缝用射线或超声波等方法进行检查。转向架构架的使用寿命大于 30 年，期间无需任何结构维修。

检修中首先将构架用高压冲洗机冲洗，用加碱热水和几十个喷嘴集中进行高压喷射，清洗就较为彻底，老油漆也能去除。

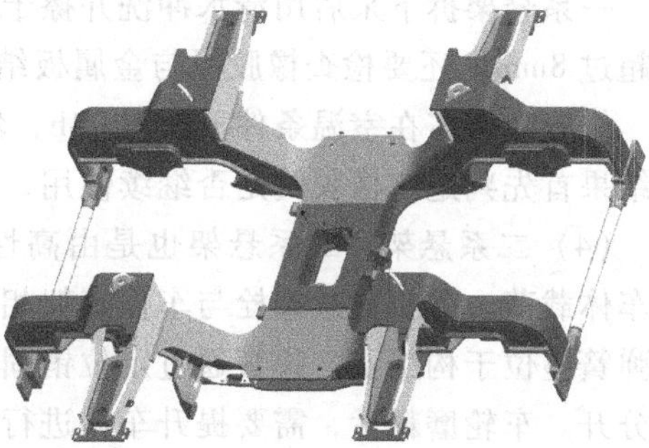

图 11-23　现代有轨电车转向架构架结构

清洗后的构架必须仔细目测检查焊缝和应力集中处是否有裂纹，特别是电动机安装座、牵引拉杆座、一系弹簧座等受力部位如有疑点，再进行着色检测。检查时，构架应放置在一个专用翻转架上，以便检查各个部位。如果发现裂纹，应补焊或进行补强。此外构架还要进行变形监测。

（2）轮对　轮对组成采用独立旋转车轮结构型式，车轮通过轴承与轴桥连接。车轮采用弹性车轮，轴桥的两端安装有碳刷接地装置，轴桥上设四个一系弹簧座，轮对提吊装置与磁轨制动安装座均通过螺栓与轴桥连接，如图 11-24 所示。

a)　　　　　　b)

图 11-24　现代有轨电车转向架轮对

a）动力轮对　b）非动力轮对

轮对由车轮和车轴组成。架修和大修首先检查车轮踏面和轮缘的磨耗和损伤的情况，测量车轮踏面直径；然后计算对踏面和轮缘修理后的踏面直径和轮缘高度，如果已达到修极限，必须换车轮。但轮对的分解非常困难，车轮与车轴为过盈配合，退轮不再使用以前的加热或冷压方式，而是采用油压自动退轮。采用这种方法退轮，必须注意安全。车轮要用吊具挂牢，车轮退出的瞬间要用软的木块阻挡一下，避免车轮吊着晃动伤人。

退轮后的车轴经过清洗，必须进行检测，重点在轮座两侧。因为这个范围内，最容易出现疲劳裂纹。检测用湿式荧光粉或磁粉进行电磁检测，可以发现表面以下7mm深的细裂纹。动车轴上的大齿轮检修有时不退卸，轴的这个部位不能进行电磁检测，但可以采用超声波检测。检测未发现裂纹的车轴才能重新组装轮对。

(3) 一系悬架　一系悬架装置安装于轴桥与构架之间，采用高性能橡胶—金属硫化而成的圆锥橡胶弹簧连接构架与轮对，并承受整个载荷，其安装如图11-25所示。

一系悬架拆下来后用清水冲洗并擦干。用塞尺检查橡胶层是否有裂纹，一般裂纹深度不能超过8mm。还要检查橡胶板与金属板结合部是否有脱开和剥离现象。

橡胶弹簧需在室温条件下放置24h，然后上一系簧试验台进行垂向静载荷性能测试。测试结果首先判定该橡胶簧是否继续使用，其次提供配对数据。

(4) 二系悬架　二系悬架也是由高性能橡胶—金属硫化而成，连接构架与轮对，并承受车体载荷。弹簧通过螺栓与车体底架相连，即使拆卸转向架，二系弹簧不与车体分离。下部弹簧座位于构架上，弹簧通过定位销固定，由于减振器具有提吊功能，二系弹簧不与转向架分开。车轮磨耗后，需要提升车体进行加垫处理，其安装如图11-26所示。

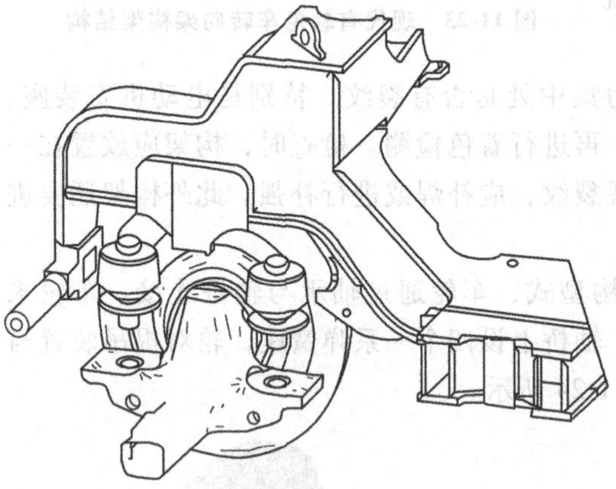

图11-25　一系悬架安装

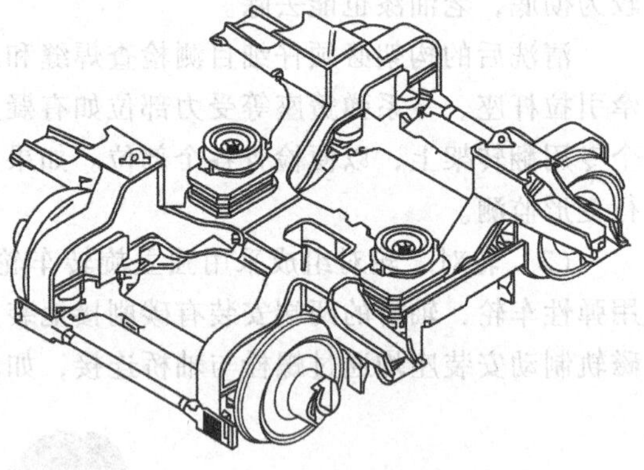

图11-26　二系悬架安装

气囊需用清洗剂清洁，检查气囊外表面是否有损伤、裂纹、刀痕或金属丝外露。检查层叠弹簧尺寸，并上弹簧测试台进行刚度测试。

(5) 牵引动力组成　每个动力转向架两侧分别装有牵引动力组成，牵引动力组成由多个部件组成。具体部件包括：两个牵引电动机，两个齿轮箱，两个输入万向节，两个输出万向节。

电动机侧压入输入万向节后牵引电动机驱动扭矩通过输入万向节传递至齿轮箱输入轴，经过齿轮箱、输出万向节传递至车轮。同时，通过牵引电动机、齿轮箱可以传递制动扭矩。输出万向节具有径向和轴向位移补偿功能。根据牵引组成布置方式：齿轮箱-电动机-电动机-齿轮箱，需有两种不同的箱体和齿轮传动装置，其他部件相同，牵引动力组成如图11-27所示。

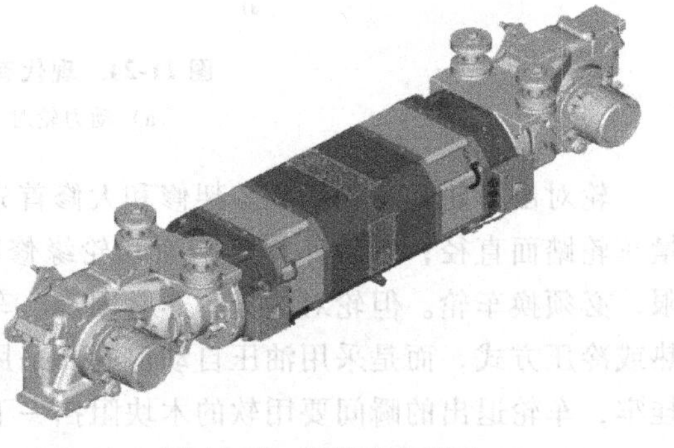

图11-27　牵引动力组成

1）齿轮箱。齿轮箱分为左、右两种齿轮箱，两种结构的齿轮箱具有相同的维护、安装、组装、拆解过程。齿轮箱组成通过两个弹性悬架节点悬架在构架上。齿轮箱采用一级减速，伞齿轮传动。齿轮箱组成通过两个弹性悬架节点悬架在构架上。

正常运行条件下齿轮箱传递来自牵引电动机的驱动扭矩，通过输入万向节、传动伞齿轮、输出万向节传递至车轮。同时电动机、齿轮箱可以传递制动扭矩。

2）万向节。万向节分为输入万向节和输出万向节。

输入万向节为花、键式万向节，该万向节能够补偿轴向、径向位移。技术数据符合图样要求。满足万向节强度要求。超出允许值将导致万向节永久破坏和连接失效，如图11-28所示。

输出万向节是一个复合型式的万向节。

齿轮箱侧：鼓形齿万向节具有扭转刚性，自动定心功能的弹性联轴。

轮对侧：膜片万向节具有扭转刚性、弯曲功能。

图11-28 输入万向节视图

由于双向连接设计，万向节可以补偿轴向、径向和角度位移。技术数据符合图样要求。满足万向节强度要求。超出允许值将导致万向节永久破坏和连接失效，如图11-29所示。

3）抗扭结装置组成。抗扭结装置具有如下功能：

① 维持车辆保持在限界里。

② 避免车辆间发生不希望的相对位置。

③ 实现更好的行驶舒适性。

④ 在推动和牵引时避免车辆间出现相对折弯现象。

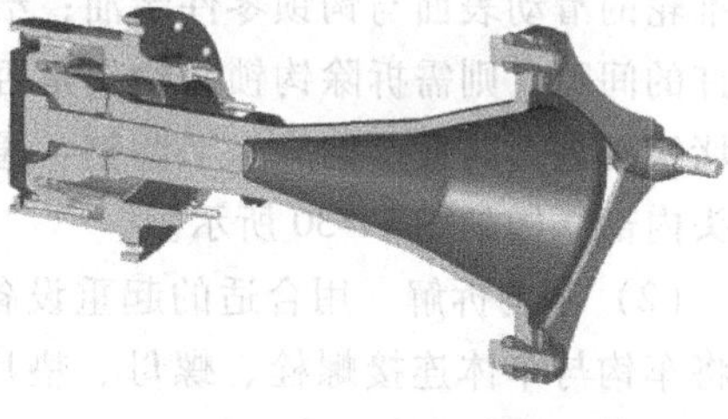

图11-29 输出万向节半剖视图

抗扭结装置具有三种运行模式：

① 正常工作状态。列车运行时具有更好的舒适性；车辆自动复位对中；大幅度降低作用在系统上力的峰值。

② ASG故障工作状态（牵引系统或刹车系统出现故障）。系统可承载更高的力。

③ 车体控制系统保护状态（推和拉车体）。系统可承载更高的力，但是车辆不会自动复位对中。

对整个牵引动力组成进行分解、清洗和检查。

对于齿轮箱架修时，仅清洁和检查箱体，更换齿轮箱油。大修时，则必须将齿轮箱完全分解清洁和检查。装在车轴上的大齿轮有时不拆，但与车轴一起检测。齿轮、短轴和轴承经过清洗、修理、测试，重新组装。齿轮箱油在转向架组装后再加入齿轮箱。

对齿式万向节，架修不分解，大修分解。分解后清洁和检查齿轮、金属软管是否完好、无损伤、无渗漏。对于橡胶万向节，使用时间超过5年，立即更换。

抗扭结装置的拆卸有专用的高压油泵，拆卸后不得倾斜或倒地存放，以防变形。对抗侧滚扭杆进行电磁检测。将扭杆置于车床上，用百分表测量扭杆是否变形。在扭杆关节球轴承处注油并重新组装。

（6）组装 转向架按下列步骤组装：

① 在组装后的轮对上安装速度传感器。

② 在轮对轴箱上安装一系悬架。

③ 将构架落至轮对上，安装轴箱拉杆和垂向止挡。

④ 安装安全轴销、齿轮箱悬架装置。

⑤ 安装单元制动机、抗侧滚扭杆、横向缓冲装置、层叠弹簧和牵引拉杆等。

（7）试验　转向架试验在专门设计的转向架加载测试台上进行。主要测试转向架的轮重和轴的平行度。测试时，用液压缸对转向架的二系簧承载处加压，测量各个车轮的载重和轴距。将测量结果进行计算，轮载偏差不得超过整个转向架轮载平均值的2%；两轴平行度不超过0.75mm。左右两侧构架基本测量点至轨面的垂向高度差绝对值应小于1mm。如果上述数值有偏差，应予调整。调整方法主要是对一系簧和层叠弹簧加补偿垫片。

2. 车钩及缓冲器

车钩及缓冲器是一个相对独立的系统，而且现代有轨电车的车钩与铁路车辆的车钩有较大的差别。它由机械、电气、气动各种零部件组成，有很强的专业性。因此，在架修和大修中它由一个专门的工段或小组来检修。

（1）钩头检修　拉动解钩手柄，检查车钩钩舌是否正常工作；检查弹簧是否损坏，如有必要则更换；给钩锁零件与中枢轴承套涂油；检查油漆是否脱落，如有必要则补漆；给凹凸锥轮的滑动表面与钩锁零件涂油；给连杆与钩头垫板凹口涂油；测量钩锁间隙，如超出可允许的间隙，则需拆除钩锁并检查是否损伤磨损。更换磨损的零件；打开钩头排水孔，如出现堵塞要进行疏通；钩头水平调整：通过调整车钩的橡胶支撑螺栓可以调整车钩的水平度。钩头内部结构如图11-30所示。

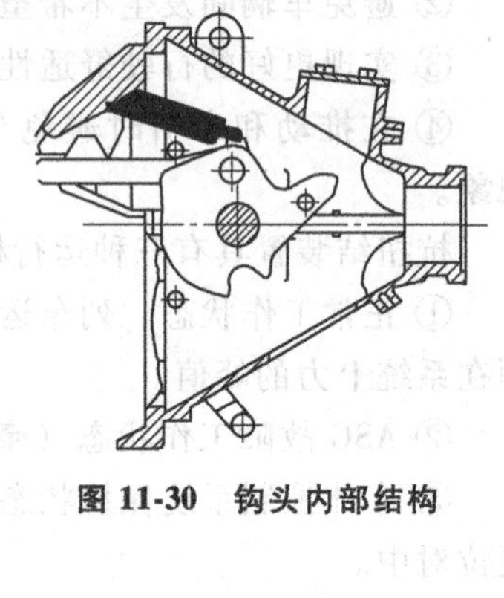

图 11-30　钩头内部结构

（2）车钩拆解　用合适的起重设备托住车钩下部，用扳手将车钩与车体连接螺栓、螺母、垫片拆下，将车钩放置在指定地点。

（3）折叠机构检修　摇动车钩头检查锁定块磨耗程度，如车钩头有明显晃动间隙，更换锁定块；拆解折叠机构：将折叠机构与钩头连接的卡环拆下，以及将折叠机构与缓冲系统连接的中销拆下，拆解折叠机构的转动臂、拉块、锁定挡块、销轴、拉簧等，转动臂组成如图11-31所示。清除折叠机构表面污渍。

（4）缓冲系统检修　检查缓冲系统表面油漆，如有必要重新补漆；检查缓冲器是否有间隙，如有间隙拆除缓冲器更换新品；缓冲系统拆解：将缓冲系统与安装吊挂系统连接的钩尾销拆下，以及将缓冲系统与折叠机构连接的中销拆下，即可更换缓冲系统。安装吊挂缓冲系统如图11-32所示。

（5）安装吊挂装置检修　检查安装吊挂系统表面油漆，如有必要重新补漆；检查车钩的转动功能，如有必要清除杂物后涂抹AUTOL TOP 2000重新润滑；安装吊挂装置拆解：将缓冲系统与吊挂装置分离，更换损坏零部件。

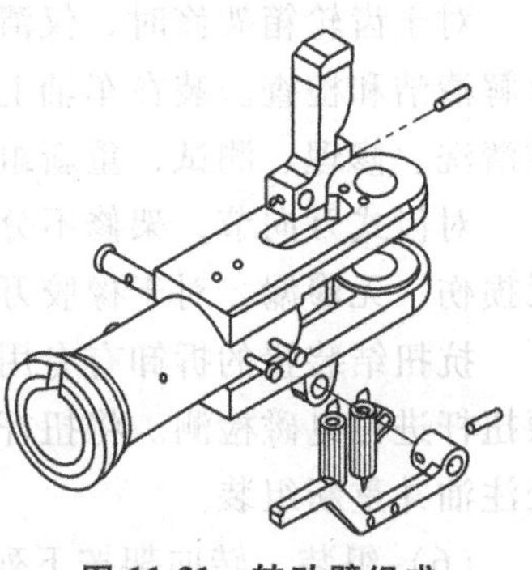

图 11-31　转动臂组成

（6）连接环组成检修　卡环连接件包括两个上下卡环。

卡环位于待连接组件的轴肩周围，通过螺栓固定在一起。卡环连接件是一种夹紧连接。待连接的部件通过卡环连接件螺钉紧紧夹在一起。螺纹接头不在车钩作用力线上，易拆卸，拆解后如图 11-33 所示。拆解后，清洗零件，检查零件是否有损坏，检查下卡环的安装孔是否有润滑脂，如有必要，使用 AUTOL TOP 2000 重新润滑。

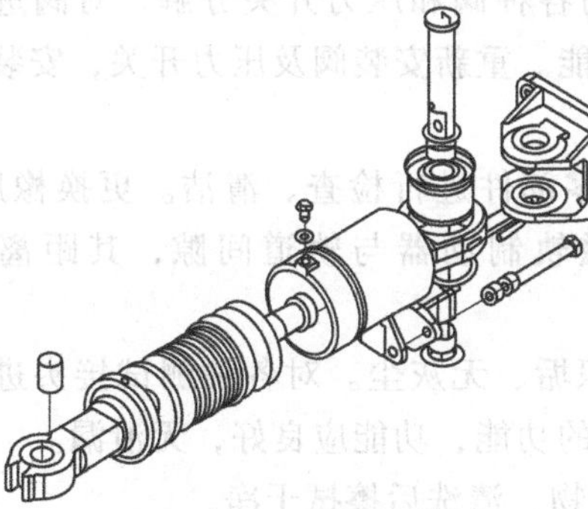

图 11-32　安装吊挂缓冲系统

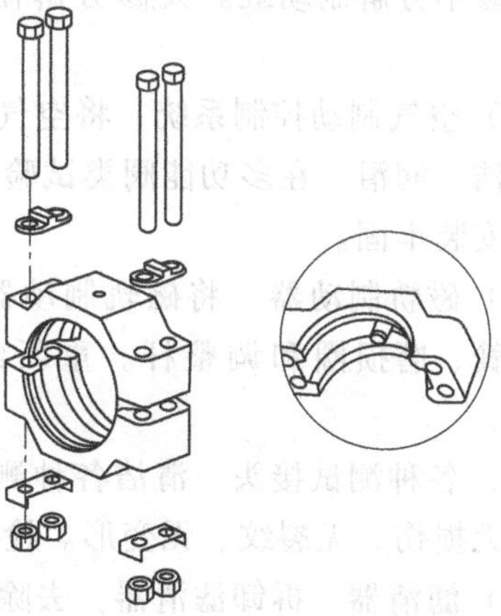

图 11-33　连接环组成

（7）车端固定装置检修　车端固定装置用于将车钩折叠后固定到车体底架前端，车端固定装置由车钩安装座、车端安装座、解钩扳手以及调整插垫等构成，如图 11-34 所示。

检查车端固定装置表面油漆，如有必要重新补漆；检查固定装置是否都正常工作，如有必要，更换损坏部件。车端固定装置拆解：用扳手将车端固定装置与车体连接的螺栓、螺母拆下，拆下后放到指定地点。

3. 制动系统

制动系统既是个重要的专业，又是个庞大的机构。架修和大修的内容及零件数量都很多。有的部件虽然由其他专业拆装，如单元制动机由转向架组负责拆装，但检修仍在制动有的部件不属于制动系统，如车门驱动气缸，但由制动组进行检修。

图 11-34　车端固定装置

（1）空气压缩机组　无论架修还是大修，都要分解空气压缩机组。分解后，清洗各个零部件，检查内部零件是否有损坏或损伤，更换所有受动载作用的部件。

清洗空压机外表及冷却器叶片。冷却器叶片应无积垢，外表补漆应均匀完整。对需要润滑的各零部件用油脂润滑。组装空压机，并与电动机重新连接后上试验台进行整机试验。

（2）空气干燥塔　分解空气干燥塔，清洗并检查零部件是否完好、是否堵塞，特别是排污机构。重新组装空气干燥器，更换干燥剂。对排污功能进行测试，测试功能应良好。空气干燥塔外表重新油漆。

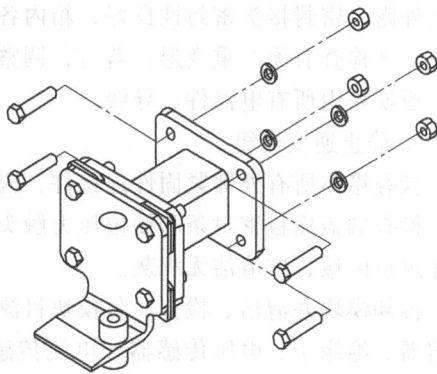

(3) 单元制动机　对单元制动机作外观清扫、冲洗积尘和污垢。松开闸瓦连接螺栓、螺母，取下挡圈环，抽出扭簧心轴，取下吊臂。拧下定位弹簧螺套，对弹簧片进行清洁后涂薄层黄油。

将单元制动机吊至试验台进行功能及泄漏测试。

架修不分解制动缸。大修分解制动缸并清洁内腔和活塞，检查活塞及弹簧，更换活塞环。

(4) 空气制动控制系统　将空气制动控制系统的各种阀和压力开关分解，对阀进行检查、清洁、润滑。在多功能阀类试验台上测试阀的功能。重新安装阀及压力开关，安装位置正确，安装牢固。

(5) 磁轨制动器　将磁轨制动器进行分解，对零部件进行检查、清洁。更换橡胶件、压缩弹簧、磨损圈和调整杆。重新组装之后调整磁轨制动器与轨道间隙，其距离不小于 6mm。

(6) 各种测试接头　清洁各种测试接头，应无积垢、无灰尘。对各种测试接头进行检查，应无损伤、无裂纹、无变形。检查各种测试接头的功能，功能应良好，无泄漏。

(7) 滤清器　拆卸滤清器，去除滤网及内部的杂物，清洗后擦拭干净。

安装滤清器，安装位置应正确、牢固。

(8) 安全阀　架修和厂修后，需要更换所有的安全阀。

4. 综合电气箱

检查箱内外有无灰尘、异物，进行清洁、除尘。

箱体表面的涂装能够有效避免周围污染物的损坏或腐蚀。例如氧化物、碳氢化合物、氮化物、盐雾。

检查各接线端子排，应无发热、变形或烧损现象，否则应进行更换。导线压接紧固，无毛刺外露。密封接头密封性良好，箱内各连接紧固件无松动。

箱体检查有无严重变形，若有，调整或更换并表面处理。

更换箱内所有电器件、导线。

5. 静止逆变器箱

检查箱体所有外部紧固件连接件，应不缺少、无锈蚀、无损伤。

检查端盖面板密封条和锁位压力触头，密封条无损伤和变形、锁位正常。清洁过滤网及内部风道区域，应清洁无积灰。

拆卸模块并清洁、检查，各模块目测应无不正常现象，清洁、检查并测试线路电感器、主熔器、绝缘子、电压传感器、电流传感器、子系统滤波电容、逆变器控制单元及其他部件，各部件应清洁无积灰，各项技术参数符合技术要求，各器件功能显示正常。

检查主回路各连接排和绝缘子各连接插头、插座，绝缘是否符合要求。检查冷却风机功能并更换轴承。

重新安装模块单元后，用便携式计算机进行静态调试和动态调试。调试的各技术参数、波形应符合技术要求。

6. 牵引电动机

温度传感器检查：从转向架内的辅助接线匣中断开温度传感器电缆，将万用表与#1 温度传感器的白色和蓝色/白色电线以及#2 温度传感器的红色和蓝色/红色电线之间的 PT100

温度功能连接起来测量温度，如果传感器的环境温度为20℃，读取温度值差异不超过环境温度的±0.5℃，如果温度传感器功能失灵，则必须更换该温度传感器。

轴承再润滑：移除旧润滑脂，检查润滑脂螺纹接头是干净的，如果不干净，在进行下一步时更换螺纹接头，重新填满新润滑脂。

牵引电动机检修：将牵引电动机从转向架上拆下，将电动机装置从电动机支架上分离，将润滑油脂排空，拆除温度传感器，拆除接线盒盖及电源线缆，拆除 DE-密封环，O-型密封圈，拆除 DE 轴承盖，将电动机与转子分离，从转子轴上卸下导轴，将定子电缆推入 DE 屏蔽的开口中，拆下 O 型密封环。

7. 受电弓

架修时需分解受电弓各部件，对所有零部件进行清洁。检查绝缘瓷瓶，瓷瓶表面应光洁、无油污、无裂纹、无破损，安装螺纹无烂牙。检查底部框架、下部撑杆部件、下部导向杆、上部撑杆、上部导向杆、集电头，各部件应无裂纹、无变形。并更换受电弓板簧、滚链、桥接线和链条等部件。

厂修时直接更换整个受电弓。

8. 高速开关箱

分解和清洁高速开关，检查各个部件是否有损伤和变形。

清洁并检查灭弧罩，灭弧罩内、外清洁，灭弧片良好。

用游标深度尺检查叉架与滚轮间的离合间隙。

更换主触头；更换各机械磨耗件，如导杆装置、减振装置、减振器和叉架等。

用低压大电流电源检查和调整跳闸门槛电流值。

9. 蓄电池组

首先要注意，蓄电池属于易燃易爆物品，因此，它的检修场地也应该是防爆级的。

从车辆上拆下蓄电池箱，运回蓄电池车间，清洗蓄电池箱，箱体应清洁、无残液，排液孔通畅。

检查电池抽屉、木格及连接电缆。抽屉应动作灵活，无机械损坏，木格无破损，接线良好。

清洁主蓄电池，清洗前，用黄色运输塞换下白色气塞，电池、气塞、连接件应清洁、无结晶。检查蓄电池电解液比重。对主蓄电池进行充放电。

检查主蓄电池转换开关盒及熔体闸刀开关盒，盒内熔体、隔离二极管应完好。检查车上各连接线。线缆及接线端子应完好，无破损。对导电排涂凡士林、涂抹应均匀。

10. 门系统

现代有轨电车采用的是双开塞拉门，如图 11-35 所示。此处主要介绍此类车门的架修和厂修。

图 11-35　双开塞拉门

检修门驱动机构：清洁丝杠并进行润滑，清洁上、下滑道并进行润滑，清洁长、短导柱并进行润滑，润滑直线轴承，对中间支撑处滚针轴承进行加脂润滑，更换携门架滚轮及橡胶缓冲头，更换左、右丝杠螺母组件，更换关到位开关和锁到位开关，更换紧急解锁开关。

门扇检查：清洁左右门周边密封胶条并进行润滑，门扇重新油漆，更换左右门周边密封胶条，更换门扇上窗玻璃。

检修平衡轮组件并更换压轮，检修摆臂组件并更换滚轮，更换门槛嵌块，更换隔离开关组件，检修紧急解锁装置。

11. 空调机组

车辆空调机组里包含旋转、滑动部位，因此长时间使用时不可避免地发生自然磨损、自然劣化等现象。但使用条件、环境、保养状况等对劣化进程产生很大影响，因此不可一概而论寿命长短。一般情况下，随着经年劣化会出现以下问题：

(1) 换热性能衰减　因热交换器受污染、劣化等而使换热能力衰减。

(2) 消耗电能的增加　各机器的劣化导致效率的降低，并进一步增加消耗电能。

(3) 发生故障的危险性增大　各机器的劣化导致空调机组发生故障的概率增大，并进一步导致需要更换车辆。这不仅给用户带来麻烦，也会增加补修费用。

因此部分部件需要根据使用情况进行更换，表 11-5 为更换部件列表。

表 11-5　空调机组更换部件列表

序号	部件名	判断方法	耐久年度数(目标值)/年	备　注
1	壳体部分(SUS304)	破损	30 左右	—
2	压缩机	检查性能(音响、振动)、劣化、外涂敷表面	8~10	需要补修涂敷层
3	蒸发器	散热片受腐蚀、损伤	8~15	以定期进行清理为前提 1 次/年(换季节前)
4	冷凝器	散热片受腐蚀、损伤	8~15	以定期进行清理为前提 2 次/年(换季节前)
5	冷凝风机通风机	音响(电动机)检查涂敷部位	8~10,但轴承应每 5 年更换一次	以定期进行清理为前提需要补修叶轮、框架、罩的涂敷面
6	垫圈、隔热材料、压缩机的防振橡胶	外观上的劣化状态(龟裂)	3~6	以定期进行清理为前提
7	电气部件(接触式继电器)	运作状态、触点磨损	9~12	—
8	汽液分离器、滤清器等管道部件	检查腐蚀、气体泄漏	9~12	对隔热材料粘接部位应补装隔热材料
9	压力开关	检查气体泄漏，动作状态	8~10	—
10	单元安装防振橡胶	橡胶的劣化状态(金属部位的腐蚀、橡胶剥落等	9~12	金属部位应补修涂敷层

12. 地板

检查地板的安装和外观，地板应牢固、平整、无破损，清洁无污垢。如不平整或有破损，应予以局部修补。

检查地板的覆盖层与地板黏接是否牢固，有无鼓泡、破损和明显划痕。全车允许鼓泡、破损的面积有百分比规定，超过规定数值，将原整块揭掉后重新黏接。

13. 贯通道

有轨电车贯通道分为单铰接和双铰接两种，下面对这两种分别进行介绍。

（1）单铰贯通道

1）单铰风挡：

紧固件不能发生松脱、断裂情况。

棚布不能发生漏雨情况，撕裂或有洞，视情况修补或换新。

铝型材不能发生折断情况。

推拉连接篷布，检查钢丝绳需收紧。

地板覆盖橡胶型材撕裂或穿孔时修补。

折棚底部布块橡胶型材磨损、撕裂换新。

打开渡板转动侧、清洁折棚内部底部污物堆积。

检查悬架框内密封胶条老化、破裂时换新。

检查悬架框周边密封严密。

车端间距920mm、通过宽度1240mm、通过高度2160mm、最大水平转角30°、最大侧滚角2.2°。

2）单铰旋转渡板：

渡板铝材损坏修复。

渡板紧固件作用良好。

渡板上地板布损坏换新。

（2）双铰贯通道

1）双铰风挡：

紧固件不能发生松脱、断裂情况。

棚布不能发生漏雨情况，撕裂或有洞，视情况修补或换新。

铝型材不能发生折断情况。

推拉连接篷布，检查钢丝绳需收紧。

地板覆盖橡胶型材撕裂或穿孔时修补。

折棚底部布块橡胶型材磨损、撕裂换新。

打开渡板转动侧、清洁折棚内部底部污物堆积。

检查悬架框内密封胶条老化、破裂时换新。

检查悬架框周边密封严密。

车端间距1700mm、通过宽度1240mm、通过高度2160mm、最大水平转角38°、最大垂直转角2.3°、最大侧滚角2.2°。

2）双铰旋转渡板：

拆双铰旋转渡板清洁。

各紧固螺钉不能有松脱、断裂情况。

各件出现老化、破裂时更换。

14. 车体涂层修补

（1）车体表面清洁　去油脂：用干净的抹布蘸表面清洁剂手工擦拭车体外表面，去除车体外表面上可见的污垢、油脂等，但不必整车进行全面脱脂处理。清洁后的质量要求：车体外表面必须无可见的油脂污物。

（2）清洁、防护　由于部分部件安装后无法拆卸，对于此类部件进行防护，不喷涂面漆。车体防护要做到严密，无遗漏部位，避免打磨粉尘堆积、喷漆过程污染零部件表面、或因遮蔽不严造成清理困难。

（3）面漆（清漆）打磨　用120#砂纸对需要重新返喷部位进行打磨，所有油漆表面打磨至完全失光。色带与大面面漆之间的棱必须完全打磨平整光滑。使用擦拭和高压风吹扫方式初步清理表面灰尘及其他污物，并遮蔽好周围区域。

（4）腻子修补　中涂漆喷涂前后分别对破坏涂层填补腻子，要求腻子层与周边平齐，干燥后打磨至表面平整光滑、无磨痕，并擦净表面灰尘。

（5）中涂漆、面漆（清漆）涂层修补　选择配套体系中涂、面漆（清漆），按照相关工艺方案进行后续返喷处理。

15. 列车调试

架修或厂修后的现代有轨电车必须进行列车调试，调试分静态调试和动态调试。

（1）静态调试　静态调试（简称为静调）在静调线上进行。静调线上有接触网750V直流电，下有检修地沟，还有登车顶的梯子，检查作业都很方便。静调主要内容如下：

1）列车初始状态检查，检查所有开关、闸刀的位置。

2）列车得电检查，检查供电是否正常，蓄电池电压测量。

3）驾驶室得电检查，用驾驶员钥匙打开主控制器。

4）人工升弓检查。

5）驾驶室指示灯检查。

6）升弓、落弓检查，平时正常操作。

7）停车制动检查，驾驶室操作。

8）辅助逆变器电源应急起动试验。

9）通风风扇检查，所有设备的通风风扇无论大小都要检查。

10）客室照明检查。

11）列车照明检查，包括前照灯、尾灯和运行灯。

12）列车车门联动试验，包括模拟故障试验。

13）牵引控制单元静调，用便携式计算机发出模拟指令，检查输出响应。

14）高速开关检查。

15）气路和压力表检查。

16）制动压力检查。

17）轮径设置。

18）校验时间。

（2）动态调试　动态调试（简称为动调）在试车线上进行。主要内容如下：

1）库内低速运行和制动试验。出静调线时先要低速运行，检查列车动作是否正常，驾驶室面板信号显示是否正常，各种指示灯显示是否正确。

2）车轮直径校正运行。

3）慢行试验。速度为（5±2）km/h，用于洗车、碰钩和调车。

4）紧急牵引试验。检查全牵引工况。

5）常用制动试验。30km/h、50km/h 和 70km/h 条件下的全常用制动，制动距离分别小于 32m、82m 和 156m。

6）紧急制动试验。要求在 30km/h、50km/h 和 70km/h 条件下，紧急制动距离分别小于 16m、41m 和 76m。

7）电制动失效制动试验口切除部分动车电制动，检查气制动补偿作用。

8）牵引特性试验。检查列车在全牵引、全制动运行下的工况。

9）后退试验。列车在两个方向运行试验。

第12章 现代有轨电车发展展望

12.1 现代有轨电车的应用发展

12.1.1 现代有轨电车的使用趋势

伴随着经济的快速发展和城市化、机动化的进程，国内大多数城市的空间布局由单中心向多中心转变。在国内大中城市中，新城区、开发区的建设成为未来城市的发展趋势，这有利于现代有轨电车在城市中的使用。

1）在优先发展公共交通的背景下，现代有轨电车灵活多变的特点能很好地适应连接新旧城之间以及新区内部的优质、高效的公共交通系统服务需求。

2）城市交通堵塞和环境污染日益严重，考虑到城市交通投资的约束，现代有轨电车能与其他轨道交通相互协调，共同承担城市的交通需求，以提高公共交通的服务竞争力，提高城市的宜居性。

3）在道路资源充分、施工条件良好的新城区，应尽量实现现代有轨电车路权专用，以提高运行速度和断面运能，实现快速、大容量的运输目标。

12.1.2 现代有轨电车的市场前景

越来越多的新兴城市，如新城区、经济技术开发区等逐步将有轨电车系统纳入综合交通规划，这符合国家城市建设、环保、节能政策和交通需求的特点，技术上也容易实现。而且，综合规划交通设施和土地资源的利用，有利于平衡交通需求与供给。

有轨电车的运输能力与客流随城市建设逐步增加的趋势匹配。新兴城市可以根据有轨电车造价低、运营效益好的特点，充分利用有限的建设资金，解决潜在的交通压力，减少运营负担。

随着工业化的发展，城市人口迅速增加，世界各国纷纷采用立体化的高速轨道交通来解决城市交通问题，中国也不例外。现在中国国内一线城市的轨道交通都在向以地下铁道为主体，多种轨道交通类型并存的城市轨道交通新格局方向发展，并且投资的规模逐渐上升。

据有关机构统计，预计至2020年，中国城市轨道交通线路的总长度将达到2452km，需要19000辆轨道车，技术水平和生产能力都更为客观。相对于地铁，现代有轨电车线路造价仅为地铁的1/8~1/4，建设周期是地铁的1/4~1/2；相对于快速公交，现代有轨电车的载客量远高于快速公交，而能源消耗、环保等指标是快速公交望尘莫及的。在中小型城市、大城市外围新城及工业开发区，现代有轨电车可以作为城市主干公共交通，凭借 0.6~1.5 万人次/h 的高峰客流输送能力，完全能够满足城市交通的主体需求。在大中型城市和已经有轨道交通网络的城市，现代有轨电车可以作为城市轨道交通系统的延伸，承担主要干线之间的联络和过渡，解决城市公共交通“最后一公里”难题。现代有轨电车还可作为城市不同组团、各功能区的主干公交通道，使整个城市融为一体，实现各区域间的协调联动发展。

目前，全球已有将近 150 个城市开通运营现代有轨电车，有超过 7800 余列现代有轨电车投入商业运营。仅欧盟 27 国，现代有轨电车的运营里程就超过 9000km。在我国，北京、上海、天津、广东、浙江、江苏、福建、山东、安徽、贵州、辽宁、河北、河南、海南等省、市已规划了数百条现代有轨电车线路，里程超过了 4000km。

12.2 现代有轨电车关键技术展望

12.2.1 绿色技术解决方案

1. 车体模块化和轻量化生产

根据不同城市的实际情况和需求生产的车辆大多存在差异，具有多样性，给有轨电车生产制造公司统一化生产带来了困难。采用车辆结构模块化设计有助于实现车辆的标准化生产和设计，方便交通部门根据不同需求调整电车组合。在投入运行初期，当客流量较小时采用基础模块组合，客流量增大后，可以根据实际需求调整车辆的模块，增加编组。

目前，国内外城市轨道交通车辆一般采用铝合金、不锈钢、碳素钢三种材质。

碳素钢材质的车辆自重大、轴重大、能耗高，主要用于动力集中的客运车辆，设计寿命一般为 30 年，但其车体易腐蚀，需要的维修工作量大、修程时间长、维修成本较高。

不锈钢材质的车辆具有较强的耐腐蚀能力，而且板厚相比碳素钢材质可大大减小，可使车辆轻量化，但是其隔热、隔声性能较差，需要辅以较多、较厚的隔热、隔声材料，而且不锈钢材质车辆表面一般不涂装，在长时间使用后，会在车体表面产生黄斑等表面锈蚀现象，影响车辆整体外观。不锈钢材质车辆是板梁结构，需大量的工装、模具、夹具、样板和中间检查手段，生产工艺复杂，费工费料，且焊接量大，焊缝质量不易控制。

铝合金在满足强度和刚度要求的同时，同样可使车辆实现轻量化。在车辆长度、截面宽度和高度相同的情况下，铝合金车辆较不锈钢车辆每节车质量减小约 2t。铝合金车辆一般采用大断面中空铝型材拼焊而成，在铝型材中空的位置还可以填入防寒填料，提高整车隔声、隔热性能；铝合金车辆表面一般都要进行油漆或贴膜，使其耐腐蚀能力得到大幅提升；铝合金车辆采用中空挤压铝型材，可有效减少焊缝的数量，提高焊接质量。

2. 轻量化的转向架和独立车轮技术

随着技术的发展，有轨电车逐渐发展为由单电动机驱动的两轴转向架构成。转向架能够以轴箱导框定位，并且在集中承载的位置采用二系弹簧悬架。即轴箱的螺旋圆簧和摇枕的钢板弹簧。基础的制动装置包括两种，分别是有杠杆传动的单侧闸瓦制动器和盘形制动器。牵引电动机抱轴悬架，并且采用 1 级减速齿轮传动。图 12-1 所示为庞巴迪生产的轻量化转向架。

图 12-1 庞巴迪生产的 FLEXXX Urban 1000 转向架

3. 供电及储能技术

现代有轨电车为电力驱动，相对于公共汽车，具有明显的节能环保优势。近年来现代有轨电车系统不仅对原来的架空接触网系统进行了优化和简化，而且发展了多种无触网供电技术，如 Tram Wave 地面供电系统、APS 第三轨供电系统、Primove 电磁感应供电系统、超级电容供电系统、蓄电池供电系统等，这些都体现出有轨电车绿色交通的特性。

(1) 架空接触网系统　国外有轨电车系统中，80%以上的线路均采用架空接触网系统。目前国内已建及在建的现代有轨电车系统中，上海、天津、苏州、沈阳等绝大多数也都采用该种供电方式。现代有轨电车架空接触网的供电方式与传统的铁路和大部分地铁所采取的供电方式原理相同，但结构上简化了很多。现代有轨电车架空接触网绝缘子较小、腕臂较细，视觉美观，采用双绝缘技术，定位器等零件采用绝缘材料，提升了整个系统的安全性。采用了内置式坠砣滑轮补偿，将坠砣放置于支柱内部，减少了补偿占用的空间，景观效果较好。将支柱布置在上下行线之间，降低成本，还可以减少社会车辆对支柱的影响，安全环保。

车辆在制动时，若相邻区间内有其他车辆在牵引，则车辆制动产生的能量可以通过接触网反馈至其他车辆进行利用，若没有其他车辆时，能量反馈至接触网供电系统，并当其网压达到一定程度时无法再吸收制动反馈能量。

架空接触网供电系统是绿色环保的供电系统，其系统自身不产生环境污染问题。但考虑该系统下车辆需采用钢轨回流，因此轨道结构应做好杂散电流的防护，避免杂散电流腐蚀周围建筑物。

(2) Tram Wave 地面供电系统　Tram Wave 地面供电系统享有发明权专利权，采用了独特的自然磁力相吸技术。安装在车辆转向架上的受电靴与地面模块内的柔性导电排都装有永磁材料。当受电靴经过模块供电节表面时，模块内的柔性导电排受磁力吸引上升，接通供电电源正极，模块表面带电，受电靴通过与模块表面接触将高压电引入车内。当受电靴离开模块供电节表面后，柔性导电排受重力作用回落到安全负极相接触的位置，模块表面失电，并保证模块供电节表面与安全负极相连，以确保行人人身安全。其供电系统如图 12-2 所示。

Tram Wave 地面供电系统在节能方面与架空接触网系统基本相同，同样可以利用不同车辆之间的牵引和制动实现能量的反馈及线网本身能量的吸收，节能效果一般，但 Tram Wave 地面供电系统是绿色环保的供电系统，其系统自身不产生环境污染问题。同时，该系统利用系统自身进行回流，避免了杂散电流腐蚀，其环保性较架空接触网系统好。Tram Wave 地面供电系统技术于 2002 年首先应用于那不勒斯市的公交电车线路上，运行至今运营车辆达 60 辆。国内目前只有珠海的现代有轨电车线路采用了该项无触网供电技术。

(3) 蓄电池供电系统　蓄电池由于其工作原理限制，不能进行大电流的充放电，车辆再生制动时制动电流较大，蓄电池无法吸收，因此其节能效果相对较差。由于电池技术本身的环保因素，废弃的电池需要集中处理，以避免对环境带来再生污染。其环保性相对架空接触网、地面供电系统等较低。国外有轨电车线路中，法国尼斯的现代有轨电车线路采用架空

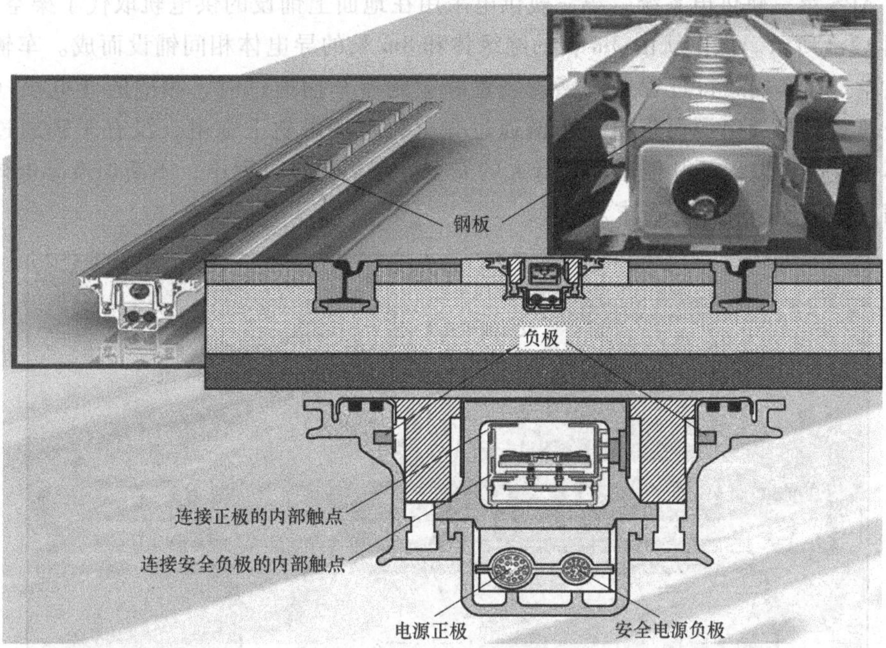

图 12-2　Tram Wave 地面供电系统

接触网和局部路段蓄电池供电的方式通过两处重要的广场，运行距离约为 500m。目前国内有轨电车线路中，采用蓄电池供电的包括天津泰达、南京河西和沈阳浑南现代有轨电车线路。南京河西现代有轨电车工程采用全线蓄电池供电的方式，车辆采用两组锂电池进行供电，电池总容量约 43kW・h，同时在车站设置充电装置。天津泰达和沈阳浑南现代有轨电车线路采用架空接触网与局部蓄电池供电的方式。

（4）超级电容供电系统　超级电容是介于传统电容器和蓄电池之间的一种新型储能装置，它具有充电时间短、功率密度大、容量大、使用寿命长、免维护、经济环保等优点。超级电容作为储能元件，可以利用大电流进行充电，适合车辆再生制动时电流较大的情况。它可以最大限度地吸收车辆制动时的能力，并为超级电容进行充电，因此其节能效果好。并且超级电容是车载装置，制动能量可以随时回收、循环利用，能耗指标很低。根据国外运营的经验，采用超级电容供电，可吸收车辆制动时约 30%的能力，降低运营能耗约 15%~20%。超级电容产品原料构成、生产、使用、存储以及拆解过程均没有污染，其环保性能较好。

目前国内采用超级电容供电系统的有轨电车线路是广州海珠区现代有轨电车工程，该工程采用中车株洲电力机车有限公司引进西门子 combino plus 系列 100%低地板现代有轨电车，同时采用自行研制的超级电容。

（5）Primove 电磁感应供电系统　电磁感应供电系统配备有车载储能装置，可以吸收车辆的制动能量。根据理论预测，最高可节省 30%的运营能耗。

电磁感应供电系统采用电磁感应的原理，是否存在电磁环境的污染需经过专业机构的鉴定。同时，车载储能装置采用蓄电池，应注意废弃的电池需要集中处理，以避免对环境带来再生污染。德国奥格斯堡 3 号线上 800m 试验线的轨道上配置了 Primove 电磁感应供电系统。国内暂未考虑引进和采用该供电系统。

（6）APS第三轨供电系统　第三轨供电采用在地面上铺设的供电轨取代了架空接触网，原理如图12-3所示。供电轨由3m长的绝缘体和8m长的导电体相间铺设而成。车辆底部安装有受电靴。在车辆运行过程中，感应装置感应到有车辆通过时，相应的导电段（必须被车体完全覆盖）接通电源而带电，车辆通过受电靴从接触轨上取电，没有车辆通过的区域接触轨不会带电，以保证其他车辆和行人的安全。车辆前进过程中，不断切换导电体的工作状态以满足车辆连续受电的需求。

图12-3　第三轨供电原理

APS第三轨供电系统在节能方面与架空接触网系统基本相同，同样可以利用不同车辆之间的牵引和制动实现能量的反馈及线网本身能量的吸收，节能效果一般。APS第三轨供电系统是绿色环保的供电系统，其系统自身不产生环境污染问题。但考虑该系统下车辆需采用钢轨回流，因此轨道结构应做好杂散电流的防护，避免杂散电流腐蚀周围建筑物。

APS第三轨供电系统最早于法国波尔多（见图12-4），2003年开始使用，3条线路中APS第三轨供电系统线路长度约为11.5km，其他城市，如兰斯、昂热2011年投入使用，另外一些城市也正在建设，如迪拜、巴西利亚等。国内目前暂未有线路采用APS地面供电系统。

图12-4　波尔多第三轨供电系统

12.2.2　智能技术解决方案

1. 车载运行控制

车载运行控制系统是运行控制系统在车辆上的延伸，主要负责有轨电车的状态获取和控制，它与车辆牵引、制动和导向等控制设备互相通信，并与地面控制系统配合共同控制列车的速度和进行防护。

下面介绍车载运行控制的主要功能。

（1）列车速度控制　列车速度控制接收来自测速、定位装置的信息和来自地面的最大速度命令，一旦当列车实时速度大于最大允许速度，该功能将启动紧急制动。列车最大速度命令可直接来自于地面速度命令，也可根据地面命令自动生成。

1）通过地面信息得到前方的停车点或限速点。

2）车载设备根据列车当前的位置可以计算出前方停车点或限速点的实际距离，并以此点为基点，从车载设备存储的固定信息里，提取出这段距离的坡道值、弯道值、线路的最高限速，结合车载设备存储的列车性能参数（如制动率、空走时间、列车阻力等），利用公式计算出列车当前位置到目标点的速度-距离监督曲线。

3）当存在多个目标点时，对每个目标点都要进行计算，采用速度限制最小的一个作为控制依据。

（2）列车车门监督　列车车门的安全防护包含两层含义：一是列车移动时禁止打开车门；二是在车站站台只能打开站台一侧的车门。主要功能是检测列车即时速度值和列车车门状态。当列车在移动时，如果检测到车门已打开，则车载设备应给出制动命令，输入输出子系统的允许开单侧门命令的硬件执行电路是故障安全的，即当电路发生故障时，能够保证输出禁止开门命令，并断开安全输出控制，从而切断输出电路的电源，保证安全。

在监控模式下，当列车在站台停稳时，主机系统才能给出打开一侧车门的命令。在限速模式下，只要列车速度为零速，就可以打开车门。

（3）列车测速定位　列车测速定位功能可以安全准确地确定列车的相对位置和速度。其列车定位与测速功能模块主要包括了列车安全定位测速和定位测试控制。

（4）其他功能　车载运行控制系统还具有驾驶室显示、声音提示、故障自动转换、运行信息的记录和管理等功能。

2. 车载终端设备

车载终端设备包括车载无线数字通信设备、车载智能终端、车载多媒体终端以及信号优先系统在车上的终端设备，还包括用于收费的公共交通卡 POS 机和投币箱。

（1）车载智能终端系统　车载智能终端系统能准确确定车辆位置，从而实现对车辆的实时位置监控，为运营调度和应急处理（抢修和应急指挥调度）提供协助服务。同时，通过对有轨电车行车间隔的控制，更好地保证有轨电车遵守行车计划，并向在车站候车的乘客提供实时的车辆时刻表信息等。车载智能终端包括车载主机、人机界面、配套线缆等。车载智能终端功能：以 GPS 为主要定位方式，在进入盲区时，能自动切换辅助定位模块；以 GPRS 为通信平台，将实时采集到的数据（车辆定位、车辆营运、车辆违规、安全等）传送到控制中心服务器，同时接收控制中心服务器传送过来各种消息和指令，实现双向通信功能；支持语音和文字（LED 或 LCD）方式智能报站，兼备服务用语、违规提示、语音提示、电子站牌等功能；接收和显示来自系统平台的单项调度和集群调度指令信息；如果出现超速、滞站、非正常开关门、异常情况、路堵、事故、故障、纠纷等实现信息即时报警。

（2）车载多媒体终端　车载多媒体终端在车内实现视频信息的发布：在每辆车上安装移动数字机顶盒，实现基于移动数字信号的接收和播放；实现移动数字机顶盒和媒体播放器之间的协调控制，即当切换到移动数字电视进行节目播放时，关闭媒体播放器播放，当切换到媒体播放器播放内容时，关闭移动数字电视节目的播放；移动数字电视的播放控制由 GPS 车载终端进行控制，在每辆车上安装液晶屏，实现同步视频信息的播放。

3. 有轨电车的车-地通信系统

车-地通信系统是联系车载运行控制与调度指挥控制的纽带，主要负责列车安全间隔划分、状态及命令信息的转发。

（1）有轨电车正线列车定位技术　有轨电车的定位可以利用GPS/北斗卫星、无线、地面应答器、速度传感器、地面信息环路、计轴器以及铁路传统的轨道电路等多种方式来实现列车的定位。线路电子地图可存储于控制中心数据库服务器；对于基本无遮挡物的线路，系统可利用卫星信号结合读取线路上的电子标签（RFID）实现有轨电车的位置校准；对于遮挡物较多或隧道较长的线路，有轨电车车载设备可通过读取线路上的标签（RFID）实现定位。当然也可结合具体有轨电车运行线路的状况，综合利用多种定位手段，实现实时和精确的定位。

（2）车-地信息传输　有轨电车信号系统实现车-地信息传输主要是通过车-地双向无线通信网络来实现的。车-地无线通信网络采用LTE（Long Term Evolution）技术，通过采用基于LTE技术的超大带宽的传输平台，建立无线通信专用网络系统，可为车-地双向无线传输系统提供无线信息传输载体，并实现车-双向无线传输系统的信息、语音和图像业务的传输。同时，LTE技术还可以为地面系统和车载系统的信息交互提供准确及时的传输服务，并且利用完善的IP传输机制和多种QOS服务保证传输QOS目标，实现差异化服务，保证优先级最高的业务在网络出现拥塞时能够有线传输到达目的地，不会造成中断或数据丢失的现象。LTE技术的应用将使车-地信息传输的通信信号技术趋于一体，最终能使通信信号一体化的实现成为可能。现代智能化有轨电车较完整的信号系统结构如图12-5所示。

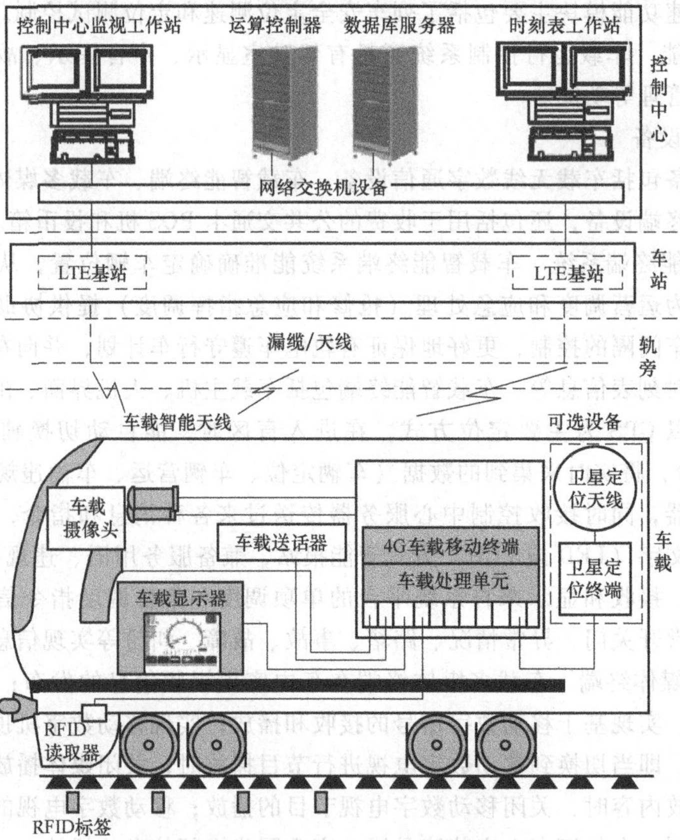

图12-5　现代智能化有轨电车信号系统

4. 有轨电车运行控制系统的监控功能

有轨电车的监控系统主要负责列车运行监督、控制及管理，其主要功能包括集中控制、集中显示、管理运行时刻表、运行数据记录、仿真和监测与报警等。

(1) 负责全部的运行监督、控制及管理工作　监控设备主要分布在控制中心及各个终端站和站点。管理服务器负责系统静态数据的存储，通信服务器负责处理系统运行时产生的动态数据，人机接口用于为调度人员和维修人员提供人机界面，时刻表编辑工作站用于运行图的编辑，报告服务器用于报表的生成。过程耦合单元通过各个站点的远程终端单元将控制中心和各个站点及车辆段计算机联锁系统紧密联系在一起。控制中心与各站点设备的联系由远程终端单元（RTU）来完成。

(2) 负责管理运行时刻表　监视运营的全过程，对时间偏离作出相应的调整，并负责向旅客信息系统发送信息。

(3) 负责运行数据的记录和检测　由于放置在控制中心的过程耦合单元（PCU）可以通过通信传输网的接口获得来自 RTU（远程终端控制系统）的信息，并可以将获得的信息传送到控制中心的局域网。这就可以实现将有轨电车实时运行情况拟合成数据记录传送至控制中心，控制中心获得列车运行情况信息就可以对有轨电车运行实行监督，如果发现运行异常，也可以立即采取应对措施。

(4) 报警功能　由于监控系统的 PCU 设有连接环境监测系统（BAS）、火灾报警系统（FAS）和无线传输系统（RTS）的接口，所以系统可以对有轨电车系统所发生的紧急情况做出迅速反应。

12.2.3　人文技术解决方案

人文技术，其突出体现的是"以人为本"，有轨电车作为一种公共交通工具，发展应以为乘客提供安全、便捷、公平、和谐的交通服务为根本出发点，与经济社会发展相适应，与历史文化风貌相协调。建立与现代交通相适应的规划、建设、运营、管理体制机制，加强交通文明建设，提高现代交通意识，为城市正常运转和乘客出行提供良好的交通环境。因此，车辆本身应该尽量满足使用群体的需求，体现出其人文的设计理念，体现出人文交通的内涵。

人们出行对城市交通有着不同层次的需求，其以人为本的内涵主要体现在以下三个方面：

1) 城市交通应体现对机动性与效率的关注，通过建设快速、低成本的交通，在可以容忍的时间范围内使人们能够尽可能地延伸自己可以到达的空间范围，并获取更多的生存和发展机会。

2) 在城市的不同区域应体现分区域的交通可达性，以使每个区域都可以公平地享有发展的权利。

3) 在交通环境上应强调交通的安全、便捷和舒适性，以增加交通环境的活力。

这实际上形成了城市交通的以人为本，即城市人文交通的主要内涵。

1. 有轨电车的外观和内装设计

通过系统设计方法，分析线路的自然地理环境特点和乘客群体需求特征，提出优化车辆外形及车内功能配置的方法。结合设计需求和车辆制造工艺，考虑形态、风格特征、材料应用、车内环境宜人化等，形成有针对性的车辆外形及内装设计方法。结合绿色化、模块化、谱系化、系统化等设计理念，系统考虑车辆外形，体现易制造、易检修、便操作等车辆的绿色特征，使其既具有美学文化内涵，体现地域文化特征，又具有环保低能耗特性。具体内容如下：

1）在车辆外观及内装设计上，考虑地理人文因素，将地区的文化气质、文化符号、当地材料、人文意象等融入造型美学设计中，研究车内灯光和色彩搭配方法，体现绿色设计的人文理念，提出具有地域独特性的创新设计方案。

2）在乘坐方面，考虑乘车行为特点，研究车内空间的优化设计，研究适合不同人群的无障碍车内设施设计，研究智能信息技术的设计应用，研究一体化的车内车站智能购票系统外观设计，考虑人机交互界面、无障碍设计、易于识别和操作等。

3）在车辆绿色设计方面，基于乘客行李存放、活动、工作等乘车行为及行为空间，研究车内空间的最大化利用；基于模块化设计理念，研究降低内装制造成本的方法及利于维护和拆卸的装配方式等；考虑车内垃圾处理等问题，提出改善车内服务设施及服务管理系统方法；研究绿色材料、轻型材料的设计应用；一体化安全设施设计，考虑车内的防灾、救护、疏散措施，考虑紧急状态下车厢内人流的行为方式、疏散速度，提出人流导向方法、疏散措施等。

2. 现代有轨电车的安全管理和应急系统

（1）有轨电车综合安全管理体系

1）安全管理系统的运行机理。安全管理系统的概念是为解决安全问题而构造的，其内涵是针对生产系统本身安全而言的，是改造生产系统的安全系统，使之具有处理本系统一切安全问题的功能。因此，安全系统是“由与生产安全问题有关的相互联系、相互作用、相互制约的若干因素结合成的具有特定功能的有机整体”，如图 12-6 所示。安全管理系统的中心任务即对运营管理系统的安全状况进行管理和控制。

2）有轨电车安全管理体系的原理。有轨电车安全管理体系应由保证系统、控制系统和信息系统构成，如图 12-7 所示。在这三个系统中，保证系统为整个管理工作提供组织保证和制度保证，是该体系运行的前提和根本。控制系统是整个管理工作的核心，是实现有效管理的关键环节，在整个管理体系中处于中心地位。信息系统是用来进行信息的收集、加工、转换并利用信息进行预测和控制的，是整个安全管理工作的基础。

安全贯穿于生产的全过程，既需要通过对企业的各层次部门进行横向管理来实行决策方案的落实，更需要通过对纵向上的管理最终达到安全生产的目的。安全管理组织如图 12-8 所示。

3）综合安全管理体系

① 目标和原则。有轨电车综合安全管理体系的目标是使有轨电车的安全生产与管理达到预先设定的标准，使事故等级和事故频率控制在预先规定的范围内。建立有轨电车综合安全管理体系应遵循差异性、明晰性、法律性和程序性原则。

② 内容。有轨电车综合安全管理体系的内容如图 12-9 所示。

法律法规体系是指专门针对有轨电车安全管理的法律法规或其他法律法规中的有关条款，具有规定性、稳定性和强制性特点，是有轨电车综合安全管理体系正常运作的前提和保证。运营企业内部安全管理体系包括运营企业安全管理制度、行车组织安全管理、设备安全

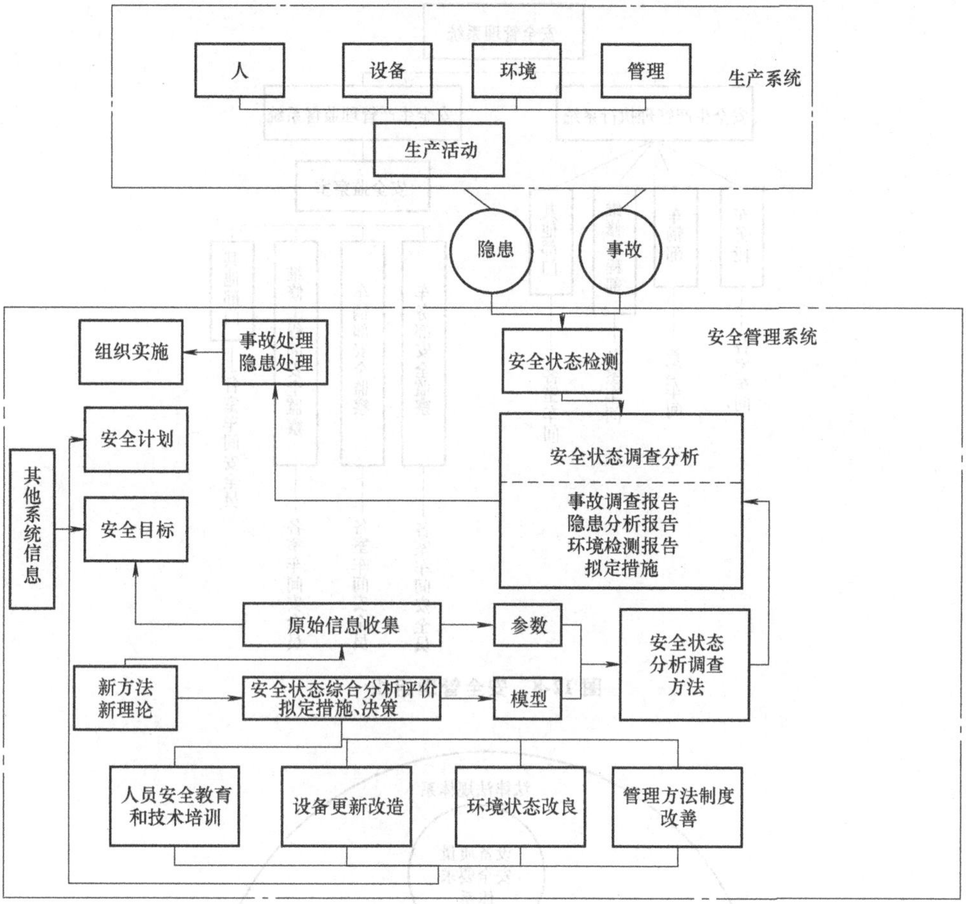

图 12-6　安全管理系统运行机理

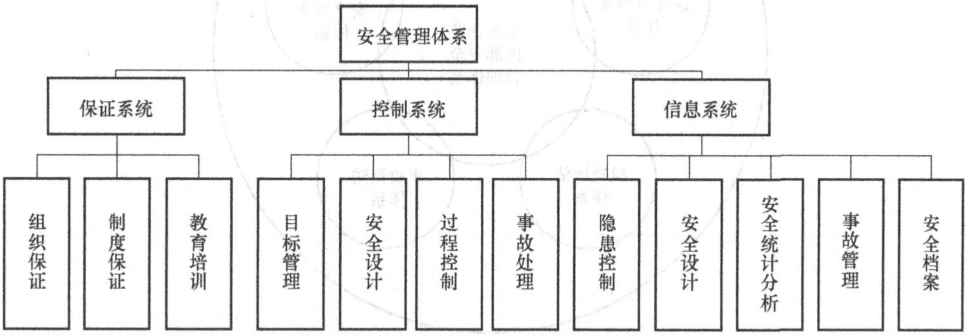

图 12-7　有轨电车安全管理体系结构

管理和人力资源安全培训等内容，该体系贯穿于其他各体系之中并将其有机结合起来，是综合安全管理体系的核心和主体。事故预防体系是指针对各种事故发生的可能性，对人、设备、管理以及环境的要求体系，包括对行车、设备、职工伤亡、旅客伤亡、火灾、水灾、地震灾、风灾、爆炸、投毒等各种事故的预防。事故处理与调查体系包括受伤人员抢救和死难人员善后处理、抢修和重建、勘测和分析、责任划分及事故报告等内容。检查评估体系主要

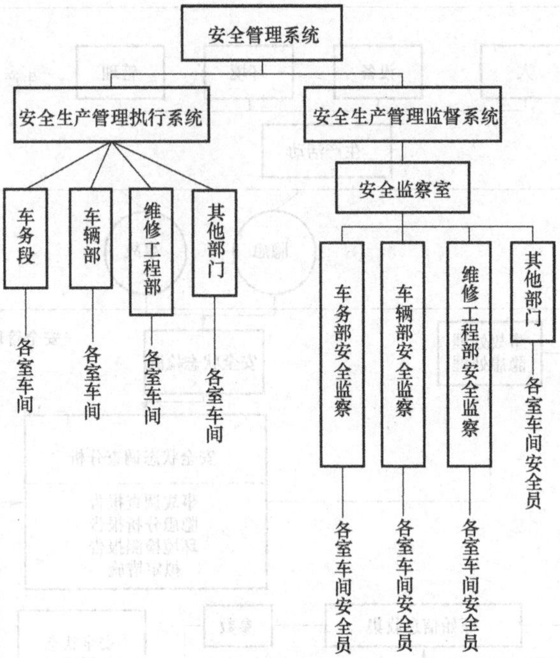

图 12-8　安全管理组织

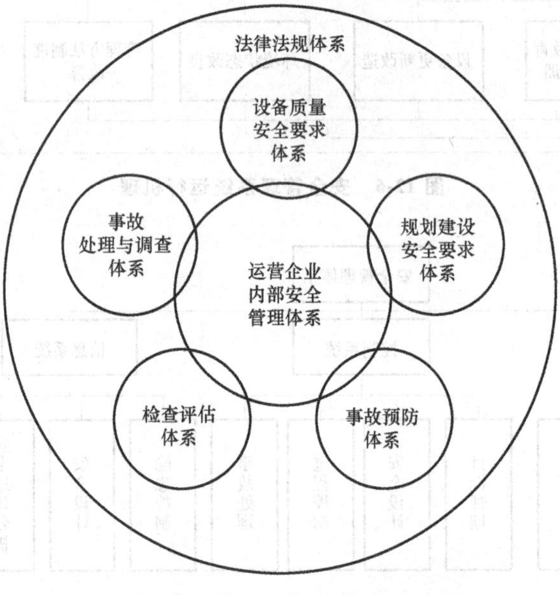

图 12-9　有轨电车综合安全管理体系的内容

包括对安全管理体系的评估、对安全生产标准执行情况的检查以及相应的奖罚措施。规划建设安全要求体系和设备质量安全要求体系主要是指项目规划建设和设备制造必须达到安全要求，以及投入运营后一定时期内对这些要求符合程度的规定。

③ 机构和职能。针对有轨电车综合安全管理体系的内容，借鉴其他行业安全管理工作的经验，综合安全管理体系的主要组成部门如图 12-10 所示。

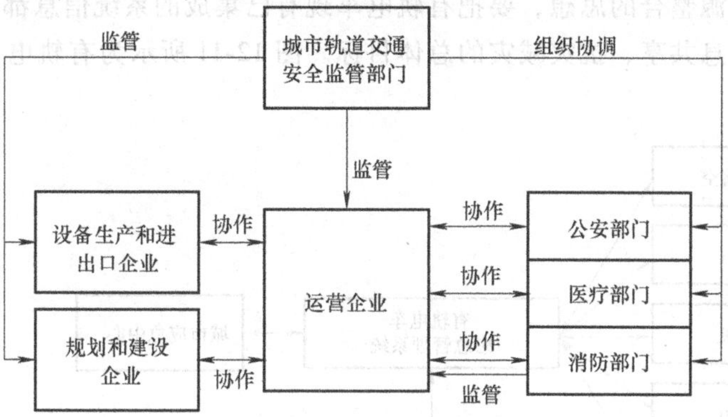

图 12-10　有轨电车综合安全管理体系机构组成

（2）应急体系

1）系统的概念。有轨电车应急管理系统是一个以突发公共事件应急响应全过程为主线，涵盖有轨电车各类突发公共事件监测监控、事件预防、预测预警、报警、接警、处警、重/特大事件的处理、灾害善后评估和重建以及为城市突发事件提供服务等环节在内的系统工程。突发事件应急系统的指导思想如下。

① 预防为主。通过系统的建设和应用，充分发挥人、机结合的作用，把突发事件消灭在萌芽状态。即使突发事件发生，也要努力把事件发生限制在最小范围。

② 快速响应。通过系统的建设和运行，在突发事件发生时能快速响应，实现抗灾、减灾的目的。

③ 平战结合。有轨电车是绿色交通，快速、安全、客运量大，在城市交通中起着重要作用，其系统建设也要考虑到系统战时应用，实现平战结合，充分发挥有轨电车的作用。

④ 应急服务。城市突发公共事件应急管理系统是一个整体，有轨电车应急系统是一个独立的系统，又是城市应急系统的重要组成部分，所以要考虑有轨电车提供应急服务和应急支援的内容。

有轨电车应急系统建设指导思想是一个整体，与其他应急系统建设有不同的地方。

有轨电车应急管理系统中有三个重要概念：应急管理、应急指挥、应急服务。应急管理系统（EMS，Emergency Management System）涵盖监测监控、预测预警、预防处置、应急响应（指挥）、应急协调、恢复/评估/分析 6 个过程；应急指挥（ERS，Emergency Response System）主要指的是第 4 和第 5 个过程，有报警、接警、处警、指挥、现场处置、处置结束和应急协调等环节；应急服务系统（ESS，Emergency Service System）主要指城市发生重/特大事件时，需要轨道交通支援的应急协调服务，它也是实现城市应急系统之间互通互联、平战结合、信息共享的桥梁。

2）系统的体系架构。IT 发展已经从系统集成（System Integration）到了集成系统的集成（System of System）阶段。对于有轨电车而言，预警监控、环境监测、运行管理和调度、信号系统、售票等都已系统集成，都有一个独立的管理系统，对于城市应急而言，公安、消防、交通、地震、气象、疾控等都有自己的应急管理系统。目前，有轨电车除了完成自己内部多个集成系统的系统集成外，还要实现与城市其他应急系统的集成和互联互通、信息共享，形成一个完整的城市应急体系，所以说现在是集成系统的集成。为了实现预防为主、提供服务、城市应急资源整合的思想，要把有轨电车现有已集成的系统信息都集成到应急管理系统中来，以实现信息共享、抗灾减灾的总体目标。图 12-11 所示为有轨电车应急系统的总体架构建设模型。

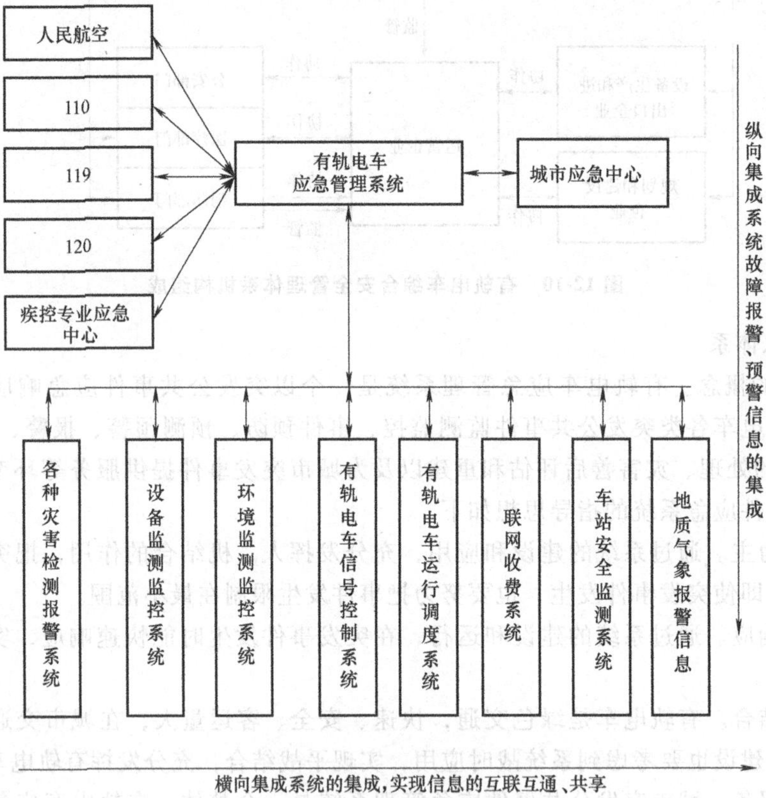

图 12-11　应急系统的集成框架

3）应急系统的技术体系。有轨电车应急系统的技术系统体系建设包括一套技术标准与规范、两类中心、三个平台、五大应用。三个平台提供实现两类中心、其他应急机构、现场指挥力量或现场指挥部互联互通的通道，在此上运行的五大业务应用系统辅助完成业务体系所要求的业务流程与职能。技术标准与规范是应急公共服务平台的基础。

① 一套技术标准与规范，指为互联互通而制定的软硬件接口协议、数据格式等，用于实现应急决策中心与下一级应急信息系统的语音、数据、图像互联互通，以及信息共享与应用协作。

② 两类中心，指应急决策中心和有轨电车专业指挥中心，通常还有灾备中心和其他节点的建设。一般来说，应急决策中心与专业指挥中心可互为备份。应急决策中心对重大、特别重大突发公共事件进行协调、决策，偏重于自然灾害与生产安全方面和战时，而一般公共事件仍由专业指挥中心指挥、处置，只有当线路跨区、跨机构需要协调时由应急决策中心进行协调。

③ 三个平台，指信息资源平台、网络通信平台、应急管理公共服务平台。

信息资源平台是最重要的组成部分，包含空间信息、针对性的预定方案、应急公用信息等信息资源建设，以及信息资源的采集、审核、录入、维护、更新、共享。

网络通信平台构建各个中心和节点的公共有线和无线语音、数据、图像通道，使之互联互通。

应急管理公共服务平台构建公共应用通道，与具体职能部门业务无关，是支撑市级应急指挥系统和连接各个专业应急指挥子系统的基础设施，为专业应急指挥系统提供各类资源（包括基础信息资源、各专业信息资源、服务资源等）安全的交换、共享与整合服务。公共服务平台使系统成为一个可扩充的框架。

④ 五大业务应用系统，将辅助完成应急预案所定的业务流程和职能：监测监控和预测预警，应急保障、准备、规划，应急响应（指挥、处置、支持），恢复、评估、分析，应急信息发布。

监测监控和预测预警系统包含技防报警接入、自然灾害预警系统接入、安全监控系统、安全生产管理信息系统、职业安全卫生综合数据库系统等。

应急保障、准备、规划系统包含预案管理系统、应急保障系统、应急规划系统、应急资源动态管理与调配系统、动态监控与管理系统、训练与演习系统等。

应急响应系统包含决策支持系统、专业应急指挥系统、应急处置系统、移动指挥系统、事件查询与监控系统、手持移动信息系统、GPS 应用系统等。

恢复、评估、分析系统包含应急事件时空数据挖掘分析系统、战后评估系统、安全评价与风险分析系统等。

应急信息发布系统包含对内、外信息发布系统、公共广播和会议室系统等。

3. 有轨电车降噪技术

鉴于轨道交通在地面的特定条件，现代有轨电车车辆设计将尽量采用减少车内外噪声与振动的方法。考虑在制动工况、曲线上运行以及在道岔上运行等各种情况，以减少车辆运行过程中所产生的噪声。

降低车辆轮轨噪声的主要方式是减少轮轨的不平顺和降低轨道部件的振动加速度。其具体方法如下：

1）优化轨道结构。使用长钢轨减少车轮和钢轨的冲击作用。研究表明，增加钢轨质量可以减少对高频振动的影响。因此，采用重型钢轨对提高轨枕冲击的能力是有利的，然而重型钢轨的采用又会增加基础建设的费用投资，在设计线路时需要综合平衡。增加道床参与振动的质量对减小中、低频率有好处。增加轨下基础弹性对降低轨道结构全部频率的作用非常明显。

2）在车轮或钢轨上安装吸振装置。钢轨的振动被吸收后，也可以减少振动向大气的辐射。

3）在钢轨踏面涂增黏剂或侧面涂润滑剂。如 Kelsan 公司生产的 HPF（High Positive Friction）摩擦改变器安装在车轮踏面或钢轨顶面，可减小轮轨在钢轨顶面滑动，从而减小轮轨滑动噪声。在钢轨侧面涂润滑剂也可以起到降低噪声的作用，如 Kelsan 公司生产的 LCF（Low Coefficient of Friction）棒状润滑剂涂在钢轨侧面或车轮的轮缘上，可以使轮轨之间的摩擦减小，进而使车辆在过曲线时的噪声降低。

4）提高车轮的圆顺度和钢轨的平顺度。车轮的定期维修对控制撞击噪声和滚动噪声很有效，一般能降噪 7~10dB（A）。在车轮踏面整修的同时，经常打磨钢轨，可使这类噪声得到有效的控制。尤其对波形钢轨进行校正性打磨，降噪效果更加明显。

5）减少钢轨局部不平顺，降低轮轨冲击噪声。钢轨局部不平顺主要指钢轨表面的缺陷和钢轨接头，要想减少钢轨表面缺陷可以通过打磨来实现，而要想降低由钢轨接头引起的撞击噪声可以采用没有缝的线路，一般可以降低噪声 5dB（A）。

6）使用低噪声车轮。从 20 世纪 70 年代开始，各种针对减振降噪的研究工作都纷纷展开。目前研究和开发的低噪声车轮有橡胶弹性车轮、消声车轮、声学优化车轮和复合材料车轮等。试验和理论研究表明，弹性车轮、消声车轮、声学优化车轮都有一定的总体降噪效果。

参考文献

[1] 陆云，刘达德. 现代有轨电车工程［M］. 成都：西南交通大学出版社，2015.

[2] 沈训梁，陆云，李俊，等. 100%低地板有轨电车及其转向架发展现状［J］. 都市快轨交通，2013，26（5）：21-24.

[3] 李红君，等. 基于无线的列车控制系统［J］. 铁道通信信号，2002，38（1）：36-39.

[4] 林海香. 基于通信的列车控制技术（CBTC）的研究与应用［D］. 兰州：兰州交通大学，2007.

[5] 李伟章，等. 城市轨道交通通信［M］. 北京：中国铁道出版社，2008.

[6] 邱宝光，等. 现代有轨电车车辆与信号一体化研究［J］. 中国铁路，2013（11）：76-78.

[7] 中国国家标准化管理委员会. GB/T 12758—2004 城市轨道交通信号系统通用技术条件［S］. 北京：中国标准出版社，2004.

[8] 秦国栋，苗彦英，张素燕. 有轨电车的发展历程与思考［J］. 城市交通，2013，11（4）：6-12.

[9] 徐成永. 现代有轨电车的适应性研究［J］. 都市快轨交通，2013（6）：112-115.

[10] 刘志明. 动车组设备［M］. 北京：中国铁道出版社，2010.

[11] 黄磊，任利惠，牛锡平，等. 低地板轻轨车辆车体连接铰强度分析［J］. 城市轨道交通研究，2009（5）：26-29.

[12] 张俊，邵文盛，黄皖初，等. 新型城轨用密接式车钩国产化研究［J］. 铁道机车车辆，2003（6）：34-39.

[13] 卫超，等. 欧洲现代有轨电车的发展及其启示［J］. 城市轨道交通研究，2008，11（1）：11-14.

[14] 常树民. 城市轨道车辆碰撞安全设计［J］. 装备机械，2010（1）：48-57.

[15] 牛锡平，周希楹，任利惠，等. 100%低地板轻轨车辆车体固定铰强度分析［J］. 铁道机车车辆，2008，28（6）：43-46.

[16] 米清浩，高红义，万红雨，等. 100%低地板现代有轨电车组装制造技术分析［J］. 中国铁路，2013（7）：78-81.

[17] 刘新平. 新型有轨电车信号系统方案研究［J］. 城市轨道交通研究，2012，15（5）：50-52.

[18] 王力. 新型有轨电车的信号系统［J］. 铁道通信信号，2009（1）：33-34.

[19] 德萝森. 西门子交通技术集团的现代有轨电车（轻轨）理念-信号控制系统［J］. 地铁与轻轨，2002（2）：21-25.

[20] 何跃齐，宋毅，徐文，等. 现代有轨电车运营控制系统整合构想［J］. 都市快轨交通，2013（6）：123-127.

[21] 刘海军. 现代有轨电车信号系统设计分析［J］. 都市快轨交通，2013（6）：156-159.

[22] 孙吉良. 现代有轨电车信号系统及技术关键的研究［J］. 铁路通信信号工程技术，2013，10（4）：55-59.

[23] 中华人民共和国住房和城乡建设部. CJ/T 354—2010 城市轨道交通车辆空调、采暖及通风装置技术条件［S］. 北京：中国标准出版社，2011.

[24] 陶艳，等. 列车网络控制技术原理与应用［M］. 北京：中国电力出版社，2010.

[25] 于松伟，等. 城市轨道交通供电系统设计原理与应用［M］. 成都：西南交通大学出版社，2008.

[26] 薛美根，等. 现代有轨电车主要特征与国内外发展研究［J］. 城市交通，2008，6（6）：88-96.

[27] 李虎，崔磊，黄德敏. 基于100%低地板现代有轨电车的城市轨道交通供电系统设计［J］. 中国高新技术企业，2014（1）：123-124.

[28] 王俊景. 列车通信网络简介［J］. 城市轨道交通研究，2005，8（6）：83-86.

[29] 张宝霞. 铁道车辆制冷与空气调节 [M]. 北京：中国铁道出版社，2008.
[30] 马作泽. 现代有轨电车信号系统研究 [J]. 铁道通信信号，2014（2）：15-17.
[31] 吴梦芹. 新型轨道交通方式之现代有轨电车系统发展对策研究 [D]. 天津：天津大学，2013.
[32] 叶妮娜. 适合周期性运行图编制需要的列车开行方案研究 [D]. 北京：北京交通大学，2006.
[33] 张国宝. 城市轨道交通运营组织 [M]. 上海：上海科学技术出版社，2006.
[34] 殳企平. 城市轨道交通车辆维修工艺及设备 [M]. 北京：中国水利水电出版社，2007.
[35] 张庆玲，王海啸. 城市轨道交通车辆结构与检修 [M]. 北京：北京理工大学出版社，2015.
[36] 何宗华，汪松滋，等. 城市轨道交通车辆运行与维修 [M]. 北京：中国建筑工业出版社，2006.
[37] 郭欢，陈峰. 城市轨道交通车辆基地的优化 [J]. 城市轨道交通研究，2010（8）：73-76.
[38] 陆万忠. 城市轨道交通车辆检修制度研究 [D]. 北京：北京交通大学，2007.
[39] 陆万忠，柳拥军. 关于城市轨道交通车辆检修制度的改革设想 [J]. 城市轨道交通研究，2008（5）：11-14.
[40] 郭泽阔，施炳娴，等. 沈阳市浑南新区现代有轨电车的转向架检修 [J]. 都市快轨交通，2013，26（6）：197-200.
[41] 叶芹禄. 有轨电车的现状与未来 [J]. 都市快轨交通，2013，26（5）：1~5.
[42] 王灏，田振清，等. 现代有轨电车系统研究与实践 [M]. 北京：中国建筑工业出版社，2011.
[43] 李叶. 城市轨道交通通信系统设计方案探究 [J]. 科技与生活，2012（9）：184-185.
[44] 程雯. 关于城市轨道交通列车编组形式的探讨 [J]. 都市快轨交通，2006，19（4）：29-32.
[45] 吴非，张岩. 关于城市轨道交通列车编组合理性的探讨 [J]. 都市快轨交通，2010，23（4）：46-48.
[46] 张海波. 城市轨道交通供电系统中压网络的选择 [J]. 城市轨道交通研究，2005，8（5）：55-59.
[47] 王灏，田振清，等. 现代有轨电车系统研究与实践 [M]. 北京：中国建筑工业出版社，2011.
[48] 北京城建设计研究总院有限责任公司，中国地铁工程咨询有限责任公司. GB 50157—2013 地铁设计规范 [S]. 北京：中国建筑工业出版社，2014.
[49] 上海三菱电梯有限公司，等. GB 16899—2011 自动扶梯和自动人行道的制造与安装安全规范 [S]. 北京：中国标准出版社，2011.
[50] 陆化普、余卫平. 绿色智能人文一体化交通 [M]. 北京：中国建筑工业出版社，2014.